Herbert Dohmen / Nina Scholz

DENUNZIERT

Jeder tut mit.
Jeder denkt nach.
Jeder meldet.

GEGRÜNDET
1999

Herbert Dohmen / Nina Scholz

DENUNZIERT

Jeder tut mit.
Jeder denkt nach.
Jeder meldet.

Czernin Verlag Wien

Gefördert vom Bundesministerium für Bildung, Wissenschaft und Kultur, von der Stadt Wien – MA 7, Wissenschafts- und Forschungsförderung sowie vom Bundeskanzleramt

Bibliografische Information Der Deutschen Bibliothek
Dohmen, Herbert / Scholz, Nina: Denunziert – Jeder tut mit. Jeder denkt nach. Jeder meldet. / Herbert Dohmen, Nina Scholz

Wien: Czernin Verlag 2003
ISBN 3-7076-0155-2

Art Direction: Bernhard Kerbl
Cover-Foto: Photonica/D.E.H.
Herstellung: Die Druckdenker GmbH, Wien
Druck: Druckerei Theiss GmbH, A-9431 St. Stefan
ISBN 3-7076-0155-2

Inhalt

Vorwort

Die Autorin und der Autor dieses Buches beschäftigten sich, unabhängig voneinander, schon während ihres Studiums mit dem Thema Denunziation im Nationalsozialismus. Ausschlaggebend für die Idee, darüber ein Buch zu schreiben, waren Gespräche mit Wienerinnen und Wienern, die selbst Opfer einer Denunziation geworden waren. Wien war in ihren Augen der Ort, wo das „Nadererturn" besonders giftige Blüten trieb. Allerdings haben regionalhistorische Untersuchungen inzwischen gezeigt, dass es im gesamten Dritten Reich an Denunzianten zu keiner Zeit gemangelt hat.

Um einen möglichst direkten Zugang zum Charakter der verwendeten Quellen zu gewährleisten, wurden orthographische und stilistische Mängel in den Quellen nur dort angezeigt, wo es für das Verständnis notwendig erschien. Die übliche Vorgangsweise, alle fehlerhaften Stellen der Originale mit [sic!] zu kennzeichnen, erwies sich hier aus Gründen der Lesbarkeit als nicht durchführbar. Aus ebendiesen Gründen wurden Orthografie und Interpunktion an einigen Stellen geringfügig korrigiert. Da die anonymen Zuschriften, die Reichskommissar Josef Bürckel in Wien aus der Bevölkerung erreichten, oft kein Datum aufweisen, wurde im Zitat einheitlich der Eingangsstempel des Reichskommissars angeführt.

An dieser Stelle sei all jenen gedankt, die uns bei den Recherchen und der Niederschrift dieses Buches geholfen haben:

Unserem Verleger Hubertus Czernin, der dieses Buch von der Idee an mit Interesse und Ermunterung unterstützt hat, dem Historiker Heiko Heinisch für seine zahlreichen Hinweise auf interessante Dokumente, Gerhard Ungar vom Dokumentationsarchiv des österreichischen Widerstandes, der mit viel Geduld und Zeit bei der Recherche des weiteren Schicksals zahlreicher Opfer von Denunziationen behilflich war, Siegfried Sahnwald, ebenfalls vom Dokumentationsarchiv des österreichischen Widerstandes, für seine freundliche Unterstützung bei der Auswertung der Akten des Wiener Volksgerichts, dem Leiter des Ludwig Boltzmann Instituts für Historische Sozialwissenschaft, Gerhard Botz, für die Durchsicht des Manuskripts, Günter Müller vom Dokumentationsarchiv lebensgeschichtlicher Aufzeichnungen am Institut für Wirtschafts- und Sozialgeschichte der Universität Wien für seine Hilfe beim Auffinden von Denunziationsberichten, Martin Polaschek vom Institut für Österreichische Rechtsgeschichte der Universität Graz für die stets zuverlässige Hilfe bei der Klärung einiger juristischer Fragen, die NS-Gesetzgebung betreffend, Johann Weißensteiner vom Diözesanarchiv Wien für seinen Hinweis auf die Akten der bischöflichen Klerusstellen, der Historikerin Maria Fritsche für ihren Hinweis auf Feldurteile der Wehrmachtsgerichte, Gerold Hildebrand von der Umwelt-Bibliothek Berlin für seine Hinweise auf Forschungen zum Staatssicherheitsdienst der DDR sowie nicht zuletzt allen Freunden und Bekannten, die uns technisch wie inhaltlich nach Kräften unterstützt haben.

Nina Scholz
Herbert Dohmen

Wien, im Mai 2003

„Der Jud' muss weg!"

Ein Prolog

1946 erregt ein Fall von Denunziation aus der NS-Zeit die österreichische Öffentlichkeit. Im Februar dieses Jahres erscheint in der Zeitschrift der Israelitischen Kultusgemeinde, *Der neue Weg*, ein Artikel, an den sich ältere jüdische Überlebende heute noch erinnern: „Kinder klagen an"[1]. Der darin beschriebene Leidensweg von sieben jüdischen Kindern zieht die Aufmerksamkeit von Polizei und Justiz auf sich, deren Ermittlungen schließlich in einer Anklage und einem Gerichtsverfahren vor dem Volksgericht Wien münden.

Die Volksgerichte wurden in Österreich zum Zweck der Verfolgung von Kriegsverbrechen installiert; das Kriegsverbrechergesetz (KVG) von 1945 sah in seinem §7 auch die Bestrafung von „Denunziationsverbrechen" vor.

Rosa Schwarz ist 43 Jahre alt und seit sechzehn Jahren mit dem jüdischen Schneider Michael (Mischko) Schwarz verheiratet, als im März 1938 der „Anschluss" Österreichs an das Deutsche Reich erfolgt. Michael Schwarz, 1897 als Sohn von Josef und Katalin Schwarz, geb. Grünwald, in Wien zur Welt gekommen, ist in der elterlichen Wohnung an der Fischerstiege im 1. Wiener Gemeindebezirk aufgewachsen; Rosa Schwarz, geb. Schandl (auch Schantl)[2], wurde 1895 in Wien geboren, hat fünf Klassen einer Volksschule besucht und mit vierzehn Jahren den Beruf einer Strohhutnäherin erlernt. Sie ist nichtjüdischer Herkunft, tritt jedoch nach der Hochzeit von der römisch-katholischen zur jüdischen Religionsgemeinschaft über. Auch die sieben Kinder – zum Zeitpunkt des „Anschlusses" zwischen einem und fünfzehn Jahre alt – gehören der Israelitischen Kultusgemeinde an.

Die Familie führt ein äußerst bescheidenes Leben in der Hasenleitengasse in Wien-Simmering, in einer Barackensiedlung, die 1915 als Kriegsspital errichtet und angesichts der Wohnungsnot der Zwanzigerjahre in Wohnunterkünfte für bedürftige Familien umgewandelt wurde.[3] Rosa Schwarz ist Hausfrau, Michael Schwarz hält die Familie mit Schneiderarbeiten über Wasser. Nach dem „Anschluss" wird er zu verschiedenen Zwangsarbeiten herangezogen, ist aber durch seine „Mischehe" – so der offizielle nationalsozialistische Terminus – einigermaßen geschützt. Das Verhältnis zwischen den Eheleuten verschlechtert sich allerdings nach dem „Anschluss“ empfindlich, da Rosa Schwarz nun nicht länger mit einem Juden verheiratet sein will und in der Nachbarschaft zunehmend über ihren Mann, „den Jud’“, herzieht. Bis Ende 1941 oder Anfang 1942 (die Angaben variieren) lebt der Vater bei der Familie in Wien, wird dann jedoch zu Straßenarbeiten nach Steyr verschickt und darf nur noch gelegentlich auf Besuch nach Hause fahren. Von seinem spärlichen Lohn kann die Familie nicht länger leben; Rosa Schwarz nimmt eine Stelle als Köchin in einer Gastwirtschaft an.

Inzwischen hat sie ein Verhältnis mit dem Nationalsozialisten Josef Scholz begonnen und will sich spätestens jetzt ihres Ehemanns und ihrer Kinder entledigen. Sie droht ihrem Mann, der in die Scheidung nicht einwilligen will, beschimpft ihn und die Kinder in grob antisemitischer Weise, was Nachbarn später bezeugen, und lässt ihn nicht mehr in die Wohnung, wenn er nach Wien kommt. Die älteren Kinder, die sehr am Vater hängen, treffen sich heimlich mit ihm und versorgen ihn mit Lebensmitteln und frischer Wäsche, wenn sich dazu Gelegenheit bietet. Schließlich denunziert Rosa Schwarz ihren Mann wegen vermeintlicher früherer antinazistischer Aktivitäten – die genauen Anschuldigungen variieren in den weiter unten zitierten Gerichtsakten – bei der Gestapo und bringt die fünf jüngeren Kinder in ein Heim der Israelitischen Kultusgemeinde. Michael Schwarz wird daraufhin am 13. April 1943 festgenommen, laut Tagesrapport der Gestapoleitstelle Wien wegen „Betätigung für die KPÖ“. Er sei geständig, heißt es dort, und habe sich „bereits im Jahre 1928 als Angehöriger der KPÖ an der Misshandlung eines politischen Gegners beteiligt [...]“.[4]

In der vor zwei Jahren in Wien aufgefundenen Erkennungsdienstlichen Kartei der Gestapo Wien finden sich ein Personalienschein, ein Fotografierschein, auf dem als Verhaftungsgrund „staatsfeindliche Betätigung“ vermerkt ist, und drei erkennungsdienstliche Fotos. Das sind die letzten verbliebenen Lebenszeichen von Michael Schwarz. Zweieinhalb Monate später, am 25. Juni 1943, wird er aus der Gestapohaft direkt nach Auschwitz deportiert,[5] von wo er nicht mehr zurückkehrt. Er wird am 25. November 1943 ermordet.

Wenn im Folgenden der Versuch gemacht wird, das Schicksal der Betroffenen anhand der Volksgerichtsakten zu rekonstruieren, so sei vorausgeschickt, dass es sich bei den Zitaten um Gerichtsmitschriften[6] handelt, die in der Regel nicht den Wortlaut der Aussage wiedergeben,

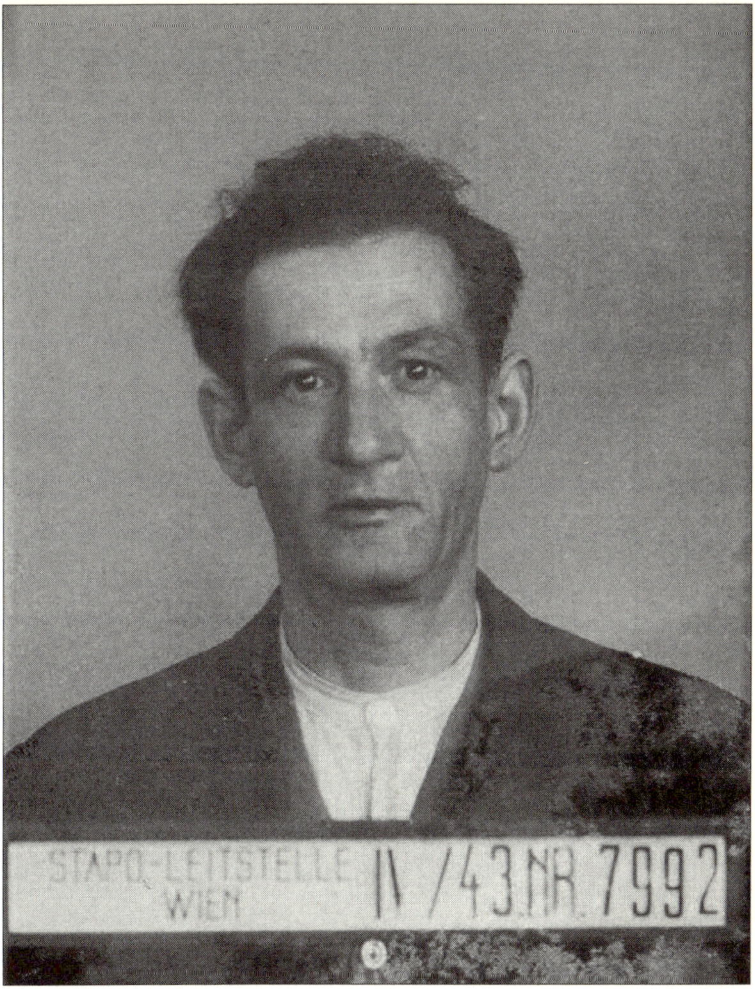

Michael Schwarz, geb. 1897 in Wien, gest. 1943 in Auschwitz

sondern nur die – oft amtsdeutsche – Ausdrucksweise der Gerichtsprotokollanten und, mitunter grob verkürzt, das dem Gericht wesentlich Erscheinende. Ein persönlicher Eindruck von der dahinter stehenden Person kann aus diesen Protokollen manchmal nur schwer entstehen. Dennoch eröffnet sich besonders aus den Aussagen der Kinder die ganze Tragik der Geschichte.

Die zwei ältesten Kinder, Erwin und Hilda, erhalten 1941 beziehungsweise 1942 Vorladungen zur Polizei; nach 1945 werden sie ihre Mutter vor dem Volksgericht beschuldigen, auch sie bei der Polizei angezeigt zu haben. Sowohl Erwin als auch Hilda verurteilt man wegen Nichttragens des „Judensterns" zu mehreren Wochen Polizeiarrest. Nach einer Verordnung vom September 1941 müssen alle Juden im Deutschen Reich ab dem sechsten Lebensjahr den gelben Stern auf der linken Brustseite der Kleidung „fest angenäht" tragen.[7]

Vom September 1942 an wohnen Erwin und Hilda – die drittälteste Tochter Berta kommt geraume Zeit später hinzu – gemeinsam mit dem Vater in einer von der Kultusgemeinde zur Verfügung gestellten Wohnung in der Zirkusgasse 11, bis Michael Schwarz festgenommen wird. Alle sieben Kinder – Erwin (21 Jahre alt), Hilda (achtzehn Jahre), Berta (sechzehn Jahre), Margarethe (vierzehn Jahre), Marie (zehn Jahre), Anna (sieben Jahre) und Kurt (sechs Jahre) – kommen schließlich im April 1944 in das Konzentrationslager Theresienstadt. Kinder aus „Mischehen", die mit den Eltern oder beim „arischen" Elternteil leben, sind hingegen, ebenso wie der im gemeinsamen Haushalt lebende jüdische Partner einer solchen Ehe, vor Deportation geschützt.

Das Verhältnis zwischen Rosa Schwarz und dem Nationalsozialisten Josef Scholz dauert ihrer Aussage nach acht Monate. Kurz darauf lernt sie einen neuen Mann kennen, den sie – nunmehr verwitwet und im Besitz des Totenscheins aus Auschwitz – im Dezember 1944 heiratet und dessen Namen Schnedlitz sie fortan trägt. Sie verlässt die Barackensiedlung und zieht zu ihrem Mann. Mathias Schnedlitz wird später vor dem Volksgericht seine Frau schwer belasten. Freilich interessiert er sich bis dahin nicht allzu genau für die Vergangenheit seiner Frau, die ihm erzählt, sie sei Mutter von zwei Kindern und habe diese auf Druck der Gestapo ins Konzentrationslager bringen müssen. Rosa Schwarz rechnet allerdings nicht damit, dass die Kinder die Zeit im Lager überleben und nach der Befreiung Theresienstadts durch die Rote Armee nach Wien zurückkehren werden.[8] Der Autor des oben genannten Artikels in *Der neue Weg*, Willy Krell, der selbst in Theresienstadt gewesen ist, kümmert sich dort nach seinen Möglichkeiten um die Kinder und gründet, nach Wien zurückgekehrt, den „Unterstützungsfonds der Schwarz-Kinder".[9]

Bei der ersten Vernehmung, die die Polizei auf Grund einer Anzeige des „KZ-Verbands" vornimmt, bestreitet Rosa Schnedlitz im März 1946 zunächst den Vorwurf, ihren Mann angezeigt zu haben, und beschuldigt stattdessen ihren früheren Liebhaber Josef Scholz, der – da 1945 verstorben – nicht mehr als Zeuge geladen werden kann. Sie gibt jedoch zu, ihre Tochter Hilda aus Angst bei der Polizei angezeigt zu haben.

> [...] Mein Gatte schickte mir von seinem Lohn 20 RM, 25 RM, 40 RM, dann wieder weniger. Ich konnte mit diesem Geld mein Auskommen nicht finden und übergab die Kinder (5) der israelitischen Kultusgemeinde. Der ältere Sohn war in den Persilwerken beschäftigt und wurde später durch die Anzeige des Betriebsrates von der Gestapo verhaftet. Die mittlere Tochter Hilda wollte durchaus den Judenstern nicht tragen und da ich diesbezgl. von Seiten der Polizei aufmerksam gemacht wurde, dass auch ich dadurch strafbar wäre, ich dies auch meiner Tochter öfters vorhielt, sie aber trotzdem keinen Stern trug, erstattete ich am Polizeikoat Simmering die Anzeige gegen sie. Meine Tochter erhielt eine Vorladung zur Polizei und ist nicht mehr zurückgekehrt. Im Jahre 1943 erhielt ich durch die Polizei die Verständigung, dass mein Mann verstorben sei. [...]
> Es ist richtig, dass ich meinem Gatten Michael Schwarz einen Brief schrieb, in dem ich ihn bat, er möge seine Einwilligung zur Scheidung der Ehe geben. Ich schrieb „Ich werde dir nicht weiter schaden und bringe Dir nur zur Erinnerung, was du am Gewissen hast" (Ermordung eines Nationalsozialisten [...]). Diesen Brief gab ich meinem damaligen Lebensgefährten Josef Scholz (verstorben), mit dem Bemerken, er möge ihn zu meinem Mann hintragen, welcher damals in der Zirkusgasse als Hauptmieter lebte. Scholz hat aber den Brief nicht meinem Mann übergeben, sondern wurde angeblich vorher von der Kriminalpolizei verhaftet. Ich vermute aber, dass Scholz den Brief zur Polizei gegeben hat.

Am Ende der Vernehmung gesteht Rosa Schnedlitz zumindest teilweise den Vorwurf der Denunziation ein. Als man ihr den schon erwähnten Artikel „Kinder klagen an" vorhält, gibt sie zu Protokoll, sie habe ihren ehemaligen Mann lediglich aus Angst davor angezeigt, dass sie das gleiche Schicksal – Gestapohaft oder Lager – treffen könne.[10]

Da diese Aussage den Verdacht gegen sie erhärtet, stellt die Polizei einen Haftantrag und überführt sie ins Untersuchungsgefängnis. Nach beinahe einjährigen Voruntersuchungen ergeht im März 1947 schließlich die Anklageschrift der Staatsanwaltschaft. Rosa Schnedlitz habe in Wien, heißt es darin,

> 1) In den Jahren 1938 bis 1942 in der Zeit der nationalsozialistischen Gewaltherrschaft aus politischer Gehässigkeit
> den Michael Schwarz in einen qualvollen Zustand versetzt;
> den Michael Schwarz, den Erwin Schwarz und die Hilda Schwarz in ihrer Menschenwürde gekränkt und beleidigt,
> 2) im Jahre 1942 zur Zeit der nationalsozialistischen Gewaltherrschaft in Ausnützung der durch sie geschaffenen Lage zur Unterstützung dieser Gewaltherrschaft und aus sonstigen verwerflichen Beweggründen, nämlich Rassenhass, den Michael Schwarz durch Denunziation bewusst geschädigt, wobei [...] sie vorhersehen musste, dass die Denunziation eine Gefahr für das Leben des Betroffenen nach sich ziehen werde,
> aus verwerflichen Beweggründen, nämlich aus Rassenhass, den Erwin Schwarz und die Hilda Schwarz durch Denunziation bewusst geschädigt, wobei sie zu den Angegebenen als Mutter aus natürlicher Pflicht in einem besonderen Verpflichtungsverhältnis gestanden sei und die Denunziation offenbar auf eigennützigen Beweggründen beruht habe.

Rosa Schnedlitz wird somit nach §3 (Verbrechen der Quälereien und Misshandlungen), §4 (Verbrechen der Verletzung der Menschlichkeit und der Menschenwürde) und §7 (Verbrechen der Denunziation) des Kriegsverbrechergesetzes (KVG) angeklagt.[11]

Rosa Schnedlitz nimmt schon vor der Hauptverhandlung einige der anfangs gemachten Aussagen zurück und behauptet beispielsweise, ihrer Tochter Hilda sei nichts geschehen, nachdem sie sie auf dem Kommissariat angezeigt hat.

[…] Ich war nie Mitglied der NSDAP oder einer ihrer Gliederungen. Im Jh. 22 habe ich den Juden Michael Schwarz geheiratet und bin ebenfalls zum Judentum übergetreten. Ich war Arierin gewesen und bin rk. [*römisch-katholisch*] […].
Im Jh. 1942 lernte ich Josef Scholz kennen. Nachdem ich vorher von der NSDAP aus gezwungen worden war, von meinem Mann Michael Schwarz wegzugehen. Mir wurde so von der Partei aus zugesetzt, die Lebensgemeinschaft mit dem Juden aufzugeben. Auf Veranlassung meines Lebensgefährten Scholz richtete ich einen Brief an meinen Mann Michael Schwarz, er möge in die Ehescheidung einwilligen. Da dieser in eine Ehescheidung nicht einwilligen wollte, schrieb ich über Betreiben des Scholz neuerlich einen Brief, worin ich ihn erinnerte, dass er im Jh. 28, als die Kommunisten in der Lobau Jagd auf Nazis machten, sich ebenfalls daran beteiligt und Nazi verprügelt hatte. Ich bat Herrn Scholz diesen Brief nur meinem Mann persönlich zu geben. Scholz aber hat diesen Brief hinterrücks auf die Polizei getragen und ich wurde auf Grund dieses Sachverhalts zur Polizei vorgeladen.
Was mit meinem Mann geschehen ist, wusste ich damals nicht. […] Erst bei der Gestapo habe ich erfahren, dass mein Mann in Auschwitz war und dort gestorben ist. […]
Was meine mittlere Tochter Hilda anlangt, so habe ich betreffs ihrer beim Pol. Koat Simmering lediglich vorgebracht, dass sie nicht den Judenstern tragen wolle. Ich habe es nicht schlecht gemeint und wollte ihr lediglich durch die Polizei eine Belehrung erteilen lassen, da sie auf meine Ermahnungen nicht hören wollte. Meine Tochter Hilda wurde auf das Pol. Koat vorgeladen und es ist ihr dort nichts geschehen.
Mein ältester Sohn Erwin wurde vom Betriebsleiter d. Fa. Persil angezeigt, weil er Jude war und […] auch deswegen entlassen. Ich selbst habe weder ihn noch meine anderen Kinder […] angezeigt. Ich habe sie lediglich in die jüdische Fürsorge der israelitischen Kultusgemeinde überstellt und zwar aus Not, weil ich keinen Verdienst hatte und […] nicht das Auslangen finden konnte.
Wieso meine Kinder nach Theresienstadt kamen, entzieht sich meiner Beurteilung. Ich habe nichts dazu beigetragen und gegen sie keine Anzeige erstattet. Es kann dies nur durch die Gestapo

aus eigenem geschehen sein, da sowohl ich als auch meine Kinder durch sie fortwährend verfolgt wurden und Vorladungen erhielten. [...]
Meine Kinder Erwin und Hilde befinden sich in Wien und zwar wohnen sie irgendwo im 6. Bezirk. Die übrigen Kinder sollen sich derzeit in der Schweiz befinden.
Zum Vorhalt des Art. aus der Zeitschrift „Der neue Weg – Kinder klagen an", gebe ich folgendes an, ich bleibe bei meiner bisherigen Verantwortung, ich habe weder meinen Mann noch meine Kinder angezeigt noch ins KZ gebracht, ich war immer gut zu meinen Kindern, habe für sie gearbeitet und würde nicht auf die angegebene Art und Weise mein Gewissen belastet haben. [...]
Ich bekenne mich nicht schuldig.[12]

Wie viele Angeklagte verteidigt sich auch Rosa Schnedlitz damit, Opfer der Gestapo und anderer Behörden gewesen und von diesen zu ihrem Verhalten gezwungen worden zu sein.

Nachdem die Aussagen der Tochter Hilda, mittlerweile 21 Jahre alt, vorgelesen wurden, gibt diese zu Protokoll:

[...] Es stimmt nicht, dass ich beim Polizei Komm. Simmering auf Grund der Anzeige meiner Mutter im April 1942 keine Strafe erhielt, sondern ich erhielt 6 Wochen Arrest, die ich auf der Elisabethpromenade[13] absitzen musste. Anschließend kam ich in das Sammellager in der Sperlgasse[14]. [...]
Die Beschuldigte drohte auch meinem Vater, er solle sich scheiden lassen, und da er dies nicht machte, hat die Besch. ihn bei der Gestapo angezeigt wegen kommunistischer Betätigung. Dies war auch der Grund, weshalb mein Vater verschickt wurde, von wo er nicht mehr zurückkehrte.
Es stimmt nicht, dass die Beschuldigte von der Partei gezwungen worden ist, die Scheidung einzureichen, sondern dies ging ausschließlich von der Besch. selbst aus. Sie hat damals auch einige andere Männer, außer dem Scholz, als Lebensgefährten gehabt [...].[15]

Hilda erzählt vor Gericht vom Wiedersehen mit der Mutter nach 1945:

Als ich im Juli 1945 von Theresienstadt nach Wien zurückkehrte, kam die Beschuldigte und stellte mich zur Rede, weshalb ich nicht komme und mich nicht anschauen lasse. Ich gab ihr darauf zur Antwort, dass sie uns genug angetan hätte, durch ihre Anzeige meines Vaters, der im KZ vergast wurde, und durch die Anzeigen, [deretwegen] [...] sie meinen Bruder und mich wegen Nichttragens des Judensterns zu 6 Wochen Arrest und anschließend ins Sammellager in der Sperlgasse [schickten]. Darauf gab die Beschuldigte zurück: „Weißt Du, dass ich gegen Dich die Anzeige machen kann?" Ich gab zur Antwort: „Das kannst Du ja tun."[16]

In der späteren Hauptverhandlung sagt Hilda aus, dass alle Geschwister sehr am Vater gehangen seien. Die Mutter habe sich schon 1939/40 scheiden lassen wollen. Anfangs sei der Vater damit einverstanden gewesen, er habe es sich später aber wieder überlegt. Als er bereits auswärts arbeitete und nur auf Urlaub nach Hause kommen konnte, sei er von der Mutter nicht mehr in die Wohnung gelassen worden, weil ein anderer Mann da war.

Bis 1942 habe sie, Hilda, keinen Judenstern getragen und in einer „arischen" Firma gearbeitet.

Dann ist mein Bruder wegen Nichttragens des Judensternes verhaftet worden, bald darauf ich. Ich wurde auf das Pol. Kommissariat Simmering gerufen, wo mir mitgeteilt wurde, dass mich die Mutter wegen Nichttragens des Judensternes angezeigt hat. Ich bekam 6 Wochen Arrest. [...] Wir haben dann eine Wohnung in der Zirkusgasse bekommen. Inzwischen hat die Mutter die kleinen Geschwister in das Kinderheim gegeben. Trotz allem, was vorgefallen war, hat mein Vater meiner Mutter geschrieben, sie solle wieder kommen, er sei bereit ihr zu verzeihen. Meine Mutter aber hat auf die Scheidung bestanden. Daraufhin hat sie den Vater von der Gestapo verhaften lassen. Dann kamen wir alle 7 Kinder nach Theresienstadt.
Die Mutter hat den Ausdruck „Jude" immer im Munde gehabt.[17]

Erwin, der älteste Sohn, zu Ende des Gerichtsverfahrens im Frühjahr 1947 24 Jahre alt, hat das Familienleben bis zum Jahre 1938 in guter

Erinnerung. Anfang 1939 fährt er, damals sechzehn Jahre alt, zur Arbeit in der Landwirtschaft ins „Altreich“, kehrt jedoch im Oktober nach Wien zurück und findet Arbeit bei den Persil-Werken. Als der Vater bereits in Steyr arbeitet, erfährt Erwin von seiner Mutter, dass sie sich scheiden lassen will.

> Ich habe dann […] meinem Vater geschrieben, dass sie uns Kinder nicht mehr will. Meine Mutter sagte zu dieser Zeit, dass sie vom Vater nichts mehr wissen will und dass dieser „Jude weg muss“. Dann hat meine Mutter dem Vater auch keine reine Wäsche mehr geschickt, indess er aber nach wie vor sein verdientes Geld der Mutter sandte. […] Zu dieser Zeit wurde auch meine Schwester von der Mutter stets beschimpft. […] Als mein Vater zu Weihnachten auf Urlaub kam, hat ihn meine Mutter nicht hereingelassen und hat ihm die Herausgabe seiner Stiefel verweigert. Meine Schwester Berta hat sie ihm dann aus dem Fenster herausgereicht und wurde deshalb von meiner Mutter geschlagen. Auch die anderen Kinder sind vom Fenster von der Mutter weggejagt worden.
> Ich habe keinen Stern getragen und in den Persilwerken wusste man nicht, dass ich Mischling bin.[18]

Am 10. Februar 1942 wird Erwin von den Persil-Werken entlassen.[19] Er sagt später aus, dass der Betriebsobmann Anton Krogner das veranlasst habe, da er „Halbjude“ sei. Bei dieser Gelegenheit habe ihm der Obmann auch mitgeteilt, die Mutter sei persönlich gekommen und habe eine entsprechende Meldung gemacht.[20] Erwin bleibt auch in der Hauptverhandlung bei seiner Aussage, die Mutter habe ihn bei der Firma denunziert. Rosa Schnedlitz bestreitet das bis zum Schluss und behauptet, die Firma Persil habe in eigener Initiative gehandelt. Das Gericht versucht, der Sache nachzugehen, holt Auskunft bei Persil ein und vernimmt einen leitenden technischen Angestellten sowie einen Schlosser der Firma als Zeugen.

In ihrer Antwort an das Volksgericht bestätigt die Geschäftsleitung von Persil die Entlassung und legt ein Schreiben vom 9. Februar 1942 bei, das diese gegenüber dem Arbeitsamt argumentiert. Darin heißt es:

> Schwarz Erwin Israel[21], geboren am 22. März 1923 […], seit 1. 11. 1939 als Werkarbeiter beschäftigt.

Wir haben uns heute veranlasst gesehen, den Obgenannten für 10. ds. M. abends zu kündigen. Der Grund liegt darin, dass sich herausgestellt hat, dass der Genannte als Volljude gilt. Dies erfuhren wir aus der vor einigen Tagen vorgelegten Steuerkarte und aus den daraufhin gepflogenen Erhebungen. Da für die Beschäftigung von Juden besondere Bestimmungen gelten, die namentlich hinsichtlich der Beschäftigung in geschlossenen Arbeitsgruppen, an gesonderten Arbeitsplätzen in unserem Betriebe bei einer Einzelperson nicht durchführbar, war uns keine andere Möglichkeit geboten. Bei der geschlossen arischen Belegschaft unseres Betriebes hätte die Weiterbeschäftigung eines Juden zu Unerträglichkeiten geführt.
Wir bitten Sie daher, zur Kündigung Ihre nachträgliche Zustimmung zu erteilen.
Heil Hitler!
[*Unterschrift unleserlich*][22]

An dieser Stelle sei zum besseren Verständnis eine Anmerkung erlaubt: Es fällt schwer, sich in eine Zeit zurückzuversetzen, die keinen Aufwand scheut, Juden in verschiedene komplizierte „Rassekategorien" einzuteilen. Hinzu kommt, dass auch die damals direkt Betroffenen die Rassengesetze nicht sofort und nicht im Detail begreifen – nur allzu verständlich, wenn man sich den Gesetzestext und die zahllosen nachträglichen Verordnungen ansieht. Die älteren Schwarz-Kinder erwähnen vor Gericht, sie hätten als „Mischlinge" oder „Halbjuden" gegolten. Tatsächlich aber gelten sie nach der 1. Verordnung zum Reichsbürgergesetz (Nürnberger Rassengesetze) als „Volljuden", obwohl sie nur zwei jüdische Großelternteile (nämlich väterlicherseits) haben. Der Grund dafür ist, dass sie nach einem im Gesetz festgelegten Stichtag (16. September 1935) der jüdischen Religionsgemeinschaft angehören.[23] Für die Nationalsozialisten sind sie deshalb so genannte Geltungsjuden und damit „Volljuden" gleichgestellt.

Zwar unternehmen viele Juden in Unkenntnis des genauen Gesetzeswortlauts – oder trotz allem ihre Hoffnung bewahrend – nach dem „Anschluss" den verzweifelten Versuch, durch Taufe und Übertritt zum Christentum der Verfolgung zu entgehen und ihre Kinder zu schützen – so werden auch die Schwarz-Kinder Ende 1938 beziehungsweise Weihnachten 1939 getauft[24] –, das hat aber in der Praxis keine Relevanz.

Der technische Angestellte Erwin Keschmann war offensichtlich in die Entlassung Erwins involviert. Er bestätigt vor Gericht, auf Grund der Steuerkarte sei festgestellt worden, dass Erwin Schwarz „Volljude" sei. Eine Anzeige durch die Mutter sei nicht vorgelegen. Er behauptet jedoch nun, die Entlassung sei wegen schlechter Arbeitsleistung und öfteren unentschuldigten Fernbleibens erfolgt. Die Kündigung sei dem Arbeitsamt nur deshalb mit „rassischen Gründen" argumentiert worden, um einen Ersatz für ihn zu bekommen.[25]

Der zweite Zeuge, Erwins ehemaliger Kollege, berichtet, Erwin habe ihm damals auf seine Frage nach dem Entlassungsgrund geantwortet, er müsse einrücken[26] – eine Antwort, die, sollte sie Erwin so gemacht haben, nur allzu verständlich ist, hat er es doch bis dato geschafft, in der „arischen Belegschaft" der Firma unterzutauchen.

Warum der damalige Betriebsobmann Krogner, den Erwin als Zeugen nennt, nicht vorgeladen wird, ist heute nicht mehr festzustellen.

Was die Aussage Keschmanns betrifft, so wäre es zumindest vorstellbar, dass es sich dabei auch um eine nachträgliche Rechtfertigung der damaligen Kündigung handelt. Konfrontiert mit der „peinlichen" Frage des Gerichts, wie es zu einer Kündigung Erwins aus „rassischen Gründen" gekommen sei, mag es besser aussehen, die „rassische Begründung" als taktisch hinzustellen und sich auf andere Gründe zu berufen. Wie auch immer, die von Erwin in dieser Sache vorgebrachte Anschuldigung gegen seine Mutter kann nicht bewiesen werden und das Gericht entscheidet – wohl auch im Hinblick auf die erwiesene Schuld der Angeklagten in anderen, schwerer wiegenden Punkten –, diesen Anklagepunkt fallen zu lassen.[27]

Erwin erzählt weiter, dass er auf Vermittlung des „Jüdischen Arbeitsamtes" eine Stelle bei der Firma „Wiener Papier" am Aspangbahnhof bekommt und nach der Arbeit oft zu Freunden geht. Eines Tages besucht er einen Freund, der wie er in der Barackensiedlung Hasenleiten wohnt. Noch mehr Freunde kommen hinzu. Plötzlich überbringt ein Mädchen die Nachricht, dass „hohe Soldaten" in der Wohnung der Simoneks seien. (Alois Simonek jun. ist einer der Freunde, bei denen sich Erwin gerne aufhält.) Die Freunde sehen sofort nach und bringen in Erfahrung, dass die SS nach Erwin sucht. Erwin berichtet, dass er sich zunächst in der Wohnung einer Freundin versteckt hält, am nächsten Tag aber nach Hause geht,[28] um herauszufinden, ob die Mutter hinter der Sache steckt.

> Am nächsten Tage sagte ich zu meiner Mutter, dass ich auf der Polizei war, um mich der SS zur Verfügung zu stellen. Ich wollte nämlich mit dieser Frage meine Mutter fangen. Meine Mutter sagte, dass sie mich bei der Gestapo angezeigt habe, da ich spät abends heimkomme und mit arischen Mädchen verkehre. Sie hat damit zugegeben, dass sie die SS-Durchsuchung veranlasst habe.[29]

Erwin berichtet auch, dass er, wie später seine Schwester Hilda, durch Anzeige der Mutter bei der Polizei zu sechs Wochen Arrest wegen „Nichttragens des Judensterns“ verurteilt wird.

> Ich bin dann [*nach dem Arrest*] wieder nach Hause gegangen. Ich habe sogar noch verschiedenes mitgebracht nach Hause und habe der Mutter keinerlei Vorwürfe über ihre Handlungsweise gemacht. Ich war damals noch zu dumm dazu.[30]

Nun näht sich Erwin den gelben Stern an die Kleidung.[31]

Im Sommer 1942 kommt der Vater aus Steyr zurück und muss in Wien verschiedene Zwangsarbeiten verrichten. Er meldet sich Erwins Aussagen zufolge beim Sammellager in der Sperlgasse. Erwin geht mit ihm, ebenso die beiden ältesten Schwestern.[32] Erwin berichtet außerdem, dass der Vater sich am „jüdischen Auswanderungsamt“ anmeldet. Alles deutet darauf hin, dass zumindest Erwin zu diesem Zeitpunkt glaubt, alle vier könnten auswandern, was jedoch nicht mehr möglich ist: Im Oktober 1941 wird ein generelles Auswanderungsverbot für Juden verfügt.[33] Die unter Leitung von Adolf Eichmann für die Deportation verantwortliche Behörde, die bis 1941 noch die zwangsweise Auswanderung der österreichischen Juden organisiert, nennt sich jedoch weiterhin „Zentralstelle für jüdische Auswanderung“.

Die Wochen bis zum September 1942 verbringen der Vater und die drei ältesten Kinder im Sammellager. Dort erfahren sie, dass die Mutter die übrigen Geschwister in ein Kinderheim der Kultusgemeinde gebracht hat. Damals sind in Wien bereits zwei der drei jüdischen Kinderheime beziehungsweise Waisenhäuser samt Personal deportiert. Im verbliebenen Heim in der Tempelgasse befinden sich noch insgesamt 70 Kinder.[34]

Es stellt sich die nicht eindeutig zu beantwortende Frage, wie es dazu kommt, dass Michael Schwarz und die drei älteren Kinder mehrere Wochen, vielleicht Monate, im Sammellager verbringen und danach wieder entlassen werden. Normalerweise bekommen die noch in Wien verbliebenen Juden eine Aufforderung, sich mit ihrem Gepäck im Sammellager einzufinden oder sie werden in Nacht- und Nebelaktionen abgeholt und zum Transport zusammengestellt. Der Aufenthalt in den Matratzenlagern dauert in der Regel nur einige wenige Tage. Michael Schwarz, der nicht in die gemeinsame eheliche Wohnung zurück kann, meldet sich vermutlich in seiner Not und vielleicht im Glauben, mit seinen Kindern auswandern zu können, „freiwillig“ in der Sperlgasse. Da er noch als mit einer „Arierin“ verheiratet gilt und die Kinder dieser „Mischehe“ entstammen, können er und die Kinder laut den bestehenden Gesetzen zunächst nicht ohne weiteres deportiert werden. Offensichtlich beauftragt die NS-Bürokratie nach dementsprechenden Ermittlungen die Kultusgemeinde, Michael Schwarz und seinen Kindern eine Wohnung zur Verfügung zu stellen. Jedenfalls bestätigt ein Dokument der Kultusgemeinde vom September 1942 die Entlassung aus dem Sammellager und die Einweisung in eine eigene Wohnung.[35]

Nach dem letzten großen Transport im Oktober 1942 befinden sich noch zwischen 10.000 und 11.000 Juden in Wien, darunter jene, die in „Mischehe“ leben.[36]

> Wir wurden dann aus dem Lager entlassen und haben in der Zirkusgasse eine Wohnung bekommen. Ich ging damals zu meiner Mutter und verlangte die Möbel, welche mir aber diese nicht herausgab. Meine Mutter stellte mir damals einen Mann vor. [...] Außerdem hatte die Mutter noch einen Freund, der meine Hemden trug. Am 13. 4. 1943 bekam mein Vater eine Vorladung zur Gestapo und ist von dort nicht mehr zurückgekehrt. Meine Schwester wurde dann zu einem Rechtsanwalt gerufen und ihr mitgeteilt, dass meine Mutter den Vater wegen kommunistischer Umtriebe angezeigt habe. Mein Vater soll alles zugegeben haben. [...][37]

Die drei Geschwister bleiben nach der Verhaftung des Vaters in der Wohnung in der Zirkusgasse. Hilda hat eine Stelle in einer Korbflechterei, Berta arbeitet bei der Firma Knorr und Erwin in der Müllverwertung.

> Da wir nicht beim arischen Elternteil mehr wohnten, so wurden wir am 26. 4. 1944 von der Judenpolizei[38] geholt und kamen in die Malzgasse in ein Lager, wo wir verhört wurden. So wurden dann alle 7 Kinder nach Theresienstadt verschickt. [...] [39]

Von dem Jahr im Konzentrationslager wissen wir wenig. Erwin berichtet später, dass er zum Brückenbau nach Wulkow bei Berlin geschickt wird, im Januar 1945 wieder nach Theresienstadt zurückkommt und alle sechs Geschwister am Leben findet. Sie bleiben bis zur Befreiung durch die Rote Armee im Mai 1945 zusammen und kehren dann nach Wien zurück. Angesichts der Tatsache, dass Theresienstadt für mehr als die Hälfte aller Deportierten nur eine Durchgangsstation für die weitere Verschickung in andere Konzentrations- und Vernichtungslager ist, bedeutet es ein unvorstellbares Glück, dass alle sieben Kinder am Leben bleiben. Von den über 15.000 aus Wien nach Theresienstadt deportierten Menschen kommt ungefähr die Hälfte in Vernichtungslagern ums Leben, weitere etwa 6000 sterben im Lager selbst an Unterernährung und Krankheiten.[40]

In Wien erfährt Erwin, dass seine Mutter inzwischen wieder geheiratet hat und nun Schnedlitz heißt. Vor Gericht gibt er an, gehört zu haben, dass die Mutter für den Vater Hinterbliebenenfürsorge beziehe und einen Ausweis habe, der sie berechtige, besondere Lebensmittel zu bekommen, da ihre Kinder im KZ waren.[41] Erwin nennt Zeugen dafür, die aber seine Angaben nicht bestätigen können. Das Gericht stellt keine weiteren Nachforschungen an. Heute lässt sich nicht mehr überprüfen, ob Rosa Schnedlitz tatsächlich schon damals Opferfürsorge beantragt, denn die Akten der provisorischen Antragsstelle – erst 1947 wird die „Opferfürsorge" offiziell installiert – sind nicht auffindbar. Nachzuweisen ist jedoch, dass sie in den Sechzigerjahren versucht, Opferfürsorge zu erhalten; dazu später.

Alois Simonek sen., der Vater von Erwins oben genanntem Freund und bis 1942 Nachbar der Familie, berichtet dem Gericht später, dass Michael Schwarz eines Tages, auf Urlaub vom Straßenbau, zu ihm kommt und sagt: „Denk dir, meine Frau will nichts mehr von mir wissen." Schwarz schläft bei ihm, weil seine Frau ihn nicht in die Wohnung lässt. Simonek bestätigt auch, dass die Gestapo einmal in seine Wohnung kommt und nach Erwin sucht. Dieser befindet jedoch gerade in einer Nachbarwohnung.[42]

Auch Berta, mittlerweile neunzehn, sagt gegen ihre Mutter aus:

> […] Mein Vater ist dann auswärts auf Arbeit gekommen und da hat meine Mutter immer einen anderen Mann gehabt. […] Als mein Vater auf Urlaub gekommen ist, hat ihn die Mutter nicht zu Hause schlafen lassen, er musste in einem Durchzugslager oder bei Bekannten übernachten. Auch ich habe den Stern nicht getragen, aber bei mir hat die Mutter nichts gesagt, weil ich immer zu Hause im Haushalt war. Zuerst hat meine Mutter den Erwin, dann die Hilda angezeigt. […] Nach der Todesnachricht vom Vater sind wir alle weggekommen. Die Mutter hat immer mit der Gestapo gedroht. Die Mutter sagte öfter „Der Jud muss weg".[43]

Sowohl Berta als auch Erwin bestätigen Hildas Aussage, der zufolge der Vater der Mutter verzeihen wollte, wenn sie wieder zu ihnen käme. Diese habe jedoch abgelehnt, da sie nicht mehr mit einem Juden leben und – so Erwin – ein neues Leben beginnen wollte.[44] Wir wissen nicht, aus welchen Gründen Michael Schwarz im Herbst 1942 den Versuch unternimmt, seine Frau zur Rückkehr zu bewegen. Aber eines ist allen Betroffenen zu diesem Zeitpunkt klar: Nur wenn der „arische" Elternteil sich nicht vom Mann und den Kindern trennt, können sie bestimmten Zwangsmaßnahmen und vor allem einer „Evakuierung" – so der offizielle nationalsozialistische Begriff – Richtung Osten, wie sie zu diesem Zeitpunkt längst im Gange ist,[45] entgehen.

Das Gericht vernimmt drei weitere Zeugen, die im Laufe der Ermittlungen namhaft gemacht werden. Das Ehepaar Marie und Josef Stiglitz, unmittelbare Wohnungsnachbarn der Familie Schwarz bis 1941, gibt übereinstimmend an, dass sich das Verhältnis zwischen Rosa und Michael Schwarz nach dem „Anschluss" verschlechtert habe. Marie Stiglitz:

> Ich […] weiß, dass nach dem März 1938 die Kinder und der Mann von der Besch. sehr schlecht behandelt worden sind. Die Beschuldigte hatte einen Liebhaber […] und es gab oftmals Streit […], da sie sich von ihm scheiden lassen wollte. Ich selbst wurde von der Beschuldigten wegen eines geringfügigen Anlasses bei der Polizei angezeigt u. musste auch eine Strafe bezahlen.[46]

Beide berichten von einer Begebenheit aus der Zeit nach dem „Anschluss": Im Jahre 1938, als zum ersten Mal das Mutterkreuz[47] verliehen wird, kommt Rosa Schwarz ganz aufgeregt in ihre Wohnung und sagt: „Schau'n S', wir sind keine Mütter, wir bekommen kein Mutterkreuz, ich bleibe bei dem Juden nicht, der Jude muss weg."[48]

Margarethe Kuttenberger, eine weitere Zeugin, kennt die Angeklagte, weil sie vor vielen Jahren einmal mit ihrem Mann zur Untermiete bei ihr gewohnt hat. Sie berichtet von einem Wiedersehen sowohl mit Rosa als auch mit Michael Schwarz im Jahre 1943: Sie trifft Rosa Schwarz zufällig auf dem Arbeitsamt, diese erzählt ihr, sie wolle sich scheiden lassen, weil ihr Mann Jude sei. „Ich war darüber entrüstet", so Kuttenberger, „zumal ich wusste, dass sieben Kinder da sind, und ich gab meinem Unmut darüber auch Ausdruck. Da drohte mir die Angeklagte mit den Worten: ‚Reden S' nicht soviel, sonst kommen Sie noch wohin.' […]"[49]

In einer früheren Vernehmung berichtet Margarethe Kuttenberger von einer ebenso zufälligen Begegnung mit Michael Schwarz, der 1943 Grabearbeiten im Wohnhaus der Zeugin verrichten muss. Er erzählt ihr, dass seine Frau sich scheiden lassen wolle, er aber wegen der Kinder nicht einverstanden sei.[50]

Der Zeuge Sigmund Mühlrad lernt Michael Schwarz und seine ältesten Kinder 1943 kennen, als diese bereits in die Zirkusgasse, in der auch er wohnt, übersiedelt sind. Zu dieser Zeit ist er gemeinsam mit Michael Schwarz bei der Müllauswertung zwangsverpflichtet. Mühlrad kennt Rosa Schwarz nicht und kann aus eigener Wahrnehmung nichts zur Anklage beitragen. Er habe jedoch von seiner Frau gehört, dass die Angeklagte, nachdem der Vater und die Kinder weg waren, alle Möbel aus der Wohnung haben wollte, diese aber nicht bekommen habe, da sie der Kultusgemeinde gehörten. Seine Frau habe Rosa Schwarz auch Vorwürfe über ihre Handlungsweise gemacht, worauf diese geantwortet habe: „Das sind Juden und diese gehören weg!"[51]

Auch Wilhelm (Willy) Krell, der Verfasser des eingangs erwähnten Artikels, der die Kinder von Theresienstadt her kennt, wird als Zeuge geladen. Er kann über die Beschuldigte aus eigener Wahrnehmung nichts sagen und nur das wiedergeben, was die Kinder ihm erzählt haben, berichtet aber, dass diese erst am Vortag bei ihm im KZ-Verband gewesen seien. Sie hätten den jetzigen Ehemann der Mutter aufgesucht und dieser habe ihnen erzählt, er sei erst nachträglich auf das Vorleben seiner Frau „daraufgekommen".[52]

Daraufhin wird der Ehemann, Mathias Schnedlitz, als Zeuge vorgeladen. Er hat Rosa Schwarz durch eine Zeitungsannonce kennen gelernt:

> […] Sie erklärte mir, sie sei die gesch. Frau eines im Kazett verstorbenen Juden, namens Michael Schwarz, somit nunmehr Witwe. Sie zeigte mir auch den Totenschein davon. Ich fragte sie, wieviel Kinder sie habe, und sie gab an, 2 zu haben, die im Kazett Theresienstadt seien. Nach meiner Verehelichung mit der Besch. sah ich einmal bei ihr das Arbeitsbuch, worin ihre Kinderanzahl mit 7 Stück eingetragen waren […].
> Über den Aufenthalt ihrer Kinder im Kazett gab sie an, sie sei hiezu von der Gestapo gezwungen worden, die Kinder ins Kazett zu bringen, sonst wäre sie selbst dorthin gekommen. Solange die Besch. während unseres Zusammenlebens ihre Kinder in Theresienstadt wusste, war mit ihr ein ziemlich gutes Zusammenleben. Dies änderte sich aber, als sie erfuhr, dass die Russen Theresienstadt eingenommen und die Kazettinsassen, darunter ihre Kinder, befreit worden wären. Als ich ihr vorhielt, dass mein Sohn Rudolf Schnedlitz von ihrem eigenen Sohn Erwin Schwarz in der Tanzschule erfahren hatte, sie hätte ihn und die Geschwister ins Kazett gebracht, geriet sie in äußerste Erregung, nahm ein auf dem Tische liegendes Messer und wollte damit auf mich losgehen. […] Die Besch. gab mir weiters im Vertrauen an, sie hätte sich wollen in der Nazizeit von ihrem ersten Mann Michael Schwarz scheiden lassen, der, wie gesagt, Jude war. Da dieser es aber ablehnte, hat sie ihm einen Brief ins Lager geschrieben, wo er gearbeitet hat, in welchem sie ihm drohte, falls er nicht in die Scheidung einwillige, werde sie ihn bei der Gestapo als illegalen Kommunisten anzeigen. Sie behauptete weiters, dass dieser Brief […] von den deutschen Behörden [abgefangen] worden wäre, worauf auf Grund des Inhaltes des Briefes ihr Mann nach Auschwitz kam. Meine Frau brüstete sich auch, sie habe noch mehr Juden ins Kazett gebracht, so auch einen jüdischen Zahnarzt […]. Während meine [Gattin] während der Nazizeit eine eifrige Anhängerin des Systems war und jeden Juden fressen wollte, hat sie nach dem Jahre 1945 versucht, sich auf die kom. Seite zu schlagen, und sich direkt als Nazifresserin gebärdet.[53]

Während der gesamten Vernehmungs- und Verhandlungszeit gibt es keine einzige Aussage zugunsten der Angeklagten. Auch Rosa Schwarz selbst nennt keine Entlastungszeugen. Das politische Leumundszeugnis bestätigt ihre politische Unbelastetheit. Sie sei niemals Angehörige der NSDAP oder einer ihrer Gliederungen gewesen noch habe sie sich für Politik interessiert.[54] Der Simmeringer Erhebungsbeamte, der dieses Zeugnis erstellt hat, kennt die Familie Schwarz zufällig auch persönlich, da er als Kind vis-à-vis von ihnen gewohnt hat. Auch er wird als Zeuge vernommen. Er erinnert sich an die ärmlichen Verhältnisse der Familie Schwarz und bescheinigt der Angeklagten, „sehr viel mitgemacht" zu haben, „da sie so viele Kinder hatte"[55]. Das ist das einzige Mal, dass Rosa Schwarz so etwas wie „positive Erwähnung" findet.

Eine Zeugin, die die Angeklagte im Februar 1945 kennen lernt – nach der Zerstörung ihrer Wohnung durch Bomben wird sie in einen Teil dieser Wohnung eingewiesen–, berichtet, dass die Angeklagte kurz vor der Befreiung einmal im Luftschutzkeller geäußert habe, „dass sie unglücklich darüber sei, dass ihr Mann im KZ umgebracht wurde und ihre Kinder in Theresienstadt seien". Nicht ohne hinzuzufügen, damals sei das Gerücht umgegangen, Rosa selbst trage an der „Verschickung" Schuld. Die Beschuldigte sei als „notorische Lügnerin" bekannt.[56]

Zwei Monate vor Ende des Prozesses stellt Rosa Schnedlitz einen Antrag auf Enthaftung, weil ihr Gesundheitszustand sich verschlechtert habe und weil sich, wie sie glaubt, ihre Schuldlosigkeit erwiesen habe. Der Antrag wird abgelehnt.[57]

In der Hauptverhandlung äußert sich Rosa Schnedlitz noch einmal zu allen Anklagepunkten:

> Ich fühle mich in keinem Punkte schuldig. [...] Politisch habe ich mich nicht betätigt. Trotz der Not haben wir gut gelebt. Mein Mann war brav und hat alles Geld zu Hause hergegeben. [...] Als mein Mann schon in Steinhaus [*gemeint ist Steyr*] war, hat er mir geschrieben, dass wir uns scheiden lassen sollen, um politischen Unannehmlichkeiten auszuweichen, später hat er es sich wieder überlegt. [...] Den Scholz habe ich im Jahre 1941/42 kennen gelernt. [...] Er war ein großer Nazi und ein sehr schlechter Mensch. Im Jahre 40/41 schon habe ich von meinen 7 Kindern die fünf kleinen Kinder der Kultusgemeinde überstellt. [...] Von der Polizei aus wurde ich aufmerksam gemacht, dass die Kinder den Judenstern zu tragen haben. Besonders Hilda hat sich geweigert [...]. Ich musste dann auf der Polizei irgendetwas unterschreiben und es wurde mir gesagt, dass man die Hilda vorladen werde. Dass ich meinen Sohn Erwin angezeigt habe, entspricht nicht der Tat-

> sache. Erwin wurde von der Firma Persil aus, wo er angestellt war, angezeigt. [...] Was den verhängnisvollen Brief an meinen Mann betrifft, so wurde ich von Scholz dazu beredet, diesen zu schreiben. [...] Scholz hat dann den Brief an sich genommen und ihn hinter meinem Rücken, statt aufzugeben, der Polizei übergeben. [...] Ich wurde dann auf die Gestapo geladen, wo mir das Schreiben vorgehalten wurde. Ich habe aber dort angegeben, dass ich den Brief unter Zwang geschrieben habe. [...] Ich habe ferner auf der Gestapo angegeben, dass mein Mann sich kommunistisch betätigt. Ich gebe daher auch indirekt die Denunziation meines Mannes zu. Scholz verschwand dann und ich gebe zu, mit Scholz ein Verhältnis gehabt zu haben. Mein Mann wollte dann nichts mehr von mir wissen. [...] Ich bestreite es entschieden, jemals gesagt zu haben, „Der Jud' muss weg!" – Freilich gebe ich zu, dass vielleicht irgendein ähnlicher Ausdruck gefallen ist. Im Jahre 1944 lernte ich den Schnedlitz kennen. Die großen Kinder wollten zu dieser Zeit schon nichts mehr von mir wissen. [...] Was meinen Sohn betrifft, so ist wegen ihm die HJ gekommen und hat ihn gesucht. Wir durften dann, meine Kinder und ich, nicht mehr zusammen wohnen. [...] Als ich erfuhr, dass die Kinder nach Theresienstadt kommen sollten, bin ich noch auf den Bahnhof gelaufen, um sie noch einmal zu sehen, aber der Zug war bereits weggefahren. Nach 6 Monaten sind alle Kinder wieder zurückgekommen und kamen zur Kultusgemeinde in Obhut.[58]

Auf Grund ihrer eigenen Angaben und der Zeugenaussagen wird Rosa Schnedlitz vom Volksgericht Wien am 24. Juni 1947 in allen Punkten der Anklage, bis auf den Vorwurf der Denunziation ihrer beiden ältesten Kinder Erwin und Hilda, für schuldig befunden und zu fünf Jahren schweren Kerkers sowie zum Ersatz der Verfahrens- und Haftkosten verurteilt. Nach §9 des KVG wird auf Einziehung ihres gesamten Vermögens erkannt. In der Urteilsbegründung heißt es:

> Die Angeklagte gab an, und zwar gleichlautend vor der Polizei, im Vorverfahren und bei der Hauptverhandlung, dass sie einmal [...] einen Brief an ihren Gatten geschrieben habe, in welchem sie diesen bat, in die Ehescheidung einzuwilligen, sonst werde er schon wissen ..., sie meinte damit seine seinerzeitige Betätigung gegen die NSDAP. Dieser Brief, den Scholz [...] zum Gatten der

> Angeklagten tragen sollte, soll der Polizei in die Hände gefallen sein, beziehungsweise er soll von Scholz [...] absichtlich der Polizei übergeben worden sein. Tatsache ist, dass die Angeklagte später einmal zur Gestapo gerufen wurde und dort angab, dass sich ihr Mann seinerzeit kommunistisch betätigt habe.
> Diese Verantwortung der Angeklagten kann nicht widerlegt werden. Die Angeklagte musste vorhersehen, dass diese Angabe eine Gefahr für das Leben des Betroffenen nach sich ziehen könne. Sie machte sie aber dennoch, weil sie die Scheidung anstrebte (eigennützige Beweggründe) [...]. Der Tatbestand des Verbrechens der Denunziation [...] ist somit objektiv und subjektiv gegeben.[59]
> Während der Jahre 1940–1942 fielen seitens der Angeklagten wiederholt gehässige Bemerkungen, wie „der Jud muss weg", was die drei erwachsenen Kinder übereinstimmend bezeugen und was durch seine Kinder Michael Schwarz erfahren musste. Durch diese kränkenden Äußerungen wurden sowohl er als auch seine Kinder, die an ihrem Vater sehr hingen, [...] und die als so genannte Mischlinge diese Beleidigungen besonders schwer empfanden, in ihrer Menschenwürde gekränkt und beleidigt. Die Angeklagte tat dies, unter dem Einfluss Scholz' dem Rassenwahn verfallen, aus politischer Gehässigkeit, obwohl sie selbst nicht der Partei angehörte. Als Michael Schwarz während dieser Zeit nach Wien auf Urlaub kam, musste er seine Kinder heimlich außerhalb des Hauses treffen, weil er [...] von der feindseligen Einstellung seiner Frau [Kenntnis hatte], die sich nun als Arierin aufspielte und Beziehungen zu einem Nationalsozialisten hatte, [und] sich daher fürchten musste, ihr unter die Augen zu kommen. Dadurch musste er sich in seiner Recht- und Schutzlosigkeit in einen qualvollen Zustand versetzt fühlen. Auch der Tatbestand der §§3 und 4 KVG ist somit erfüllt.[60]

Bei der Strafbemessung werden folgende Umstände als mildernd erachtet: das Geständnis, die Unbescholtenheit, der nicht nachteilige Leumund, dass die Angeklagte nicht der NSDAP angehört habe, der verderbliche Einfluss des Scholz, eine gewisse Zwangslage infolge sozialer Not, Nötigung durch die Gestapo und die geringe Intelligenz der Angeklagten. Erschwerend gewertet werden das Zusammentreffen dreier Verbrechen und die Wiederholung der Beleidigungen. Vom

Vorwurf, ihre beiden Kinder Erwin und Hilda Schwarz denunziert zu haben, wird die Angeklagte freigesprochen. Dazu heißt es:

> Die Angeklagte bestreitet auf das Entschiedenste, Erwin beim Dienstgeber der Firma Persil, angezeigt zu haben, und, was die Hilda anlangt, habe sie vor dem Polizeikommissariat lediglich mitgeteilt, dass diese den Stern nicht trage, weil sie (die Angeklagte) dort darum gefragt worden sei. Die beiden genannten Kinder sind überzeugt, dass sie von ihrer Mutter aus freien Stücken angezeigt wurden und ihr die weiteren Unannehmlichkeiten aus diesen Anzeigen zu verdanken haben.

Die behauptete Anzeige bei der Firma Persil sieht das Gericht als nicht erwiesen an; vielmehr sei aus einer neuen Steuerkarte 1942 bekannt geworden, dass Erwin als Jude galt. Es sei denkbar, dass

> das Verhängnis nun von selbst seinen Lauf nahm, ohne dass die Angeklagte etwas dazu beigetragen haben muss. Es war damals einfach unmöglich, auf die Dauer die rassische Zugehörigkeit zum Judentum zu verschweigen und zu verbergen und den von dem Gewaltregime aufgezwungenen Judenstern nicht zu tragen, so sehr sich Erwin und Hilda Schwarz dagegen sträubten und dies nicht wahrhaben wollten,

so der Vorsitzende des Volksgerichts. Die belastenden Aussagen der Kinder, die ihre Mutter in keiner guten Erinnerung hätten und mit ihr verfeindet seien, müssten mit äußerster Vorsicht und leidenschaftslos gewertet werden.

> Mangels eines sicheren und schlüssigen Beweises musste die Angeklagte von diesem Anklagepunkt im Zweifel freigesprochen werden.[61]

Die fünfzehnmonatige Untersuchungshaft wird Rosa Schnedlitz auf die Haftstrafe angerechnet. Zwei Jahre später, am 8. August 1949, wird sie auf Probe entlassen. Die Probezeit endet am 8. August 1952. Nach der Entlassung zieht sie vorübergehend nach Horn im Waldviertel und nimmt wieder ihren Mädchennamen Schandl an. Mathias Schnedlitz hat die Ehe noch während der Haft seiner Frau annullieren lassen.

Im Februar 1954, inzwischen wieder verheiratet und in Wien, bittet sie um Tilgung ihrer Verurteilung, da sie durch ihre „Strafe viel Schaden im Leben“ habe und „sonst keine Stelle als Wirtschafterin bei der russischen Besatzungsmacht“ bekomme. Das Volksgericht Wien weist dieses Gesuch „mangels berücksichtigungswürdiger Gründe“ ab.[62]

Mit Beschluss des Landesgerichts Wien vom 7. Juni 1957 wird die in Österreich erlassene Generalamnestie für NS-Täter auch auf Rosa Schandl angewendet. Die noch nicht bezahlten Kosten des Verfahrens werden ihr erlassen. Die Verurteilung wird getilgt.

1962 stellt Rosa Schandl, inzwischen erneut verheiratet[63], einen Antrag bei der Opferfürsorge, um Haftentschädigung für ihren ersten Mann, Michael Schwarz, zu bekommen. Da ihr mitgeteilt wird, dass diese Entschädigung bereits an eine Tochter ausgezahlt worden sei, zieht sie ihren Antrag zurück. Als im Jahre 1969 eine Aufstockung der Entschädigungsbeiträge beschlossen wird, versucht sie es erneut, die Sache fliegt jedoch bei einer Überprüfung ihrer Person auf. Die Opferfürsorge hat in Erfahrung gebracht, dass sie an der Haft und am Tod von Michael Schwarz Schuld trägt, und lehnt den Antrag ab.[64]

Rosa Schandl stirbt 1978 in Wien.

Denunziation kann als altes und doch stets aktuelles soziales Phänomen betrachtet werden. Im deutschsprachigen Raum erlebte sie sicherlich im Nationalsozialismus ihre höchste Blüte, doch können wir das Phänomen durch die Jahrhunderte bis zum heutigen Tag verfolgen. Der Umstand, dass viele Gerichtsverfahren erst durch Denunziationen möglich wurden, ist nicht nur in der zeitgeschichtlichen Forschung, sondern auch bei Untersuchungen zur Justiz- und Verwaltungspraxis der frühen Neuzeit festgestellt worden. In Europa waren Kriegs- und Krisenzeiten und Phasen politischer Umwälzungen immer auch Hoch-Zeiten von Denunziation, wie am Beispiel der mittelalterlichen und neuzeitlichen Verfolgungen von Häretikern, der Wirren der Französischen Revolution oder des deutschen Vormärz und der Zeit nach der gescheiterten Revolution von 1848 gezeigt werden kann.[65]

Durch den Zerfall des Ostblocks und die Öffnung der Archive für die Forschung, insbesondere die Einsicht in die umfangreichen Akten des Ministeriums für Staatssicherheit der DDR, wurde auch das dortige Ausmaß an Zuträgerdiensten aus der Bevölkerung bekannt. Die DDR neigte wie jede Diktatur dazu, nonkonformes Verhalten unter Strafe zu stellen, und ermöglichte so dessen Denunziation. Allerdings wurde seit Mitte der Sechzigerjahre nicht mehr jeder Witz oder Spruch über den Staatsratsvorsitzenden Honecker als Angriff auf den Weltkommunismus betrachtet und verfolgt. In der nationalsozialistischen Logik hingegen galt jede belanglose kritische Bemerkung über die Führung als Angriff auf die gesamte „Volksgemeinschaft“. Erst der NS-Staat eröffnete mit seinem ideologisch begründeten Strafrecht, das auf die ganze Person, auf jede Lebensäußerung abzielte, und mit seiner Sondergesetzgebung gegen Juden eine alles Vorherige in den Schatten stellende Bandbreite an Anlässen für Denunziationen.

Für die Interpretation des Nationalsozialismus ist es von entscheidender Bedeutung, welche Perspektive man einnimmt. Aus der Sicht der heute Lebenden stellt sich der NS-Staat zweifelsohne als Terrorsystem dar; was das subjektive Empfinden der großen Mehrheit der damals lebenden Menschen angeht, kann man aber zu ganz anderen

Ergebnissen kommen. Die Betrachtung der NS-Gesellschaft von unten, von ihrem Alltag her, zeigt, welche Faszination von der nationalsozialistischen Ideologie, ihrem Herrenmenschentum und ihren schnellen Erfolgen ausging. Zweifelsohne gab es im Nationalsozialismus eine Gesinnungsjustiz, die sich gegen alle seine Bürger richtete, besonders wenn man sich das später noch ausführlich vorgestellte „Heimtückegesetz“ vor Augen hält, das jede kritische und abfällige Äußerung mit Gefängnis bis zu zwei Jahren bedrohte. Wie aber stand es um die Gesinnung der Bevölkerung? War das Gesetz eine Reaktion auf die reale Befindlichkeit der deutschen und der später hinzukommenden österreichischen Bevölkerung, auf eine Bevölkerung, der man die nationalsozialistische Diktatur aufzwingen musste, auf Widerstand oder auch nur Unmut, oder war es nicht vielmehr ein auf Prävention ausgelegtes Mittel zur Disziplinierung? Hitlers legendäre Angst vor Zuständen wie im November 1918, als der Unmut sich in bürgerkriegsähnlichen Auseinandersetzungen entladen hatte, hat mit Sicherheit bei den Überlegungen zum Gesetz eine Rolle gespielt.[66] Durch die generalklauselartige Fassung des „Heimtückegesetzes“ konnte theoretisch jede kritische Äußerung von jedem Bürger durch jeden anderen Bürger angezeigt werden. Damit erfüllte das Gesetz hauptsächlich den Zweck, die wechselseitige Beobachtung von Staatsbürgern einzuführen. Für politisch „unbelehrbare Überzeugungstäter“ hatte man anderes als das „Heimtückegesetz“ parat: Gestapohaft und Konzentrationslager.

Die Rechnung ging auf und auch wieder nicht. Das 1934 eingeführte „Heimtückegesetz“ zog eine solche Flut an Anzeigen nach sich, dass der Verfolgungsapparat sich alsbald gezwungen sah, Gegenmaßnahmen zu ergreifen, die Fälle nach Bedeutung zu reihen und den größten Teil der eingegangenen Denunziationen ad acta zu legen, um sich nicht selbst außer Gefecht zu setzen.[67] Dasselbe Problem stellte sich den NS-Behörden im „angeschlossenen“ Österreich 1938. Der NS-Staat stand vor dem Zwiespalt, einerseits auf Zuträger aus der Bevölkerung nicht verzichten zu wollen und diese propagandistisch auch zu fördern, andererseits das Denunziantentum als eine dem „aufrechten deutschen Charakter“ schlecht zu Gesicht stehende Eigenschaft abzulehnen. Praktisch gesehen stand das Regime vor dem Problem, Zuträgerdienste einerseits zu animieren und zu ermöglichen wie andererseits die „Denunziationsflut“ – und hier waren die vielbeklagten „falschen und unangemessenen Anschuldigungen“ (Heydrich) gemeint – eindämmen zu müssen. Heydrichs Vorstellung, jeder einzelne „Volksgenosse“ müsse selbst den Sinn und die Grenzen der ihm gestellten Aufgabe der Wachsamkeit klar erkennen, erwies sich als Illusion.[68]

Dennoch wurde das Ziel erreicht: Jeder Einzelne musste mit Bestrafung rechnen, falls er es wagte, einmal aus der Reihe zu tanzen. Das ideelle Ziel des Nationalsozialismus war jedoch die Gewinnung aller „Volksgenossen“ durch Überzeugung. Auch die eindeutigen Botschaften an ehemalige Kommunisten und Sozialisten, so sie ehrlich bereuten, und die zahlreichen Amnestien eröffneten eine Rückkehr in die „Volksgemeinschaft“; die Drohung mit der Verfolgung unerwünschten Verhaltens galt jedoch weiterhin.[69]

Die Denunzianten selbst waren sich über die Folgen ihrer Denunziation, wenn vielleicht auch nicht im Einzelnen, so doch im Grundsätzlichen durchaus im Klaren. Die NS-Führung machte keinen Hehl aus den Verurteilungen wegen „Führerbeleidigung“, „Abhören von Feindsendern“ oder „Rassenschande“ und ließ die Zeitungen sowohl von der Einführung der jeweiligen Gesetze ausführlich als auch von Verurteilungen exemplarisch berichten. Jeder konnte und sollte wissen, dass die Justiz solcherlei Vergehen ahndete.[70] Besonders das Wissen darüber, dass auch Bagatellfälle wie Beschimpfungen und Flüche infolge eines Wutanfalls, die nicht einmal ernst gemeint, oft genug im Alkoholrausch geschehen waren und keinesfalls auf Gegnerschaft zum Nationalsozialismus beruhten, verfolgt werden konnten, dürfte eine gewisse Selbstkontrolle zur Folge gehabt haben. Wenn auch Bagatellfälle letztlich in der Mehrzahl nicht oder mit einer Verwarnung oder geringen Strafe geahndet wurden, so hat doch der Umstand, sich Unannehmlichkeiten einhandeln zu können, sicherlich disziplinierend gewirkt. Andererseits schufen diese Gesetze auch die Möglichkeit, Nachbarn, Kollegen oder Fremde zu denunzieren, sie waren ein konkretes Angebot an die „Volksgenossen“. Jede Frau, jeder Mann konnte dadurch in gewisser Weise an der Macht partizipieren und Macht über andere ausüben, er konnte sich wichtig machen, er hatte im wahrsten Sinne des Wortes etwas zu sagen.

Für die Mehrheit der Bevölkerung ist davon auszugehen, dass die nationalsozialistischen Gesetze wie die nationalsozialistische Politik wenn schon nicht in jedem Detail, so doch im Großen und Ganzen allgemein anerkannt und für gut befunden wurden. Die überwiegende Mehrheit der Deutschen und Österreicher war tatsächlich empört, wenn jemand über den „Führer“ herzog und ihn verächtlich machte, wenn jemand abfällige Äußerungen über die Erfolge in der Wirtschafts- und Sozialpolitik machte oder sich gar kritisch über die allerorts als erhebend empfundenen Siege im „Blitzkrieg" äußerte. Die – im Vergleich zur Gesamtbevölkerung gesehen – wenigen Unzufriedenen, Nichtkonformen oder gar Widerständigen wurden – so sie sich äußerten – als Störenfriede erbarmungslos verfolgt, von der Bevölkerung wie von der Führung. Das belegen nicht zuletzt diejenigen Denunziationen, aus denen ehrliche Empörung, völliges Unverständnis für den Angezeigten bis hin zu Hass sprechen. Etwa die Hälfte aller für dieses Buch durchgesehenen „Heimtückevergehen" vor dem Sondergericht Wien waren in angetrunkenem Zustand geschehen, angezeigt von zufällig anwesenden Passanten oder von anderen Gästen des Wirtshauses, die das Opfer in den seltensten Fällen kannten.

> Wie konnte ein Kulturvolk, das im Herzen Europas eine der bedeutendsten Zivilisationen der Geschichte entwickelt hatte, sich einer solchen Ideologie verschreiben, für sie einen Vernichtungskrieg führen und bis zum bitteren Ende an ihr festhalten?
> Das war nicht nur das Ergebnis von Terror, meine Damen und Herren, das war die Folge eines Konsenses, der auf dem Versprechen einer wunderbaren Utopie fußte – der Utopie von einer idyllischen, weltbeherrschenden „Volksgemeinschaft", ohne Konflikte, ohne Parteien, ohne Demokratie, von Sklaven bedient.
>
> Yehuda Bauer vor dem Deutschen Bundestag am 27. Januar 1998[71]

Der viel beschworene Zwang des Regimes und die Angst vor Repressionen, womit das eigene Mittun, ja selbst freiwillige Denunziationen gerechtfertigt werden sollten, ist vielleicht eine gute Verdrängungs- und Verteidigungsstrategie, den historischen Fakten allerdings trägt sie nicht Rechnung. Die einseitige Interpretation des Nationalsozialismus als Terrorsystem, bei dem jeder mittun musste, ist von der Forschung als Mythos entlarvt worden – ein Mythos, bei dem der „allmächtigen Gestapo" die Funktion eines Sündenbocks für die bereitwillige Gefolgschaft von Millionen zukommt.[72]

Allzu viele waren vom Charisma des „Führers" begeistert, und die etwas nüchterner Veranlagten überzeugten seine Erfolge, die doch allen „Volksgenossen" zum Vorteil gereichten. „Die Straßen waren sauber, die Menschen rücksichtsvoll miteinander, es gab eine Volksgemeinschaft." Was wie eine Persiflage auf die NS-Zeit klingt, ist ein durchaus ernst gemeinter Satz aus einem Interview mit Hanna R., das die Historikerin Gerda Szepansky Mitte der Achtzigerjahre im Rahmen einer Untersuchung über Frauen im Nationalsozialismus mit Zeitzeuginnen gemacht hat. Hanna R., die ihre damalige Begeisterung für den Nationalsozialismus im Allgemeinen und Hitler im Speziellen heute sehr kritisch reflektiert, bemüht sich, einen ehrlichen Eindruck ihrer damaligen Haltung zu vermitteln. Sie erzählt von der Begeisterung, die die Menschen angesichts der „wunderbaren Siegesnachrichten vom Polenfeldzug, vom Frankreichfeldzug" befallen habe:

> […] wir fühlten uns irgendwie beglückt, dass die Schande von Versailles […] nun getilgt werden sollte. Dass dies bereinigt wurde […] habe ich als großes Plus empfunden […] Für mich wurde die Sache erst schlimm, als der Bombenkrieg anfing. […] Die Situation wurde allmählich untragbar: Jede Nacht in den Keller, wir bekamen alle keinen Schlaf mehr […]. Der Tod von Hitler hat mich merkwürdigerweise noch erschüttert, denn er war „der Führer", und man hatte ihn geliebt und verehrt.[73]

Die „wunderbare Utopie", die Yehuda Bauer oben beschrieb, beflügelte die Menschen. Die Begeisterung, die Zustimmung, die wir aus Filmen und Fotos jener Zeit, aus Briefen und Zeitzeugenberichten kennen und die wir nur allzu gern als pure Propaganda entlarven würden, dürfen als echt angesehen werden. Auch in der Nachkriegszeit begegnen wir noch dem Nachhall dieser Begeisterung. Man denke nur an das schon fast sprichwörtliche „Unter dem Führer hätte es so etwas nicht gegeben!".

1946 führte die amerikanische Militärverwaltung in ihrer Zone in Österreich eine Umfrage durch. Den Satz „Die Nazis sind in der Behandlung der Juden zu weit gegangen, aber irgendetwas musste geschehen, um sie in Schranken zu halten" bejahten damals 44 Prozent der Wiener, 51 Prozent der Linzer und 50 Prozent der Salzburger.[74] In Interviews, die die Historikerin Ursula Aumüller Roske in den späten Achtzigerjahren mit ehemaligen österreichischen Lehrerinnen und Schülerinnen einer nationalsozialistischen Mädchen-Eliteschule führte, brachten einige noch immer Verständnis dafür auf, dass die Juden aus ihrer Heimat vertrieben (nicht vernichtet) worden seien. „Wien war ja so verjudet."[75] In Österreich fand vielleicht kein Punkt des nationalsozialistischen Programms so viel Zustimmung wie der antijüdische.[76]

Erst die kriegsbedingte akute wirtschaftliche Verschlechterung und insbesondere die Bombenangriffe der Alliierten brachten eine gewisse Unzufriedenheit mit sich, die jedoch nicht das NS-System an sich in Frage stellen musste. In Österreich führte diese Unzufriedenheit mit zunehmender Aussicht auf die Niederlage zum Anwachsen antideutscher Ressentiments; man fühlte sich nun betrogen und in den Schlamassel hineingezogen. Der Historiker Gerhard Botz bezeichnet schon das Eingreifen der NS-Führung in die wilden „Arisierungen" des Wiener Mobs als den Beginn derartiger Ressentiments.[77] Doch auch angesichts der Kriegsniederlagen gab es jene, die – oft umso erbitterter – am Nationalsozialismus und an seinem Sieg festhielten und jede dem entgegenstehende Äußerung anzeigten.

Man muss Yehuda Bauer zustimmen, der den Nationalsozialismus als die wohl radikalste Revolution überhaupt bezeichnet hat, „eine Rebellion gegen das, was man bis dahin als *Menschlichkeit* betrachtet hat"[78].

Terror bedeutete der Nationalsozialismus im eigenen Land nur für jene wenigen, die Widerstand leisteten, die als „Gemeinschaftsschädigende" („Asoziale") angesehen und verfolgt wurden, für „Zigeuner" und für die jüdische Bevölkerung, die nicht die Wahl hatte, für oder gegen den Nationalsozialismus zu sein, sondern deren Verfolgung, Vertreibung und möglichst Vernichtung von Anfang an beschlossene Sache war.[79]

Die Verfolgung und Vertreibung aller hier erwähnten Menschengruppen konnte, sofern sie nicht sogar Konsens war, auf die Gleichgültigkeit der Bevölkerung zählen. Die so genannten Asozialen, sozial Abgerutschten und staatlicher Unterstützung Bedürftigen verfolgte man nicht erst seit 1933 als „Schmarotzer" mit Verachtung und Missgunst.[80]

Die Vorurteile gegenüber „Zigeunern" waren nicht nur alt, sondern in aller Munde.[81] Auf der einen Seite standen Neid und Romantisierung – „Lustig ist das Zigeunerleben" –, auf der anderen Seite Hass auf das aus der Rolle fallende Leben der „fahrenden Leute". Die Ablehnung von „Zigeunern" übertrug sich auch auf die längst Sesshaften, obgleich diese in Wien mitunter integriert waren und sich viele davon selbst nicht als „Zigeuner", „Roma" oder „Sinti" bezeichneten. Überall, besonders auf dem Land, wünschte man sie zum Teufel und tut dies zum Teil noch heute. Man erinnere sich an den spontanen Aufruhr, den 1990, kurz nach der „Wende", eine Gruppe fahrender Sinti verursachte, die in der Ex-DDR um einen temporären Stellplatz für dreißig Campingwagen ansuchte. Solches aus der Zeit des Sozialismus nicht gewohnt, belagerten die aufgescheuchten Bürger des 750-Seelen-Dorfes Schwerin ihre Bürgermeisterin und drohten mit Straßenblockaden, sollten die „Zigeuner" einen Stellplatz bekommen. Angesichts dieser Eskalation zog die Gruppe der Sinti es vor, weiterzufahren.[82]

Juden waren durch die gesamte Geschichte des Christentums hindurch zu Feinden erklärt worden und nicht selten Stigmatisierung und Verfolgung ausgesetzt gewesen. Solcherart vorpräpariert, empfanden die Menschen Hitlers antijüdische Politik vielleicht nicht in allen Details als gut, aber verständlich schien sie allemal. In Österreich kamen neunzig Jahre politischer Katholizismus hinzu, zu dessen Programm der Antisemitismus maßgeblich gehört hatte und der nicht zuletzt Hitlers Weltanschauung geprägt hat.[83] Für einen großen Teil der damaligen Österreicher trifft wohl am ehesten Alfred Polgars berühmter Satz zu: „Die Deutschen sind ausgezeichnete Nazis, aber miserable Antisemiten; die Österreicher sind miserable Nazis, doch – bei Gott – was für ausgezeichnete Antisemiten sie sind."

Der Nationalsozialismus versprach die weit verbreitete Sehnsucht nach „Ruhe und Ordnung" einzulösen, die Sehnsucht nach Uniformität, nach einer als heil empfundenen Welt, in der es Schwarz und Weiß gibt und die für jedes Problem eine einfache Begründung und eine einfache Lösung parat hat.

Anders als mitunter angenommen gab es auch im Nationalsozialismus keine allgemeine Anzeigepflicht, wenn auch das ständige Beschwören der Pflichten der „Volksgenossen", insbesondere der Wachsamkeit gegenüber den „Volksfeinden", diesen Eindruck entstehen lässt. Es lag im subjektiven Ermessen des Einzelnen, ob er denunzierte. Gerade diese Freiwilligkeit der Denunziation ist ein signifikantes Merkmal der „Vernaderung", wie sie im vorliegenden Buch verstanden wird.

Trotz verschiedener Forschungen zum Thema Denunziation, vor allem seit Mitte der Neunzigerjahre, zeichnet sich so etwas wie eine Sozialgeschichte der Denunziation noch nicht ab, wenngleich Ansätze vorhanden sind.[84] Hingegen erschienen in den letzten Jahren eine Reihe von Arbeiten zu Denunziationen im Nationalsozialismus, von interdisziplinären Untersuchungen über die Funktion von Denunziation und die Motive der Denunzianten bis hin zu regionalhistorischen Untersuchungen.[85]

Dieses Buch konzentriert sich in seinen Fallbeispielen bis auf wenige Ausnahmen auf das am 11. März 1938 an das Deutsche Reich „angeschlossene“ Österreich und hier vor allem auf Wien. Für Österreich gibt es bislang keine Publikationen über Denunziationen im Nationalsozialismus, sieht man von der Arbeit Hans Schafraneks über V-Leute der Gestapo und deren Erfolge bei der Unterwanderung kommunistischer Widerstandsgruppen ab.[86] Die Wiener Historiker Hans Safrian und Hans Witek gaben 1988 ein Buch heraus, das Zeugnis von der Judenverfolgung in den ersten Monaten nach dem „Anschluss“ ablegt und in dem sich unter anderem auch Denunziationsbriefe an hohe NS-Stellen in Wien finden. Angesichts der Dimension des alltäglichen Antisemitismus, der aus den dafür zusammengetragenen Dokumenten spricht, hatten sich Safrian und Witek zur Form einer kommentierten Dokumentation entschieden, da sie – wie sie schreiben – befürchteten, eine zusammenfassende, distanziert-beschreibende historische Analyse würde angesichts der vorherrschenden Abwehr gegenüber solchen Fakten als bösartig überzeichnet und unglaubwürdig abgetan.[87] Wie immer man auch zu dieser Ansicht steht: Unumstritten ist der atemberaubende Blick, der sich durch diese Dokumente auf die Tatsache eröffnet, dass die jüdischen Einwohner Wiens über Nacht von zahllosen Mitbürgern zu rechtlosen Objekten degradiert wurden, jedem Verbrechen und jeder Gemeinheit schutzlos ausgeliefert.

Dem „Anschluss“ folgten tagelange Hetzjagden, die alles in den Schatten stellten, was die nationalsozialistische Judenverfolgung bis dahin in Deutschland ausgelöst hatte, und die, so paradox das klingt, vielen Wiener Juden das Leben dadurch retteten, dass sie sich genötigt sahen, Österreich so schnell wie möglich zu verlassen.[88] Der Mob, der in diesen Tagen und Wochen plünderte, raubte, Juden aus ihren Wohnungen und Geschäften zerrte und demütigte, wusste nur zu gut, welcher Wind nun offiziell gegen Juden wehte. Differenzen gab es lediglich bezüglich der Verteilung der Beute, weil die NS-Führung kein Verständnis dafür aufbrachte, dass Eigentum und Vermögen von Juden irgendwo in Privatwohnungen oder -geschäften verschwanden.

„Die herrliche Geschichte des Nationalsozialismus und der Erhebung in Österreich“, schrieb Reichskommissar Josef Bürckel Monate später an Göring, „hat durch das, was sich in den ersten Wochen an Raub und Diebstahl ereignet hat, und was mich zu den schärfsten Maßnahmen veranlasste, eine gewisse Trübung erfahren.“ Die Österreicher neigten, so Bürckel, zu der Vorstellung, dass „Arisierung" Wiedergutmachung sei. Sein Durchgreifen habe zu einer „Ablehnung gegenüber den Volksgenossen aus dem Reich" geführt, die jetzt noch gelegentlich durchscheine.[89] Schon am 26. April 1938 hatte der *Völkische Beobachter* in seiner Wiener Ausgabe festgestellt, die Wiener wunderten sich über den Aufwand, der bei der Enteignung der Juden noch betrieben würde, und hätten die Sache lieber auf ihre Weise erledigt.

> Musste den Norddeutschen der Nationalsozialismus also vielfach erst auf die privaten, sozusagen unpolitischen Gefahren des Judentums aufmerksam machen, so ist es in Wien im Gegenteil die Aufgabe einer verantwortungsbewussten [...] Volkserziehung, den überschäumenden Radikalismus einzudämmen und die verständliche Reaktion auf die jüdischen Übergriffe eines geschlagenen Jahrhunderts in geordnete Bahnen zu lenken.
> Denn – das merke sich jeder – Deutschland ist ein Rechtsstaat. Das heißt: In unserem Reiche geschieht nichts ohne gesetzliche Grundlage [...]. Pogrome werden keine veranstaltet, auch nicht von der Frau Hinterhuber gegen die Sarah Kohn im dritten Hof, Mezzanin, bei der Wasserleitung.[90]

Angesichts der Ausschreitungen scheint es nicht verwunderlich, dass auch Denunziationen von Juden ein hohes Ausmaß erreichten, lag doch die Hemmschwelle dafür bedeutend niedriger als bei direkten (gewalttätigen) Konfrontationen. Dabei wurden sowohl konkrete Anschuldigungen, etwa ein Verstoß gegen eines der zahllosen Gebote und Verbote für Juden, vorgebracht als auch bloß die Tatsache oder Vermutung, dass eine Person Jude sei. Zurecht hat die österreichische Nachkriegsjustiz derartige Denunziationen gegen Juden explizit in den Bestand des „Denunziationsverbrechens" nach dem Kriegsverbrechergesetz einbezogen.[91] Viele der solcherart Denunzierten hätten den Nationalsozialismus möglicherweise – mit falschen Papieren oder zufällig durch die Maschen geschlüpft – als „Arier" überleben können, hätten nicht Nachbarn oder Kollegen ihren Verdacht oder ihre durch Zufall erworbene Kenntnis von der jüdischen Herkunft der Betreffenden gemeldet.

Im ersten Abschnitt des Buches wird die Denunziation zunächst unter begriffsgeschichtlichen und strafrechtlichen Aspekten betrachtet sowie der hier verwendete Begriff der freiwilligen Anzeige und des

Denunzianten präzisiert und in Abgrenzung von amtlichen Konfidenten der Gestapo definiert. Um die Folgen von Denunziation im Nationalsozialismus verständlich zu machen, werden die NS-Justiz und die neu geschaffenen Gesetze, die der Denunziation erst Tür und Tor öffneten, etwas eingehender beleuchtet. Im darauf folgenden Kapitel sollen die drei Hauptquellen, die den meisten Fallbeispielen dieses Buches zu Grunde liegen, genauer beschrieben werden: Zuschriften aus der Bevölkerung an den Reichskommissar Josef Bürckel, Gerichtsakten der NS-Zeit und Gerichtsakten der österreichischen Nachkriegsjustiz.

Die beiden nächsten Kapitel beschäftigen sich mit der Ambivalenz des NS-Staats gegenüber dem Phänomen der Denunziation sowie dem Zusammenhang von Denunziationen und Gestapoerfolgen.

Der Schwerpunkt des Buches liegt auf der qualitativen Auswertung des Quellenmaterials und dessen Einordnung in den historischen Kontext. Anhand von repräsentativen wie auch einigen außergewöhnlichen Fallbeispielen hoffen die Autoren, einen Einblick in dieses Kapitel der Alltagsgeschichte des Nationalsozialismus geben zu können. Dabei werden sowohl Denunziationen aus dem Wohn- und Arbeitsumfeld, aus dem Bekannten- und Familienkreis dargestellt als auch solche, die durch zufällige Wahrnehmungen in der Öffentlichkeit, in Kaffee- und Wirtshäusern oder auf der Straße zustande gekommen und bei denen die Opfer der Denunziation dem Denunzianten nicht persönlich bekannt waren. Zusätzlich sollen die Denunziationen gegen diejenigen Gruppen von Menschen, die erst wegen der gegen sie erlassenen Maßnahmen und Gesetze Opfer von Denunziationen werden konnten, in eigenen Kapiteln beschrieben werden; es wird auch auf – durch die Quellen ersichtliche – örtliche Spezifika eingegangen, etwa auf die wienerische Variante des Antisemitismus und den hier weit verbreiteten Tschechenhass, die ihren Niederschlag in zahlreichen Denunziationen fanden, oder etwa die Denunziationen gegen katholische Geistliche. In einigen Fallbeispielen lässt sich die Geschichte der Denunziation bis zur Verantwortung des Denunzianten als Angeklagter in einem Nachkriegsprozess verfolgen. Der Inhalt der Denunziationen, die dabei zutage tretenden Muster und die Motive des Denunzianten sollen – soweit es die Quellen zulassen – ebenso veranschaulicht werden wie die Konsequenzen für die Opfer.

Denunziation: Begriffsgeschichte und Definition

„Der größte Lump im ganzen Land ist und bleibt der Denunziant."

Hoffmann von Fallersleben

In Abgrenzung zu institutionalisierten und beamteten Denunzianten, vor allem zu V-Leuten der Gestapo, aber auch zu Blockwarten, Ortsgruppen- und Zellenleitern der NSDAP[92] sowie zu bestimmten Berufsgruppen wie etwa Fürsorgerinnen, Ärztinnen und Ärzten, Lehrerinnen und Lehrern, von denen Zuträgerdienste erwartet wurden, beschäftigt sich dieses Buch mit Denunziationen durch Privatpersonen. Die Grenzen sind hier fließend und oft lässt sich nicht genau bestimmen, ob etwa ein Funktionär der Partei im dienstlichen Auftrag bestimmte Delikte weiterleitete oder aus persönlichem Engagement und auch im Privatbereich (nach Dienstschluss) denunzierte; wie noch gezeigt werden soll, gibt es auch Beispiele dafür, dass engagierte Nationalsozialisten wegsahen und -hörten beziehungsweise die aus der Bevölkerung an sie herangetragenen Anzeigen verhindern wollten und/oder nicht weiterleiteten.

Dennoch handelt dieses Buch in erster Linie von privaten Denunziationen. Nur in drei Beispielen bekleiden die Denunzianten nachweislich eine politische Funktion. Unter Denunziation wird dabei die freiwillige, ohne Zwang erfolgte schriftliche oder mündliche Anzeige durch Privatpersonen bei staatlichen oder vermittelnden Institutionen zum Zwecke der Verfolgung und Bestrafung der denunzierten Person verstanden.[93]

Die Arbeit konzentriert sich ausschließlich auf das Anzeigen politischer, von den Nationalsozialisten nach 1933, in Österreich nach dem „Anschluss" 1938 eingeführter Straftatbestände („Heimtücke", „Hören von Fremdsendern", „Wehrkraftzersetzung"/„Defätismus" und so weiter) sowie derjenigen Straftatbestände, die durch das nahezu unüberschaubare Konglomerat der Verordnungen und Sondergesetzgebungen vor allem gegen Juden, aber auch gegen „Zigeuner", „Fremdarbeiter", „Fremdvölkische" und „Gemeinschaftsfremde" geregelt waren. Eine Form von Denunziation stellen dabei auch die Meldungen über „Vorkommnisse" und „Zustände" dar mit dem Ziel der Kontrolle/Abschaffung, die keine konkreten Personen namentlich erwähnen. Die Mehrzahl solcher „allgemeineren" Denunziationen, die für dieses Buch untersucht worden sind, richtete sich gegen Juden: wenn etwa gemeldet wird, es würden noch immer Juden in jenem Kaffeehaus oder Lokal, in dieser Bibliothek verkehren, es befänden sich noch jüdische Mieter im Haus, im Gemeindebau, es säßen noch Juden in dieser oder jener Parkanlage und so weiter. Die erschreckend häufig vorkommenden Denunziationen dieser Art zeigen – wie später noch veranschaulicht werden soll – oft genug „Delikte" an, die die NS-Gesetzgebung für das „angeschlossene" Österreich noch gar nicht als solche vorsah beziehungsweise die überhaupt nie einen Straftatbestand darstellten, von denen der Denunziant jedoch im eigenständigen Interpretieren des „nationalsozialistischen Geistes" wie selbstverständlich annahm, dass sie strafbar wären.

Ein weiteres kennzeichnendes Merkmal der Denunziation ist ihre Mittelbarkeit. Die Anzeige ist Bestandteil einer komplexen Maschinerie, die der Denunziant in Bewegung setzt, ohne auf deren weiteren Verlauf wesentlichen Einfluss zu haben, und dennoch vermittelt sie das Gefühl, etwas bewirken zu können. Leicht vorzustellen, welche Versuchung sich durch eine derart ausgeweitete politische Strafgesetzgebung im Nationalsozialismus eröffnete, Macht-, Rache- und Bestrafungsgelüste auszuleben. Der Umstand, mit der weiteren Verfolgung nichts mehr zu tun haben, nicht selbst Hand anlegen zu müssen und die „Drecksarbeit" anderen überlassen zu können, legte die Hemmschwelle im Vergleich zu anderen Verbrechen, die man rein theoretisch aus Wut, Rache und Missgunst hätte begehen können, sehr viel niedriger.

Etymologisch betrachtet ist der Begriff der *denuntiatio* des Römischen Rechts identisch mit der „Anzeige, durch die jemand einer strafbaren Handlung beschuldigt wird"[94]. Begriffsgeschichtlich bemerkenswert ist in diesem Zusammenhang auch die Funktion der Denunziation als kirchenrechtliches Instrument im Kampf gegen häretische Tendenzen. Der Begriff der *denunciatio canonica* bezeichnet ein Verfahren des kanonischen Rechts der katholischen Kirche und taucht zum ersten Mal im 12. Jahrhundert auf. Zunächst hatte dieses Verfahren das Ziel, sündhaftes Verhalten zu bessern. Theologisch berief man sich dabei auf ein durch Matthäus (XVIII, 15) überliefertes Wort Christi:

> Wenn aber dein Bruder sündigt, so gehe hin, überführe ihn zwischen dir und ihm allein. Wenn er auf dich hört, so hast du deinen Bruder gewonnen. Wenn er aber nicht hört, so nimm noch

> einen oder zwei mit dir, damit aus zweier oder dreier Zeugen Mund jede Sache bestätigt werde. Wenn er aber auch nicht auf dich hören wird, so sage es der Gemeinde; wenn er aber auch auf die Gemeinde nicht hören wird, so sei er dir wie der Heide und der Zöllner.

Zunächst hatte derjenige, der die Verfehlung des anderen bemerkt hatte, unter vier Augen mit diesem zu sprechen. Sollte das nichts helfen, waren Zeugen hinzuzuziehen. Wenn auch das keinen Erfolg brachte, sollte die Sache an die Öffentlichkeit kommen. Damit konnte eine zuständige Instanz, der Abt oder der Bischof, den Fall übernehmen und die bischöfliche Jurisdiktion dann die entsprechende Kirchenbuße verhängen.[95] Dieses Verfahren zielte vor allem auf den höheren Klerus ab, als ein Mittel im Kampf um die rechte geistliche Lebensform und zur Durchsetzung kirchenreformatorischer Bemühungen.[96] Die sukzessive Verfeinerung des Verfahrens führte schließlich sogar zu der Ansicht, dass es die *Pflicht* jedes Gläubigen sei, Abweichungen vom rechten Glauben anzuzeigen.[97]

Innozenz III. (1160/61–1216), der das mittelalterliche Papsttum auf den Gipfel seiner Macht führte, erkannte in der *denunciatio canonica* ein probates Mittel zur Bekämpfung der Häresie und erhöhte die Schlagkraft dieser Waffe durch Einführung eines eigenen *modus procedendi*, präziseren Verfahrensvorschriften, die zunächst weiterhin zur Disziplinierung des Klerus angewendet wurden, vielleicht auch, weil man hoffte, Ketzern, die die Verfehlungen des Klerus anprangerten, den Wind aus den Segeln nehmen zu können. Der *denunciator* musste im Verfahren als Zeuge aussagen, bei unbegründeten Anschuldigungen konnte er bestraft werden.[98] Auf Grund der dadurch ausgelösten Dynamik der Rechtsentwicklung konnte das Verfahren *per denunciationem* in ein Verfahren *per inquisitionem* münden, also in jenes Inquisitionsverfahren, das sich in den folgenden Jahrhunderten zu einem der effizientesten Repressionsinstrumente der katholischen Kirche entwickelte.[99] Gegen Angehörige des Klerus wurde das weniger spektakuläre *Denunciatio*-Verfahren noch bis in die Neuzeit hinein angewendet und verlor dann gegen Ende des 17. Jahrhunderts an praktischer Bedeutung.[100]

Der Begriff Denunziation selbst taucht in der deutschen Sprache, zunächst noch in der lateinischen Form *Denunciatio*, im 18. Jahrhundert auf und wird wertneutral für Ankündigung, Anzeigung, Verkündigung eines Lasters gebraucht. Als „Denunciant“ wurde derjenige bezeichnet, „der etwas bey der Obrigkeit angiebt“[101]. Die abwertende Konnotation des Begriffs, wie wir ihn heute kennen und verwenden, setzte sich erst im 19. Jahrhundert durch, ausgelöst vor allem durch die Bespitzelungen und Verfolgungen in der Metternich-Ära nach 1815. Heinrich Heines Schrift „Über den Denunzianten“ erschien 1837; 1843 drückte Hoffmann von Fallersleben die moralische Verwerflichkeit und Sittenwidrigkeit der Denunziation in seinem berühmten Verdikt „Der größte Lump im ganzen Land ist und bleibt der Denunziant“ aus.[102]

In seiner zweiten – ebenfalls negativen – Bedeutung bezeichnet Denunzieren das öffentliche Brandmarken im Sinne einer Verleumdung und versuchten Mundtotmachung ohne gerichtliche oder sonstige offizielle Konsequenzen, wie es etwa Friedrich Heer einst als Phänomen für die junge, unentwickelte österreichische Demokratie beschrieben hat.[103] Noch bis in die Mitte des 20. Jahrhunderts bestand eine Diskrepanz zwischen der wertneutralen Erklärung des Begriffs Denunziant in Lexika (jemand, der eine strafbare Handlung anzeigt) und dem inzwischen negativ konnotierten landläufigen Verständnis. Nach 1945 reflektierte man im deutschsprachigen Raum die Erfahrungen mit Denunziationen im Nationalsozialismus, was sich auch in den Begriffsdefinitionen niederschlug, die im Wesentlichen bis heute Gültigkeit haben. So heißt es beispielsweise in Meyers Taschenlexikon von 2002 unter dem Stichwort Denunziation: „Namhaftmachung [polit.] Missliebiger aus unehrenhaften Beweggründen“[104]. Das DDR-Fremdwörterbuch des Jahres 1985 vermerkt unter demselben Stichwort: „aus niedrigen, meist egoistischen Motiven, nicht selten anonym erfolgende Verdächtigungen anderer bei Behörden oder Vorgesetzten (in kapitalistischen Ländern organisiert gegen die Arbeiterbewegung und andere fortschrittliche Kräfte)“[105].

Beim allgemein schlechten Ruf des Denunzianten nimmt es nicht Wunder, dass dieser von seinen damaligen und heutigen Nutznießern mit anderen Termini wie etwa Anzeigende/r, V-Mann, Kronzeuge oder Informeller Mitarbeiter (DDR) bezeichnet wird. Das verweist zugleich auf die Ambivalenz des Problems. Der Denunziant ist – übrigens auch im nationalsozialistischen Wertesystem – eine zwielichtige Figur und jedenfalls nicht vertrauenswürdig. Trotzdem braucht man ihn. Auch in unseren modernen Rechtsstaaten zeitigt der Informationsbeschaffungsdruck mitunter dubiose Methoden, wenn man etwa mit Zuträgern aus mafiosen Strukturen zusammenarbeitet und dabei deren Strafhandlungen in Kauf nimmt, wenn erheblicher Druck auf Menschen ausgeübt wird oder wenn V-Leute in Prozessen als Zeugen zugelassen werden, ohne dem Gericht ihre Identität offen legen zu müssen.[106]

Die Wahrnehmung des Phänomens der Denunziation im Nationalsozialismus in seinen dramatischen Folgen führte auch dazu, dass der Begriff Denunziation im deutschen und österreichischen Raum erstmals zum Rechtsbegriff wurde und ehemalige Denunzianten sich in den Nachkriegsprozessen beider Länder verantworten mussten.[107] Bemerkenswert ist, dass hierbei als verwerflich nicht nur persönliche Motive, wie oben angeführt, gelten, sondern auch die politische Überzeugung, namentlich die Absicht, die nationalsozialistische Gewaltherrschaft zu unterstützen.[108]

Die heute allgemeine Missbilligung einer Denunziation begründet sich in erster Linie auf den vermuteten niederen Motiven aufseiten des Anzeigers wie Neid, Hass, Rache, persönliche Missgunst oder Wichtigtuerei. Dem gegenüber steht der neutrale Begriff einer Anzeige. Sie gilt allgemein als berechtigt und notwendig, wenn es sich etwa um Mord, Körperverletzung, Vergewaltigung, Fahrerflucht oder Einbruch handelt.

Um das Anzeigen solcher Delikte soll es im vorliegenden Buch nicht gehen, obgleich es im NS-Staat mit zunehmender Kriegsdauer auch diese Delikte betreffend zu juristischen Exzessen kam, die jedem rechtsstaatlichen Empfinden widersprechen. Jedes Gewaltverbrechen, ja jede kriminelle Handlung, die Ruhe und Ordnung des Zusammenlebens störte, wurde durch den kriegsbedingten Ausnahmezustand noch stärker als Angriff auf das „Wohl des deutschen Volkes" interpretiert und dementsprechend geahndet, nicht selten mit der Todesstrafe. Hier aber geht es ausschließlich um die Denunziation der im Nationalsozialismus neu geschaffenen politischen Delikte und jener „Vergehen", die durch Sondergesetzgebung vor allem für Juden, aber auch für andere Gruppen der Bevölkerung, zur Bedrohung wurden.

Die NS-Gesetzgebung – ein Eldorado für Denunzianten

Um die möglichen Folgen von Denunziationen verständlich zu machen, ist es nötig, die nationalsozialistischen Gesetze und deren Exekution etwas näher zu beleuchten. Im nationalsozialistischen Rechtsverständnis war der Führerbefehl Gesetz. Idealerweise sollte zum alten germanischen Führerprinzip zurückgekehrt werden, in dem der Führer gleichzeitig der oberste Richter war.[109] Hitler nahm diese Rolle durchaus wörtlich, verfolgte stichprobenartig Gerichtsprozesse und griff nicht selten persönlich ein, indem er ein Urteil revidierte oder korrigierte, zu Ungunsten wie zu Gunsten der Angeklagten.[110]

Das Rechtssystem hatte nach Ansicht der NS-Führung allein vom Geist des Nationalsozialismus durchdrungen zu sein. Der Richter sollte die Weltanschauung Hitlers verinnerlichen und als „souveräner Wahrer der Lebensgesetze der Gemeinschaft und damit als einer der vornehmsten Vollstrecker des Führerwillens" agieren. Der Richter sollte „Träger der völkischen Selbsterhaltung" sein und „lebensnahes Recht" sprechen, das mit dem „gesunden Volksempfinden" in Einklang stehe.[111] Die sittlichen und rechtlichen Grundanschauungen des Volkes sollten in seiner „wirklichen Lebenseinheit" verankert sein, in der „inneren Sinnhaftigkeit des Lebens" wurzeln.[112]

Solcherlei ideologische, ins Metaphysische hineingehende Vorgaben, deren Gefährlichkeit uns die Geschichte des 20. Jahrhunderts gezeigt hat, waren keineswegs nur verklärte Ideen nationalistischer Fanatiker, sondern bestimmten den wissenschaftlichen Diskurs unter führenden NS-Rechtsgelehrten und Juristen. Einer der einflussreichsten Rechtswissenschaftler im Nationalsozialismus, der Hegelianer Karl Larenz, vertrat die Auffassung, dass das Zusammenleben der „Volksgenossen" nicht nur nach Normen beurteilt werden solle, sondern einer metaphysischen Idee folgen müsse, damit die sittlichen Wertmaßstäbe nicht an Zweckmäßigkeitserwägungen scheiterten.[113] Die völkische Rechtsordnung sei geschichtlich bedingt. Daher verstand es sich von selbst, jeglichen Universalismus zu verwerfen. Dementsprechend wurden Naturrecht und Rechtspositivismus als „Selbsttäuschung" und „abstrakte Verallgemeinerung" abgelehnt.[114] Die „Rechtsgemeinschaft" war die „artgleiche Volksgemeinschaft"[115].

Eine der wichtigsten Gesetzesgrundlagen für politische Denunziationen im Dritten Reich boten die am 21. März 1933 erlassene „Verordnung des Reichspräsidenten zur Abwehr heimtückischer Angriffe gegen die Regierung der nationalen Erhebung“[116] und das diese Verordnung ablösende „Gesetz gegen heimtückische Angriffe auf Staat und Partei und zum Schutz der Parteiuniform“ vom 20. Dezember 1934, das *„Heimtückegesetz“*. Mit diesem Gesetz wurde das Recht auf freie Meinungsäußerung, wie es seit Mitte des 19. Jahrhunderts bis zur Weimarer Republik zunehmend in deutschen Verfassungen verankert worden war, abgeschafft. Nach dem „Heimtückegesetz“ wurde unter anderem bestraft, wer „vorsätzlich eine unwahre oder gröblich entstellte Behauptung tatsächlicher Art aufstellt oder verbreitet, die geeignet ist, das Wohl des Reichs oder das Ansehen der Reichsregierung“ oder das der NSDAP oder ihrer Gliederungen schwer zu schädigen. Außerdem wurde bestraft, wer „öffentlich gehässige, hetzerische oder von niedriger Gesinnung zeugende Äußerungen über leitende Persönlichkeiten des Staates oder der NSDAP, über ihre Anordnungen oder die von ihnen geschaffenen Einrichtungen macht, die geeignet sind, das Vertrauen des Volkes zur politischen Führung zu untergraben [...]. Den öffentlichen Äußerungen stehen nichtöffentliche böswillige Äußerungen gleich, wenn der Täter damit rechnet oder damit rechnen muss, dass die Äußerung in die Öffentlichkeit dringen werde“.[117]

Bei diesem Gesetz handelt es sich um ein „Kritikverbot“ im weitesten Sinne. Nach Auffassung der Nationalsozialisten war jedwede kritische Äußerung gegen die Staats- und Parteiführung beziehungsweise gegen deren Anordnungen und Einrichtungen denknotwendig gegen das deutsche Volk gerichtet und damit von niederer Gesinnung. Dieses „Gesinnungsstrafrecht“ stellt insofern ein einzigartiges Novum dar, als – zumindest nach rechtsstaatlicher Ansicht – eine Gesinnung gegenüber dem Staat und einer Partei kein geschütztes Rechtsgut sein kann.

Von 1934 bis zum Kriegsbeginn bildeten Anklagen nach dem „Heimtückegesetz“ den Schwerpunkt der Anklageverfahren vor den Sondergerichten.[118] Die meisten dieser Verfahren wurden allein durch Denunziationen aus der Bevölkerung ausgelöst.[119]

Das „Heimtückegesetz“ implizierte de facto die Aufforderung zur gegenseitigen Bespitzelung. Die enorme Zunahme derartiger Denunziationen war die unausweichliche, wenn auch nicht in diesem Ausmaß beabsichtigte Folge. Der NS-Staat befand sich dabei in dem Dilemma, einerseits auf Hinweise aus der Bevölkerung angewiesen zu sein, und andererseits – wie später noch gezeigt werden soll – die Denunziationsflut eindämmen zu müssen, um seine Verfolgungsbürokratie nicht selbst lahm zu legen.

Im „angeschlossenen" Österreich trat das „Heimtückegesetz" erst am 23. Januar 1939 in Kraft,[120] was diesbezüglichen Denunziationen in den Monaten davor jedoch keinen Abbruch tat. Beleidigungen des „Führers" und abfällige Äußerungen gegen die Partei- und Staatsführung wurden in den Monaten vom „Anschluss" bis zum In-Kraft-Treten des „Heimtückegesetzes" nach §300 des österreichischen Strafgesetzbuches (Vergehen gegen die öffentliche Ruhe und Ordnung) verfolgt.[121]

In den für dieses Buch herangezogenen Prozessakten des Sondergerichts Wien finden sich mehrere Fälle, bei denen das Verfahren vom Staatsanwalt mit der Begründung eingestellt wurde, das Vergehen habe sich vor Gültigkeit des „Heimtückegesetzes" in der „Ostmark" ereignet. Dieser Standpunkt sollte jedoch nicht als Zeichen von versuchter Milderung missverstanden werden, forderten doch österreichische Staatsanwälte und Richter nach dem „Anschluss" die schleunige Verkündigung des Gesetzes, um entsprechend richten zu können.[122] Etwa 13 Prozent der österreichischen Richter wurden aus rassischen oder politischen Gründen aus dem Dienst entlassen, einige von ihnen verhaftet, und mit den verbliebenen funktionierte die Durchsetzung nationalsozialistischer Rechtsvorstellungen mehr oder weniger problemlos.[123]

Im August 1938 wurde vor dem Hintergrund konkreter Planungen für einen Überfall auf die Tschechoslowakei die Kriegssonderstrafrechtsverordnung (KSSVO) erlassen, die ein weiteres Spektrum an Anlassfällen für Denunziationen bot. Besonderes Augenmerk legte man dabei auf den Tatbestand der *Wehrkraftzersetzung* (§5). Mit der Todesstrafe wurde hiernach bestraft, „wer öffentlich dazu auffordert oder anreizt, die Erfüllung der Dienstpflicht in der deutschen oder einer befreundeten Wehrmacht zu verweigern, oder sonst öffentlich den Willen des deutschen oder verbündeten Volkes zur wehrhaften Selbstbehauptung zu lähmen oder zu zersetzen sucht". In „minder schweren Fällen" waren Zuchthaus- und Gefängnisstrafen vorgesehen.[124] Damit konnte jede kritische Äußerung über den Krieg bestraft werden. Je länger der Krieg dauerte, desto härter fielen die Strafen aus. Das Delikt wurde in der Regel vor dem „Volksgerichtshof" verurteilt, der ab 1944 jede Art ernsthafter defätistischer (an Sieg und Erfolg zweifelnder) Äußerung mit dem Tode bestrafte. Eine 43-jährige Lehrerin aus Linz, die ihrem zur Wehrmacht eingezogenen Bruder über die schlechte Stimmung in der Heimat geschrieben, Hitler als „Totengräber des deutschen Volkes" bezeichnet und ein baldiges Ende des Krieges herbeigewünscht hatte, wurde ebenso hingerichtet wie der Bruder, der ihr und seinen Eltern auf ähnliche Weise geantwortet hatte.[125] Viele anfangs als „Heimtückefälle" mit vergleichsweise geringen Strafen (von Abmahnung über Geldbuße bis zu etwa eineinhalb Jahren Gefängnis) gehandhabte „Vergehen" wurden, sofern sie defätistische Bemerkungen enthielten, mit zunehmender Kriegsdauer als „Wehrkraftzersetzung" begriffen und konnten somit vor dem berüchtigten „Volksgerichtshof" enden.[126]

Bemerkenswert ist auch die von Reichspropagandaminister Goebbels initiierte *„Verordnung über außerordentliche Rundfunkmaßnahmen"* („Rundfunkverordnung") vom 1. Januar 1939. Obwohl der damalige Reichsjustizminister Gürtner auf die Gefahr hinwies, dass das Verbot des Hörens ausländischer Radiosendungen zu einem Vertrauensbruch zwischen Bevölkerung und Regierung führen könne und dass mit einem solchen Erlass dem Denunziantentum Tür und Tor geöffnet würden, ließ sich Goebbels nicht von seiner Haltung abbringen.[127] Der Gegner, so heißt es in der Einleitung zum Gesetz, kämpfe nicht nur mit militärischen Waffen, sondern auch mit Mitteln, „die das Volk seelisch beeinflussen und zermürben sollen". Da jedes Wort des Gegners „selbstverständlich verlogen" sei, erwarte die Regierung, dass jeder Deutsche aus Verantwortungsbewusstsein heraus die „Anstandspflicht" besitze, das Hören ausländischer Sender zu unterlassen. Das Gesetz richtete sich erklärtermaßen gegen diejenigen „Volksgenossen", denen ein solches Verantwortungsbewusstsein fehle.

Das „absichtliche Abhören ausländischer Sender" (§1) und die vorsätzliche Verbreitung der gehörten Nachrichten (§2) wurden mit Gefängnis oder Zuchthaus, in schweren Fällen (die Verbreitung betreffend) mit dem Tode bestraft und die dafür benutzten Empfangsanlagen eingezogen. Die Einleitung der Strafverfolgung lag ausschließlich in den Händen der Gestapo.[128] Anlässlich der Einführung der „Vorschriften über Hochverrat und Landesverrat im Lande Österreich" wurden die Staatsanwälte belehrt, dass bei „Abhören des Moskausenders" immer geprüft werden müsse, ob dadurch nicht „Vorbereitung zum Hochverrat" vorliege, insbesondere dann, wenn der Hörer politisch vorbelastet und das Abhören unter gewissen Sicherheitsmaßnahmen erfolgt sei. Dieser Tatbestand könne auch erfüllt sein, wenn

NS-Propagandaflugblatt gegen das Abhören ausländischer Sender und gegen Gerüchteverbreitung

das Abhören nur im engsten Familienkreis passiert sei; in jedem Falle liege Hochverrat aber dann vor, „wenn das Abhören gemeinschaftlich mit anderen erfolgt und im Zusammenhang damit eine Unterhaltung stattfindet, die als Werbung für die russischen Zustände anzusehen ist"[129].

Für die Tätigkeit des Sondergerichts Wien ist zu bemerken, dass von 1939 bis 1940 Anklagen nach dem „Heimtückegesetz" die überwiegende Mehrheit aller Verfahren darstellten. Danach nahmen diese immer mehr ab, während eine allmähliche Zunahme von Verfahren wegen des Verstoßes gegen die erwähnte KSSVO und ihre Ergänzungen, gegen die Rundfunkverordnung, gegen die „Verordnung gegen Volksschädlinge"[130] vom 5. September 1939 und andere kriegsbedingt erlassene Sonderverordnungen zu bemerken ist.[131] Bei der „Verordnung gegen Volksschädlinge" handelte es sich nicht um eine politische Gesetzgebung gegen Andersdenkende oder auch nur unzufriedene Nörgler, sondern damit sollte die Ausnutzung kriegsbedingter Gegebenheiten für kriminelle Zwecke verhindert beziehungsweise bestraft werden, so zum Beispiel Plünderungen nach Bombenangriffen, Diebstahl, Raub und sexuelle Übergriffe auf Frauen während der bei Bombenangriffen angeordneten Verdunkelung, „betrügerische Ausnutzung seelischer Kriegsnot", Schädigung von Soldaten, Diebstahl von Soldatengut und so weiter. Die meisten Todesurteile ziviler Gerichte nach 1939 gingen auf diese Verordnung zurück.[132] Während der nationalsozialistischen Herrschaft erhöhte sich übrigens die Anzahl der mit Todesstrafe bedrohten Tatbestände sukzessive von drei auf 46.[133]

Die Verschlechterung der materiellen Situation mit zunehmender Kriegsdauer, die Abwesenheit vieler wehrpflichtiger Männer, Arbeitseinsätze und die Anwesenheit von Millionen Zwangsarbeitern und Kriegsgefangenen führten zusätzlich zu einer Verschärfung des gesellschaftlichen Konfliktpotenzials. Bestehende Sondergesetze wurden unmittelbar nach dem Überfall auf Polen am 1. September 1939 verschärft, neue kamen hinzu. Durch eine Verordnung wurde beispielsweise ab November 1939 der Paragraf *„Verbotener Umgang mit Kriegsgefangenen"* eingeführt, auch das ein „Vergehen", dessen Verfolgung sehr oft auf Denunziationen zurückging und das mit Gefängnis oder Zuchthaus bestraft wurde. „Verbotener Umgang" lag dann vor, wenn „das gesunde Volksempfinden gröblich verletzt" wurde.[134]

Alle hier aufgezählten Delikte wurden von Hitler als „seuchenhafte Kriegsdelikte" bezeichnet.[135] Die Statistik des Reichsjustizministeriums nennt für das dritte Quartal 1942 insgesamt 7543 Verurteilungen unter diesem Oberbegriff. Davon entfallen 32,7 Prozent auf „verbotenen Umgang mit Kriegsgefangenen", 30,3 Prozent auf Hochverrat und 16,4 Prozent auf „Heimtücke". Der Rest verteilt sich überwiegend auf die oben genannten Paragrafen der „Verordnung über Volksschädlinge".[136]

Die Sondergesetze gegen die Juden

Ein besonders verheerendes Kapitel nationalsozialistischer Gesetzgebung ist die Einführung eines Sonderrechts für Juden. Da als Rechtsgemeinschaft nur die „artgleiche Volksgemeinschaft" angesehen wurde, standen Juden als „Artfremde" außerhalb dieser Gemeinschaft. Für sie sollte ein Sonderrecht gelten. Diese Sondergesetzgebung steht in ihrer Radikalität einzigartig da, wenngleich sie Parallelen zu den antijüdischen Maßnahmen des Kanonischen Rechts der katholischen Kirche aufweist.[137]

Das Sonderrecht für Juden bestand im Wesentlichen aus dem „Reichsbürgergesetz" und dem *„Gesetz zum Schutz des deutschen Blutes und der deutschen Ehre"* („Blutschutzgesetz")[138], die im September 1935 auf dem Nürnberger Parteitag der NSDAP (daher die Bezeichnung „Nürnberger Rassengesetze" oder einfach nur „Nürnberger Gesetze") eingeführt wurden. Das *„Reichsbürgergesetz"* führte den Blutsgedanken und die daraus abgeleitete Definition vom „Reichsbürger" als Gesetz ein. Reichsbürger zu sein war alleine Staatsangehörigen mit „deutschem oder artverwandtem Blute" vorbehalten, alle anderen konnten zwar Staatsangehörige, aber keine „Reichsbürger" sein und besaßen dadurch keine politischen Rechte. Neben vielen anderen Bestimmungen waren Eheschließungen und „außerehelicher Verkehr" zwischen Juden und Staatsangehörigen „deutschen oder artverwandten Blutes" nach dem „Blutschutzgesetz" verboten; dies machte den Kern der Rassengesetze aus.[139] Denunziationen, Anklagen und Verurteilungen wegen „Rassenschande" gehörten zu den dramatischen Folgen des Gesetzes.[140]

Zum Zeitpunkt, als das Gesetz in Kraft trat, wollte sich Hitler noch nicht auf eine Definition festlegen, wer eigentlich als Jude zu gelten habe. Die vorgeschlagene Definition der Ministerialbürokratie ging ihm nicht weit genug[141], und so sollte es noch zwei Monate dauern, bis die 1. Verordnung zum Reichsbürgergesetz am 14. November 1935 festlegte, auf wen die Gesetze anzuwenden waren.[142]

Dabei kann gleich vorausgeschickt werden, dass es sich keinesfalls um „Rassengesetze“ im Wortsinn handelte. Maßgeblich waren die Großeltern einer Person auf der Basis einer religiösen Abstammungsdefinition. Jude war demnach, wer von mindestens drei „volljüdischen“ Großeltern abstammte, wobei ein Großelternteil dann als „volljüdisch“ galt, wenn er der jüdischen Religionsgemeinschaft angehörte. Ferner galt als Jude, wer von zwei „volljüdischen“ Großeltern“ abstammte und der jüdischen Religionsgemeinschaft angehörte oder mit einem Juden verheiratet war. Alle anderen, die von zwei „volljüdischen“ Großelternteilen abstammten, und alle, die von nur einem „volljüdischen“ Großelternteil abstammten, wurden vorläufig als „Reichsbürger“ anerkannt.

Für die Angehörigen der SS (des „Ordens der Besten“) sollten noch strengere Regeln gelten. Auf Anordnung Himmlers musste der Abstammungsnachweis bis zum Jahre 1750 erbracht werden.[143]

Es ist leicht zu erkennen – und auch die damaligen Juristen gaben sich darüber keinen Illusionen hin –, dass die Definition des Juden keinerlei „rassische“ Grundlagen besaß. Im Gegenteil: Aus diesem Gesetz ergaben sich geradezu absurde Urteile, die dem „Rassegedanken“ der Nationalsozialisten diametral widersprachen. In den „Kommentaren zur deutschen Rassengesetzgebung“ weisen der Staatssekretär Wilhelm Stuckart und der Beamte Hans Globke (beide Reichsinnenministerium) darauf hin, dass ein

> Großelternteil ohne weiteres als volljüdisch [gilt], wenn er der **jüdischen Religionsgemeinschaft** angehört hat. Auch ein voll deutschblütiger Großelternteil, der – etwa aus Anlass seiner Verheiratung mit einem Juden – zur jüdischen Religionsgemeinschaft übergetreten ist, gilt daher für die rassische Einordnung seiner Enkel als volljüdisch. Ein Gegenbeweis ist nicht zugelassen.[144]

Weiter heißt es:

> Wie lange der Großelternteil der jüdischen Religionsgemeinschaft angehört hat, ist gleichgültig. Auch eine nur vorübergehende Zugehörigkeit genügt. Zu beachten ist dabei folgendes.

> Für die rassische Einordnung eines beim Inkrafttreten des Reichsbürgergesetzes lebenden Enkels ist maßgebend, ob der Großelternteil bis zu diesem Zeitpunkt einmal der jüdischen Religionsgemeinschaft angehört hat. Ist dies der Fall, so muss dem Enkel ein volljüdischer Großelternteil angerechnet werden.[145]

Als hypothetisches Beispiel wird eine „arische" Frau angenommen, die wegen ihrer Ehe mit einem Juden zum Judentum konvertiert ist und nach dem Tod ihres Mannes wieder zum Christentum wechselte, um dann einen „arischen" Mann zu heiraten. Ein Enkel aus dieser zweiten Ehe wäre nach Stuckart und Globke „teiljüdisch", obwohl die beiden genannten Großeltern „deutschblütiger" Abstammung waren:

> Ein zum Judentum übergetretener Deutschblütiger ist [...] für seine eigene Einordnung nach wie vor als deutschblütig anzusehen, lediglich für die rassische Einordnung der Enkel gilt er als Volljude.[146]

Als „Mischling 1. Grades" galt eine Person, die von zwei „volljüdischen" Großelternteilen, als „Mischling 2. Grades" jemand, der von einem solchen Großelternteil abstammte. Es ging bei all diesen Definitionen um rein rechtstechnische Regelungen, die durchführbare Bestimmungen über die „rassische" Einordnung der Bürger schaffen sollten. Jeder damit beschäftigte Beamte sollte anhand von Dokumenten ohne Schwierigkeiten die „rassische" Einordnung vornehmen können.

Ausnahmen von den Regelungen der Gesetze konnte nur Hitler persönlich genehmigen.[147]

Die perfiden Definitionen von Menschengruppen muten grotesk und geradezu unglaublich an und doch waren sie tödlicher Ernst. Von der Einordnung in eine der Kategorien hing es ab, welchen Status man in der Gesellschaft (noch) hatte, ob man den immer neuen antijüdischen Maßnahmen ausgesetzt oder davon teilweise oder sogar ganz ausgenommen war. Und später sollte es zu einer Frage von Leben und Tod werden.

Am 20. Mai 1938 traten auch im „angeschlossenen" Österreich die „Nürnberger Rassengesetze" in Kraft.[148] Anzeigen wegen „Rassenschande" waren eine der zwangsläufigen Folgen. Aber auch Verstöße gegen später eingeführte judenfeindliche Maßnahmen bildeten den

Gegenstand von Denunziationen, etwa der Verstoß gegen Gasthaus-, Kino-, Theater-, Parkanlagen- und ähnliche Verbote, gegen die Kennzeichnungspflicht, gegen die verordneten Einkaufszeiten, gegen das Einstellungsverbot von Juden und vieles mehr.

Die NS-Justiz – ein williger Vollstrecker

Nach einer Verordnung der Reichsregierung vom 21. März 1933 waren in Deutschland Sondergerichte an den Oberlandesgerichten installiert worden, deren Hauptaufgabe die Bekämpfung der politischen Opposition darstellte.[149]

Als Reaktion auf den Reichstagsbrand hatte Reichspräsident Hindenburg bereits einige Wochen zuvor die „Verordnung zum Schutze von Volk und Staat“[150] und die „Verordnung gegen Verrat am Deutschen Volke und hochverräterische Umtriebe“[151] erlassen. Mit diesen und dem am 24. März 1933 erlassenen „Ermächtigungsgesetz“[152], das der Reichsregierung gesetzgebende Funktion einräumte, war die Verfassung der Weimarer Republik praktisch außer Kraft gesetzt worden. Es seien nunmehr

> Beschränkungen der persönlichen Freiheit, des Rechts der freien Meinungsäußerung, einschließlich der Pressefreiheit, des Vereins- und Versammlungsrechts, Eingriffe in das Brief-, Post-, Telegraphen- und Fernsprechgeheimnis, Anordnungen von Haussuchungen und von Beschlagnahmen sowie Beschränkungen des Eigentums auch außerhalb der sonst hierfür bestimmten gesetzlichen Grenzen zulässig.[153]

Die Sondergerichte seien an dieser Stelle etwas genauer beschrieben, weil die oben genannten neuen „Delikte“ – von den „Rassenschande“-Prozessen abgesehen – vor diesen eigens hierfür eingerichteten Gerichten verhandelt wurden und die Konsequenzen einer Denunziation nur vor diesem Hintergrund zu verstehen sind.

Bei den Sondergerichten handelte es sich um eine neue Form der politischen Schnelljustiz, die einen möglichst großen Abschreckungseffekt haben sollte. Sie waren zunächst für die Rechtsprechung in Verfahren wegen jener Delikte und Vergehen zuständig, die durch die genannte „Verordnung zum Schutz von Volk und Staat“ und die „Verordnung zur Abwehr heimtückischer Angriffe gegen die Regierung der nationalen Erhebung“ vom 21. März 1933 formuliert worden waren.[154] Mit der Todesstrafe waren beispielsweise Delikte wie „Hochverrat“, „schwerer Aufruhr“, „Brandstiftung“, „Explosion“, „Beschädigung von Eisenbahnanlagen“ und „gemeingefährliche Vergiftung“ zu ahnden. Im Mai 1934 wurde als zusätzliche Form der Sondergerichtsbarkeit der berüchtigte „Volksgerichtshof“ installiert, der von nun an allein für die Verurteilung von „Hoch- und Landesverrat“ und Vergehen im Sinne der „Verordnung des Reichspräsidenten zum Schutz von Volk und Staat“ zuständig war.

Bereits im Juni 1933 war mit der Einführung der Militärgerichtsbarkeit und später mit der Gründung des „Reichskriegsgerichtes“(Oktober 1936) eine besondere Gerichtsbarkeit für Angehörige des Militärs geschaffen worden, die, genau wie der „Volksgerichtshof“, vor allem ab Kriegsbeginn jegliche Rechtsmittel für den Angeklagten abschaffte und Hoch- und Landesverrat, Kriegsdienstverweigerung und jede Form von „wehrkraftzersetzenden“ Äußerungen oder Handlungen von Soldaten immer härter und oft genug mit der Todesstrafe ahndete.

Zwei Monate nach dem Überfall auf Polen verfügte Hitler die Schaffung einer „Sondergerichtsbarkeit in Strafsachen für Angehörige der SS und für Angehörige der Polizeiverbände bei besonderem Einsatz“[155]. Diese Maßnahme ist das genaue Gegenteil der bisher beschriebenen. Nachdem Hitler schon kurz zuvor einen Gnadenerlass für im Polenfeldzug begangene Gräuel bestimmt hatte, war das Ziel der neuerlichen Maßnahme nicht die Strafverschärfung und effizientere Aburteilung etwaiger Straftaten, sondern die zukünftige Legitimierung der Aufgaben von SS und Polizei, die ohne diese Sondergesetze strafbar gewesen wären.[156]

Mit dem schon erwähnten „Heimtückegesetz“ vom Dezember 1934 wurden die Kompetenzen der Sondergerichte wesentlich erweitert. Bis zum Krieg sollten die Sondergerichte in erster Linie die weniger schweren politischen Delikte, denen kein organisierter Hintergrund angelastet wurde, rasch und effizient erledigen.

Eine mit Kriegsbeginn am 1. September 1939 erlassene Verordnung ermöglichte es, theoretisch jedes Vergehen vor ein Sondergericht zu bringen, wenn „durch die Tat die öffentliche Ordnung und Sicherheit besonders schwer gefährdet“ wurde.[157] Durch die Arbeitsüberlastung der Sondergerichte infolge der Verstöße gegen die oben genannten kriegsbedingten Verordnungen wurden als „minder schwer“ eingeschätzte Fälle zunehmend an ordentliche Gerichte abgegeben, wie sich am Beispiel des Delikts „Verbotener Umgang mit Kriegsgefangenen“ für Wien nachweisen lässt.

Jedes einzelne vor dem Sondergericht als „Heimtückefall“ geführte Verfahren musste vor Anklageerhebung dem Reichsjustizminister in Berlin gemeldet werden. Der örtliche Generalstaatsanwalt hatte eine Beurteilung des Falls abzugeben, auf deren Grundlage der Reichsjustizminister entschied, ob eine Strafverfolgung geboten sei. Als besonders schwerwiegend erachtete Fälle, von denen im Laufe der Ermittlungen angenommen wurde, dass sie den Tatbestand der „Wehrkraftzersetzung“ oder eines anderen schwerwiegenden Delikts wie etwa der „Vorbereitung zum Hochverrat“ erfüllen könnten, wurden zur „Weiterbehandlung“ gemeldet, was – wie schon erwähnt – vor dem „Volksgerichtshof“ enden konnte.[158]

Die Sondergerichte waren zunehmend auch für schwere Gewalt- und Sittlichkeitsverbrechen zuständig. Mit Fortdauer des Kriegs verschärften sich die Strafen für Verbrechen dieser Art enorm, Todesurteile (auch für Jugendliche) konnten ausgesprochen werden, wenn „der Schutz der Volksgemeinschaft“ oder das „Bedürfnis nach gerechter Sühne“ eine solche Strafe erforderlich machte.[159] So wurden auch Kriminelle durch die über jede rechtsstaatliche Auffassung hinausgehende Ausweitung des Strafmaßes Opfer der NS-Justiz.

Kennzeichnende Merkmale der Sondergerichte waren ein eigenes Verfahrensrecht und verkürzte Rechtsmittel für die Angeklagten. Beispielsweise konnte die Beweiserhebung abgelehnt werden, wenn das Gericht sie für die Aufklärung als nicht notwendig erachtete. Die Vernehmungsergebnisse brauchten nicht in das Protokoll der Hauptverhandlung aufgenommen zu werden und schließlich waren gegen die richterliche Entscheidung keine Rechtsmittel zulässig.[160]

Für Österreich wurde zwar eine Vereinheitlichung des Rechtssystems angestrebt, es kam aber nie dazu. In Artikel 3 des „Gesetzes über die Wiedervereinigung Österreichs mit dem Deutschen Reich“ vom 13. März 1938 heißt es:

> Das derzeit in Österreich geltende Recht bleibt bis auf weiteres in Kraft. Die Einführung des Reichsrechts in Österreich erfolgt durch den Führer und Reichskanzler oder den von ihm hierzu ermächtigten Reichsminister.[161]

Auf dem Gebiet Österreichs galten weiterhin jene Strafrechtsnormen, die bereits vor dem „Anschluss" existiert hatten, die jedoch in Form von Verordnungen und Führererlässen nach und nach von NS-Rechtsvorschriften adaptiert wurden.[162] Die wichtigsten Veränderungen sind die schon erwähnte Einführung der „Nürnberger Rassengesetze" am 20. Mai 1938 (ein Eheschließungsverbot von „Ariern" und „Nichtariern" war bereits Ende April verfügt worden[163]), die „Verordnung zur Neuordnung des Österreichischen Berufsbeamtentums" vom 31. Mai 1938[164] (allerdings war unmittelbar nach dem „Anschluss", am 15. März 1938, ein Führererlass zur Beeidigung von Beamten in Kraft getreten, der die Entlassung aller jüdischen Beamten zur Folge hatte[165]), am 20. Juni 1938 die Einführung der Rechtsvorschriften über „Hoch- und Landesverrat"[166] (und damit die Ausdehnung der Zuständigkeit des „Volksgerichtshofs" auf das Land Österreich) und erst am 23. Januar 1939 das „Heimtückegesetz". Die Reihenfolge mag auch Hitlers Prioritätensetzung zeigen: Juden galten als Hauptfeinde der „Volksgemeinschaft", vordringlich war also die Kontrolle beziehungsweise Lösung des „Judenproblems" durch die beiden erstgenannten Verordnungen.

So wie das Strafrecht blieb auch die Gerichtsverfassung zunächst weitgehend unverändert in Kraft, Sondergerichte existierten daher noch nicht. Erst mit einer „Kundmachung des Reichsstatthalters" vom 20. November 1938 wurden Sondergerichte an den Oberlandesgerichten installiert, ohne dass zunächst klar war, welche Straftatbestände ausschließlich vor diesen abzuurteilen waren.[167] So findet sich in den erhalten gebliebenen Prozessakten des Sondergerichts Wien auch kein einziger Fall für das Jahr 1938. Erst mit der erwähnten Einführung des „Heimtückegesetzes" im Rahmen der Verordnung über die „Einführung strafrechtlicher Vorschriften im Lande Österreich"[168] Ende Januar 1939 begannen die Sondergerichte schließlich mit ihrer regen Tätigkeit.

Keine Anzeigepflicht

Anders als mitunter angenommen, gab es während der NS-Zeit keine allgemeine gesetzliche Anzeigepflicht, auch wenn das herrschende Klima der Beschwörung der „völkischen Pflichten", des Schutzes der „Volksgemeinschaft" und Parolen wie „Jeder tut mit. Jeder denkt nach. Jeder meldet" eine solche vermuten lassen könnten. Reinhard Heydrich, Chef des Reichssicherheitshauptamtes (RSHA), versuchte zwar 1939 anlässlich der Mobilmachung für den Krieg eine so genannte Volksmeldepflicht zu installieren, durch die jeder „Volksgenosse" zur Anzeige gezwungen werden sollte, stand aber mit dieser Absicht alleine da. Nach dem Entwurf Heydrichs sollten alle „Volksgenossen" zur aktiven Mitwirkung an der inneren Sicherheit und der Stärkung der Kampfbereitschaft der „Volksgemeinschaft" herangezogen werden. Alle „Verbrechen im Sinne der Strafgesetze und alle Vergehen, die nach gesundem Volksempfinden geeignet sind, die Geschlossenheit und den Kampfwillen des deutschen Volkes zu schwächen", sollten meldepflichtig sein.[169] Der Generalbevollmächtigte für die Wirtschaft, das Oberkommando der Wehrmacht, der Reichsjustizminister, der Reichspropagandaminister und der preußische Finanzminister wandten jedoch gegen diese Forderung ein, dass sie die „Volksgenossen" in ernste Gewissensnot bringen und die Disziplin untergraben werde. Alle warnten vor der dann einsetzenden Denunziationsflut. Darüber hinaus erübrige sich die gesetzliche Anzeigepflicht, da für jeden anständigen „Volksgenossen" ohnehin die „sittliche Pflicht" bestehe, gegen reichs- und staatsfeindliche Handlungen aktiv mitzuwirken.[170]

Der einzige aus Heydrichs Entwurf verwirklichte Aspekt war die Beauftragung „geeigneter Parteigenossen" mit ehrenamtlicher Tätigkeit in der Sicherheitspolizei ab 1944.[171]

Eine „Anzeigepflicht" bei Kenntnis einer strafbaren Handlung gab es auch im Nationalsozialismus nur für bestimmte, als schwere Verbrechen angesehene Straftatbestände. Nach §139 Abs. 1 Satz 1 des StGB waren dies Hochverrat, Landesverrat, Münzverbrechen, Mord, Raub, Menschenraub und gemeingefährliche Verbrechen, wobei dies nur zur Erklärung und nicht zur Rechtfertigung jener Anzeigen gesagt sei, die auf Grund des ausgeweiteten Rahmens von Hochverrat oder Landesverrat zur Hinrichtung zahlloser Menschen führten. Außerdem wurden vereinzelt bestimmte Berufsgruppen ohne Rücksicht auf ihr Berufsgeheimnis zur Aussage verpflichtet, so etwa Ärzte nach dem „Gesetz zur Verhütung erbkranken Nachwuchses", indem sie als Zeugen und Sachverständige in den Verfahren vor den „Erbgesundheitsgerichten" aussagen mussten[172], und Sozialarbeiterinnen sowie Fürsorgerinnen, die so genannte „Gemeinschaftsunfähige" („Asoziale") melden sollten und zur Zwangssterilisation vorschlagen konnten.[173]

Selbstverständlich erwartete man von nationalsozialistischen Funktionären, wie Ortsgruppen-, Block- und Zellenleitern, Leitern der „Deutschen Arbeitsfront" und anderen, dass sie strafbare Handlungen anzeigten.

Ein Volk von Denunzianten?

Der im Wesen der Denunziation als uneinschätzbare, latente und permanente Bedrohung und Gefahr liegende und durch die Literatur bewusst und unbewusst herbeigeführte Eindruck, die Bevölkerung des „Dritten Reiches" sei ein Volk von Denunzianten gewesen, führt leicht zu einer Überschätzung des tatsächlichen Ausmaßes von Denunziationen. Ohne Zweifel waren sie erschreckend weit verbreitet und ohne sie wären der Verfolgung von Delikten wie „Heimtücke", „Feindsender hören", „Rassenschande", „Defätismus", „Umgang mit Fremdarbeitern" und anderem enge Schranken gesetzt gewesen. Allerdings bedurfte es „nur eines erheblichen *Teils*, jedoch keineswegs der Mehrheit der Bevölkerung, um alle beständig in Atem zu halten. Das Heer der Denunzianten war so groß, dass in jeder Gruppe mit einem von ihnen gerechnet werden musste. Pauschalisierende Äußerungen über das Anzeigeverhalten der Bevölkerung in der NS-Zeit grenzen sich zwar mit Recht gegen die langjährige Verdrängung und Unterschätzung dieses Komplexes für das Funktionieren der NS-Diktatur ab, sie überzeichnen jedoch diesen Aspekt des Verfolgungsprozesses und halten einer empirischen Überprüfung nicht stand."[174]

Der Historiker Eric A. Johnson hat auf der Grundlage von Krefelder Gestapoakten geschätzt, dass ein bis zwei Prozent der erwachsenen Bevölkerung Krefelds andere denunzierten.[175] Diese Schätzungen sind, wie Johnson selbst bemerkt, mit äußerster Vorsicht zu genießen.[176] Aber wenn wir diese Zahlen zu Grunde legen, bedeutet das schlichtweg, dass ein bis zwei von hundert Menschen denunziert haben. Wenn es in der näheren Wohnumgebung oder – für Wien sehr anschaulich – in einem Gemeindebau ein bis zwei Personen gab, die denunzierten, reichte das durchaus, um den gesamten Gemeindebau beziehungsweise die ganze Umgebung zu kontrollieren. Die Zahlen erlauben sicher die Feststellung, dass es sich bei der Denunziation im Nationalsozialismus um ein weit verbreitetes Phänomen gehandelt hat, aber eine Bezeichnung der damaligen Österreicher und Deutschen als ein Volk von Denunzianten würden sie nicht rechtfertigen. Letztlich lässt die nur sehr fragmentarische Überlieferung des Materials insgesamt keinen Rückschluss auf genaue Zahlen zu und verschiedene Quellenbestände verleiten mitunter zu unterschiedlichen Einschätzungen.

Die Tatsache, dass nur das Wissen über stattgefundene Denunziationen durch Quellen wie Briefe an die NS-Führung oder Gerichtsakten überliefert ist und – bis auf Ausnahmen – nicht die Entscheidungen dagegen, lässt eine Einschätzung der Denunziationsbereitschaft dieser Zeit nicht zu. Die Anständigkeit vieler Menschen, die zufällig Zeugen eines theoretisch denunzierbaren Vorgangs geworden waren und sich nicht versucht fühlten, das Gesehene oder Gehörte zu melden, findet ja gerade keinen Niederschlag in den Akten.

Weder bedeuteten das Einverständnis und die Zufriedenheit vieler Menschen mit dem NS-Staat zwangsläufig, dass diese alle zu Denunzianten wurden, noch haben sich alle von den neuen Anzeigemöglichkeiten angezogen gefühlt, wenngleich die politische und juristische Legitimierung einer Denunziation dem Denunziantentum immer Vorschub leistet. Dennoch machte die Gelegenheit nicht aus allen Diebe. Selbst überzeugte Nazis und Funktionäre des Systems behielten mitunter ihr Wissen, das nur allzu leicht zur Macht hätte werden können, für sich oder versuchten, wie zwei der Fallbeispiele zeigen werden, eine an sie herangetragene Anzeige zu verhindern.

Wenn im vorliegenden Buch von einigen – den Autoren sinnvoll erscheinenden – Ausnahmen abgesehen auf eine Quantifizierung der Daten in Hinblick auf die Anzahl der Denunzianten und der Anzeigen verzichtet wird, so liegt das vor allem am Phänomen der Denunziation selbst und an den damit verbundenen Quellen. Zunächst ist davon auszugehen, dass viele Denunziationen, die an alle möglichen Stellen geschickt worden sind, nicht überliefert sind. Der zufällig erhalten gebliebene Bestand von Denunziationsbriefen an Reichskommissar Josef Bürckel gibt zur Vermutung Anlass, dass derartige Schreiben auch an andere NS-Funktionäre und städtische Politiker – etwa an den Reichsstatthalter, den Bürgermeister oder die Gauleiter – gerichtet wurden, aber nicht erhalten geblieben sind.

Anonyme Denunziationen landeten mitunter sofort im Papierkorb. Hinzu kommt, dass Denunziationen durch Funktionäre oder durch Beamte in den Akten oft nicht als solche erfasst sind, sondern als „Anzeige auf dem Dienstweg“ aufscheinen. Gleiches gilt oft auch dann, wenn eine Denunziation zum Beispiel an einen befreundeten oder bekannten Funktionär herangetragen wurde und dieser sie an die zuständige Behörde weiterleitete. Besonders wenn der oder die Beschuldigte geständig war, tauchen in den Justizakten oft keine Hinweise mehr auf eine Erstanzeige (und mögliche Denunziation als Auslöser des Verfahrens) auf und der Denunziant musste in diesem Fall nicht mehr als Zeuge geladen werden.[177]

Wo konkrete quantitative Aussagen über Denunziationen – etwa über den Anteil der durch Denunziation ausgelösten „Heimtückeverfahren" innerhalb der untersuchten Stichprobe – möglich waren, ist es in diesem Buch geschehen. Seriöse Hochrechnungen allgemeinerer Art sind nach Meinung der Autoren nicht möglich. Die sich aus den drei Hauptquellen ergebenden Quantifizierungsprobleme werden in den folgenden Kapiteln im Einzelnen beschrieben.

Die Quellen

Im Gegensatz zu Deutschland, wo die Forschung auf vollständig erhalten gebliebene Gestapoakten einiger Städte beziehungsweise „Gaue" zurückgreifen konnte und dadurch Aufschluss über die Rolle von privaten Denunziationen beim Erfolg der Gestapo erhielt,[178] sind für das Gebiet des heutigen Österreich bis auf wenige Ausnahmen so gut wie keine Gestapodokumente erhalten. Auch der sensationelle Fund der gesamten Erkennungsdienstlichen Kartei der Gestapo Wien im Jahre 2000 enthält keine Hinweise auf das Zustandekommen von Verhaftungen und eventuell dahinterstehende Denunziationen.[179]

Dieser Arbeit liegen nun folgende Quellen zugrunde:

Zuschriften aus der Bevölkerung an Reichskommissar Josef Bürckel

Die im Österreichischen Staatsarchiv/Abteilung Archiv der Republik befindlichen Zuschriften aus der Bevölkerung an Reichskommissar Josef Bürckel aus dem Zeitraum von April 1938 bis August 1940 bilden eine der drei Hauptquellen des vorliegenden Buches. Bürckel war ab April 1938 als „Reichskommissar für die Wiedervereinigung Österreichs mit dem Deutschen Reich" mit der Aufgabe betraut, innerhalb eines Jahres die „Ostmark" – so der neue Begriff für das „angeschlossene" Österreich – politisch, wirtschaftlich und kulturell ins Reich zu integrieren, eine Aufgabe, die sich schließlich bis zum März 1940 hinziehen sollte. Nach der Absetzung des Wiener Gauleiters Odilo Globocnik Ende Januar 1939 übernahm Bürckel zusätzlich diesen Posten bis zum August 1940. Aus Unkenntnis oder Überforderung tauchen in den Briefen verschiedene Anreden Bürckels auf, was die Leser und Leserinnen nicht irritieren sollte.

Bürckel war Hitlers Stellvertreter in Wien, er hatte praktisch den Rang eines Reichsministers für das Gebiet des „angeschlossenen" Österreich und konnte hier allen Dienststellen der NSDAP und des Staates uneingeschränkt Weisungen erteilen.[180]

Für das vorliegende Buch wurden dreißig der insgesamt 107 Kartons mit Zuschriften nach dem Zufallsprinzip ausgewählt. Die mit Absendern versehenen Briefe und Postkarten sind alphabetisch nach den Nachnamen der Absender geordnet. Zusätzlich wurden alle acht Kartons mit anonymen Schreiben durchgesehen.[181]

Die thematische Breite der Zuschriften ist sehr groß: Die nicht-anonymen Zuschriften bestehen aus Beschwerden, Eingaben und Vorschlägen aller Art, Lob- und Huldigungsschreiben, Ansuchen um finanzielle oder sonstige Unterstützung, allgemeinen Stimmungsberichten, aber ebenso aus konkreten Denunziationen. Auch Briefe an Hitler persönlich landeten wieder bei Bürckel, wenn sie „Ostmark"-Belange enthielten. Die Absender wandten sich – oft nachdem sie bei der Polizei oder aber bei anderen, eigentlich zuständigen NS-Stellen keinen oder nicht genügend Erfolg erzielt hatten – an Bürckel, in der Hoffnung, damit ihrem Anliegen zum Erfolg zu verhelfen. Ein auffallend großer Teil der Zuschriften hat in der einen oder anderen Form mit der Verfolgung von Juden und hier vor allem mit der Enteignung jüdischer Betriebe, Geschäfte, Wohnungen, von Hausrat und sonstigem Eigentum von Juden, zu tun. Zum einen sind da die zahllosen „Arisierungs"-Ansuchen und „Arisierungs"-Beschwerden. Meistens handelt es sich dabei um Zuschriften von Männern, gelegentlich auch Frauen, die sich um ein jüdisches Unternehmen oder eine „entjudete" – so die gebräuchliche Terminologie in den Briefen – Wohnung beworben hatten und sich nun von den zuständigen NS-Stellen nachteilig behandelt fühlten, Protektionswirtschaft und Betrügereien bei der

Vergabe vermuteten und daher den Reichskommissar um Intervention baten. Die Mitarbeiter Bürckels gingen dem Anliegen der Schreiben in fast allen Fällen nach – außer der Absender war Jude –, ordneten in vielen Fällen Überprüfungen an, holten politische Beurteilungen und Leumundszeugnisse der „Arisierungs"-Anwärter und -Anwärterinnen oder sonstiger Beschwerdeführer ein, deren Inhalt für das weitere Vorgehen in der Sache entscheidend war. Diesen – oft dem Akt beigelegten – politischen Beurteilungen kann man entnehmen, dass sich Menschen aller Altersstufen und jedweder Herkunft, auch frühere NS-Gegner, etwa ehemalige Parteigänger der Sozialdemokratie, um ein jüdisches Geschäft oder eine Wohnung beworben haben.

Der bedrückendste Teil der Bürckel-Akten sind wohl die Briefe von Juden, die dem Reichskommissar ihre Bedrängnis und Notlage schildern und um Hilfe und Schutz bitten: Menschen, die erst durch den Versuch, den „Ariernachweis" zu erbringen, erfuhren, dass sie als Juden galten, bitten den Gauleiter um Aufklärung, ob die Rassegesetze auch für sie gelten. Deutschnational eingestellte Juden ersuchen um eine Ausnahme von den Rassengesetzen und Anerkennung als „Arier". Sie betonen ihre Teilnahme am Ersten Weltkrieg, ihre Zugehörigkeit zur „deutschen Kultur" oder auch ihre Begeisterung für nationalsozialistische Ideale. In mehreren Briefen wird um Verlängerung der Kündigungsfrist der Wohnung, um Arbeitsgenehmigung bis zur geplanten Ausreise oder um weiteren Schulbesuch für die Kinder gebeten. Viele Schreiber ersuchen um Milderungen der Park-, Bäder- oder Wirtshaussperre für Juden. Ältere Menschen erbitten eine Ausnahme von der „Auswanderungspflicht", da sie niemanden hätten und nicht wüssten wohin.[182] Diese Briefe verdeutlichen die Fassungslosigkeit und den Schock über die nationalsozialistischen Maßnahmen und über das, was den Verfassern durch ganz normale Leute – Kollegen, Nachbarn, Passanten – angetan wurde.

In der Regel wurden alle Gesuche von Juden sofort als solche gekennzeichnet und ad acta gelegt. In wenigen Fällen jedoch bearbeitete das Büro Bürckel die Zuschriften. So wurde beispielsweise bei Nachweis der Ausreisegenehmigung die Verlängerung von Arbeits- oder Konzessionsgenehmigung wie auch der Kündigungsfrist einer Wohnung bis zum Ausreisetermin angeordnet. Alles, was den geordneten Verlauf der zu diesem Zeitpunkt vorrangig betriebenen Auswanderung von Juden gefährdete, sollte unterbunden werden.[183]

Der Anteil an Denunziationsbriefen ist unter den anonymen Zuschriften deutlich höher als unter den mit Absender versehenen. Die Denunziationen richten sich gegen (vermeintliche) Staatsfeinde und politisch Ambivalente, gegen Meckerer, gegen Juden und „Judenfreunde", gegen „Arbeitsscheue", gegen Parteigenossen, denen unnationalsozialistisches Verhalten vorgeworfen wird, gegen Unbekannte ebenso wie gegen Nachbarn und Kollegen, ja sogar gegen Familienangehörige. Die Briefe schildern zufällig Gehörtes und Gesehenes genauso wie lange Beobachtetes.

Für viele der Absender war Bürckel bereits die zweite oder dritte Instanz ihres Anliegens, an die sie sich wendeten, nachdem ihre Meldungen bei untergeordneteren Stellen nicht die gewünschte Aufmerksamkeit bekommen hatten, wie die drei folgenden Beispiele veranschaulichen sollen.

Im Februar 1939 meldet ein anonymes Schreiben, dass bei der Gauleitung Floridsdorf Kreis IX in einer Musikkapelle zwei Juden mitspielten, die Geschwister Ester. Es sei unglaublich, dass derzeit noch solche Sachen vorkämen. Die Mutter der Geschwister, eine Jüdin, besitze die Frechheit, sämtliche Appelle und Veranstaltungen von Kreis IX zu besuchen. Da die Meldung an den Kreis ohne Wirkung geblieben sei, wende sich der Schreiber nun an Bürckel, in der Hoffnung, dass dieser der Sache ein Ende bereite. Er fordert, nicht nur vom Vater der Kinder, sondern von beiden Eltern den „Arischen Nachweis" zu verlangen.[184]

Anny Frank, die mit ihrem Mann ein kleines Delikatessengeschäft in der Wipplingerstraße 23 in der Wiener Innenstadt betreibt, hat sich Ende 1938 zunächst an den für „Arisierungen" zuständigen Beamten beim Magistrat Wien gewandt und ist „von einer Parteistelle zur anderen" gelaufen, um gegen eine jüdische Geschäftsfrau vorzugehen, deren Geschäft sie und ihr Mann übernehmen wollen, und zu melden, dass diese die Angelegenheit verzögere, Mietzinsschulden habe und trotzdem „nicht hinauszubringen" sei. Da der Magistratsbeamte sich der Sache nicht annimmt, wendet sie sich nun nach ganz oben, an Bürckel persönlich.

> Mein Mann und ich […] sind seit 6 Jahren durchgehend Parteigenossen und haben uns auch in der Verbotszeit für die Partei betätigt und haben dadurch auch, nachdem das Geschäft in einem ausgesprochenen Judenviertel liegt, sehr durch Boykott zu leiden gehabt. Seit dem Umbruch haben sich die Verhältnisse so

gebessert, dass wir uns um ein größeres Geschäft, das einer polnischen Jüdin (Sabine Halpern) gehört, bewerben.

Anny Frank beschreibt nun ihren bisherigen Beschwerdeweg und gibt an, der zuständige Magistratsbeamte, Dr. Aichinger, habe sie nicht einmal richtig angehört, sich aber in ihrer Gegenwart ausgiebig einem jüdischen Fotografen gewidmet und diesem sogar die Schlüssel zu seinem Geschäft verschafft. Empört darüber, dass Parteigenossen so behandelt und Juden bevorzugt werden, meldet sie auch gleich noch den aufgeschnappten Namen einer Frau, auf die sich der Fotograf gegenüber dem Beamten berufen habe, und bittet Bürckel, der Sache nachzugehen.

Dr. Aichinger wird daraufhin ins Büro des Reichskommissars vorgeladen. Er bestreitet die Vorwürfe und weist auf ein Schild an seiner Tür hin, das „Nichtariern" das Betreten des Amtsraumes verbiete.[185] Es finden sich keine Hinweise darauf, wie die Sache ausgeht.

Die Geschäftsfrau Hedwig Aschbeck schreibt im Frühjahr 1939 einen Brief an Bürckel. Sie hat sich seit September 1938 vergeblich um die „Liquidation beziehungsweise Arisierung der jüdischen Konkurrenzfirma M. u. Th. Fink im 15. Wiener Gemeindebezirk beworben", deren Arbeiter sie selbstverständlich übernehmen wolle.

> Trotz meines mehrmaligen Vorsprechens in der Kreiswirtschaftsleitung VII (Pg. [*Parteigenosse*] Herwig) und meiner wiederholten schriftlichen Eingabe wurde mein Ansuchen nicht beachtet. […] Am 31. März 1939 versprach mir Pg. Herwig, dass am nächsten Tage dieser Judenbetrieb gesperrt werde.

Seitdem lasse sich Herwig verleugnen, wenn sie versuche, ihn zu erreichen. Hedwig Aschbeck legt zur Untermauerung der Gesinnung Georg Herwigs ein Schreiben einer gewissen Hermine Brunner bei, in dem es heißt:

> Am Samstag, den 19. März 1938 wurden zum ersten male in der Ostmark alle Judengeschäfte mit der Aufschrift „Jüdisches Geschäft" bezeichnet. Montag, den 21. März jedoch dieselben entfernt, ich entschloss mich bei der N.S.D.A.P. zu erkundigen warum dieselben wieder entfernt wurden, ich nahm mir zwei Zeugen mit und ging in die Rustengasse (Parteilokal). Dort am-

> tierte Herr Herwig, Georg, es waren sehr viele Leute dort, unter andern auch der Jude Engel, Kolonialwarenhändler von 15. Bz. der hinter mir stand. Auf meine Frage hin erklärte mir Herr Herwig folgendes: 1. Die Zetteln hat die SA auf eigene Faust angeklebt, die möchte am liebsten jeden Juden abstechen und ausrauben. 2. Gott sei Dank gibt es in Österreich noch anständige Juden und wenn der Jude sich anständig benimmt kann er sein Geschäft führen, denn wir wollen ja keine ruinierten Geschäfte übernehmen.

Am Schluss des Briefes führt Hermine Brunner zur Bestätigung des Geschilderten die beiden Zeugen namentlich auf.[186]

Neben der Tatsache, dass in beiden geschilderten Fällen Denunziation als Mittel benutzt wurde, um „Arisierungs"-Absichten zu beschleunigen, zeigen diese Briefe vor allem zweierlei: für wie geradezu selbstverständlich man die Enteignung und Übernahme jüdischen Besitzes hielt, als handle es sich um das Einfordern von Schadensersatzansprüchen oder Ähnlichem, was einem in jedem Fall rechtmäßig zusteht, und zweitens, dass der Umgang mit Juden als anstößig, ja als Vergehen angesehen wurde und dem Betreffenden zum Nachteil gereichte. Das impliziert die Verinnerlichung und das Einverständnis mit der Entrechtung der jüdischen Bevölkerung.

Ein Problem stellt die zeitliche Begrenzung der Bürckel-Akten auf seine Amtszeit bis zum August 1940 dar. Da diesbezügliche Akten seines Nachfolgers (als Gauleiter von Wien), Baldur von Schirach, nicht gefunden werden konnten, ist eine Weiterverfolgung derartiger Denunziationen über diesen Zeitraum hinaus nicht möglich.

Die anonymen Zuschriften überforderten bald nach dem „Anschluss" die personellen Kapazitäten des Reichskommissars. In einem Schreiben eines Mitarbeiters von Bürckel an die „Stabsgeschäftsführung" vom 28. Mai 1938 heißt es:

> Die anonymen Zuschriften belasten den Geschäftsgang in unnötiger Weise und haben einen beträchtlichen Umfang angenommen. In einigen Fällen wurden solche Zuschriften auch weitergeleitet, dabei hat sich aber die Zwecklosigkeit der Bearbeitung erwiesen. Ich schlage deshalb vor, künftig anonyme Schreiben nicht mehr in den Geschäftsgang zu geben, sondern sofort im Posteinlauf zu sammeln. Etwa wöchentlich könnten

diese dann nochmals durchgesehen werden, um dann endgültig zu den Akten zu wandern.
[*Unterschrift unleserlich*][187]

Anders als die mit Absendern versehenen wurden die anonymen Briefe, von wenigen Ausnahmen abgesehen, mit dem Vermerk „anonym“ für immer ad acta gelegt. Man leitete sie also auch nicht an die Gestapo weiter, die ihrerseits angehalten worden und aus Kapazitätsgründen gezwungen war, die bei ihr einlangenden Anzeigen aus der Bevölkerung genauestens vorzusortieren, bevor irgendwelche Ermittlungen eingeleitet wurden. Auch dort schätzte man 90 Prozent der Hinweise aus der Bevölkerung (nicht nur der anonymen) als völlig unbrauchbar ein.[188]

Welche Konsequenzen die anonyme Anzeigenflut beim Reichskommissar auch immer zeitigte, sie wirft ein Licht auf das Verhalten und die Geisteshaltung mancher Österreicherinnen und Österreicher und zeigt die „Themenvielfalt“ der Denunziationen an.

So einmalig dieser Quellenbestand für die Beleuchtung der Denunziationsbereitschaft und der Täterperspektive auch ist, er hat den Nachteil, dass sich nur in Ausnahmefällen die Konsequenzen für das Opfer nachvollziehen lassen. Für die mit Absender versehenen Briefe ist erkennbar, dass jeder Einzelne von ihnen bearbeitet wurde; in den meisten Fällen wurden sie – im Gegensatz zu den anonymen Schreiben – an Unterabteilungen oder an andere zuständige Stellen, etwa an die Gauleitung, die jeweilige NSDAP-Ortsgruppe oder die Gestapo, zur Untersuchung weitergeleitet. Auf den weiteren Verlauf der Angelegenheit findet sich jedoch – von einzelnen Ausnahmen abgesehen – kein Hinweis mehr. Diese Ausnahmen sind Rückmeldungen der mit der Untersuchung beauftragten Stelle. Die Gauleitung Wien beispielsweise unterrichtete Bürckel einmal davon, die Überprüfung einer an sie weitergeleiteten Angelegenheit habe ergeben, dass es sich bei der Denunziation eher um eine familieninterne Angelegenheit handeln dürfte.[189]

Es ist davon auszugehen, dass wir in den Bürckel-Akten nur einen kleinen Ausschnitt der in diesen Jahren von Österreichern und Österreicherinnen verfassten Denunziationsbriefe vorfinden. Ähnliche Briefe sind mit hoher Wahrscheinlichkeit auch an andere hohe Partei- und Staatsstellen geschickt worden, etwa an die insgesamt sieben Gauleiter der „Ostmark“, an den Reichsstatthalter Seyss-Inquardt, an den damals sehr beliebten Wiener Bürgermeister Neubacher oder an die jeweilige NSDAP-Ortsgruppe, ganz abgesehen von anonymen und nichtanonymen Briefen ans nächstgelegene Polizeikommissariat und an die Gestapo. Doch diese Dokumente sind – bis auf wenige Ausnahmen – nicht erhalten geblieben.

Gerichtsakten aus der NS-Zeit

Gerichtsakten des Wiener Sondergerichts aus den Jahren 1939 bis 1945 bilden den zweiten Quellenbestand des Buches. Von den rund 15.400 in Wien geführten Verfahren sind 9358, also etwa 60 Prozent, in Wien erhalten geblieben.

Verfahren wegen des Verstoßes gegen das oben erläuterte „Gesetz zum Schutz des deutschen Blutes und der deutschen Ehre", hauptsächlich die schon erwähnten „Rassenschande"-Verfahren, wurden in der Regel vor ordentlichen Landesgerichten und nicht vor Sondergerichten verhandelt.

Für historische Fragestellungen sind Gerichtsakten grundsätzlich eine problematische Quelle, da die Aussagen der Angeklagten und Zeugen nicht als Fakten anzusehen sind, sondern verschiedenen Interessen, persönlichen Meinungen und diversen Verteidigungsstrategien folgen. Obwohl in jüngster Zeit einige Forschungsprojekte zur Nutzung von so genannten prozessproduzierten Daten angelaufen sind, gibt es bislang keine standardisierte Methode der Prozessaktenanalyse für die historische Forschung.[190]

Für unser Thema ist festzustellen, dass die Akten nicht immer ein Dokument oder auch nur einen Hinweis enthalten, der die Frage, ob das Verfahren seinen Ausgang von einer Denunziation nahm, eindeutig beantworten könnte. Nicht in jedem Fall finden sich im Akt Anmerkungen betreffend die Erstanzeige des Verfahrens. Wenn beispielsweise ein anonymer Hinweis bei der Gestapo einlangte und die Ermittlungen der Gestapo die „Schuld" des Angezeigten ergaben (etwa durch ein Geständnis des Beschuldigten – und die Geständnisse sind zahlreich), dann findet sich in der Regel kein Hinweis mehr auf die Denunziation. Das Verfahren, wie es uns der Gerichtsakt erzählt, beginnt in solchen Fällen mit einem Geständnis des Angeklagten oder einem Schreiben der Gestapo, mit dem der Fall an das Gericht weitergeleitet worden war. Mitunter heißt es darin: „Es wurde bekannt" oder „anlässlich von Erhebungen“ sei dieses oder jenes festgestellt worden. In den meisten dieser Fälle bleibt lediglich die Vermutung, dass hier eine Denunziation vorgelegen hatte.

Die Spärlichkeit der Informationen erschwert Quantifizierungen und vergleichende Aussagen über die Denunzianten. Am ergiebigsten sind jene Prozessakten, die die protokollierte Anzeige des Denunzianten, der persönlich bei der örtlichen Polizei oder der Gestapo erschienen war, enthalten und/oder eine Zeugenaussage des Denunzianten vor Gericht. Diese Dokumente bestätigen unabhängig von ihrem Wahrheitsgehalt die Tatsache einer Denunziation.

Auf der Grundlage von 330 Sondergerichtsakten politischer Verfahren, die durch eine private Denunziation verursacht worden waren, und achtzig ebensolchen Landesgerichtsakten von „Rassenschande“-Verfahren sollen einige Fälle exemplarisch dargestellt werden. Über die bloße Beschreibung der Denunziation hinaus, wie sie aus den Zuschriften an Bürckel möglich ist, können anhand dieser Akten sowohl das Auftreten der Denunzianten genauer beschrieben als auch die Konsequenzen für die Opfer veranschaulicht werden. Zusätzlich wurde überprüft, ob die Denunzianten, die in den gesichteten NS-Gerichtsakten auftauchen, sich als Beschuldigte in einem Nachkriegsprozess verantworten mussten.

Dokumente der Nachkriegsjustiz

Zur Aufarbeitung der NS-Vergangenheit Österreichs gehörte auch die gerichtliche Ahndung von Kriegsverbrechen auf der Grundlage des geltenden Rechts und neuer, rückwirkend in Geltung gesetzter Normen. In Österreich wurde die Verfolgung der im „Verbotsgesetz“ vom 8. Mai 1945 (novelliert 1947) und im „Kriegsverbrechergesetz“ (KVG) vom 26. Juni 1945 benannten Straftatbestände[191] einer besonderen Gerichtsbarkeit übertragen, den eigens hierfür geschaffenen „Volksgerichten“ (VG). Der Name scheint nicht glücklich gewählt, führt er doch zu Verwechslungen mit dem besser bekannten nationalsozialistischen „Volksgerichtshof“ und weckt entsprechende Assoziationen. Nebenbei stellt sich auch die Frage, welches Volk kurz nach dem Ende des Nationalsozialismus da zu Gericht sitzen sollte. Die zügige Installation einer eigenen Sondergerichtsbarkeit sollte jedenfalls den Alliierten die klare Distanzierung der neuen provisorischen Regierung Österreichs vom Nationalsozialismus demonstrieren und kann wohl am besten als Teil einer umfassenden Strategie zur Erlangung der staatlichen Souveränität interpretiert werden.[192]

Auch wenn keine Schauprozesse mit festgelegtem Ausgang stattfanden und die Prozesse unter Beobachtung der Alliierten standen, waren die „Volksgerichte" vom rechtsstaatlichen Standpunkt aus gesehen eine bedenkliche Angelegenheit. Es gab beispielsweise keine Berufungsinstanz für den Angeklagten. Auch zum Tatzeitpunkt Jugendliche wurden vor dem Volksgericht verurteilt, obwohl in Österreich bereits 1920 Jugendgerichte als selbstständige Bezirksgerichte eingerichtet und 1928 in einen Jugendgerichtshof für Strafsachen und Jugendschutzsachen umgewandelt worden waren.[193] Einer der an der Schaffung der Kriegsverbrechergesetze beteiligten österreichischen Justizbeamten, Josef Gerö, rechtfertigte die Sondergesetzgebung vor allem mit dem Wesen der zu verurteilenden Straftaten. Die normale bisherige Gesetzgebung werde einer derartigen Bestialität nicht gerecht.[194]

Volksgerichte wurden an den Oberlandesgerichten Wien, Graz, Linz und Innsbruck installiert. Die damit befassten Richter und Staatsanwälte mussten absolut „unbelastet" sein, angesichts der vorherigen Durchdringung des Justizapparats durch NSDAP-Mitglieder keine leichte Angelegenheit, sodass die Volksgerichte unter ständigem Personalmangel litten.[195]

Das KVG stellte Kriegsverbrechen im engeren Sinne, Kriegshetze, Quälerei und Misshandlungen, Verletzungen der Menschlichkeit und der Menschenwürde, Vertreibung aus der Heimat, missbräuchliche Bereicherung, Denunziation und Hochverrat am österreichischen Volk unter Strafe. Das Verbotsgesetz verbot die NSDAP und alle ihre Gliederungen, Verbände und Einrichtungen und unter anderem jegliche Bestrebungen, diese wieder zu errichten, und stellte rückwirkend bis 1933 (Verbot der NSDAP in Österreich) Mitgliedschaft im Allgemeinen und höhere politische Funktionen in der NSDAP im Besonderen unter Strafe.[196] Ein großer Teil der Volksgerichtsprozesse wurde daher wegen illegaler Parteimitgliedschaft geführt.

Das Kriegsverbrechergesetz definiert in seinem §7 den Straftatbestand „Denunziation" wie folgt:

> §7. Denunziation.
> Wer zur Zeit der nationalsozialistischen Gewaltherrschaft in Ausnutzung der durch sie geschaffenen Lage zur Unterstützung

dieser Gewaltherrschaft oder aus sonstigen verwerflichen Beweggründen andere Personen durch Denunziation bewusst geschädigt hat, wird wegen Verbrechens mit Kerker von 1 bis 5 Jahren bestraft.

Die Strafe erhöht sich auf schweren Kerker von 5 bis 10 Jahren wenn

die Angabe eine wissentlich falsche war,

durch die Denunziation das berufliche Fortkommen oder die wirtschaftliche Existenz des Angegebenen ernstlich gefährdet worden ist,

der Angeber zu dem Angegebenen aus natürlicher oder übernommener Pflicht in einem besonderen Verpflichtungsverhältnis gestanden ist oder

die Denunziation offenbar auf eigennützigen Beweggründen beruht hat.

Musste der Angeber vorhersehen, dass die Denunziation eine Gefahr für das Leben des Betroffenen nach sich ziehen werde, so erhöht sich die Strafe auf 10 bis 20 Jahre schweren Kerkers und, wenn der Betroffene zum Tode verurteilt wurde, auf lebenslangen schweren Kerker.[197]

Durch die Erläuterungen des Obersten Gerichtshofs (OGH) zum §7 wird der Begriff des Denunziationsverbrechens näher definiert. Es ist darunter eine Anzeige zu verstehen, die freiwillig, ohne dazu verpflichtet zu sein, erfolgte. Es durfte im Besonderen keine Amtspflicht vorliegen, wie sie etwa bei Beamten und Polizeiangehörigen angenommen wurde. Auf diese Gruppen sollten gegebenenfalls andere Paragrafen des KVG angewendet werden, vor allem §3 (Misshandlung und Quälerei). Ehemalige Angehörige der NSDAP konnten sich – wie es bei den Prozessen nach dem KVG häufig versucht wurde – nicht auf eine Zwangslage berufen, da ihr Parteieintritt ja freiwillig geschehen war. Der oder die Anzeigende musste eine Schädigung des Angezeigten beabsichtigt haben; diese Absicht lag bereits dann vor, wenn der bedingte Vorsatz erfüllt war, also bereits die Möglichkeit eines Schadens bewusst in Kauf genommen wurde. Darüber hinaus musste nachgewiesen werden, dass die durch den Nationalsozialismus geschaffene Lage durch den Denunzianten ausgenutzt wurde. Den Tatbestand der Denunziation erfüllte ausschließlich das Anzeigen solcher Handlungen, die erst durch die nationalsozialistische Gesetzgebung unter Strafe gestellt oder mit deutlich schwerer wiegenden Folgen belegt worden waren. Die Tat musste aus der Absicht, die nationalsozialistische Gewaltherrschaft zu unterstützen, oder aus anderen „verwerflichen Gründen" geschehen sein, etwa aus persönlicher Gewinn- oder Rachsucht, aus „Rassenhass", aus Neid oder Gehässigkeit. Voraussetzung für eine Anklagerhebung war, dass die Denunziation dem Opfer zum Schaden gereicht hatte. Darunter wurde jede Beeinträchtigung der Person an ihrer Freiheit, an ihrer körperlichen Integrität und an Ehre und Vermögen verstanden.[198]

Dass die Urteile in der Mehrzahl verhältnismäßig milde ausfielen, geht auf den Umstand zurück, dass viele Denunziationen (glücklicherweise) keine oder nur geringe Konsequenzen nach sich gezogen hatten.[199] War kein Schaden eingetreten, so stellte die Handlung des Denunzianten nur den Versuch des Delikts dar.

Als Quelle für eine Untersuchung von Denunziationen im Nationalsozialismus weisen die Akten der Volksgerichte mehrere Schwachstellen auf. Im Unterschied zu den Gerichtsakten aus der NS-Zeit traten die ehemaligen Denunzianten hier als Beschuldigte und nicht als Zeugen auf. Die Verfahren richteten sich gegen tatsächliche und vermeintliche Denunzianten. Zeugen- und Beschuldigtenvernehmungen können – wie bei allen Gerichtsakten – nicht umstandslos als Fakten angesehen werden. Die Rekonstruktion des Geschehens ist in den meisten Fällen nur bedingt möglich. In einigen Fällen lagen dem Gericht zusätzliche Beweise vor, die die Beweislage wesentlich erleichterten, wie etwa Gerichtsakten aus der NS-Zeit, die den Beschuldigten durch seine damalige Aussage als Denunzianten überführten und sozusagen die entgegengesetzte Perspektive einbrachten. Aber nicht alle Denunziationen hatten ein Gerichtsverfahren nach sich gezogen, viele blieben folgenlos, oft wurden die Opfer auch ohne Prozess in Gestapohaft genommen und/oder in ein Konzentrationslager verbracht. Einer Untersuchung von Denunziationsverfahren des Jahres 1945 zufolge verfügte das VG Wien in 26,1 Prozent der Fälle über Gerichtsakten als zusätzliche Beweismittel, größtenteils von NS-Sondergerichten. In 4 Prozent der Verfahren konnten die schriftlich erstatteten Erstanzeigen der Denunzianten gefunden werden, und nur in 1,7 Prozent der Fälle lag ein Gestapodokument vor.[200] Durch Bombentreffer waren in den letzten Kriegsmonaten viele Dokumente vernichtet worden und der Versuch der Nationalsozialisten, kurz vor der Niederlage noch möglichst alle belastenden Dokumente verschwinden zu lassen, tat ein Übriges.

In den Jahren 1946 bis 1955 wurden allein vor dem Volksgericht Wien 7000 bis 8000 Verfahren wegen Denunziation geführt[201], die Mehrzahl davon in den ersten vier Jahren von 1946 bis 1949[202]. Diese Zahl sagt allerdings nichts über die tatsächlichen Denunziationen und die Anzahl der Täter und Täterinnen (in vielen Verfahren gab es zwei oder mehrere Angeklagte) aus, die vom Gericht überführt und bestraft werden konnten. Hierfür müssten alle 8000 Fälle systematisch untersucht und zunächst festgestellt werden, wie viele Verfahren (aus welchen Gründen) eingestellt wurden und wie viele Schuld- und Freisprüche es gab. Eine Aufgliederung aller gerichtsanhängigen Voruntersuchungen nach dem KVG hat ergeben, dass allein 23,2 Prozent oder fast jede vierte dieser Untersuchungen wegen §7 (Denunziation) geführt wurden. Wie viele der Voruntersuchungen tatsächlich in einem Gerichtsverfahren mündeten, ist bislang nicht bekannt.[203] Der Prozentsatz an Einstellungen scheint, nicht zuletzt auf Grund der oft schwierigen Beweislage, relativ groß gewesen zu sein.[204]

Der hohe Anteil von Denunziationen an Kriegsverbrechen wird auch durch eine Zählung bestätigt, die die Autoren an einem Sonderverzeichnis durchführten, das Personen auflistete, die auf Grund schwerer Verbrechen gegen Juden durch das Volksgericht Wien auch mit „Vermögensverfall" bestraft wurden. Von den 386 in diesem Verzeichnis angeführten Personen wurden 79, also 20,5 Prozent, wegen Denunziation von Juden verurteilt. Darunter befanden sich 27 Frauen, was einen Anteil von 34,2 Prozent ausmacht.[205]

Bei der Auswertung der Denunziationsverfahren muss auch in Erwägung gezogen werden, dass nach dem Krieg viele Nationalsozialisten und Mitläufer – was immer sie sich sonst zuschulden kommen ließen – zu Unrecht der Denunziation bezichtigt wurden, sei es, weil die Kläger glaubten, sie wären von diesen denunziert worden, sei es, weil alte Rechnungen beglichen werden sollten und man die neue politische Lage dafür ausnützen wollte. Nicht zuletzt auf Grund dieser Problematik wurde auch in der Öffentlichkeit kritisiert, dass es durch die Volksgerichte zu einer „Renaissance der Denunziation" gekommen sei, sodass sich der österreichische Gesetzgeber gezwungen sah, in der Strafgesetznovelle von 1947 den Tatbestand der „falschen Verdächtigung" einzuführen.[206] Umgekehrt sagt die Zahl der Einstellungen von Verfahren beziehungsweise der „Freisprüche im Zweifel" nicht unbedingt etwas über die tatsächlichen Geschehnisse aus, sondern nur darüber, dass die Denunziation nicht nachweisbar war.

Als weiteres großes Problem bei der Verwendung von Akten der Volksgerichte als Geschichtsquelle kommt hinzu, dass es sich bei diesem Gerichtstypus im Wesentlichen um eine reaktive Institution handelte, dass es also nur zu Prozessen kam, wenn eine Anzeige vorlag. Viele Opfer von Denunziationen wollten sich nicht noch einmal mit der Vergangenheit konfrontieren, viele wussten nicht, wer sie denunziert hatte, um nur zwei der Schwierigkeiten zu nennen, die Menschen davon abhielten, nach dem Krieg eine Anzeige zu erstatten.

Auch Mitglieder der NSDAP und Funktionäre waren im Nationalsozialismus Opfer von Denunziationen. Es ist davon auszugehen, dass diese nach dem Krieg nicht gegen ihre ehemaligen Denunzianten auftraten, um keine Aufmerksamkeit auf die eigene Person zu ziehen und ein Verfahren wegen Parteimitgliedschaft zu riskieren.

Von noch größerer Bedeutung ist aber die Tatsache, dass eine große Zahl der Denunziationsopfer eine Anzeige beziehungsweise die Gesamtdauer der NS-Herrschaft nicht überlebte oder nach dem Untergang des Regimes nicht mehr nach Österreich zurückkehrte. Das trifft insbesondere dann zu, wenn die Opfer der Denunziation Juden waren, die – in aller Regel ohne Gerichtsverfahren – in „Schutzhaft“[207] genommen und anschließend in ein Konzentrationslager, später in ein Vernichtungslager deportiert beziehungsweise nach Verbüßung ihrer Haftstrafe nicht entlassen, sondern der Gestapo übergeben wurden, die ihre Deportation veranlasste. All diese Menschen konnten ihre ehemaligen Denunzianten nicht mehr belangen und etwaige überlebende Angehörige waren meist mit den eigenen Erlebnissen und dem Versuch eines Neubeginns vollauf beschäftigt.

Fritz Rubin-Bittmann, dessen Eltern als „U-Boote“ in Wien überlebt haben, erzählt die Geschichte seiner Großmutter, deren Wohnung unmittelbar nach dem „Anschluss“ von einer SA-Meute gestürmt und nach Wertgegenständen durchsucht wurde. Die alte Dame hatte vorsorglich den Familienschmuck in ein besonderes Versteck gegeben, sodass ihn die SA nicht fand und verärgert wieder abzog. Doch die Hausangestellte lief hinterher und verriet den SA-Leuten das Versteck. Die alte Frau konnte von Glück reden, dass sie nur beschimpft, ihre Wohnung demoliert und sie nicht zusammengeschlagen oder gar erschossen wurde, bevor die Menge sich mit dem Schmuck auf und davon machte.

Nach dem Krieg, im Jahre 1948, begegnete Sidonie Rubin-Bittmann, die Tochter der alten Dame, in Wien auf der Straße zufällig der

Denunziantin. Diese ergriff nach einer Schrecksekunde die Hand der Frau, sprach ein paar Worte der Wiedersehensfreude aus und erkundigte sich nach dem Befinden von Mutter und Schwester. Sidonie Rubin-Bittmann war dermaßen perplex und entsetzt, dass sie die Frau grußlos stehen ließ. Sie verzichtete auf eine Anzeige.[208]

Auf der Basis von sechzig durchgesehenen Akten von Denunziationsverfahren am Volksgericht Wien aus den Jahren 1946 bis 1949, die nach Zufall ausgehoben wurden, soll versucht werden, sowohl einige repräsentative als auch außergewöhnliche Beispiele zu rekonstruieren.[209]

Die zwiespältige Haltung des NS-Staates gegenüber Denunzianten

„Ich liebe den Verrat, aber ich hasse den Verräter"

Julius Caesar zugeschrieben

Die durch die neu geschaffenen NS-Straftatbestände entstandenen Anzeigemöglichkeiten können zweifelsohne als Aufruf zur aktiven Mitarbeit der Bevölkerung am NS-System interpretiert werden. Allerdings überforderte das Ausmaß der tatsächlich einsetzenden Denunziationen unmittelbar nach der Machtübernahme in Deutschland und später nach dem „Anschluss" Österreichs sogar die NS-Bürokratie. Neue spezielle Erlässe und Verordnungen wurden eigens dafür geschaffen, die Anzeigeflut in geordnete und „sinnvolle" Bahnen zu lenken. Diskussionen über das als heikel angesehene Problem der Denunziation lassen sich über die gesamte NS-Zeit hinweg verfolgen.

Die ambivalente Haltung der nationalsozialistischen Elite zur Denunziation zeigt sich im Bemühen des Regimes, einerseits die Bevölkerung zur Anzeige anzuhalten und andererseits den Kampf gegen „ungerechtfertigte" Denunziationen zu einem programmatischen Schwerpunkt der Strafjustiz zu erheben. Schon kurze Zeit nach der „Machtergreifung" der Nationalsozialisten in Deutschland 1933 kam es zu einer Reihe von Erlässen und Verordnungen, die die zahlreichen Denunziationen bewältigen helfen sollten. Einige Landesregierungen hatten im Alleingang Regelungen getroffen, mit denen sie der neuen Situation Herr zu werden gedachten. So hatte beispielsweise die

Bayerische Landesregierung per 26. April 1933 ein „Gesetz zur Bekämpfung des Angebertums" eingeführt, mit dem gegen die Überhandnahme von falschen Anschuldigungen vorgegangen werden sollte.[210] Reichsjustizminister Gürtner legte schließlich auf einem Treffen aller Landesjustizminister am 6. Mai 1933 die Idee des „Führers" dar, eine Strafgesetznovelle zur Vereinheitlichung bestimmter Straftatbestände zu erlassen. Unter anderem berichtete er von einer Unterredung mit Hitler, die Bestimmungen zur Denunziation und Korruption betreffend. Hitler habe sich lange darüber ausgelassen, „dass wir zur Zeit in einem Meer von Denunziation und menschlicher Gemeinheit leben". Es sei keine Seltenheit, dass irgendjemand einen anderen denunziere und sich selbst gleichzeitig als Nachfolger empfehle. Hitler hatte hier vor allem die Denunziationen innerhalb der Ökonomie im Auge. Die ständige Gefahr, denunziert zu werden, habe hier eine ungeheure Unruhe gebracht. Anzeigen früherer Wirtschafts- oder Steuervergehen sollten nur noch in Ausnahmefällen verfolgt werden. Die Brücken, die in die Vergangenheit reichten, sollten nach Hitlers Meinung nicht durch Verfolgung strafbarer Handlungen noch verlängert werden.[211] Hitlers Bemühen, einen Schlussstrich unter die Vergangenheit zu ziehen, spiegelt sich auch im Bemühen wider, denjenigen politischen Gegnern, die die „Fehler der Vergangenheit" einsähen, etwa früheren Sozialdemokraten und Kommunisten, den Weg in die „Volksgemeinschaft" zu ebnen. Das traf selbstverständlich dann nicht zu, wenn die Betreffenden Juden waren, denn diese waren als die „eigentlichen Feinde" des deutschen Volkes von vornherein und bis in alle Ewigkeit ausgeschlossen.

Hitler konnte sein Selbstbild als Idealist und Utopist nur schwer mit dem Denunziantentum in Einklang bringen, auch wenn dieses ihm gelegentlich entgegenkam. Spitzeln und Spionen brachte er persönliche Abneigung entgegen. Das deutsche Volk sollte einen ganz besonderen Weg gehen und von solchen Methoden nicht verunreinigt werden. Hier klafften Hitlers Weltbild und die Realität ein weiteres Mal weit auseinander. Während eines nächtlichen Gesprächs im Führerhauptquartier („Wolfsschanze")[212] im März 1942 äußerte er sich einmal wie folgt:

> Überhaupt, die Schnüffelei kann ich nicht ausstehen. Ich erinnere mich einer schönen Geschichte, die von Friedrich dem Großen erzählt wird. Er habe eines Tages den Polizeichef kom-

men lassen, um ihm Vorhaltungen zu machen, dass er viel weniger erfahre, als an den Höfen anderer Mächte bekannt wird. Ja, habe der Beamte ihm gesagt, wenn ich ermächtigt werde, mich der Mittel zu bedienen, die zur Beobachtung andern Orts benutzt werden! Um diesen Preis, erwiderte Friedrich der Große, nein: Da verzichte ich!

Hitler fügte hinzu, dass er nie einen Spion empfangen würde. „Irgend etwas ist dabei abstoßend!"[213]

Im Mai 1933 wurde die Strafgesetznovelle schließlich realisiert. Zur Eindämmung von Denunziation wurde darin auch der oben genannte Paragraf über „falsche Anschuldigung" in seinem Tatbestand erweitert. Beispielsweise musste die „falsche Anzeige" einer strafbaren Handlung nicht mehr, wie bisher, bei der Behörde erfolgt sein, um als strafbar zu gelten, sondern es genügte schon, „wenn sie öffentlich wider besseren Wissens" geschehen war, in der Absicht, „ein behördliches Verfahren oder andere behördliche Maßnahmen" gegen den Angezeigten herbeizuführen oder fortdauern zu lassen. Wenn sich herausstellte, dass die Anschuldigung erfolgt war, um sich selbst einen Vorteil zu verschaffen, sah das Gesetz eine Mindeststrafe von drei Monaten Gefängnis vor.[214]

Schon bei der Einführung des „Gesetzes zur Wiederherstellung des Berufsbeamtentums" im April 1933 war man sich der Ambivalenz dieser Säuberungsaktion durchaus bewusst. Göring zeigte sich darüber im Klaren, dass bei der Durchführung des Gesetzes „ein ungeheuerliches Aufblühen des Denunziantentums in gefährlicher Nähe" liege, und wies auf Hitlers Wunsch hin, keinen Beamten nur deswegen zu entfernen, weil er irgendwann einmal menschlich gefehlt habe.[215] Wollte man auch den Beamtenapparat in erster Linie von Juden und politisch unzuverlässigen Personen säubern und waren hierfür Anzeigen aus der Kollegenschaft erwünscht, so sollte es doch darüber hinaus keine Möglichkeit für einen Rachefeldzug geben.

Durch eine im Frühjahr 1934 inszenierte Kampagne gegen „Nörgler und Miesmacher" leistete die NS-Führung allerdings der Denunziation wiederum Vorschub, während gleichzeitig die Landesregierungen und Reichsstatthalter per Runderlass des Reichsinnenministers vom 28. April 1934 aufgefordert wurden, gegen die „in letzter Zeit" feststellbare „erhebliche Zunahme des Denunziantentums" anzugehen; häufig hätten sich Anzeigen wegen staatsfeindlicher Äußerungen als das Ergebnis persönlicher Streitereien und Konflikte im Wohnhausbereich entpuppt. Die Polizeibehörden sollten daher angewiesen werden, „gegen die leichtfertige Erstattung ungerechtfertigter Anzeigen“ im Sinne des Paragrafen über „falsche Anschuldigung“ (§164 StGB) vorzugehen. Es müsse „mit allem Nachdruck dafür gesorgt werden, dass die des Deutschen Volkes unwürdige Erscheinung des Denunziantentums verschwindet“[216].

Auch in den folgenden Jahren finden sich ganz unterschiedliche Beispiele für die ambivalente Haltung des NS-Regimes, namentlich seiner höchsten Repräsentanten, zur Denunziation. Selbst die Überwachung der Bevölkerung durch örtliche NS-Funktionäre war im nationalsozialistischen Wertesystem eine widersprüchliche Angelegenheit. In einer Anordnung des „Stellvertreters des Führers“, Rudolf Heß, vom 5. Oktober 1935 heißt es:

> Niemals aber dürfen die Zellen- und Blockleiter bei der Betreuung der letzten Volksgenossen und ihrer Familien aufdringlich werden, niemals auch darf die Betreuung in ein Beschnüffeln und Bespitzeln ausarten, dadurch würde nicht Vertrauen, sondern Misstrauen geweckt werden.[217]

Ob dieser Verfügung irgendwelche Vorkommnisse oder Stimmungsberichte zu Grunde liegen, lässt sich nicht mehr feststellen. Auch wenn die Praxis oft anders aussah, vorrangiges ideelles Ziel der nationalsozialistischen Führung war es, die „Volksgenossen“ vom wahren Glauben zu überzeugen.

Am 10. Januar 1939 gab der Reichsminister des Inneren einen vertraulichen Runderlass „Judenfrage und Denunziantentum“ heraus:

> Das Ausspionieren und Denunzieren von deutschen Volksgenossen, weil sie früher einmal in jüdischen Geschäften gekauft, bei Juden gewohnt oder mit Juden in Geschäftsbeziehungen gestanden haben, ist nach jeder Richtung ein unerfreulicher Missstand und eine Störung des Wirtschaftslebens.[218]

Reichsjustizminister Thierack, der inzwischen Gürtners Nachfolge angetreten hatte, kommentierte 1943 die Bemühungen, das Denunziationsverhalten auf juridischer Ebene einzudämmen, in den so genannten Richterbriefen:

Einerseits verlangt der Schutz der Rechtspflege und der Ehrenschutz der Betroffenen, dass auch leichtfertigen falschen Anschuldigungen mit Nachdruck entgegengetreten wird.
Andererseits darf aber nicht übersehen werden, dass Hinweise und Fingerzeige von Seiten der verschiedenen Volksgenossen zur Aufdeckung strafbarer Handlungen schon oft nützliche Dinge geleistet haben und manchmal unentbehrlich sind. Wir wollen das Volk gewiss nicht zu Denunzianten und Schnüfflern erziehen [...]. Wir dürfen aber andererseits bei der Beurteilung der leichtfertigen falschen Anschuldigung keinen zu strengen Maßstab anlegen, damit nicht auch die oft nützlichen Quellen der Aufdeckung strafbarer Handlungen versiegen.[219]

Anonymes Denunzieren galt auch im Nationalsozialismus als besonders anrüchig.

Wer sich nicht getraut, mit seinem Namen offen für seine Behauptungen einzutreten, ist in den Augen des Volkes regelmäßig ein feiger Denunziant. Bei ihm wird daher – wenn nicht besondere Gründe für die Anonymität seines Schreibens vorliegen – regelmäßig angenommen werden können, dass es ihm nicht darauf ankam, der Wahrheit die Ehre zu geben, sondern einem anderen absichtlich eine Ehrenkränkung zuzufügen.[220]

Ob die oben beschriebenen Bemühungen tatsächlich zu weniger Denunziationen führten, lässt sich schwer beurteilen. In der Praxis wurden, wie anhand der anonymen Zuschriften an Reichskommissar Bürckel beschrieben, die eingehenden Meldungen – bis auf einzelne, stichhaltig oder besonders interessant erscheinende Ausnahmen, die an die Gestapo weitergeleitet wurden – glücklicherweise einfach ignoriert. Die dadurch erzeugte Frustration der Absender angesichts der Wirkungslosigkeit ihrer Anzeige zeigt sich mitunter in neuerlichen Briefen. Bürckel erhielt aber auch Briefe, die das „Denunziationsunwesen" in Wien beklagen und deren Absender mitunter selbst Opfer einer Denunziation waren oder für denunzierte Familienangehörige um Hilfe baten.

„Das soll nationalsozialistisch und Deutsch sein?" fragt ein anonymer Schreiber im Dezember 1939 und stellt fest, dass „das Nadertum noch nie eine solche Blüte erlebt hat als eben jetzt".[221]

Der überzeugte Nationalsozialist Walter Wieden zeigt sich empört über das Ausmaß an Vernaderungen, auf Grund derer zahlreiche Nationalsozialisten wegen vermeintlicher abfälliger Äußerungen über das Deutsche Reich, Verbreitung kommunistischer Gerüchte und anderem in Schutzhaft säßen, und bittet Bürckel um Abhilfe. Von 35 Häftlingen, die er anlässlich einer unverschuldeten zwanzigtägigen Schutzhaft im April 1938 getroffen habe, hätten höchstens sechs eine Strafe zu erwarten, da es sich in der Hauptsache um lächerliche oder böswillige Verleumdungen handle.[222]

Ein anderer (anonymer) Brief beschreibt die Angst der Nachbarschaft vor einem Ehepaar, das sich als Blockwarte aufspiele, mit Anzeigen drohe und beim Spendensammeln Druck auf die Spender ausübe. Bürckel könne sich in der Gasse bei allen erkundigen, der Mann sei schon vor dem „Umbruch" ein Denunziant gewesen. Nun versucht der Schreiber oder die Schreiberin des Briefes, der Beschwerde seinerseits durch Denunziation Nachdruck zu verleihen, indem er oder sie das Ehepaar als ehemalige Schuschnigg-Anhänger – „schwarz bis in die Knochen" – mit guten Kontakten zum Pfarrer, kurz: als Wendehälse beschreibt, die früher illegale Nazis verraten hätten.[223]

Karl Franek aus Wien, dessen 54-jährige Schwester Mathilde denunziert wurde, ersucht Bürckel im April 1940 um die Einleitung einer Untersuchung gegen die beiden Personen, die seiner Schwester „Beschimpfungen des Führers" unterstellt hatten. Mathilde Franek, Postbeamtin und Besitzerin eines Mietshauses, vermutet ebenso wie ihr Bruder, dass die „Heimtücke"-Beschuldigungen nur ein Racheakt wegen langjähriger Mietstreitigkeiten seien. Dennoch sei sie soeben auf Grund dieser Aussagen und erschwerend wegen ihres politischen Leumunds als ehemaliges Mitglied der Christlichsozialen Partei und Schuschnigg-Anhängerin vom Sondergericht zu sieben Monaten Gefängnis verurteilt worden.[224]

Elisabeth Waldau, deren jüdischer Ehemann, der Librettist Theodor Waldau, geraume Zeit nach dem „Anschluss" ins Konzentrationslager Buchenwald gebracht wurde, erreicht im Herbst 1938 eine Vorladung zur Parteileitung ihres Wohnbezirks. Sie selbst gilt als „Arierin". Im Parteilokal wird ihr mitgeteilt, jemand habe sie angezeigt, dass sie über den „Führer" gesagt habe, er würde alles mit brutaler Gewalt erreichen. Waldau, die diese Äußerung vehement bestreitet, schildert in einem Brief an Bürckel diese Vorkommnisse und berichtet, dass sie während der Vorladung darum gebeten habe, dem

Anzeiger von Angesicht zu Angesicht gegenübergestellt zu werden, was ihr mit der Begründung verweigert worden sei, eine Gegenüberstellung könne unangenehm für sie werden. Damit war die Angelegenheit aber glücklicherweise erledigt und Frau Waldau konnte wieder nach Hause gehen. Sie bittet Bürckel ferner darum, die Wohnungskündigung rückgängig machen zu lassen und ihren Mann aus dem Konzentrationslager zu entlassen, da sie mit ihm auswandern wolle.[225] Offenbar hat sie keinen Erfolg. Theodor Waldau stirbt am 27. März 1942 nach vierjähriger Haft in Buchenwald.[226]

V-Leute und andere Konfidenten der Gestapo

Der V-Mann der Gestapo (unter diesem Begriff wurden auch Frauen geführt) agierte in einem institutionalisierten Beziehungsgeflecht und hatte zu seinem Auftraggeber mitunter ein bereits längeres und erprobtes Vertrauensverhältnis (daher auch der Name „Vertrauensmann") aufgebaut, im Gegensatz zum privaten Denunzianten, der aus eigenem Antrieb, ohne Auftrag beziehungsweise Auftraggeber vermeintliche oder (im NS-Sinne) tatsächliche Vergehen meldete.

V-Leute und andere institutionalisierte Informanten arbeiteten entweder gegen Bezahlung oder andere Formen von Vergütung für das Regime, gegen Gewährleistung von Privilegien und Begünstigungen oder aber – auch dies ein häufiger Hintergrund – infolge persönlicher Bedrohung und Erpressung oder angedrohter Maßnahmen gegen Angehörige.

Die Gestapo führte auch eine Anzahl von so genannten G-Leuten (Gewährsleuten) als Konfidenten. Ihre Aufgabe bestand offensichtlich darin, sich auf Bahnhöfen, Postämtern und öffentlich stark frequentierten Plätzen herumzutreiben und durch Zufall an Informationen heranzukommen. Anders als V-Leute, die im festen Sold der Gestapo standen – besonders erfolgreiche Konfidenten, wie der weiter unten erwähnte Kurt Koppel, konnten mit einem für die damaligen Verhältnisse astronomischen Gehalt von 500 Reichsmark rechnen –, wurden G-Leute nur nach Erfolg entlohnt.[227] Natürlich gab es unter den Informanten im Dienste der Gestapo auch politisch überzeugte Nationalsozialisten – die Bezahlung schließt die Überzeugung von der Richtigkeit einer Sache nicht aus.

Für V-Leute stellten persönliche Motive wie Rachsucht, Hass, Neid oder schlichtweg Machtbedürfnisse bei der einzelnen „Vernaderung", wie sie für private Denunzianten in vielen Fällen von konstitutiver Bedeutung sind, einen nebensächlichen Faktor dar. V-Leute konnten nur gegen bereits verdächtige Kreise – zumeist im Arbeits- und Bekanntenumfeld – gezielt eingesetzt werden. Dabei handelte es sich um politisch organisierte Gruppen (Kommunisten, Sozialdemokraten, in Österreich auch ehemalige Christlichsoziale und Monarchisten), um Mitglieder kleiner Religionsgemeinschaften und Angehörige des Klerus. Verhaltensweisen Einzelner konnten weder von V- noch von G-Leuten flächendeckend offengelegt werden.

Obwohl es, wie noch gezeigt werden soll, zahlreiche Beispiele von Denunziationen aus der Bevölkerung gegen vermeintliche beziehungsweise tatsächliche Widerständler gab, dürfte der evidente Erfolg der Gestapo bei der Zerschlagung von organisiertem Widerstand auf der Unterwanderung durch V-Leute beruht haben.[228] Organisierte Widerstandsgruppen, die in aller Regel konspirativ und jedenfalls nicht so offensichtlich vorgingen, konnten von Nachbarn oder Kollegen nicht so leicht erkannt und angezeigt werden. Hier bedurfte es der „Wühlarbeit" der Gestapo. Die auf Hitler schimpfende Nachbarin oder der betrunkene Nörgler in der Gastwirtschaft hingegen waren leichte Beute einer privaten Denunziation.[229]

Wie zahlreiche anonyme Schreiben aus der österreichischen Bevölkerung an Josef Bürckel zeigen, wurden jedoch auch organisierte und konspirative (hauptsächlich kommunistische) Aktivitäten gemeldet. Es ist durchaus denkbar, dass der eine oder andere Hinweis nach Überprüfung der darin angegebenen Namen und Adressen durch die Gestapo zu einem „dringenden Tatverdacht" führte, der Observationen und gegebenenfalls auch den Einsatz von Gestapokonfidenten zeitigte. Ob es sich bei diesen Denunziationen nur um inhaltslose Spekulationen der Anzeiger handelte, die nicht ernst genommen wurden, oder ob sie mitunter auch bei der Verfolgung und Unterwanderung politischen Widerstands eine ursächliche Rolle gespielt haben, kann nur durch genauere Forschungen festgestellt werden.

Bisherige Untersuchungen belegen in jedem Fall die enormen Erfolge der Gestapo Wien durch den Einsatz von V-Leuten.[230] In diesem Zusammenhang ist es interessant zu wissen, dass eine nicht geringe Anzahl von V-Leuten, die bereits von der österreichischen Staatspolizei in den Dreißigerjahren rekrutiert worden waren, nach dem „Anschluss" direkt in die Gestapo-Behörde Wien übernommen wurde und sogleich gegen dieselben Gegnergruppen, vor allem Sozialdemokraten, Kommunisten und ehemalige Schutzbündler[231], aktiv werden konnte.[232] Der Leiter des Nachrichtenreferats der Wiener Gestapo, Lambert Leutgeb, war bereits in der politischen Polizei des Ständestaats mit dem Einsatz und der Führung von Konfidenten beauftragt gewesen. Nach Franz Weisz' umfangreicher Untersuchung über die Wiener Gestapo hatten überhaupt rund 80 bis 85 Prozent der Gestapoangehörigen in Österreich vor dem „Anschluss" ihren Dienst im Polizeiapparat des Ständestaates versehen.[233] Der neue Wiener Polizeipräsident Otto Steinhäusl und hohe österreichische SS-Führer einigten sich nach dem „Anschluss" mit dem Chef der deutschen Ordnungspolizei Kurt Daluege darauf, auf eine Säuberung des Polizeiapparats zu verzichten.[234]

Bis 1944 stieg die Zahl des Gestapopersonals kontinuierlich an: Waren im gesamten ehemaligen Österreich im Jahre 1940 1696 Personen bei der Gestapo beschäftigt – davon allein 800 (= 47,2 Prozent) bei der Wiener Behörde –, so war Anfang 1944 der Höchststand mit etwa 3000 Gestapoangehörigen erreicht.[235] Die genaue Anzahl der in Wien eingesetzten Gestapokonfidenten lässt sich nicht mehr eruieren, da von den Behörden einerseits lediglich unvollständige, kodierte Angaben vorliegen und andererseits, wie bereits erwähnt, die meisten Unterlagen bei Kriegsende vernichtet wurden. Schätzungsweise dürften bei der Wiener Gestapo über den gesamten Zeitraum hinweg insgesamt zwischen 600 und 800 Personen als V- und G-Leute aktiv gewesen sein.[236] Mit Hilfe dieser semiprofessionellen Konfidenten gelang es der Wiener Gestapo, noch bis in die letzten Kriegswochen hinein mit äußerster Effizienz praktisch in alle relevanten Oppositionsgruppen einzudringen, diese weitgehend zu kontrollieren und zum Teil auch lahm zu legen.[237]

Die V-Leute stammten zumeist selbst aus den observierten Kreisen und wurden nach ihrer eigenen Verhaftung unter Einsatz von Druckmaßnahmen, Androhungen von schlimmsten Sanktionen oder auch durch Angebote „umgedreht" und neuerlich in die verdächtigen Gruppierungen eingeschleust. Es macht allerdings einen Unterschied, ob ein Spitzel sich freiwillig der Gestapo zur Verfügung gestellt oder ob er der Folter und anderen Zwängen nicht standgehalten hatte – ein Unterschied, den das Volksgericht Wien nach dem Krieg in seinen Urteilen berücksichtigte.

Folgende Beispiele mögen die Erfolge veranschaulichen, die die

Gestapo mit V-Leuten bei der Zerschlagung von organisierten Widerstandsgruppen hatte:

„Walter"

Leopold Koutny (geboren 1911) und seine Frau Grete Koutny (geboren 1921) sind bis März 1942 in einer kommunistischen Zelle im Reichsbahnausbesserungswerk Floridsdorf/Wien aktiv, ehe die Gruppe von der Gestapo aufgedeckt und das Ehepaar Koutny verhaftet wird. Grete Koutny befindet sich vom 16. Januar bis 20. Januar 1942, ihr Ehemann Leopold vom 15. Januar bis 27. Januar 1942 in Gestapohaft. Um der angedrohten Todesstrafe zu entgehen, sagt Koutny seine Mitarbeit als „Spitzel" zu.[238]

Leopold Koutny wird unter dem Codenamen „Walter" geführt. Gemeinsam mit seinem Bruder Josef, ebenfalls ein V-Mann, ist er maßgeblich an der Verhaftung verschiedener Widerstandsgruppen beteiligt.[239] Koutny gilt in Gestapokreisen als einer der geschicktesten und effizientesten Konfidenten in Wien. Enttarnt wird er erst durch die Gesprächigkeit eines Gestapobeamten, der während des Verhörs von Leopold Zaynard jun., einem der zahlreichen Opfer und langjährigen Genossen Koutnys, den Namen des Informanten Koutny verrät.[240] Leopold Zaynard jun. – dessen Ehefrau Hermine sowie seine Genossen Alfred Rabofsky und Friedrich Hedrich ebenfalls von Koutny denunziert und von der Gestapo am 29. April 1942 verhaftet werden – gelingt es nun, seine Schwiegermutter Hermine Schwarzer während eines Besuchs im Militärgefangenenhaus Hartmuthgasse vor Koutny zu warnen.[241] Als Hermine Schwarzer die verbleibenden Genossen informieren will, wendet sie sich unter anderem an Maria Krassinger, die weitere beteiligte Personen vor dem V-Mann Koutny warnt. Dabei gerät sie aber auch an „Walter" selbst, da sie nicht weiß, dass Koutny und dieser identisch sind. Koutny veranlasst sogleich die Verhaftung von Hermine Schwarzer und Maria Krassinger, um seine Tätigkeit nicht weiter zu gefährden. Hermine Schwarzer wird ins KZ Ravensbrück überstellt, überlebt jedoch den Krieg und ist anschließend maßgeblich an der Aufdeckung der Konfidententätigkeit von Leopold Koutny beteiligt. Ihr Schwiegersohn Leopold Zaynard jun. wird am 5. März 1943, ihre Tochter Hermine Zaynard am 19. November 1943 wegen Hochverrats hingerichtet.[242]

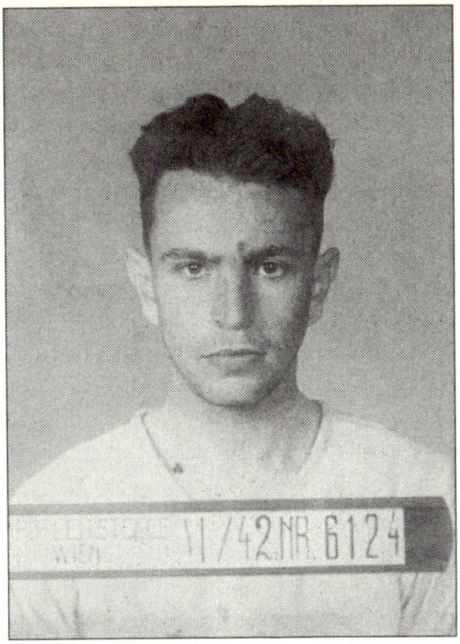

Leopold Zaynard, geb. 1916, hingerichtet 1943 in Berlin

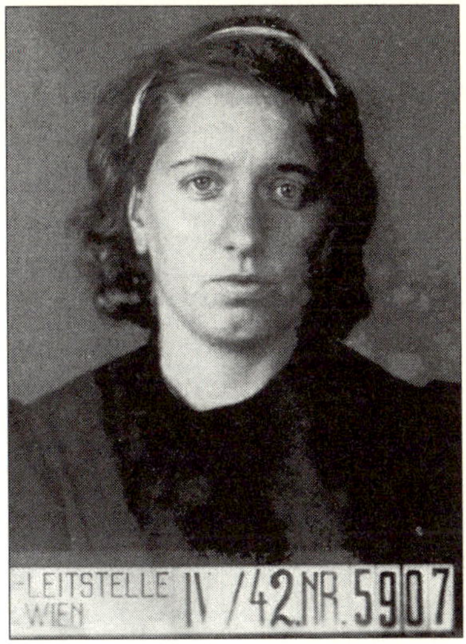

Hermine Zaynard, geb. 1913, hingerichtet 1943 in Wien

Unter den verratenen Personen befindet sich auch Walter Kämpf, ein führender Funktionär des KJVÖ (Kommunistischen Jugendverbandes Österreichs), der im Umfeld des Ehepaars Zaynard agiert und bereits am 27. April 1942 von der Gestapo verhaftet wird. Zwar gelingt es Kämpf, mehrere Kassiber aus der Haft zu schmuggeln, in denen er vor Spitzeln warnt, von denen er gehört hat, doch die Warnungen erreichen seine Genossen nicht mehr rechtzeitig:

> […] Die Spitzel sind Hertha – Olga – Gretl – Sonja [*alles Decknamen von Grete Kahane*] […] Spitzel „Ossi" [*Deckname von Kurt Koppel*] Weiters Brüder Kurni [*gemeint Brüder Koutny*] […] Warnt Genossen vor Spitzeln die ich nannte. Sitzen alle in der Parteileitung (Jugend war rein) und lassen jedes neue ZK [*Zentralkomitee der KPÖ*] hochgehen. Alte Funktionäre, die sich von Gestapo ihr Leben erkaufen […] Gestapo bringt jeden mit mittelalterlichem Foltern zum Speiben […].[243]

Die erhalten gebliebenen Kassiber Walter Kämpfs geben nur einen ungefähren Eindruck von den unglaublichen Torturen, denen die Gefangenen während ihrer Gestapohaft ausgeliefert sind. Walter

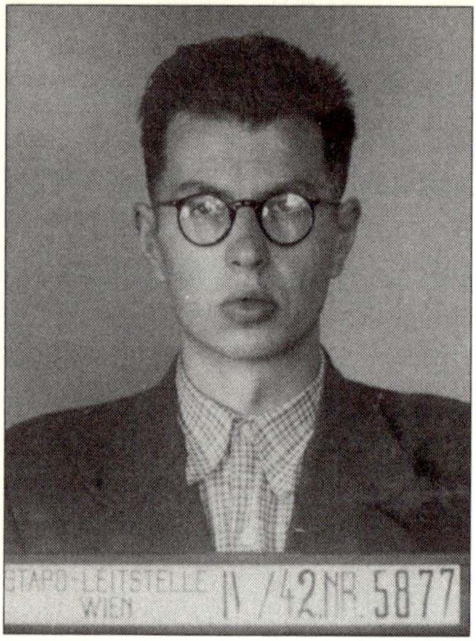

Walter Kämpf, geb. 1920, hingerichtet 1943 in Wien

Kämpf leidet diese Qualen über nahezu ein Jahr, bevor schließlich auch er unter der Folter zusammenbricht. Obwohl es ihm gelingt, die meisten seiner Genossen weiterhin zu decken, werden mehrere Personen nach seinen Angaben verhaftet. Unter ihnen befindet sich auch der Obergefreite der Wehrmacht, Johann Christian Broda, der als vermutetes Mitglied der kommunistischen Organisation „Soldatenrat" am 9. Juni 1943 an die Gestapo überstellt wird. Broda wird 1970 österreichischer Justizminister. Am 17. April 1943 wird Walter Kämpf wegen Vorbereitung zum Hochverrat zum Tode verurteilt und hingerichtet.[244]

Koutny alias „Walter" kooperiert bei seiner Konfidententätigkeit eng mit zwei im obigen Kassiber genannten „Größen" des Spitzelwesens in Wien: mit Margarete Kahane (Jahrgang 1917) alias „Sonja", als ehemaliges Mitglied sozialistischer Jugendorganisationen nach ihrer Verhaftung 1938 von der Gestapo „umgedreht", und ihrem Lebensgefährten Kurt Koppel (Jahrgang 1914 oder 1915) alias „Ossi", einem ehemaligen Spanienkämpfer, der bereits in Spanien unter Verdacht stand, Spitzel zu sein. Beide werden von den Brüdern Koutny erfolgreich in kommunistische Widerstandsgruppen eingeschleust.[245] Der „Erfolgsgeschichte" dieser Kooperation scheinen tatsächlich keine Grenzen gesetzt gewesen zu sein: Der Historiker Hans Schafranek kommt bei seiner Analyse aller verfügbaren Quellen zu dem Ergebnis, dass das vierte illegale ZK der KPÖ von der Gestapo selbst gegründet worden sei, und zwar von den V-Leuten Kahane und den Brüdern Koutny.[246]

Anna Opferkuh (Jahrgang 1919) gibt bei ihrer Zeugenaussage nach dem Krieg an, dass Grete Kahane vier von fünf Personen aus der Leitung der KPÖ und mehrere hundert Jugendliche aus allen Teilen Wiens, die der kommunistischen Widerstandsbewegung nahe standen, denunziert habe, was parteiinterne Recherchen der KPÖ Wien später bestätigen. Die vier Leitungsmitglieder und rund 20 bis 25 Personen aus dem Jugendverband seien hingerichtet worden.[247]

Die unglaubliche Dimension der Konfidententätigkeit des Duos Koppel/Kahane wird durch eine Berechnung des Historikers Hans Schafranek deutlich: Annähernd 1000, als etwa ein Sechstel der 6272 Verhaftungen von Kommunisten zwischen 1938 und 1943 durch die Gestapo Wien ging auf das „Konto" von Koppel und Kahane.[248]

Grete Kahane wird nach dem Krieg gefasst und hingerichtet; Kurt Koppel gelingt es, nach dem Zusammenbruch des „Dritten Reichs" über Ungarn, die ČSR und Belgien nach England zu fliehen. Gerüchte besagen dass er für den dortigen Geheimdienst gearbeitet haben soll. Wie auch immer, seine Spur verliert sich.[249] 1957 wird das Verfahren gegen Kurt Koppel eingestellt.[250] Josef Koutny stellt sich nach dem Krieg den Behörden und wird an die sowjetische Besatzungsmacht ausgeliefert, die ihn, da er auch mehrere jugoslawische Zwangsarbeiter denunziert hatte, am 26. Februar 1947 an Jugoslawien ausliefert.[251] Über sein weiteres Schicksal ist nichts bekannt.

Leopold Koutny alias „Walter" kann trotz intensiver Bemühungen der Kriminalabteilung der Polizeidirektion Wien und landesweiter steckbrieflicher Fahndung niemals gefasst werden. Das 1947 gegen ihn eröffnete Verfahren wird durch die NS-Amnestie von 1957 (§13) schließlich eingestellt.[252]

„Adam"

Auch das Beispiel des V-Mannes Franz Brandtner zeigt die mithilfe „umgedrehter" Oppositioneller erzielten Erfolge der Gestapo. Nach dem Krieg gibt Franz Brandtner (Jahrgang 1886) beim Verhör durch die Staatspolizei in St. Pölten an, im November 1939 von der Gestapo wegen seiner Zugehörigkeit zu einer kommunistischen Gruppierung verhaftet und zur Kooperation gezwungen worden zu sein. Im Laufe der Vorerhebungen korrigiert Brandtner seine ursprüngliche Aussage dahingehend, dass er wegen der großen Erfolge des Regimes der Gestapo seine Dienste freiwillig und aus Überzeugung angeboten habe. Dr. Auinger, der damalige Chef der Gestapo-Außenstelle St. Pölten/Niederösterreich, habe ihm „die politische Situation und das Streben Adolf Hitlers, dem deutschen Arbeiter eine bessere Zukunft zu schaffen", erläutert und gesagt, dass im Deutschen Reich alle arbeiteten und „glücklich und zufrieden" seien, „während in Russland an den Schaltern überall die Juden sitzen und das arme Volk darben müsse"[253]. Nach diesen „überzeugenden" Ausführungen erklärt sich Franz Brandtner zur Mitarbeit als V-Mann bereit.[254] Wenige Tage nach diesem Gespräch wird er mit einer Biografie, die ihn als „politisch Bedenklichen" ausweist, in Betriebe eingeschleust, die von der Gestapo schon länger erfolglos observiert worden sind. Auf Grund der zurückliegenden „Gestapohaft" und seiner überzeugenden Legende gelingt es Brandtner alias „Adam" sehr rasch, das Vertrauen organisierter Widerstandsgruppen zu gewinnen und die Gestapo mit detaillierten Informationen über beteiligte Personen, Strukturen und Ziele zu versorgen.

Durch die Zeugenaussage von Johann Röhrling, einem ehemaligen Mitarbeiter der Gestapo St. Pölten, wird deutlich, von welch enormer Bedeutung der V-Mann „Adam" für die Verfolgung der politischen Gegner war. Nach Röhrlings Einschätzung gelingt es der Gestapo vor allem auf Basis der Informationen von „Adam", den gesamten organisierten Widerstand in St. Pölten zu zerschlagen.[255] Aus der Niederschrift der Vorerhebungen der Staatspolizei St. Pölten vom 5. Juli 1946 kann auf die tatsächlich gewaltige Dimension der Konfidententätigkeit Brandtners geschlossen werden.

> […] Franz Brandtner war ab November 1939 als Verbindungsmann für die Gestapoaußenstelle St. Pölten tätig und wurde auf der Dienststelle unter dem Namen „Adam" geführt. Als Gestapospitzel war er mit der Namhaftmachung von staatsfeindlich gesinnten Personen sowie mit der Aufdeckung von antifaschistischen Widerstandsgruppen betraut. […]
> Im Jahre 1940/41 wurde der Bestand einer anti-faschistischen Gruppe in St. Pölten vom V-Mann „Adam" der Gestapo gemeldet. Beim Einschreiten, von der Gestapo als 2. KP-Aktion bezeichnet, wurden 300 (!) Verhaftungen vorgenommen und ca. 40 Personen zum Tode verurteilt.
> Im Herbst 1942 meldete „Adam" dem Gestapobeamten Bittermann, dass ein gewisser Klarl eine führende Stellung in der illegalen Bewegung einnimmt. „Adam" erhielt den Befehl Klarl zu überwachen und auszuhorchen. Auf Grund der bezüglichen Berichte wurden „Adam" aus Wien die beiden V-Männer Schropp und „Walter"[256] zugeteilt und „Adam" stellt sie bei einem Treff

den Angehörigen der illegalen Bewegung als Vertreter des Zentralkomitees der KP vor [...] und sprachen über den Aufbau einer einheitlichen Widerstandsorganisation. [...] Diese Vorgänge wurden berichtsförmig von „Adam" der Gestapo gemeldet. Bei der am 11. 9. 1944 stattfindenden Sonderaktion der Gestapo wurden 50 Verhaftungen durchgeführt. [...]
Im Herbst 1944 leistete „Adam" in der Stahl- und Temperguss AG Traisen für die Gestapo Spitzeldienste, da in diesem Betriebe illegale Flugschriften verbreitet worden waren. [...]
In den Apriltagen 1945 griff „Adam" die Widerstandsgruppe der St. Pöltner Polizei auf und meldete deren Bestand der Gestapo. Am 10. und 11. 4. 1945 wurden 13 Verhaftungen vorgenommen – darunter drei Frauen – und nach erfolgter Einvernahme dem Standgericht der Gauleitung ND [*Niederdonau*] in St. Pölten zur Anzeige gebracht. Am 13. 4. 45 wurden diese Antifaschisten zum Tode verurteilt und in den Abendstunden auf dem Schiessstattgelände St. Pölten [*durch ein SS-Kommando*] erschossen.[257]

Zu der letztgenannten monarchistischen Widerstandsgruppe, die die gewaltfreie Übergabe von St. Pölten an die alliierten Truppen vorbereitet, gehören der stellvertretende Polizeidirektor Dr. Kirchl und seine Frau, das Ehepaar Trauttmansdorf, mehrere leitende Polizeibeamte sowie der oben bereits erwähnte, sozialdemokratisch orientierte Arbeiter Klarl.[258]

Am 22. Dezember 1947 wird Franz Brandtner vom Volksgericht Wien zu lebenslangem schwerem Kerker verurteilt. Das Gericht war zu der Ansicht gekommen, bei Brandtner habe es sich um einen Überzeugungstäter gehandelt.[259] Franz Brandtner, der bei Haftantritt bereits über sechzig Jahre alt ist, wird am 20. Dezember 1956 wegen seines schlechten Gesundheitszustandes und einer Serie von Gnadengesuchen vom Bundespräsidenten begnadigt.[260]

Mitunter hatte die Gestapo auch Erfolge bei der Aufdeckung von organisierten Aktivitäten zur Flucht von Juden, besonders wenn es ihr gelungen war, dafür Juden anzuwerben.[261]

Das Wiener Ehepaar Ella und Kurt Lingens, beide Ärzte, verhilft nach dem „Anschluss" Juden zur Emigration und beherbergt während des Novemberpogroms Juden in seiner Wohnung. 1942, als Juden längst nicht mehr ausreisen dürfen, versuchen sie auf Bitte eines Mitglieds des polnischen Untergrunds, die illegale Ausreise zweier jüdischer Ehepaare aus Krakau in die Schweiz zu bewerkstelligen. Einer, den sie um Hilfe ersuchen, ist der ehemalige Wiener Schauspieler Rudolf Klinger.[262] Ella und Kurt Lingens wissen, dass er bereits einem anderen Juden zur Flucht verholfen hat. Klinger ist jedoch ein Gestapospitzel. Er bringt die beiden Ehepaare zur Tarnung noch bis an die Schweizer Grenze, liefert sie aber dort der Gestapo aus und verrät das Ehepaaar Lingens sowie einen anderen Helfer, Karl Motesicky. Alle drei werden wegen Verbergens und Planung der Flucht von Juden verhaftet, ins Gestapo-Hauptquartier gebracht und dort monatelang verhört. Anfang 1943 werden sie nach Auschwitz gebracht, wo Motesicky im Juni darauf stirbt. Rudolf Klinger, der zu viel über die Gestapo weiß, wird ebenfalls noch im gleichen Jahr nach Auschwitz deportiert und ermordet.[263] Das Ehepaar Lingens überlebt und kann nach der Befreiung des Lagers nach Wien zurückkehren, wo ihr kleiner Sohn, der heutige Journalist Peter Michael Lingens, auf sie wartet.[264]

Auch in den besetzten Gebieten war die Gestapo auf V-Leute aus der dortigen Bevölkerung angewiesen, nicht zuletzt wegen des viel geringeren Anteils an privaten Denunziationen. Während Forschungen für das Reichsgebiet davon ausgehen, dass – je nach Region und abhängig davon, aus welchen Deliktbereichen die Akten ausgewählt wurden – zwischen 26 und 80 Prozent aller Gestapoermittlungen auf Denunziationen basierten (Spitzenwerte erreichen hierbei Denunziationen von „Heimtückedelikten“, „Feindsenderhören“ und Anzeigen gegen Juden)[265], ergaben vorsichtige Auswertungen von Gestapoakten des Generalgouvernements (jener Teile Polens, die nicht direkt dem Deutschen Reich einverleibt wurden, und ab 1941 Ostgalizien), dass dort nur 5 bis 15 Prozent der Gestapoermittlungen auf Hinweise aus der Bevölkerung zurückgingen.[266] Die Bevölkerung der besetzten Gebiete war natürlich nur sehr eingeschränkt bereit, mit den Besatzern zu kooperieren. Kollaboration war schlecht angesehen. Die Tatsache, dass die meisten Denunziationen gegen Juden gerichtet waren und solcherart Zusammenarbeit mit den Deutschen offensichtlich nicht als Kollaboration angesehen wurde, spricht für die Virulenz des polnischen Antisemitismus. Dem polnischen Historiker Wlodzimierz Borodziej zufolge langten bei der Gestapo Lodz noch im Januar 1942 vierzig Denunziationen pro Tag ein.[267] Um aller Juden habhaft zu werden, auch der vor allem in den großen polnischen Städten Untergetauchten, versuchte die Gestapo, V-Leute aus der Bevölkerung anzuwerben, bevorzugt Personen, die berufsbedingt regen Kontakt zur Bevölkerung hatten, wie etwa Wirte, Friseure oder Kommunalbeamte. Mitunter arbeiteten auch Juden mit der Gestapo zusammen. Die gefürchteten „Greifer" machten Juden in ihrer Umgebung ausfindig und lieferten diese der Gestapo aus. Von den wenigen bekannt gewordenen Fällen wissen wir, dass sie sich entweder unter Folter oder Androhungen schwerster Sanktionen gegen sich und Angehörige dazu bereit erklärten oder in der Hoffnung, sich und ihre Familien vor Deportation und Tod zu bewahren.[268] Fast alle diese Personen sind später dennoch deportiert und ermordet worden. Wurde ein als Jude Verdächtigter gemeldet, wurde er verhaftet und so lange geprügelt, bis er gestand, Jude zu sein.[269]

Im Geschichtsbild von den damaligen Ereignissen wird die Personalstärke und „Eigenleistung" der nationalsozialistischen Verfolgungsorgane bei weitem überschätzt. Die angenommene Allmacht des Überwachungsapparats basiert einerseits schlichtweg auf einer propagandistisch gesteuerten Mystifizierung durch das NS-Regime selbst und andererseits auf der Unbestimmtheit der Informationsquellen, die entscheidend durch die Denunzianten geprägt wurden.[270] Nach dem Krieg wurde dieser Allmachtsmythos weiter verstärkt, um das eigene Verhalten zu erklären und zu entschuldigen. Auch Rosa Schnedlitz hatte, um an unser Eingangsbeispiel zu erinnern, für ihr Verhalten gegenüber ihrem Mann und ihren sieben Kindern die Gestapo verantwortlich gemacht. Doch die Gestapo war mit ihrem Apparat, mit ihren wenigen Spezialisten und Agenten gar nicht in der Lage, die Bevölkerung flächendeckend zu überwachen und nonkonformes Verhalten Einzelner zu kontrollieren.

Werner Best, von 1935 bis 1940 ranghoher Mitarbeiter im Reichssicherheitshauptamt (RSHA), berichtete im Juli 1946 vor dem Internationalen Militärgerichtshof:

> Dr. Merckel: Nach welchen Gesichtspunkten griffen die Behörden der Politischen Polizei irgendwelche Tatbestände auf?
> Best: Fast ausschließlich auf Grund von Anzeigen, die entweder von Privatpersonen oder von irgendwelchen Stellen außerhalb der Polizei an sie gerichtet wurden.
> Dr. Merckel: Auf welchen Sachgebieten war das der Fall?
> Best: Diese Anzeigen sind auf allen Gebieten, die überhaupt die Politische Polizei interessierten, erstattet worden. Die Polizei war deshalb gar nicht in der Lage, selbst auf die Suche zu gehen, ob

solche Fälle irgendwo vorlagen. Ein eigener Nachrichtendienst ist überhaupt nur da entwickelt worden, wo man organisierte Gruppen vermutete, zum Beispiel bei der illegalen Kommunistischen Partei oder bei gegnerischen Nachrichtendiensten zu Spionagezwecken. In diesen Fällen hat man versucht, durch Agenten oder mit ähnlichen Mitteln diese Gruppen aufzudecken und aufzuklären.

Dr. Merckel: Wenn kein eigener Nachrichtendienst der Gestapo bestand, wie kamen dann Festnahmen und andere Maßnahmen gegen Personen wegen politischer Äußerungen und dergleichen zustande?

Best: Es ist nicht so, wie häufig dargestellt wurde und wird, als ob die Gestapo ein Netz von Nachrichtenagenten und Spitzeln unterhalten habe, um das ganze Volk zu beobachten. Das hätte mit dem kleinen Beamtenstand, der voll mit den laufenden Dingen beschäftigt war, gar nicht geleistet werden können. Solche Einzelanzeigen wegen ungeschickter politischer Äußerungen und dergleichen sind immer von außen an die Politische Polizei herangetragen worden, die wurden nicht gesucht, weil man mit 90 Prozent dieser Fälle ja gar nichts anfangen konnte.[271]

Dieses Verhör wirft auch ein Licht auf das Ausmaß der Denunziationen und auf die Tatsache, dass der überwiegende Teil davon als unbrauchbar eingeschätzt wurde, zum Glück für die Denunzierten und zur Enttäuschung der Denunzianten.

Bekannt geworden ist auch ein in der Presse zitiertes Interview mit dem Chef der Gestapo Karlsruhe, Karl Berckmüller, vom Juni 1934, in dem er ankündigte, gegenüber Verleumdern mit aller Strenge durchzugreifen, da sie durch falsche Anzeigen den Apparat der Gestapo unnötig belasteten und Unschuldigen Unglück und Aufregung zufügten. Die Gestapo sei keineswegs „die Beschwerdestelle politischer Gehässigkeiten oder gar niedrigen Denunziantentums“[272].

Margarete Hosner, die nach dem Abschluss einer Privathandelsschule eine Arbeit als Sekretärin bei der Klagenfurter Gestapo annahm, schreibt über diese Zeit:

Niemand und nichts, überhaupt nichts aus dieser Zeit möchte ich beschönigen, aber es hätte viel ausbleiben können, wenn nicht gute Freunde, getreue Nachbarn, Arbeitskollegen und sogar beste Ehefrauen Anzeigen gemacht hätten, die Schweres über Familien und oft den Tod der Betroffenen gebracht haben.[273]

Nimmt man zur Veranschaulichung den gesamten Personalstand der Gestapo Wien (800 Personen) aus dem Jahre 1940, berücksichtigt dabei den Anteil von rund zwanzig Prozent weiblichen Angestellten, die ausschließlich mit administrativen Aufgaben betraut waren[274], und setzt die verbleibende Anzahl von Personen zur Gesamtbevölkerung von „Groß-Wien" (rund 2 Millionen) in Bezug, so kommt man auf einen Gestapomitarbeiter pro 3125 Einwohner! Die Zahl liegt in Wirklichkeit noch weitaus höher, denn die Wiener Gestapo war – auch wenn Wien im Zentrum der Aktivitäten lag – für ganz Niederösterreich, den Bezirk Znaim[275] und das nördliche Burgenland zuständig. Für die Gestapo Berlin beläuft sich die Schätzung für das Jahr 1942 auf 1000 Mitarbeiter. Bei einer Einwohnerzahl von etwa 4, 48 Millionen käme ein Mitarbeiter gar auf 4480 Einwohner.[276] Selbst wenn man bedenkt, dass die Gestapo mit der örtlichen Polizei über Hilfskräfte verfügen konnte, war sie bei der Verfolgung jeglicher Form von Dissens oder Nonkonformismus naturgemäß völlig überfordert und konnte daher ohne aktive und freiwillige Unterstützung von außen diesen Auftrag keinesfalls erfüllen.

Auch die Auswertung der Kriegsverbrecherprozesse vor dem Volksgericht Wien legt den Schluss nahe, dass der hiesige Exekutivapparat der Gestapo seine Ermittlungen zumeist auf Grund von privaten Anzeigen aufgenommen hat.[277] Dabei waren die Behörden mit Hinweisen aus der Bevölkerung derart versorgt, dass sie, wie auch in den anderen Gebieten des Reiches, kaum mit deren Erledigung nachkamen. So mussten die österreichischen Gestapo-Behörden paradoxerweise unter anderem auch den massenhaften Denunziationen wegen „Heimtückevergehen", die unmittelbar nach dem „Anschluss" einsetzten, entgegenwirken, zumal die entsprechenden gesetzlichen Regelungen in Österreich noch gar nicht in Kraft getreten waren. Etwa siebzig Prozent der an die Gestapo Wien herangetragenen „Heimtücke- und Rundfunkdelikte" seien, so der Historiker Franz Weisz, nicht an die Gerichte abgegeben worden, sondern durch sie selbst auf administrativem Wege erledigt worden, etwa durch Verwarnungen, Wirtshausverbote oder Einhebung von Sicherungsgeldern (die für einen Bewährungszeitraum hinterlegt werden mussten) exekutiert beziehungsweise wegen Belanglosigkeit vernichtet.[278] Dieses Verhalten geht auf einen geheimen Erlass Hitlers zum „Heimtückegesetz" vom 28. Dezember 1936 zurück. Einerseits sollte die Gestapo die eingehenden Anzeigen irgendwie bewältigen, andererseits aber die Gefahr bannen, grundsätzlich systemloyale Bürger, die sich außer einer unüberlegten Äußerung, womöglich unter Alkoholeinfluss, nichts zuschulden hatten kommen lassen, unnötig gegen den Staat aufzubringen.[279]

Denunziation in Bekanntenkreis und Arbeitsumfeld

Denunziation in Nachbarschaft und Bekanntenkreis

Das erste Kapitel der Fallbeispiele widmet sich Denunziationen von Menschen, die dem Denunzianten in irgendeiner Form bekannt waren, seien es Nachbarn aus dem selben Haus, Bekannte aus der Umgebung, aus dem gleichen Dorf, seien es Arbeitskollegen, Menschen, in deren Geschäft der Denunziant einkaufte oder mit denen er aus irgendeinem Grund enger oder entfernt bekannt war.

Über den gesamten Zeitraum der NS-Herrschaft bildeten Anzeigen wegen abfälliger Äußerungen über die NS-Führung und deren Politik den wohl häufigsten Inhalt dieser Denunziationen. Im Zuge der Kriegsvorbereitungen kamen im Sommer 1938 und Anfang 1939 das „Abhören ausländischer Sender" und „Wehrkraftzersetzung" als neue Gesetze und häufige Anlässe von Denunziationen hinzu, wobei unter Letzteres alle defätistischen (am Sieg zweifelnden) Äußerungen gezählt wurden.

Das „Heimtückegesetz" kann wohl zurecht als das zentrale Gesinnungsgesetz des Nationalsozialismus bezeichnet werden. Wie bereits im Kapitel über die NS-Gesetze erläutert, verbot das Gesetz „unwahre" und damit alle kritischen Äußerungen über das Reich, die Regierung und die Partei bei Androhung von bis zu zwei Jahren Gefängnis. Besonderes Augenmerk legte der Gesetzestext dabei auf öffentlich gemachte Äußerungen, die in der Regel strenger bestraft wurden als nichtöffentliche. Dass die Kriterien dafür äußerst dehnbar waren und stark vom Leumund und der Lebensweise der oder des Beschuldigten abhingen, wird an den beschriebenen Fällen recht deutlich.

Das „Heimtückegesetz“ trat im „angeschlossenen“ Österreich erst am 23. Januar 1939 in Kraft. Jedes einzelne wegen „Heimtücke“ eingeleitete Verfahren musste dem Reichsjustizminister nach Berlin gemeldet und dessen Entscheidung zur Anordnung oder Ablehnung einer Strafverfolgung abgewartet werden. In den von den Autoren gesichteten Fällen des Wiener Sondergerichts folgte Berlin in dieser Frage stets der Einschätzung des Wiener Staatsanwalts.[280]

Die ausgewerteten Verfahren von „Heimtücke“-Fällen zeigen, dass, obwohl das Gesetz Strafen bis zu zwei Jahren Gefängnis vorsah,[281] die Mehrheit mit Einstellungen (trotz Überführung der Angeklagten), Verwarnungen oder geringen Gefängnisstrafen von wenigen Monaten endete. Anlässlich einer Verfahrenseinstellung wurde die mitunter bis dahin verbrachte Untersuchungshaft als „Denkzettel“ für den Angeklagten bezeichnet. Die Gestapo verhängte fallweise ein Wirtshausverbot für jene, deren Äußerungen im Rausch gefallen waren. Vor allem politisch unbescholtene und integrierte beziehungsweise für integrierbar gehaltene „Volksgenossen“ behandelte man milde. Selbst NSDAP-Angehörige, ja Polizisten wurden, trotz Anmahnung ihrer besonderen Verantwortlichkeit, geringfügig bestraft, wenn das „Vergehen“ als Ausrutscher eines ansonsten loyalen Nationalsozialisten angesehen wurde, wie der Fall des Hauptwachtmeisters Friedrich Rücker zeigt.

Der in Horn, einem 6000-Seelen Städtchen im Waldviertel, amtierende Hauptwachtmeister Rücker spielt im Februar 1939 im Kaffeehaus Huber trotz einer Bürckel-Rede im Radio lautstark mit zwei Jugendlichen Hockey und unterbricht dieses Spiel erst auf Beschwerden anderer Gäste, um sich dann aus Ärger darüber demonstrativ vor den Lautsprecher des „Empfangsgeräts“ zu setzen und Zeitung zu lesen. Doch damit nicht genug. Das daraufhin gegen ihn eingeleitete Dienststrafverfahren hält ihn nicht davon ab, Ende August des gleichen Jahres in einem anderen Kaffeehaus, in einer Trafik und im Geschäft einer Grünwarenhändlerin zu erzählen, Hitler habe wegen der Verhandlungen mit England einen Tobsuchtsanfall und Nervenzusammenbruch erlitten, „da der Engländer nicht nachgebe“. In Wien werde schon im Stillen geredet, dass der „Führer“ weder ein noch aus wisse, weil sich „der Engländer und der Franzos nicht ergeben“. Es sei jetzt fünfzigmal schlechter als im Weltkrieg.

In jedem der Lokale finden sich Besitzer oder zufällig Anwesende zur Denunziation bereit, an Zeugen mangelt es also nicht. Wachtmeister Rücker gesteht nach kurzem anfänglichen Leugnen und bereut seine Handlungsweise. Obwohl das Sondergericht Krems hervorhebt, dass es sich bei dem Angeklagten nicht um irgendeinen Mann aus dem Volke handle und ein Angehöriger des Gendarmeriekorps „bei Besprechung politischer Fragen mehr als ein anderer vorsichtig zu sein hat", bestraft man Rücker mit „nur" sechs Monaten Gefängnis.[282]

Die Ausschöpfung des gesamten Strafrahmens erfolgte in „Heimtückeverfahren" eher selten. Das bestätigt die Annahme, dass Hitler dieses Gesetz in erster Linie als ein latent über der Bevölkerung schwebendes Disziplinierungsinstrument begriff. Die ernst zu nehmenden politischen Staatsfeinde waren längst in Konzentrationslager gebracht worden. Im Sommer 1941 erwähnte Hitler einmal, er habe Himmler die Weisung gegeben, alle Konzentrationslagerinsassen „aus der Welt zu räumen", falls es einmal zu inneren Unruhen käme, denn damit wären der Masse die Anführer genommen.[283] Die große Masse der Bevölkerung, deren Gefolgschaft sich Hitler relativ sicher war, sollte zwar unter allen Umständen Ruhe, Treue und Disziplin bewahren, jedoch nicht durch drakonische Strafen vom Nationalsozialismus abgeschreckt werden. Schließlich wollte Hitler sein Volk nicht auf den Knien sehen, sondern geliebt und verehrt sein.

Auch eine Verschärfung der Strafen mit zunehmender Kriegsdauer oder gegen Ende der NS-Herrschaft ist hier – soweit weiterhin wegen „Heimtücke" verhandelt wurde – nicht zu beobachten. Je länger der Krieg dauerte, umso eher konnte eine früher als „Heimtücke" verhandelte Äußerung nämlich durchaus zur „Wehrkraftzersetzung" werden, falls der Angeklagte sich auch zum Krieg in negativer oder defätistischer Weise geäußert hatte. Wachtmeister Rückers Äußerung hätte einige Jahre später – etwa auf das Nichtnachgeben der Sowjetunion bei Stalingrad bezogen – aller Wahrscheinlichkeit nach sehr dramatische Konsequenzen nach sich gezogen.

Anzeigen gegen Nachbarn und Kollegen und anderweitig Bekannte wurden oft auch anonym gemacht. Man glaubte, so der direkten Konfrontation aus dem Wege gehen und dennoch dem Betreffenden schaden zu können beziehungsweise ihn zur Verantwortung ziehen zu lassen. Im Stiegenhaus oder im Hof geführte Gespräche, unbedachte Unmutsäußerungen und Nörgeleien, spontane Wutausbrüche, aber auch anderweitig in Erfahrung gebrachte wirkliche oder vermeintliche „Vergehen" konnten leicht Gegenstand einer nachbarschaftlichen Denunziation werden. Empörung über diese Äußerungen konnte ebenso Auslöser der Denunziation sein wie alte Streitereien und häusliche Missgunst. In der nun möglichen Auslieferung des angefeindeten Nachbarn an die Gestapo fand man ein lange herbeigesehntes Ventil.

Anna Musil

Die 42-jährige Anna Musil lässt in den ersten Tagen des neuen Jahres 1939 – aus welchen Gründen auch immer – im Gespräch mit ihrer gleichaltrigen Nachbarin, der Schneiderin Hermine Wichant, ihrem Unmut über Goebbels freien Lauf, nicht ahnend, dass diese sie umgehend bei der Polizei anzeigen wird:

> Fr. Musil hat im Gang des Wohnhauses um 7 Uhr Morgens zu mir gesagt: „Der Goebbels ist ein Hund!" Die Hausbesorgerin Fr. Ida Haupt stand vor ihrer Tür und hat das auch gehört. Mein Sohn ist ja bei der SA und hat mir gesagt, dass ich das dem Hausvertrauensmann Josef Nedwed melden soll, weil die Haupt wird das sicher auch tun.[284]

Diese Meldung wird von der Polizei unverzüglich an die Gestapo weitergeleitet, die im Wohnhaus „vertrauliche" Erkundigungen über die Beschuldigte einholt und so erfährt, dass die „Bankbeamtengattin Musil eine sozialdemokratische Einstellung [hat] und früher Kontakt zu Juden" pflegte. Sie sei eine Meckerin, die nichts zu den Sammlungen beitrage. Die Gestapo betont in ihrem Schreiben an das Sondergericht, dem sie den Fall übergibt, den staatsfeindlichen Hintergrund der Anna Musil.[285]

Noch im selben Monat wird gegen Anna Musil wegen Verstoßes wider das „Heimtückegesetz" verhandelt. Die Nachbarin und Anzeigerin Hermine Wichant tritt als Hauptzeugin auf und bleibt bei ihrer bisherigen Aussage. Anna Musil bestreitet die Beschuldigungen nicht generell, behauptet jedoch, sich nicht mehr an den genauen Wortlaut erinnern zu können. Auf Grund der bisherigen Unbescholtenheit der Angeklagten und ihrer Loyalitätsbekundungen gegenüber dem Nationalsozialismus belässt es der Generalstaatsanwalt bei einer „ernsten Verwarnung".[286]

Anna Gerlich

Die 45-jährige arbeitslose Glaspackerin Anna Gerlich wohnt im Jahre 1939 zur Untermiete bei Anna Balcar. Eines Tages – so die Vermieterin später vor Gericht – erzählt Gerlich ihr gegenüber beim Nachhausekommen, man habe herausgefunden, dass sie einen Lebensgefährten habe, und sie solle nun deshalb zwei Mark weniger an Unterstützung bekommen. Außerdem habe sie folgende Bemerkung gemacht:

> Der Hitler kann mich 199 Mal im Arsch lecken und soll sich eine Waben [*Weib*] nehmen, um Kinder zu machen und nicht unsere ausnützen.[287]

Die Vermieterin berichtet ihrem Sohn, dem Polizeiwachtmeister Josef Balcar, von dem Vorfall, dieser erstattet daraufhin Anzeige. Anna Gerlich wird von der Gestapo sofort in „Schutzhaft" genommen und einige Wochen später in U-Haft überführt.

In der obligatorischen Meldung nach Berlin beschreibt der Wiener Staatsanwalt Anna Gerlich als „arbeitsscheue Person", die gemeinsam mit ihrem Lebensgefährten ihre Unterstützung vertrinke. Sie sei zwar noch nie politisch in Erscheinung getreten, aber „sicher nicht zuverlässig". Anna Gerlich ist wegen Beleidigung und Körperverletzung zweimal vorbestraft.

Der Reichsjustizminister ordnet die Strafverfolgung an.

Anna Gerlich bestreitet die ihr zur Last gelegte Äußerung und verdächtigt ihre Vermieterin des falschen Zeugnisses, da diese mit ihr verfeindet sei. Sie habe mit Hinblick auf ihre beiden im „Altreich" befindlichen Söhne lediglich gesagt: „Der Führer hat unsere Kinder draußen im Reiche und wir können uns da nicht helfen, weil wir keine Arbeit bekommen." Der Staatsanwalt hält die Aussagen der Vermieterin für glaubwürdig. Diese hat in der Zwischenzeit eine weitere Zeugin benannt, die nun vor Gericht aussagt, Anna Gerlich habe schon früher öfter über „den Führer" geschimpft. Die eigentlich nicht öffentlich gemachte „gehässige und hetzerische Äußerung über den Führer" wird umstandslos einer öffentlich gemachten im Sinne des §2 „Heimtückegesetz" gleichgestellt.[288]

Anna Gerlich wird zu acht Monaten Gefängnis verurteilt.[289]

In einigen Fällen kam es zu einem regelrechten „Schlagabtausch" zwischen Denunzianten, die sich am Ende gegenseitig belasteten und anzeigten. Besonders in solchen Fällen lässt sich relativ leicht durchschauen, dass hinter den politischen Anschuldigungen handfeste persönliche Streitereien stehen.

Im November 1944 schreibt die 35-jährige Theresia Eichhorn einen Brief an die Gendarmerie Gutenstein (Niederösterreich), in dem sie drei Nachbarinnen aus dem selben Wohnhaus bezichtigt, sie körperlich angegriffen zu haben. Dieses Schreiben ist eine Reaktion auf eine kurz zuvor gemachte schriftliche Anzeige einer dieser Nachbarinnen, der 33-jährigen Theresia Neuhaus, die Eichhorn ebenfalls Körperverletzung und darüber hinaus staatsfeindliche Äußerungen unterstellt hatte.

Aus dem Tathergang, den die Gendarmerie an die Gestapo übermittelt, geht hervor, dass ein Wortstreit unter drei Nachbarinnen derart eskalierte, dass es zu einer „Balgerei" kam. Durch diesen Raufhandel seien Theresia Neuhaus und Johanna Fuchs leicht verletzt worden. Darüber hinaus habe Eichhorn ihren Gegnerinnen gedroht, dass ihr Mann, sobald er „von diesem verfluchten Krieg heimkommt", dafür sorgen werde, dass sie nach Sibirien kämen.[290] Dieser im Eifer des Gefechts ausgerufene Satz kommt – so er überhaupt in dieser Form gefallen ist – den beiden Nachbarinnen sehr gelegen.

Die Beschuldigte Eichhorn bestreitet diesen Satz. Sie habe lediglich gemeint, „ihr Mann werde die Sache schon ordnen".[291] Schon die Gendarmerie hatte die Glaubwürdigkeit der Vorwürfe gegen Eichhorn bezweifelt, da die Nachbarinnen schon längere Zeit in Feindschaft miteinander lebten. Der angeforderte politische Leumund schätzt Eichhorn trotz der Mitgliedschaft ihres Mannes bei der NSDAP als Gegnerin des Nationalsozialismus ein, weil sie für die Sammlungen der Partei nichts übrig habe. Vermutlich auf Grund des schlechten politischen Leumunds übermittelt die Gestapo die Untersuchungsergebnisse an die Staatsanwaltschaft Wien zur Erhebung der Anklage. Diese kommt jedoch zur gleichen Einschätzung wie die Gendarmerie. Im Hinblick auf den Nachbarschaftsstreit als wahrscheinliches Motiv der Anzeige, auf die bisherige Unbescholtenheit der Beschuldigten und die Tatsache, dass ihr Mann seit 1938 in der Wehrmacht diene, wird das Verfahren eingestellt.[292]

Das Beispiel Eichhorn ist in zweierlei Hinsicht als repräsentativ anzusehen: zum einen wegen der persönlichen Konflikte, die in vielen Fällen hinter einer politischen Denunziation standen, zum anderen wegen der Beurteilung des Falls durch die NS-Behörden und Gerichte. Die Motive der jeweiligen Anzeiger wurden in der Regel erstaunlich genau untersucht, vor allem wenn es sich bei den Beschuldigten um unbescholtene „Volksgenossen" oder „-genossinnen" handelte. Wie später noch zu zeigen ist, wurde bei eindeutig falschen Beschuldigungen mitunter ein Verfahren gegen den oder die Denunzianten eröffnet.

Angesichts der propagandistischen Ausschlachtung von „Heimtückevergehen" erstaunt es nicht, dass sich viele der Anzeigenden erhofften, ihrem eigentlichen Anliegen durch eine politische Anschuldigung mehr Nachdruck verleihen zu können. Auch in den anonymen Briefen an Bürckel werden politische Anschuldigungen nicht selten benutzt, um ganz anderen Anliegen, etwa der Beseitigung von „Schleichhandel", Steuerbetrug oder geschäftlicher Konkurrenz, auf die Sprünge zu helfen. Manchmal wird – als wäre es dem Absender in letzter Minute eingefallen – am Ende des Briefes noch hastig behauptet, der Betreffende sei Kommunist, Sozialdemokrat, Schuschnigg-Anhänger, in jedem Falle schon immer ein „Systemgegner" oder Ähnliches gewesen beziehungsweise habe er auch abfällige Äußerungen von sich gegeben.

> Herrn Gauleiter Josef Bürckel, Wien I.
> Wien. 21./IV. 1940
> Der hier selbständige Kupferschmiedmeister Wenzel Walla, Wien II. Große Mohrengasse 42 erzeugt trotz aller Verbote kupferne und rostfreie […] Sodawasserzylinder und liefert diese an verschiedene Firmen. […]
> Ferner kommt noch die jüdische Flüsterpropaganda, er wünscht dem Volk das Schlechteste, ist er kein Volksschädling? Es wäre an der Zeit, bei ihm durchsuchen und Ende machen [*sic!*]
> Heil Hitler![293]

Ein anonymes Schreiben vom Mai 1940 meldet dem Gauleiter, dass eine gewisse Frau Them mit ihrem Freund Anton Travnizek „ganz unerlaubte Geschäfte" mache. Them, die Frau eines Polizeibeamten, heißt es dort,

> handelt seit 20 Jahren mit allen erdenklichen Sachen, ohne jemals Steuer gezahlt zu haben, und hat sich ein großes Vermögen dadurch erworben. Ihr Freund Anton Travnizek hat erst seit

> kurzem die Konzession erworben aber was sich der erlaubt an Preisen, das ist unglaublich, Bücher werden geführt, da ist nicht das Viertel an[ge]geben [...].

Them sei auch „eine große Hamsterin", habe im selben Haus ein Kabinett gemietet, das sie jedoch nicht zum Wohnen, sondern als Aufbewahrungsort für ihre Sachen benutze. Anton Travnizek habe ebenfalls eine Zweizimmerwohnung in der Wollzeile Nr. 25, die er nur als Lager benutze.

> Herr Gauleiter Bürkl, es wäre an der Zeit, diesen Leuten einmal jemanden in die Wohnungen zu schicken und Nachschau zu halten, da möchten sie Augen machen.

Am Schluss des Briefes kommt der unbekannte Schreiber oder die Schreiberin auf eine „Führerbeleidigung" zu sprechen. Als Frau Them einmal gefragt worden sei, ob sie ihr Gold abliefern würde, falls der „Führer" einen solchen Aufruf erlasse, habe sie nur mit dem „Götzzitat" geantwortet. Es sei traurig, dass solche Leute im Staatsdienst seien.[294]

Schlag und Gegenschlag

Es ist keine Seltenheit, dass Opfer von Denunziationen ihrerseits zu Denunziationen griffen, um sich zu wehren. Auch Familienangehörige, Freunde oder Bekannte des Angezeigten fuhren zur Diskreditierung des vermeintlichen oder tatsächlichen Denunzianten oder der Denunziantin mitunter mit einer Denunziation auf. Bei diesen „Gegenschlägen" handelte es sich entweder um die Unterstellung staatsfeindlicher Äußerungen oder Handlungen oder um Kontakte zu und Hilfe für Juden.

Laurent Deleglise Grenout, der 47-jährige Besitzer der Burg Ranna in Mühldorf (Niederösterreich), wird im Frühsommer 1938 infolge einer anonymen Denunziation in Gestapo-„Schutzhaft" genommen. Welchen Inhalts die Denunziation war, lässt sich den Akten leider nicht entnehmen. Bei einer daraufhin durchgeführten Hausdurchsuchung wird auf der Burg Material gefunden, das ihn schwer belastet und seine Inhaftierung in den Augen der Gestapo rechtfertigt: „kommunistisches Material, u. a. russische Postkarten, darstellend rote Jugend und Stalin". Auch eine Aquarellskizze des jüdischen Malers Apflauer, der auf der Burg ein häufiger Gast gewesen sei, zeuge, so die Gestapo, von Deleglises antinationalsozialistischer Einstellung. Der „Führer" sei auf dem Bild „in schmählicher Weise" beim Abschluss des Friedens mit den Juden dargestellt, heißt es im Bericht der Gestapo weiter. Neben Juden und Emigranten habe auch Dr. Erwin Müller-Karbach vom ehemaligen österreichischen Bundeskanzleramt zu seinen Gästen gezählt. Neben diversen weiteren Funden sei festgestellt worden, dass Deleglise Leser einer „Homo-Zeitschrift" sei.[295]

Kurz nach der Verhaftung wendet sich die ehemalige Hausdame Deleglises, Julia Bayer, an Reichskommissar Bürckel mit der Bitte um Intervention zugunsten des Beschuldigten. Sie habe in der Zeitung gelesen, dass Bürckel gegen falsche Denunziationen vorgehen wolle, und hoffe daher auf seine Hilfe. Bayer vermutet Baronin Annie Dirkens-Hammerstein hinter den Verleumdungen, die ehemalige Besitzerin der Burg Ranna. Seit Deleglise diese auf dem Versteigerungswege erworben habe, sei sie auf Rache aus. Vor mehreren Zeugen habe sie geäußert, nicht eher zu ruhen, bis es ihr gelungen sei, Deleglise zu ruinieren. Sowohl Deleglise als auch sie, die Hausdame Bayer, hätten während all der Jahre anonyme Karten erhalten, auf denen Deleglise beispielsweise als Rauschgifthändler bezeichnet worden sei. Eine nach der Verhaftung eingelangte Karte bekunde die offene Freude über Deleglises Schicksal.

Um ihren Vermutungen Nachdruck zu verleihen, greift Bayer ihrerseits zur Denunziation. Die Baronin habe die Jüdin Kinscy als Tochter adoptiert: „Die beiden sind einander würdig, denn was die Baronin selbst an gemeinen Verleumdungen nicht zu Wege bringt, gelingt dieser Jüdin."[296]

Der Reichskommissar fordert daraufhin eine Stellungnahme der Gestapo zur Verhaftung von Deleglise an. Deleglise hat, wie sich herausstellt, ein längeres Vorstrafenregister wegen Falschmünzerei, Rauschgiftdelikten, Erschleichung von Staatsbürgerschaft und anderem. Obwohl sich einige Personen, unter ihnen auch der Bürgermeister von Krems und einige Nationalsozialisten, für Deleglise verwenden, ist der Fall für die Gestapo, deren Einschätzung sich Bürckel anschließt, eine klare Sache. Laurent Deleglise wird am 15. Juli 1938 direkt aus der Gestapohaft ins Konzentrationslager Dachau verbracht.[297] Zu Weihnachten desselben Jahres wird er entlassen. Er überlebt den Nationalsozialismus in Österreich und gerät offenbar noch zwei weitere Male in Konflikt mit der NS-Justiz, wobei sich die Ursachen nicht mehr ermitteln lassen. Jedenfalls bringen sie ihm insgesamt dreieinhalb Monate Gefängnis ein.

Nach dem Krieg wird es Deleglise schwer gemacht, als Opfer Anerkennung im KZ-Verband zu bekommen. Für das Innenministerium ist er wegen seiner kriminellen Vergangenheit „keine für Österreich wünschenswerte Person". Der kommunistische Wiener Kulturstadtrat Viktor Matejka bezeugt jedoch seine aus politischen Gründen erfolgte Inhaftierung in Dachau.[298] Ob und in welcher Form Laurent Deleglise entschädigt wurde, ist nicht bekannt.

Hildegard Biegler dient im Sommer 1938 drei Wochen dem Ehepaar Adler in Rothneusiedl als Köchin, bis sie nach heftigem Streit entlassen wird. Biegler erstattet noch am gleichen Tag Anzeige gegen ihre Dienstgeberin bei der Gendarmerie. Hermine Adler habe einen beleidigenden Witz über Generalfeldmarschall Göring erzählt. Biegler spricht einige Tage später persönlich in der Dienststelle von Reichskommissar Bürckel vor, wiederholt ihre Anschuldigungen gegen Hermine Adler und beschuldigt auch deren Ehemann. Beide seien Monarchisten und hätten Göring und andere führende Persönlichkeiten „mit den derbsten Ausdrücken" beschimpft. Als sie ihrer Dienstgeberin widersprochen und mit Anzeige gedroht habe, sei sie sofort entlassen worden.

Die Dienstelle Bürckel informiert daraufhin die Gestapo und ordnet eine strenge Untersuchung an.[299] Hermine Adler ist in der Zwischenzeit bereits zur Gendarmerie vorgeladen worden.

Die Gestapo überprüft das Ehepaar Hermine und Viktor Adler und stellt fest, dass beide zwar seit dem Jahre 1937 der „Volksfront" angehört haben, aber in keiner Weise politisch hervorgetreten sind. In der Antwort der Gestapo an den Reichskommissar heißt es, beide hätten bei der Vernehmung einen guten Eindruck gemacht. Hermine Adler habe gestanden, einen Witz erzählt zu haben, dieser sei jedoch nicht beleidigenden Inhalts. Leider enthält uns die Quelle den Witz vor. Die Gestapo vermutet offensichtlich einen Racheakt der Köchin, denn das Schreiben betont ihre Entlassung wegen „undisziplinierten und flegelhaften Benehmens". Man habe keine weiteren Schritte gegen Hermine Adler veranlasst.[300]

Unterdessen hat eine Hausangestellte des Ehepaars Adler Hildegard Biegler angezeigt, diese habe sich im Hause Adler abfällig über die jetzige Regierung geäußert: Sie werde nicht mehr lange bestehen, Hitler werde durch seine eigenen Leute vergiftet, die sich untereinander stritten. Darüber, ob diese Anzeige eine geplante Revanche ist, kann nur spekuliert werden. Biegler bestreitet die ihr zur Last gelegten Äußerungen.[301] Ob die Anzeige irgendwelche Konsequenzen nach sich zieht, lässt sich nicht mehr rekonstruieren. Es darf jedoch vermutet werden, dass die Sache gleichfalls niedergeschlagen wird.

Wurden in den Verfahren nach dem „Heimtückegesetz" gegen „arische" Beschuldigte in der Regel die vorliegenden Zeugenaussagen kritisch geprüft und – wenn Aussage gegen Aussage stand – gegebenenfalls im Zweifel freigesprochen, so war gegenüber Juden in „Heimtückefällen" ein weniger aufwändiges Vorgehen vorgesehen.

Der 62-jährige ehemalige Kaufmann Max Glaser geht wie gewöhnlich so auch am 21. April 1939 in den Kuhstall des Bauern Weginger in Berging bei Melk, um Milch zu holen. Dort beginnt er eine Unterhaltung mit dem Knecht Johann Leeb, die Konsequenzen haben soll. Leeb denunziert Glaser im Anschluss wegen abfälliger Äußerungen über führende Persönlichkeiten. Glaser habe ihn gefragt, ob sie gestern, am Geburtstag des „Führers", auch einen Feiertag gehabt hätten. Als Leeb bejahte, habe Glaser gesagt: „Die Frauenschaft und die Idiotenbuben waren schwören."

Leeb behauptet, Glaser darauf hingewiesen zu haben, dass man so etwas nicht sagen dürfe. Daraufhin habe Glaser sich mit einem Sprachfehler gerechtfertig: Er sei falsch verstanden worden sei.

Max Glaser wird verhaftet und in die U-Haft nach Wien überstellt. Der Staatsanwalt am Wiener Sondergericht erhebt Anklage wegen „Heimtücke". Max Glaser bestreitet bis zum Schluss, von „Idiotenbuben" gesprochen zu haben. Als Jude würde er sich niemals getraut haben, so etwas zu sagen. Vielmehr habe er „HJ-Buben" gesagt und durch seinen Sprachfehler habe das vielleicht wie „Hijot"-Buben geklungen. Der Staatsanwaltschaft verwirft Glasers Aussage als unglaubhaft; der Knecht bleibt bei seiner Beschuldigung und fügt hinzu, niemals etwas von einem Sprachfehler bemerkt zu haben.[302] In seiner Meldung des Falls nach Berlin schreibt der Wiener Staatsanwalt, er „halte wegen der unverschämten Äußerung aus dem Munde eines Juden die Anordnung der Strafverfolgung für unerlässlich"[303]. Max Glaser wird allein wegen der Aussage des Knechts zu fünf Monaten Gefängnis verurteilt. Die Auswertung der „Heimtücke“-Akten ergibt eindeutig, dass in vergleichbaren Fällen „im Zweifel“ freigesprochen oder auf Grund der „minderen Schwere“ der Äußerung schlimmstenfalls eine Verwarnung ausgesprochen wurde, wenn der Beschuldigte weder Jude noch politisch bekannt war.

Ob die Gestapo Max Glaser danach in „Schutzhaft“ nimmt oder was sonst nach Verbüßung der Strafe geschieht, lässt sich nicht rekonstruieren.

Denunziation im Arbeitsumfeld

Viele Denunziationen ereigneten sich am Arbeitsplatz oder betrafen im Arbeitsumfeld Gesehenes und Gehörtes. Dabei taten sich besonders nach dem „Anschluss“ zu Ehren gekommene verdiente Parteimitglieder hervor, die für ihre Treue während des Verbots der NSDAP in Österreich nun zu Betriebsobmännern der Nationalsozialistischen Betriebszellenorganisation (NSBO)[304] gemacht wurden – eine Funktion, die sie zuvor zum Teil bereits illegal ausgeübt hatten. Einige versuchten mittels Drohung mit Denunziation, unliebsame Untergebene oder manchmal gar ganze Belegschaften zu disziplinieren. Aber auch einfache Kollegen und Kolleginnen denunzierten und überwachten einander und ihre Vorgesetzten.

Die folgenden zwei Beispiele aus den Wiener Elin-Werken und der Kabel- und Drahtwerke AG Wien verdeutlichen die besondere Denunziationswut überzeugter und zu Macht gekommener Nationalsozialisten und ihre Unterstützung durch Teile der Belegschaft im letztgenannten Fall.

Elin-Werke Wien

Der 41-jährige Franz Smutny ist schon vor dem „Anschluss“ Parteimitglied der in Österreich verbotenen NSDAP und Führer der illegalen NSDAP-Betriebszelle der Wiener Elin-Werke, als er nach der Machtübernahme 1938 für seine „hervorragenden Dienste“ belohnt wird und zum Betriebsführer aufsteigt. Smutnys Karriere als gefürchteter „Meister der Angst“ nimmt ihren Anfang. Sogleich beginnt er mit der „Entjudung“ des Vorstands der Elin-Werke und installiert sein eigenes Regime des Terrors. In den folgenden Jahren bedroht er die gesamte Belegschaft wegen „politischer Unzuverlässigkeit" mit Anzeigen bei der Gestapo und erpresst sie mit der Drohung, sie bei unzureichender Arbeitsleistung nach Dachau zu bringen.[305]

Im Juli 1938 denunziert Smutny die Angestellte Gertrude Kanatschnig wegen „antinazistischer Haltung". Kanatschnig sei vor dem Krieg Sozialdemokratin gewesen.[306] Ebenso denunziert er den Zentralbuchhalter des Betriebes, Josef Knapp, der nach dem Krieg als Hauptzeuge gegen ihn aussagen wird. In einem Brief an den Ortsgruppenleiter der NSDAP teilt er über Knapp mit, dass dieser trotz seiner sehr guten finanziellen Lage

> bei allen Sammlungen, die im Betriebe für das WHW [*Winterhilfswerk*] fallweise durchgeführt werden, nur durch brutalsten Terror meinerseits zu einer freiwilligen Spende zu bewegen [sei].[307]

Die Anzeige hat die unmittelbare Entlassung Knapps zur Folge, was für diesen den wirtschaftlichen Ruin bedeutet.

Ähnlich verläuft die Denunziation des jüdischen Buchhalters Franz Kessler, dessen „arische" Frau als Küchengehilfin ebenfalls bei den Elin-Werken beschäftigt ist. Smutny weist im November 1938 in einem Schreiben an die Gestapo mit dem Hinweis auf das „Jüdischsein" Kesslers auf Unzulänglichkeiten in dessen Arbeitsbereich hin und unterstellt ihm Unterschlagungen. Auch diese Anzeige hat die unmittelbare Kündigung des Betroffenen zur Folge.[308] Offensichtlich ist es Smutny bis dahin nicht gelungen, den Buchhalter im Zuge seiner „Entjudungsaktion" zu entlassen, vielleicht weil dieser in einer „Mischehe" lebt. Smutny schreckt nun auch nicht mehr vor der Entlassung Frau Kesslers wegen ihrer „jüdischen" Ehe zurück, obwohl sie nach den „Rassegesetzen" als „Arierin" gilt. Marie Kessler wird nach dem Krieg gegen Smutny aussagen, dass sie an sein Mitgefühl appelliert und um die Rücknahme der Kündigung gebeten habe, weil sie in wenigen Wochen ein Kind erwarte. Smutnys Entgegnung: Dann müsse sie sich von ihrem Mann scheiden lassen. Als sie widersprach, habe Smutny sie mit den Worten „Machen Sie, was Sie wollen, von mir aus nehmen Sie sich einen Strick und hängen Sie sich auf" entlassen.[309]

Als Höhepunkt der Denunziantenkarriere Smutnys muss wohl die Anzeige seiner damals noch minderjährigen Hausangestellten Marie

Plazotta angesehen werden. Plazotta ist siebzehn Jahre alt und unterliegt der Sorgepflicht Smutnys. Sie scheint unter den Eskapaden des Hausherrn stark zu leiden, denn im Januar 1942 schickt sie ihrem Bruder, der bei der Wehrmacht ist, folgenden Brief:

> Mein lieber Bruder Alfred! Deinen Brief mit Freuden erhalten [...] War Montag bei Kreil, bin dort wie zu Hause, wenn mir was am Herzen liegt, gehe ich wieder hin und so ist mir dann leichter. Habe jetzt immer so einen Krach gehabt mit unsere, ich glaube es geht nicht mehr weiter, man passt halt doch nicht zu so Illegalen, weißt schon, die heute so, wenns anders kommt, auch wieder die ersten sind [...] jedes Mädel in der Fabrik hat's schöner [...] Die Rache nimmt alle Tage zu auf die blöden Nazi. Es heisst ja allgemein, die Stadt Wien soll noch mit den Köpfen der Nazi gepflastert werden, da man solches Unheil und Unverantwortlichkeit nicht immer dulden kann, aber der Apfel kann leider nicht früher von einem Baum fallen, bevor er nicht reif ist. Da bei Russland heben die Deutschen Gruben aus, stecken die Juden hinein, dann wird darein geschossen und ob lebend oder tot die Gruben zugeschüttet [...].[310]

Smutny bietet seiner Hausangestellten an, den Brief gemeinsam mit seiner Post aufzugeben, öffnet ihn jedoch und übergibt ihn umgehend der Gestapo. Er fordert ein scharfes Vorgehen gegen diese „Wehrkraftzersetzung", denn immerhin sei der Brief an einen „im Felde stehenden Soldaten" gerichtet. Darüber hinaus verdächtigt er Marie Plazotta „kommunistischer Umtriebe". Smutny bittet die Gestapo, seinen Namen bei einer Einvernehmung seiner Hausangestellten nicht zu nennen, sondern vorzugeben, „dass der Brief durch die Zensur gegangen sei"[311].

Marie Plazotta wird im April 1942 von der Gestapo verhaftet und einvernommen. Sie hat Glück im Unglück, denn die Beamten verzichten auf Grund ihrer Jugend und bisherigen Unbescholtenheit auf eine Anzeige wegen „Wehrkraftzersetzung" und damit auf die Weiterleitung an den „Volksgerichtshof". Marie Plazotta kommt mit sechs Wochen Polizeiarrest wegen „Heimtücke" davon und wird danach entlassen.[312]

Franz Smutny, der sich bereits seit 5. November 1945 in Untersuchungshaft befindet, wird im Januar 1947 wegen der beschriebenen und weiterer Verbrechen zu zehn Jahren schweren Kerkers verurteilt.[313] Das Urteil wird jedoch durch einen Beschluss des Obersten Gerichtshofs im November 1948 aufgehoben und zur neuerlichen Verhandlung an das gleiche Volksgericht verwiesen. In der zweiten Hauptverhandlung im April 1949 wird Smutny von dem Anklagepunkt „Missachtung und Herabsetzung der Menschenwürde" des Hauptklägers Josef Knapp freigesprochen und die Strafe daher auf fünf Jahre schweren Kerkers heruntergesetzt. Die Untersuchungshaft wird eingerechnet; am 9. Juni 1949 entlässt man Franz Smutny auf Bewährung vorzeitig.[314]

Kabel- und Drahtwerke AG Wien

In Betrieben waren oftmals die dort eingesetzten Kriegsgefangenen und Zwangsarbeiter sowie Einheimische, die freundschaftlichen oder auch nur kollegialen Umgang mit ihnen pflegten, Opfer von Denunziationen ihrer Mitmenschen.

So etwa wurden in der Kabel- und Drahtwerke AG im 7. Wiener Gemeindebezirk, einem unverzüglich nach dem „Anschluss" „arisierten" Betrieb, mehrere französische und russische Kriegsgefangene zur Zwangsarbeit eingesetzt.

Im Nachkriegsprozess gegen die ehemalige Betriebsleitung bezeugen der damalige Polizeibeamte Johann Slumsky und der ehemalige Mitarbeiter der Firma, Ernst Handl, unter anderem, dass eine Gruppe weiblicher Angestellter der Firma nicht nur brutal und aggressiv gegen Kriegsgefangene vorgegangen sei, sondern auch anderen Angestellten, die mit diesen kollegial umgingen, mehrmals mit Denunziationen gedroht und diese dann auch in die Tat umgesetzt hätten. Marie „Mitzi" Blaha, eine Vorarbeiterin, habe beispielsweise Arbeitern, die russischen Kriegsgefangenen Brot und Zigaretten am Arbeitsplatz zurückgelassen hatten, gedroht:

> [...] wenn ich so ein G'frasst erwisch, zeige ich es glatt der Gestapo an und außerdem bekommt's von mir glatt ein Paar in die Goschen.[315]

Ernst Handl, den Blaha gleich mehrfach dieses „Vergehens" beschuldigt und der obendrein als „politisch unzuverlässig" gilt, ist überzeugt, dass Mitzi Blaha ihn beim NSDAP-Betriebsobmann, dem Prokuristen Josef Forster, angezeigt habe, da er mit Blaha unmittelbar zuvor einen Konflikt hatte. Der Betriebsobmann habe ihm außerdem „gesteckt“, dass ein Teil der Belegschaft auf der Anzeige bestehe. Forster leitet die Anzeige an die Gestapo weiter, die Ernst Handl mehrere Tage festhält und ihm mit Einweisung in ein Arbeitslager droht.[316]

Mitzi Blaha und Franziska Wachter sind laut Zeugenaussage des damaligen Polizisten Johann Slumsky besonders gefährliche Nationalsozialistinnen. Beide hätten Forster mehrfach Frauen wegen Arbeitsverweigerung beziehungsweise Sabotage gemeldet. Dieser leitet die Namen der Arbeiterinnen und zahlreicher anderer Kollegen, die ihm politisch unzuverlässig erschienen, an die Gestapo weiter. Franziska Wachter habe außerdem ihren Kollegen Fritz Bauer wegen regimefeindlicher Äußerungen beim Betriebsobmann denunziert, der auch diesen Arbeiter der Gestapo meldet.[317] Bauer wird festgenommen und vom Sondergericht Wien im Februar 1943 zu fünf Monaten Gefängnis wegen „Heimtücke“ verurteilt.[318]

Slumsky und eine weitere Zeugin werden nach dem Krieg auch aussagen, Mitzi Blaha und Franziska Wachter hätten eines Tages beobachtet, dass ihre Kollegin Marie Freund einige Zeit mit einem französischen Kriegsgefangenen auf der Toilette verbrachte. Unverzüglich hätten sie auch diesen Vorfall dem Betriebsobmann Forster gemeldet, der Marie Freund von der Gestapo verhaften lässt. Marie Freund, die zu diesem Zeitpunkt schwanger ist, wird während ihrer Einvernahme von der Gestapo so schwer misshandelt, dass sie kurz darauf ihren Verletzungen erliegt.[319]

Aus „politisch verlässlichen“ Arbeitern gründet Forster eine bewaffnete „Werkschar“, die laut Zeugenaussagen bei Sammlungen für das Winterhilfswerk die Werkstore versperrt, um die Belegschaft zu Spenden „anzuregen“.[320]

Josef Forster wird nach dem Krieg wegen Denunziation, aber in erster Linie wegen seiner politischen Funktion und der Gründung einer bewaffneten „Werkschar“ zu zwei Jahren schweren Kerkers verurteilt.[321] Das Volksgericht sieht ihn als Hauptverantwortlichen, weil er die Denunziationen weitergeleitet hat. Die Verfahren gegen Marie „Mitzi“ Blaha und Franziska Wachter werden mangels an Beweisen nach §109 StPO eingestellt.[322]

Im Verfahren des Volksgerichts Wien gegen die 44-jährige Beamtin Maria Tertsch wird die Zusammenarbeit zwischen privaten Denunzianten und politischen Funktionären sehr deutlich.

Maria Tertsch arbeitet im Sommer 1944 im Finanzamt Wien-Wieden. Seit 1933 ist sie Mitglied der NSDAP in Österreich. Angesichts der Tatsache, dass ihr Mann soeben zur Wehrmacht eingezogen worden ist, versucht ihr Kollege, der Beamte Franz Galuschka, sie – wie er nach dem Krieg aussagt – mit den Worten zu trösten, dass der Krieg einmal zu Ende sein werde.[323] Dieser Satz Galuschkas ist offenbar nur der Tropfen, der das Fass zum Überlaufen bringt, denn Maria Tertsch wird nach dem kurz darauf verübten Attentat auf Hitler (20. Juli 1944) das Gerücht verbreiten, Franz Galuschka habe einen kommunistischen Putsch vorbereitet und ein weiterer Kollege namens Vinzenz Hrdlicka sei sein Stellvertreter. Diese Dinge habe Tertsch, so der Denunzierte Galuschka nach dem Krieg vor Gericht, auch dem Betriebsobmann des Finanzamts, Franz Nowak, berichtet, worauf dieser einen schriftlichen Bericht von ihr verlangt habe. Im schriftlichen Bericht habe Maria Tertsch auch vermerkt, Galuschka organisiere illegale Sammlungen im Amt und verbreite regierungsfeindliche Gerüchte, dass der Krieg bald aus sei und es zum Umsturz komme.

Tatsächlich hat Galuschka für eine ehemalige Kollegin, deren Mann im Konzentrationslager gestorben war, gesammelt. Die Dinge ziehen sich eine Weile hin, inzwischen wird Galuschka zur Wehrmacht eingezogen. Kurz danach, im September 1944, verhaftet ihn die Gestapo, weil Nowak die Meldungen der Kollegin inzwischen weitergeleitet hat. Galuschka wird vor ein Wehrmachtsgericht gestellt und des Hochverrats bezichtigt.[324] Der andere von Tertsch denunzierte Kollege, Vinzenz Hrdlicka, wird einen Monat später ebenfalls verhaftet. Acht weitere Angestellte des Finanzamts werden in die Untersuchung miteinbezogen.[325] Der ehemalige Amtsleiter des Finanzamts, Van der Pernt, sagt nach dem Krieg aus, dass eine bei einer Hausdurchsuchung im Finanzamt gefundene Spenderliste den Grund für weitere Verhaftungen geliefert habe.[326] Diese von Galuschka angefertigte Liste dürfte den Ausschlag gegeben haben, ihn des Hochverrats und nicht wegen „Heimtücke" oder defätistischer Äußerungen anzuklagen. Die Hauptverhandlung gegen ihn wird für den 9. April 1945 angesetzt, doch dazu wird es dank der Kriegswirren der letzten

Tage glücklicherweise nicht mehr kommen. Der 51-jährige Franz Galuschka verbringt über sechs Monate in Gestapohaft und wird dort mehrfach so schwer misshandelt, dass er bei seiner Befreiung zu Kriegsende schwerstinvalid ist.

Nach dem Krieg müssen sich Maria Tertsch und Betriebsobmann Franz Nowak vor Gericht verantworten. Maria Tertsch wird im Juli 1947 wegen Denunziation und der Fälschung ihres Parteimitgliedsbuches (sie hatte versucht, ihre Mitgliedschaft bei der NSDAP in die Zeit nach dem „Anschluss" zu datieren, um nicht als „Illegale" eingestuft zu werden) zu drei Jahren schweren Kerkers verurteilt,[327] jedoch bereits nach sechzehn Monaten auf Bewährung entlassen.

Gegen Franz Nowak wird wegen verschiedener Delikte ein separates Verfahren geführt, das schließlich mit einer Verurteilung wegen illegaler NSDAP-Mitgliedschaft in den Jahren vor dem „Anschluss" und Tätigkeit als politischer Leiter der NSBO zu fünfzehn Monaten Kerker endet. Seine Rolle bei den hier genannten Denunziationen kann im Prozess nicht geklärt werden.

Tirolwerke Theresienfeld

Die 24-jährige Ottilie Franzl arbeitet im Jahre 1943 als Stenotypistin bei den Tirolwerken in Theresienfeld. Eines Tages, so die ebenfalls dort angestellte Helene Blaha später vor Gericht, sei sie an ihrer Schreibmaschine gesessen und habe völlig unvermittelt gesagt:

> Lieber ein Kaiser von Gottes Gnaden, als einen Massenmörder aus Berchtesgaden.

Helene Blaha macht ihr sofort Vorwürfe und sagt, solche Bemerkungen würden mit dem Tode bestraft. Ottilie Franzl antwortet erschrocken, dass sie diese Äußerungen auch nur gehört habe. Blaha zeigt ihre Kollegin dennoch an, die daraufhin festgenommen wird. Im Februar 1944 – Franzl sitzt bereits viereinhalb Monate in Untersuchungshaft – wird sie wegen „Heimtücke" zu einem Jahr Gefängnis verurteilt. Angesichts des fortgeschrittenen Krieges und der Tatsache, dass sie den „Führer" als Massenmörder bezeichnet hat, eine milde Strafe aus der Sicht der NS-Justiz, zumal strafverschärfend gewertet wurde, „dass die Angeklagte damit rechnen musste, dass [die Äußerung] in die Öffentlichkeit dringen werde“ und diese somit einer öffentlich gemachten gleichgestellt ist.

Obwohl es sich bei Franzls Äußerung um eine „ganz besonders gemeine Beschimpfung des Führers“ gehandelt habe, so das Gericht, habe man Rücksicht darauf genommen, dass sich die Angeklagte auf Grund ihrer Jugend der vollen Tragweite nicht bewusst gewesen sei. Mildernd werden darüber hinaus ihre Unbescholtenheit, ihr Geständnis und der Einsatz ihres Mannes an der Ostfront gewertet.[328] Das „milde“ Urteil ist sicher auch der Tatsache zu verdanken, dass Franzl diesen Witz nicht offensiv verbreitet hat, etwa in der Kantine oder in einem Brief an ihren Mann an die Front – so wurde nur nach dem „Heimtückegesetz“ und nicht wegen „Wehrkraftzersetzung“ oder „Vorbereitung zum Hochverrat“ verhandelt.

Tatort Schule

Inhalt einiger Briefe an Reichskommissar Bürckel sind Beschwerden „arischer“ Eltern über die Anwesenheit jüdischer Schüler an verschiedenen Privatschulen und/oder die „judenfreundliche“ Einstellung von Direktoren und Lehrern (siehe Kapitel „Denunziation von Juden und ‚Judenfreunden‘“).

An Schulen und Universitäten konnten sowohl Lehrer als auch Schüler Opfer von Denunziationen werden. Die geringe Anzahl der gefundenen Beispiele in den Briefen an Bürckel lässt allerdings keine weitergehenden Aussagen zu, als dass Eltern ihr Wissen von der politischen (in diesem Fall christlichsozialen) Vergangenheit des Lehrers sowie Vorkommnisse meldeten, die das Kind zu Hause erzählt hatte, und um Absetzung des Betreffenden baten.

In einem Fall denunziert der Jugendliche Fritz Babka, Schüler der 3. Klasse des Staatsgymnasiums in Baden, im Mai 1939 seinen Lehrer Professor Franz Valentin Damian. Er habe während der Gesangsstunde in Gegenwart aller anwesenden Mitschüler folgende Äußerung gemacht:

> Ich wünsche, dass der Hitler genauso ermordet wird wie unser Heldenkanzler Dollfuss.

Professor Damian bestreitet die inkriminierte Äußerung entschieden und wendet sich an Reichskommissar Bürckel um Hilfe. Die Anzeige wird an den Landesschulrat weitergeleitet, der die Vernehmung des Schülers und seiner Mitschüler als Zeugen veranlasst. Der weitere Fortgang des Geschehens lässt sich leider nicht verfolgen, aber ein Aktenvermerk deutet auf eine „Verwarnung des Lehrers“ hin.[329]

Es wäre sehr verwunderlich, hätte der Lehrer einen Satz wie diesen tatsächlich gesagt. Lehrer und Universitätslehrende wussten in aller Regel um die dramatischen Folgen solchen öffentlichen Auftretens. Vermutlich hat der Lehrer diesen Satz vor dem „Anschluss“ oder auch gar nicht ausgesprochen und es handelt sich hier um einen funktionalisierten Schüler-Lehrer-Konflikt.

Diese Vermutung bestätigt auch eine Untersuchung für Bayern. Im Jahre 1936 hatten die Schüleranzeigen wegen „politischer Unzuverlässigkeit oder staatsfeindlicher Haltung“ von Lehrern ein solches Ausmaß erreicht, dass das Bayerische Unterrichtsministerium Grund zu einem Erlass an die Polizei sah. Alle Anzeigen gegen Lehrer sollten zunächst an die regionale Schulaufsichtsverwaltung weitergeleitet werden. „Es häufen sich in letzter Zeit die Fälle“, so das Ministerium, „dass Schüler ohne Wissen ihrer Eltern Anzeige bei der Polizei oder einer ihnen sonst geeignet erscheinenden Stelle erstatten [...]. Die Anzeiger sind vielfach Schüler, die im Unterricht beanstandet werden mussten“.[330]

Schüler denunzieren Schüler

Im April 1943 melden der Schüler Franz Schwarz und ein namentlich unbekannter Mitschüler der Oberschule Hollabrunn ihrem HJ-Bannführer Rudolf Wondrazek, dass ihr Mitschüler Franz Cikanek in der Schule „Feindesmeldungen“ und abfällige Äußerungen über die NSDAP verbreite und ihnen erzählt habe, er höre mit seinen Familienangehörigen „Fremdsender“. Der HJ-Führer meldet diese Nachricht umgehend dem NSDAP-Kreisleiter Leopold Schuster, der den Vorgang an die Gestapo in Znaim weiterleitet; weiters protokolliert der HJ-Führer auch die Aussage des Schülers Franz Schwarz, der die ganze Angelegenheit ins Rollen gebracht hat, und reicht die Niederschrift an den Kreisleiter Schuster, der diese Informationen ebenfalls an die Gestapo weitergibt. Er berichtet der Gestapo sowohl von den abfälligen Äußerungen über die NSDAP und die Weitergabe von Feindesnachrichten des Schülers Franz Cikanek als auch von der Behauptung des Mitschülers, der Vater, Franz Cikanek sen., habe einen weiteren Schüler namens Franz Weisslein auf die schiefe Bahn gebracht, der nun ebenfalls „Fremdsender" höre und die Nachrichten unter den Schülern weiterverbreite.

Die gesamte Familie Cikanek, bestehend aus den Eltern Franz und Vizenzia, dem damals sechzehnjährigen Schüler Franz und seinen beiden Schwestern Margarete und Hermine (verheiratete Hrabanek), wird sofort von der Gestapo verhaftet.

Vier Monate später, im August 1943, wird der Vater Franz Cikanek, von Beruf Korbflechter und 55 Jahre alt, vom Sondergericht Wien, das in Znaim tagt, wegen „Abhörens und Verbreitung feindlicher Rundfunksendungen" zum Tode, die 49-jährige Mutter Vizenzia Cikanek im gleichen Prozess zu fünf Jahren Zuchthaus verurteilt.

Der sechzehnjährige Sohn Franz Cikanek jun. steht wenige Tage später vor dem Oberlandesgericht Wien und wird wegen der Verbreitung von „Feindesnachrichten" – was den Tatbestand der „Wehrkraftzersetzung" erfüllt – zu einem Jahr Jugendgefängnis verurteilt. Die beiden Töchter der Familie Cikanek waren bereits im Juni 1943 wieder aus der Untersuchungshaft entlassen worden. Das Verfahren gegen sie wurde eingestellt.

Eine der Töchter stellt ein Gnadengesuch für ihren Vater mit der Bitte um Umwandlung der Todesstrafe in eine Haftstrafe und bittet den Kreisleiter Leopold Schuster als politisch Verantwortlichen um Befürwortung. Wie sie nach dem Krieg vor Gericht aussagt, habe Schuster ihre Bitte mit der Begründung abgelehnt, er könne das als Nationalsozialist nicht vor seinem Gewissen verantworten. Auch der Sohn Franz Cikanek habe in seinen Augen keine Lebensberechtigung mehr.[331]

Franz Cikanek sen. wird 1943, kurze Zeit nach seinem Prozess, gehenkt.

Im gegen ihn geführten Nachkriegsprozess versucht Leopold Schuster, sich auf eine Art „Befehlsnotstand" zu berufen:

> […] Bei mir wurden viele Anzeigen erstattet; der übliche Weg war folgender: Wurde eine anonyme Anzeige bei mir erstattet, wurden solche Anzeigen grundsätzlich in den Papierkorb geworfen. War eine Anzeige von jemand unterzeichnet, wurde die betroffene angezeigte Person von mir vorgeladen, ich habe der betreffenden Person entsprechenden Vorhalt gemacht und sie mit einer Verwarnung entlassen. Lediglich in den drei Fällen, die mir

angelastet werden, musste ich die Anzeigenberichte weiterleiten, weil ein „Unter-den-Tisch-fallenlassen" nicht möglich war, da der Mitwisserkreis bereits so groß war, dass ich im Falle der Nichtweiterleitung selbst zur Verantwortung gezogen worden wäre.[332]

Auf Grund der Zeugenaussagen und des hinzugezogenen Aktes des NS-Sondergerichts Wien kommt das Volksgericht Wien zu dem Schluss, der Angeklagte hätte auf Grund seiner Stellung und Bildung voraussehen müssen, „dass sein Verhalten die Herbeiführung einer Lebensgefahr für Cikanek nach sich zöge", und verurteilte Schuster wegen diesem und weiterer Kriegsverbrechen[333] am 8. November 1948 zu fünfzehn Jahren schweren Kerkers.[334]

Das „Verbrechen" des „Abhörens ausländischer Sender" wurde in jedem Fall mit Zuchthaus bestraft. Nur in „leichteren Fällen" konnte auf Gefängnis erkannt werden. War dem Angeklagten nachzuweisen, dass er die gehörten Nachrichten verbreitet hatte, wurde immer mit Zuchthaus und „in besonders schweren Fällen mit dem Tode bestraft" (§2).[335] Franz Cikanek sen. galt in den Augen der NS-Justiz deshalb als besonders schwerer Fall, weil er über die Nachrichten gesprochen, diese weiterverbreitet und Jugendliche zum „Feindsenderhören" „verführt" hatte.

Denunziation vermeintlicher politischer Gegner im Arbeits- und Nachbarschaftsumfeld

Zahlreich waren Denunziationen von Nachbarn, Kollegen oder Bekannten wegen deren früherer und/oder aktueller politischer Haltung. Namentlich bekannte ehemalige Kommunisten, Sozialdemokraten oder Christlichsoziale wurden – oft mit einem „Sündenregister" ihrer Vergangenheit versehen – gemeldet. In den Kapiteln „Denunziation im öffentlichen Raum" und „‚Der falsche Behm'. Ressentiments gegen Tschechen in Wien" finden sich weitere Beispiele derartiger politischer Denunziationen. Die NS-Führung wollte jedoch im Gegensatz zu Teilen der Bevölkerung und zur SA, die in den ersten Wochen Racheaktionen auf eigene Faust vornahm, nicht in der Vergangenheit des Einzelnen herumstochern, sondern zu neuen Ufern aufbrechen. Der soziale Frieden hatte Vorrang vor den individuellen

Rachegelüsten. Anonyme Denunziationen dieser Art blieben in aller Regel ohne Folgen. Nur „Unbelehrbare und Unverbesserliche" sollten die Härte des Systems zu spüren bekommen.

Besonders wütende Anzeigen betrafen so genannte Wendehälse, die nun, nach dem „Anschluss", gute oder gar verantwortungsvolle Posten besetzten und womöglich der NSDAP beigetreten waren.

Im Sommer 1938 meldet Parteigenosse Kurt Scheckenbacher der Gauleitung der NSDAP:

> Zu meinem Entsetzen habe ich bei unserem letzten Kreisappell […] unter den Anwesenden den Herrn Rat Dr. Karl Appel, 1., Freyung 6/7 wohnhaft, in Weisshemd und Armbinde angetroffen. Der selbe entstammt einer betont klerikalen Familie und hat sich […] als radikaler Sozialdemokrat betätigt. Auf Grund dieser Leistungen wurde er sogar Nationalrat und Obmannstellvertreter des Verbandes der Juristen der Stadt Wien. […] Weiters will ich bemerken, dass der selbe Grossmeister einer Freimaurerloge gewesen ist und daher wohl kaum als illegaler Kämpfer und Mitarbeiter der NSDAP in Frage kommt. […]
> Ich bitte Sie daher, Kreisleiter, sich der Sache anzunehmen und unsere Partei von solchen „Mitarbeitern" zu befreien.[336]

Die Gauleitung untersucht den Fall und teilt Scheckenbacher einen Monat später das Ergebnis mit. Nach eingehender Erhebung, heißt es in der Antwort, habe man in Erfahrung gebracht, dass Dr. Appel, wenn auch bei den Sozialdemokraten tätig gewesen, bereit sei, sich für den Nationalsozialismus einzusetzen, und auch als Mensch anständig sei. Als Blockleiter des Schottenhofes leiste Appel gute Arbeit.[337]

Ähnliche Empörung über einen „Wendehals" spricht auch aus dem folgenden Brief:

> An Herrn Reichskommissär Gauleiter Josef Bürkel.
> Wien, am 22/6 1938
> Ich glaube, im Interesse der politischen Staatsführung etwas mitteilen zu müssen.
> Ich wohne XVIII. Bezirk in unmittelbarer Nähe des Herrn Adalbert Kosel, pens.[ionierter] Postbeamter, Wien XVIII. Ferrogasse 31. Wie ich höre, soll dieser Herr jetzt eine führende Rolle im nationalsozialistischen Mieterbund erhalten haben.

Dieser Herr Kosel ist und war stets ein Kommunist reinsten Wassers. Er war seinerzeit sozialdemokratischer Bezirksrat von Währing, nach Parteiverbot verstand er es, sich in den Mieterbund der Schuschniggpartei einzunisten und jetzt schwenkt er abermals zum Nationalsozialismus über.
Selbstredend wollen wir ja in erster Linie die Sozialdemokraten und Kommunisten für unsere Grundsätze gewinnen. Aber Personen, welche nicht zu bekehren sind und nur getarnt Nationalsozialismus spielen, können unserer hohen Sache Schaden bringen oder sind zumindestens unwürdig, mit anderen idealen Menschen gleichgestellt zu sein.
Dieser Herr Kosel ist ein ungemein raffinierter Mensch, hat für den Nationalsozialismus nicht das geringste Verständnis, Beweis: dass er immer und bis zum Umbruch über unseren Führer in gemeinster Weise schimpfte und man als Nationalsozialist sich vor ihm fürchten musste. [...]
Da ich ihm alle Tage begegnen muss, so kann ich leider meinen Namen nicht nennen, um mich keinen Unannehmlichkeiten aussetzen zu müssen.
Heil Hitler
K. L.[338]

Kreditverein der Steiermärkischen Sparkassa

An die Ortsgruppe der N.S.D.A.P.!
Wien, 13. Juli 1938
Auf die Aufforderung des Gauleiters Buerckels vom 5. Juli, sehe ich mich unbedingt verpflichtet, eine Anzeige zu machen.
Bei dem Kreditverein der Steiermärkischen Sparkassa in Graz Schmiedgasse 2. befinden sich zwei feindliche Angestellte, und zwar: Herr Dassenbacher, ein Legitimist durch und durch, ein Schädling des Nationalsozialismus. Die zweite, die Krone der gemeinen Falschheit des Nationalen, ist jedoch das Frl. Erna Hass-Trozen, sie war, ist und bleibt eine Feindin des Nationalen, diese Person sagt, sie könnte jeden Nazi lebendig begraben. Sie kennt nur eine Sorte von Menschen, und das ist der Adel [...]. Alle anderen sind bei ihr keine Menschen, am wenigsten aber eine Partei, die von gewesenen Zuchthäuslern geleitet

wird. […] Sind solche Personen wirklich unersetzlich? […] Ich habe mich erst jetzt entschlossen, auf die Aufforderung des Gauleiters, diese Anzeige zu machen, worin es als Pflicht bezeichnet ist, die Partei auf solch unwürdige Nützlinge aufmerksam zu machen.

In der Wohnung und Dachboden dieser Person dürfte sicher noch so manch belastendes zu finden sein; damit sich die Partei von der Richtigkeit der Anzeige überzeugen könnte, ich richte dieses Schreiben auch deshalb nach Wien, weil diese Person in Graz bei der Partei Zuträger findet.

Diese Anzeige ist, wenn auch anonym, so doch keine Postenjägerei, als bloß die Sorge um die Partei […][339]

Wie bereits erwähnt meldete man auch Hinweise auf organisierte und konspirative (hauptsächlich kommunistische) Aktivitäten. All diese Schreiben wurden von den Autoren auf ein eventuelles Aufscheinen der Denunzierten in der Wiener Erkennungsdienstlichen Kartei der Gestapo hin überprüft, ohne jedoch einen Hinweis auf das weitere Schicksal finden zu können. Einschränkend sei hinzugefügt, dass sich nicht alle von der Gestapo verhafteten Personen in der Kartei befinden.

Amalienbad

Eine sich als Nationalsozialistin bezeichnende Frau meldet im Oktober 1938 kommunistische Zusammenkünfte an ihrer Arbeitsstelle:

[…] Im Amalienbad, wo ich beschäftigt bin, […] da ist eine ausgesprochene Kommunisten Zelle, ein gewisser Sekora und Neuwirth. Zuerst war der Sekora ein Sozialdemokrat, dann war er bei der Heimwehr sogar als Funktionär […] und nebenbei kassierte er für die Kommunisten im Bad. […] Hr. Neuwirth […] ließ anständige Leute nur so versetzen, die ihm nicht hörig waren […].

Es finden ja kommunistische Besprechungen statt. Zu Sekora kommen noch Emerich Müller, Josef Müller, Pincker, Zadek, Tessarek, Fr. Novatschek, Klemens und Seifar und das alles unter den Augen des angeblichen PG. Machatsch, und das muss

man als Nationalsozialistin mit ansehen. [...] die wühlen wie die Maulwürfe und weil man nicht mit tut, so ist es nicht auszuhalten.
Mit deutschen Gruß
Heil Hitler
Eine Nationalsozialistin[340]

Verdächtige Zusammenkünfte oder Aktivitäten wurden in aller Regel anonym gemeldet. Bis auf wenige Ausnahmen ist aus den Akten nicht ersichtlich, ob derartigen Meldungen nachgegangen worden ist.

> Herr Gauleiter Bürkel!
> Wir erlauben uns, Sie [...] auf eine kommunistische und diebische Bande aufmerksam zu machen, im Hause X., Bz. Leibnitzgasse 35 Tür 8 und 15 finden öfters unzählige Zusammenkünfte statt, und zwar öfter bei Nacht, auf Tür 15 Herr Soukop [...], arbeitet nichts mit dem öffentlichen Bemerken, für Hitler zahlt er keine Steuer[...].

Der Verfasser rät zu einer polizeilichen Maßnahme und verspricht einen guten Fang.[341]

Monarchistische Konspiration

Der anonyme Absender eines Briefes vom Februar 1940:

> Ich fühle mich verpflichtet folgendes zur Anzeige zu bringen Leider fehlen mir genauere Daten, sowie die Anschriften der beteiligten Personen. Mit Sicherheit weiß ich nur, dass es sich um Erzfeinde des Nationalsozialismus handelt [...]. Ohne eine Angeberin oder vielleicht Denunziantin sein zu wollen, lässt es mir eben keine Ruhe, nicht maßgebende Stellen von meinem Wissen zu unterrichten.
> Es handelt sich um einen gewissen Major Rudolf Becker und seine Frau Lilli Becker, die viele Jahre nach dem Weltkriege in Brasilien lebten und wie ich hörte sich auch dort nicht sehr deutschfreundlich benahmen. Nach ihrer Rückkehr erhielt der damalige Hauptmann Rudolf Becker eine Stelle bei der Miliz in

Klagenfurt [...]. Jedenfalls ist dieser Herr schwarzgelb bis in die Knochen und glaubt und hofft, dass die glorreiche österr. Monarchie in nicht allzu langer Zeit Auferstehung feiern wird und er zumindest als General eingesetzt wird. Nun hörte ich dass in Wien tatsächlich Zusammenkünfte und Versammlungen stattfinden, worin außer diesem Herrn Becker auch besonders ein Dr. Waedratsch ehemals Richter in Mürzzuschlag als Redner auftritt, der nach dem Umbruch wegen seiner Taten in der Systemzeit seines Amtes enthoben wurde. Eine Anfrage an dieser Stelle dürfte genügen. Außerdem ist er auch C.V.ler.[342] Ferner soll Rudolf Becker eine Stelle im Ministerium bekleiden, die er sicher auch zu seinen staatsfeindlichen Zielen missbraucht. Es ist auch nicht unmöglich, dass sich diese Leute nach außen hin mit Nationalsozialismus tarnen, vielleicht sogar als Partei Anwärter gelten, um unauffälliger arbeiten zu können. Doch das eine weiß ich mit Bestimmtheit, dass sie Nazihasser sind wie nicht bald jemand und besonders Frau Becker dürfte die Haupt Meckerin von Wien sein. Die einzige Hoffnung dieser Leute ist nur „Otto“[343]. Gründliche Beobachtung, um möglichst viel Material zusammen zu bekommen, wäre sehr am Platze. Ich glaube recht getan zu haben, wenn ich mich in diesem Falle an die so bewährte Gestapo wende.

Wenn ich an unseren geliebten Führer, sowie an die Soldaten an der Front denke, und höre, dass im Hinterland solches Gesindel am Werk ist, durch gemeine Propaganda versucht, das Volk zu zersplittern, bin ich so empört, dass ich nicht anders kann, als dies zur Anzeige zu bringen. Sehr freuen soll es mich, durch meine Mitteilung meinem Vaterland einen Dienst erwiesen zu haben und das weitere schändliche Treiben dieser Herrschaften vereitelt zu haben.

Heil Hitler!

Eine Nationalsozialistin aus Graz

Dasselbe Schreiben sende ich gleichzeitig an die Gestapo[344]

Ob die Dienststelle Bürckel solche anonymen Hinweise ernst nahm oder zum Altpapier gab, lässt sich nicht einschätzen. Anders verhält es sich mit nichtanonymen Hinweisen. Diese wurden in der Regel an die Gestapo weitergeleitet, wie beispielsweise eine Mitteilung über „kommunistische Umtriebe“ in der Lenzinger Porr AG.[345] Der weitere Verlauf der Denunziation lässt sich jedoch aus den Akten nicht mehr verfolgen.

„Wehrkraftzersetzung"

Bestürzend hoch ist der Anteil privater Denunziationen als Auslöser für Verfahren wegen „Wehrkraftzersetzung". Der überwiegende Teil der Prozesse wegen „Wehrkraftzersetzung" wurde gegen Wehrmachtsangehörige an den eigens eingerichteten „Militärgerichten" geführt. Aber auch Zivilpersonen konnten wegen dieses Delikts belangt werden; für sie war der Volksgerichtshof zuständig. Bei drei von vier Prozessen vor dem „Volksgerichtshof" gegen Zivilisten wegen „Wehrkraftzersetzung" lag eine Denunziation als Auslöser des Verfahrens vor.[346] Auf dieses Delikt stand die Todesstrafe, in minder schweren Fällen konnte auf Zuchthaus oder Gefängnis erkannt werden.

Schwester Restituta

Ein Fall von trauriger Berühmtheit ist die Denunziation der 1894 geborenen Ordensschwester Restituta, mit bürgerlichem Namen Helene Kafka, die 1941 als Oberschwester im Krankenhaus Mödling arbeitet.

Die 31-jährige Leopoldine Pütz, eine ehemalige Hilfsschwester des Spitals in Mödling, brüstet sich bereits während des Krieges – nach ihrer Versetzung ins Krankenhaus Lainz – mit der Behauptung, sie habe Schwester Restituta aus Mödling wegen deren wehrkraftzersetzenden Verhaltens angezeigt.[347] Nach dem Zusammenbruch der NS-Herrschaft geben die Lainzer Kollegen diese Aussagen der Staatspolizei bekannt, die daraufhin Ermittlungen gegen Leopoldine Pütz einleitet. Im August 1945 sagt Pütz aus, sie habe damals beim Aufräumen gehört, wie Schwester Restituta der Schreibkraft ein Gedicht staatsfeindlicher Natur diktiert habe.[348] Sie könne sich nicht mehr an den inkriminierten Inhalt erinnern, zweifelsohne sei darin aber die Wehrmacht verspottet worden. Sie habe daher einer Ordensschwester von ihrer Wahrnehmung erzählt. An deren Namen könne sie sich nicht mehr erinnern, aber diese müsse den Vorgang wohl dem Hilfsarzt Dr. Lambert Stumfohl, einem SS-Unterscharführer, zugetragen haben.

Der 30-jährige Arzt Stumfohl war Zeugenaussagen zufolge im Krankenhaus allgemein als Spitzel der Gestapo bekannt.[349] Nun ergreift er die Initiative und verhört jene Schreibkraft, die das Diktat aufgenommen hat. Nach anfänglichem Leugnen gesteht diese schließlich den defätistischen Charakter des Gedichts und Stumfohl erstattet Anzeige bei der nächsten SD-Dienststelle in Mödling, der er auch einen Durchschlag des diktierten Gedichts übergibt.[350]

In dem Gedicht mit der Überschrift „Soldatenlied" heißt es unter anderem:

„Erwacht, Soldaten, und seid bereit,
Gedenkt Eures ersten Eid[s].
Für das Land, in dem ihr gelebt und geboren,
Für Österreich habet ihr alle geschworen.
[...]
Der Tag der Vergeltung ist nicht mehr weit,
Soldaten, gedenkt eures ersten Eid[s].
Österreich!
Wir Österreicher, auf uns gestellt,
Hatten Frieden und Freundschaft mit aller Welt.
Die Welt vergiftet mit ihrem Haß,
Sie machen sich jedes Volk zum Feind,
Sie haben die Welt gegen sich vereint.
[...]
Kameraden, trotzt dem verderblichen Wahn,
Was gehen uns die Händel an
Was haben uns die Völker getan?
Wir nehmen die Waffen nur in die Hand
Zum Kampf fürs freie Vaterland,
Gegen das braune Sklavenreich,
Für ein glückliches Österreich![351]

Schwester Restituta wird im Februar 1942 von der Gestapo verhaftet und am 29. Oktober desselben Jahres vom „Volksgerichtshof" Wien wegen „landesverräterischer Feindbegünstigung und Vorbereitung zum Hochverrat" zum Tode verurteilt. Am 30. März 1943 wird sie im Wiener Landesgericht durch das Fallbeil hingerichtet.

1948 findet in Wien der Prozess gegen den Arzt Dr. Stumfohl statt. Er verteidigt sich wie Tausende andere damit, dass er wegen sei-

Helene Kafka,
geb. 1894 in Hussowitz bei Brünn,
hingerichtet 1943 in Wien

ner Zugehörigkeit zur Waffen-SS und auf Grund höherer Anweisungen – in diesem Fall durch den Betriebsleiter des Krankenhauses, Max Güldner – zur Anzeige gezwungen worden sei.[352] Ehemalige Mitarbeiter des Krankenhauses Mödling sagen hingegen aus, Stumfohl habe weiteren Kollegen und vor allem Ordensschwestern, von ihm als „schwarze Brut“ bezeichnet, bei kritischen Äußerungen mit einer Denunziation gedroht. Auf die Vorwürfe aus der Kollegenschaft habe er nach der Hinrichtung von Schwester Restituta entgegnet: „Wäre kein Krieg gewesen, würde ich ihr einige Ohrfeigen gegeben haben, aber so habe ich sie anzeigen müssen.“[353]

Lambert Stumfohl wird zu fünf Jahren schweren Kerkers, verschärft durch vierteljährliches hartes Lager und die Absperrung in dunkler Zelle an jedem 15. November, verurteilt.[354]

Die US-Alliierten beobachteten die österreichischen Volksgerichtsprozesse und waren mitunter misstrauisch, wie ein Brief an die C.I.C. (Counter Intelligence Corps/US-Army) vom April 1947 zeigt, in dem es heißt:

> [...] Sollten die U.S. Behörden der Ansicht sein, dass das vom österreichischen Gerichte gefällte Urteil unangemessen sei oder sollten die U.S. Behörden aus irgendeinem Grunde den Häftling wieder in ihrem Gewahrsam haben wollen, muss der Häftling unverzüglich den U.S. Behörden überstellt werden. [...][355]

Tatsächlich erheben die US-Behörden in diesem Fall gegen das Vorhaben Einspruch, Stumfohl im Oktober 1949 vorzeitig auf Bewährung zu entlassen; er wird nach einem Gnadengesuch – immer noch vorzeitig – im April 1951 auf freien Fuß gesetzt.[356]

Schuhmachermeister Perschl

Im Oktober 1941 erreicht folgender Brief die Kanzlei des Reichskommissars:

> Geehrter Herr Bürckl!
> Der Vizi von Ernstbrunn Schuhmachermeister Perschl hat zu Frau Dillmann aus Steinbach, als diese ein Paar Schuh abholte, Folgendes gesagt: No Herr Perschl se san do? Jo worum net? No i hob gmoan se san eigrugt? Der Herr Vizi sagt: I? Worum i? Wer Poln wü und braucht, der soll [...] higeh, i brauch Poln net.
> So ein feiner Herr Nachbar ist der Perschl. Aber das Geld alle Monat auf da Gmoa [...]. Masch eini in die graue Montur. Wir brauchen den net do, der sowos sogt. Und des is wahr Herr Bürckl. Weil der wird gleich sagen, das hat er net gesagt.
> Sieg Heil! Dem Führer![357]

Den Vermerken der Kanzlei des Reichskommissars zufolge wurde dieser Brief sofort ad acta gelegt. Wenn der Schreiber oder die Schreiberin diesen Hinweis an die örtliche Gestapo weitergeleitet hätte, wäre ein Nachspiel, zumindest ein Verhör des Schuhmachermeisters, durchaus denkbar gewesen. Wäre es dabei zu einem Geständnis gekommen, hätte solch eine öffentliche Äußerung durchaus den Tatbestand der „Wehrkraftzersetzung" erfüllt, widersprach sie doch der offiziellen Bezeichnung des Krieges als „wehrhafte Selbstbehauptung des deutschen Volkes".[358] Diese zugegebenermaßen etwas spekulativen Überlegungen entbehren nicht völlig der Realität, denn wie einige Fälle zeigen, war es nicht unerheblich, an welcher Stelle eine Anzeige vorgebracht wurde; nicht alle waren – aus verschiedensten Gründen und natürlich immer auch abhängig von der einzelnen Person, die gerade Dienst hatte – gleich stark ambitioniert, einer Meldung auf den Grund zu gehen.

„Verbotener Umgang mit Kriegsgefangenen"

Ab Kriegsbeginn waren auch „Fremdarbeiter", hauptsächlich aus Polen und der Sowjetunion, die im Deutschen Reich Zwangsarbeit verrichten mussten, und Kriegsgefangene beziehungsweise Personen, die freundschaftlichen Kontakt mit ihnen pflegten, ihnen halfen oder ein Liebesverhältnis eingingen, Opfer von Denunziationen aus der Bevölkerung. Die Strafe für „Verbotenen Umgang mit Kriegsgefangenen“ konnte von einer Geldbuße bis zu Gefängnishaft, in schweren Fällen Zuchthaus reichen.

Marie Miedler und Else Genswaider

Das Ehepaar Marie und Heinrich Meierhofer aus Wien betreibt 1942 eine Gärtnerei am Stadtrand. In ihrem Betrieb arbeiten sowohl Zwangsarbeiter („Ostarbeiter“) als auch französische Kriegsgefangene. Im Herbst dieses Jahres zeigt Heinrich Meierhofer zwei Frauen – eine ehemalige Angestellte, die 31-jährige Marie Miedler, und deren Bekannte Else Genswaider – wegen „verbotenem Umgang mit Kriegsgefangenen“ beim Zellenleiter der NSDAP-Ortsgruppe Aspern an. Dieser leitet die Meldung an die Gestapo weiter.[359]

Marie Miedler, die mittlerweile entlassene Angestellte der Gärtnerei, wird sowohl von Heinrich als auch von Marie Meierhofer beschuldigt, freundschaftlichen Verkehr mit den Kriegsgefangenen zu pflegen, ihnen Obst zu schenken, Schokolade anzunehmen und mit einem Gefangenen auch Berührungen ausgetauscht zu haben. Gemeinsam mit ihrer Bekannten, der 26-jährigen Else Genswaider, sei sie einmal mit den französischen Gefangenen im Teich baden gewesen.

Beide Frauen bestreiten entschieden. Miedler, die ja schon im Zuge ihrer Tätigkeit als Gartenhelferin bei der Familie zwangsläufig mit den Kriegsgefangenen Kontakt hatte, gibt zwar zu, Schokolade genommen, bestreitet aber, darüber hinaus privaten Kontakt gepflogen zu haben. Allerdings habe sie sich gegenüber den Kriegsgefangenen ebenso freundlich verhalten wie anderen Menschen gegenüber auch. Sie vermutet einen Racheakt der Meierhofers, weil sie Herrn Meierhofer wegen seiner Zudringlichkeiten gegenüber einer „Ostarbeiterin“ zur Rede gestellt und das auch seiner Ehefrau gesagt habe. Jedenfalls sei sie daraufhin entlassen worden.[360]

Die Gestapo bringt den Fall zur Anzeige beim Sondergericht, nimmt aber von einer Festnahme Abstand. Das Sondergericht gibt den Fall als „minderschweren“ an das ordentliche Gericht ab.[361] Das Landesgericht lädt das Ehepaar Meierhofer als Zeugen, das dort sämtliche Vorwürfe gegen die beiden Frauen wiederholt. Deren Rechtsanwälte versuchen ihrerseits, den Anzeiger Meierhofer zu belasten, indem sie die Vorfälle mit der „Ostarbeiterin“ zur Sprache bringen und diesbezügliche Zeugen beantragen, was das Gericht jedoch ablehnt. Außerdem werfen sie dem Ehepaar Meierhofer vor, dass die französischen Kriegsgefangenen ihr Essen am Familientisch einnehmen, was Meierhofer zugibt.

Das Gericht spricht Else Genswaider frei, weil sich die Anschuldigungen gegen sie weder konkretisieren noch erhärten lassen. Marie Miedler wird im Februar 1943 zu einem Monat Gefängnis auf Probezeit von drei Jahren verurteilt.[362] Die Staatsanwaltschaft beruft das milde Urteil und fordert eine höhere Haftstrafe. Das Gericht bleibt zwar bei einem Monat, allerdings muss die Frau nun die Strafe sofort absitzen.[363]

Die Sache hat 1948 ein Nachspiel. Marie Miedler verklagt den ehemaligen Denunzianten Heinrich Meierhofer und den Zellenleiter Johann Hitzinger, der die Anzeige an die Gestapo weitergeleitet hat, vor dem Wiener Volksgericht. Beide Angeklagte versuchen, sich gegenseitig die Schuld in die Schuhe zu schieben, indem sie dem jeweils anderen unterstellen, er habe die Anzeige weitergeleitet. Durch die Heranziehung der NS-Gerichtsakten von 1942/43 gelingt es schließlich beide zu überführen. Sie werden zu je sechs Monaten Kerkerhaft verurteilt.[364]

An diesem Fall erweist sich, dass ohne Beiziehung des NS-Gerichtsakts ein deutlich anderes Bild vom Tatverlauf gezeichnet worden wäre und die Angeklagten, die jeweils bestritten, eine Anzeige weitergeleitet zu haben, wahrscheinlich „im Zweifel freigesprochen“ worden wären. Damit zeigen sich exemplarisch die Schwierigkeiten der Beweisführung der Volksgerichte angesichts des heiklen Delikts „Denunziation“. In den meisten Fällen waren keine schriftlichen Beweisstücke aus der NS-Zeit vorhanden. Auch die eingangs beschriebenen Schwierigkeiten der Historiker bei der Rekonstruktion der tatsächlichen Ereignisse mittels Volksgerichtsakten werden an diesem Fall deutlich.

Ehepaar Szakolzai und Margarethe Jacciff

Das junge Ehepaar Paula und Emmerich Szakolzai und Margarethe Jacciff, eine Handelsschülerin, feiern die Silvesternacht von 1941 auf 1942 gemeinsam mit französischen Kriegsgefangenen in deren Unterkunft auf einem Gutshof in Margarethen am Moos. Dabei werden sie von vier Bewohnern des Dorfes, einem Ehepaar und zwei Frauen, gesehen und angezeigt. Emmerich Szakolzai habe auf der Ziehharmonika zum Tanz aufgespielt und die beiden Frauen hätten bis fünf Uhr morgens mit den Kriegsgefangenen getanzt. Das Benehmen der Frauen sei „recht ärgerniserregend" gewesen.[365] Damit sei das „gesunde Volksempfinden auf gröbliche Art verletzt" worden, wie der Gesetzestext es als Strafvoraussetzung festlegte.

„Die Beschuldigten", so heißt es im Bericht der Gendarmerie an das Gericht, „waren der ihnen zur Last gelegten Tat in vollem Umfange geständig. Für ihr Verhalten konnten sie keine Entschuldigung vorbringen."

Am 18. Januar habe in der Wohnung des Ehepaars Szakolzai noch einmal eine „Tanzunterhaltung" stattgefunden. Auch hier waren französische Kriegsgefangenen anwesend, Margarethe Jacciff war allerdings nicht zugegen.[366]

Das Verfahren gegen Margarethe Jacciff wird abgetrennt und wegen deren Minderjährigkeit an ein Jugendgericht abgegeben.[367]

Paula und Emmerich Szakolzai, die auf freiem Fuß sind, werden im Mai 1942 zur Hauptverhandlung geladen. Der Staatsanwalt beantragt je zwei Monate Gefängnis. Der Richter verhängt jedoch nur sechs Wochen, ausgesetzt auf zwei Jahre Probezeit. Mildernd wird gewertet, dass die Angeklagten unbescholten und geständig sind, dass es sich um die Silvesternacht gehandelt habe, bei der die Sitten etwas lockerer seien, und dass sie von „einem Aufsichtsorgan" zu der Feier eingeladen worden waren.[368] Es handelte sich um den Wachkommandanten Christ, einen Gefreiten der Wehrmacht. Im Akt findet sich der Hinweis, dass gegen ihn „im Wege seines Kommandos eine separate Anzeige erstattet" worden sei, vermutlich vor einem Wehrmachtsgericht, wie in solchen Fällen üblich.[369]

Höhere Strafen wegen „verbotenen Umgangs" mit Kriegsgefangenen wurden immer dann verhängt, wenn den Angeklagten entweder sexuelle Kontakte oder Fluchthilfe nachgewiesen werden konnten.

Denunziationen innerhalb der Familie dürften, ebenso wie im engen Freundeskreis, relativ selten gewesen sein. Alle Quellenbestände zusammengerechnet fanden sich bei der Untersuchung für dieses Buch sieben derartige Fälle, wobei hier anonyme Denunziationsbriefe ausgenommen sind, weil der Absender in der Regel nicht zu ermitteln ist. Man kann jedoch in jedem Fall davon ausgehen, dass Denunziationen dieser Art die Ausnahme darstellten.

Am ehesten sind Anzeigen unter zerstrittenen oder verfeindeten Ehepartnern festzustellen. Hier nutzten Frauen wie Männer die Gunst der Stunde, den ungeliebten oder verhassten Ehepartner entweder loszuwerden oder ihm eins auszuwischen und sich für Untreue, diverse erlittene seelische Verletzungen und Ähnliches zu rächen. In der Hoffnung, Gestapo und Justiz nun für die eigenen Zwecke instrumentalisieren zu können, wurden staatsfeindliche Äußerungen und andere sich anbietende „Delikte" angezeigt.[370] Viele, wenn auch nicht alle dieser Denunziationen beruhten lediglich auf falschen Anschuldigungen und hatten in der Regel keine Konsequenzen, weil allen an der Verfolgung der Anzeige Beteiligten sehr schnell klar wurde, dass hier politische Vergehen nur vorgeschoben waren.

Anna Schwarz, zum damaligen Zeitpunkt 56 Jahre alt, ist als Hausbesorgerin in der Wiener Pezzlgasse beschäftigt. Im selben Haus befindet sich eine Dienststelle der NSDAP-Ortsgruppe. Die gerade geschlossene Ehe mit Josef Schwarz ist, wie wir aus einem Schreiben der Ortsgruppe erfahren, geprägt von Eifersüchteleien und Streitigkeiten, die nicht selten lautstark ausgetragen werden. Im November des Jahres 1943 taucht Anna Schwarz nach einem heftigen Streit mit ihrem Mann in Begleitung der Ortsfrauenschaftsleiterin im Büro der Ortsgruppe auf und zeigt ihn wegen „Heimtücke" an. Ihr Mann sei nicht nur übel über die NSDAP hergezogen, sondern habe auch ein Bild des „Führers" zerrissen und diesen gröblichst beschimpft.[371] Die NSDAP-Ortsgruppe leitet die Anzeige an die Gestapo weiter und richtet außerdem die Bitte an die Kreisleitung, die Wohnung der Familie Schwarz sofort zu kündigen, da diese als Nachbarin untragbar sei.[372]

Kurz darauf wird Anna Schwarz von der Gestapo vorgeladen und gibt dort zu Protokoll, dass die Beschimpfungen ihres Ehemanns weiter anhielten und er erst am Vortag behauptet habe, dass „Hitler ein Hurenbankert[373] sei, der alle Menschen umbringen lasse". Den „Führer“ würde er am liebsten sofort umbringen.[374] Schwarz nennt eine weitere Zeugin, ihre Kollegin Aloisia Kovar, vor der ihr Mann ebenfalls den „Führer“ beschimpft habe. Als Anlass für diese Wutanfälle nennt Schwarz die Eifersucht ihres Gatten; er verdächtige sie, mit anderen Männern Verhältnisse zu haben.

Aloisia Kovar bestätigt die Angaben Schwarz' vor der Gestapo und fügt hinzu, dass Josef Schwarz asozial veranlagt sei. Frau Schwarz habe sehr unter der Eifersucht ihres Mannes zu leiden.[375]

Die Sache zieht sich in die Länge; offenbar vermutet die Gestapo reine Ehestreitigkeiten hinter den Anschuldigungen. Schließlich wird Josef Schwarz Ende März 1944 vorgeladen. Er bezeichnet alle Anschuldigungen als „glatt erfunden“ und erklärt sich das Verhalten seiner Frau als Wutreaktion auf seine Eifersucht.[376] Die Gestapo leitet den Fall zur Verhandlung an das Sondergericht weiter. Das politische Leumundszeugnis weist Josef Schwarz als „unbedenklich“ aus.

Bei der Einvernahme vor Gericht macht die Ehefrau überraschenderweise vom Aussageverweigerungsrecht gegenüber Angehörigen Gebrauch und die Belastungszeugin Aloisia Kovar relativiert ihre Anschuldigungen dahingehend, dass sie sich an den genauen Wortlaut nicht mehr erinnern könne.[377] Josef Schwarz bleibt dabei, niemals negative Äußerungen gegen Partei oder „Führer“ gemacht zu haben, und entschuldigt sich wegen der Eifersuchtsszenen bei seiner Frau. Der Staatsanwalt stellt das Verfahren schließlich mit einer „eindringlichen Verwarnung“ und einer Geldbuße ein.[378]

In einigen Fällen, nämlich dann, wenn Beweise auf dem Tisch lagen beziehungsweise der beschuldigte Ehepartner geständig war, konnte eine derartige Anzeige natürlich ebenso dramatische Konsequenzen nach sich ziehen wie jede andere Anzeige auch.

Mitte Dezember 1944 vermerkt Alfons Augustyn, Polizist der Sicherheitspolizei in Lundenburg an der tschechischen Grenze, es sei ihm „vertraulich mitgeteilt“ worden, dass der 29-jährige Kohlenausgeber Josef Baranek schon seit längerer Zeit heimlich den Sender London abhöre. Eine Überführung Baraneks sei leicht möglich, da die Wohnung ebenerdig liege und man sich über den rückwärtigen Eingang, ohne bemerkt zu werden, anschleichen und lauschen könne. Baranek höre den Sender, so der Hinweis an die Polizei, meist um sechs Uhr morgens vor Dienstantritt oder abends nach der Arbeit.[379] Alfons Augustyn geht die Sache nicht sonderlich eilig an und entschließt sich erst am 1. Januar 1945 zur Observation. Allein schleicht er sich gegen sechs Uhr Früh an die Fenster des Ehepaars Baranek und stellt fest, dass dort tatsächlich der Sender London in tschechischer Sprache gehört wird. Augustyn ist wie Baranek der tschechischen Sprache mächtig. Er veranlasst jedoch nicht die sofortige Verhaftung Baraneks, sondern wiederholt die Observation in Anwesenheit eines weiteren Kripobeamten fünf Tage später noch einmal. Diesmal kommen sie am späten Nachmittag, werden jedoch durch einen Zufall von Baranek überrascht, sodass sie ihn sofort festnehmen müssen – so der Bericht.[380]

Baranek wird ins Amtsgefängnis Lundenburg eingeliefert, das Corpus delicti beschlagnahmt.

Bei seiner Vernehmung ist Baranek geständig und betont, erst seit der Kapitulation Rumäniens im Juli 1944 und nur in der Früh während des Ankleidens ein- bis zweimal wöchentlich aus Neugier „Feindnachrichten" gehört zu haben. Ihn habe besonders das Kampfgeschehen in Ungarn interessiert, da diese Front am nächsten liege. Baranek muss nun sehr ausführlich schildern, was er gehört hat; die örtlichen Polizisten dürften ebenfalls neugierig gewesen sein. Seine Ehefrau Leopoldine habe zwar Kenntnis vom Abhören, selbst aber nie daran teilgenommen. Auch seien keine anderen Personen zugegen gewesen noch habe er die Nachrichten weiterverbreitet.[381]

Unmittelbar nach seiner Festnahme gelingt es Baranek, einen Kassiber an seine Frau aus dem Gefängnis schmuggeln zu lassen. Er hat inzwischen realisiert, dass ihm an diesem Nachmittag eine Falle gestellt werden sollte, und verdächtigt seine Frau. Für diesen Verdacht spricht, dass sie nicht sofort nach der Verhaftung verhört wird und in den Akten nirgends der Verdacht des Mithörens gegen sie auftaucht, obwohl sie sich während der ersten, morgendlichen Observation ebenfalls in der Wohnung befindet. Im besagten Kassiber bittet Baranek seine Frau um Tabak und Zigaretten und instruiert sie, bei einer Vernehmung zu sagen, er habe nur am Morgen gehört.

> Ich habe gesagt, dass ich nicht wüsste, wann sie es am Abend senden und zweitens, dass es abends überhaupt nicht zu empfangen war. Er fragte mich, wie lange ich dies schon anhöre und ich sagte, seit ca. 3 Monaten. Er fragte, ob auch Du es mitangehört hast, ich sagte überhaupt nicht, nicht dass Du Dich fangen lässt. Schreibe mir was es Neues gibt und sende es gleich mit ihm [*dem Überbringer*] zurück. Mit Gott und denke an mich. Ich glaube,

dass Du an meinem Einsperren schuld bist und zwar nach meinem Verhör und den genauen Angaben der Gestapo, nun, es macht nichts, ich werde es aushalten, wenn nicht, so werde ich früher Schluss machen [...]. Ich habe es gespürt, da Du mich zum Abendessen gerufen hast, was sonst nicht Dein Brauch war, trotzdem wir mitsammen böse waren, Du hast gewusst, dass sie auf mich warten, bemerke aber, dass dies alles nichts macht, bleib brav und halte aus. Mit Gott Dein Josef.[382]

Leopoldine Baranek übergibt den Kassiber sogleich der Polizei und belastet ihren Mann mit ihrer Aussage schwer:

Mir ist bekannt, dass mein Ehemann Josef Baranek den Sender London abgehört hat und zwar schon seit Kriegsbeginn. Als in den ersten Jahren die Deutsche Wehrmacht siegreich vormarschierte, zeigte mein Ehemann wenig Interesse für die Feindnachrichten, seit aber die Deutschen im Rückzuge sind, hörte er bei jeder Gelegenheit fanatisch den Sender London ab. Ich selbst habe gesehen und gehört, dass er sich jeweils Nachrichten in tschech. Sprache von England, entweder um 6,10 Uhr oder um 17,45 Uhr, 20,45 Uhr und wenn um diese Zeit die Nachrichten gestört waren um 22,30 Uhr [angehört hat]. Es kam sogar vor, dass er sich für die Nachrichten um 22,30 Uhr eine Weckeruhr richtete, um ja nicht zu verschlafen. Wegen des Abhörens des Senders London habe ich meinen Ehemann auch sehr oft gewarnt, er fuhr mich aber stets an und sagte, er wisse schon, dass ich mich auf eine „Deutsche" ausspielen möchte. Bei dem Vordringen der Russen in den ungarischen Raum und während den Kämpfen bei Budapest war es mit meinem Mann überhaupt nicht mehr zum aushalten. Er sagte, die Russen würden nun bald auch zu uns herkommen, dann müsse er sich einen Schützengraben machen und werde diesen nicht eher verlassen, bis die Front über ihn hinweg sei.
Am Freitag den 5. 1. 1945 wurde mein Mann festgenommen und am 8. 1. 1945 erschien in meiner Wohnung ein fremder Mann und überbrachte mir einen Brief, welchen mein Ehemann aus dem Gefängnis in Lundenburg herausgeschmuggelt haben muss.

Sie selbst, sagt Leopoldine Baranek, habe sich nie für das Abhören interessiert und sich auch nie beteiligt.[383]

Mit den Aussagen seiner Frau konfrontiert, gibt Baranek den Großteil der Vorwürfe zu. Nun belastet er seine Frau, sie habe sich am Abhören beteiligt und sie hätten miteinander auch über die Nachrichten gesprochen.[384]

Baranek ist „Deutscher Reichsangehöriger tschechischen Volkstums", so die offizielle Einordnung. Anlässlich der Musterung zur Wehrmacht hat er sich zum „tschechischen Volkstum" bekannt und ist daher nicht eingezogen worden. Er ist wegen Diebstahls vorbestraft; erschwerend kommt sein schlecht beleumundetes Eheleben hinzu, das von „schweren Zwistigkeiten" zwischen ihm und der Ehefrau geprägt sei.[385]

Am 9. März 1945 wird Baranek vom Sondergericht Wien zu zwei Jahren Zuchthaus verurteilt und ins Zuchthaus Stein überführt. Wegen des Kriegsendes kann er einige Wochen darauf wieder entlassen werden.

Anzeigen gegen den Ehepartner oder Verwandte waren auch im Nationalsozialismus insgesamt schlecht angesehen. Der NS-Führung waren Anzeigen innerhalb der Familie nicht nur deswegen suspekt, weil man von Racheakten ausging, sondern auch aus ideellen Gründen: Die deutsche Familie sollte besonders heilig gehalten werden. Immerhin dürften Anzeigen von Ehepartnern ein Problem gewesen sein, denn es sind einige Auseinandersetzungen darüber auf höchster Ebene überliefert. Die Anzeige eines Ehemanns, der seine Frau der Spionage und anderer gegen das Deutsche Reich gerichteter Verbrechen beschuldigt hatte, um – wie das Gericht später feststellte – das Ehescheidungsverfahren zu seinen Gunsten zu beeinflussen, hatte die vorübergehende Verhaftung der Frau nach sich gezogen. Dieser Fall war im Februar 1941 Auslöser einer Anweisung Heydrichs an die Gestapo. Bei Anzeigeerstattung von Verwandten untereinander, insbesondere bei Eheleuten, hieß es dort, sei vor Einschreiten der Gestapo erst genauestens nachzuprüfen, aus welchen Motiven die Anzeige erfolgt sei. Noch vor der Aufnahme der Anzeige sei der Anzeiger eidesstattlich zu befragen, ob eine Scheidung beabsichtigt sei oder schon laufe. Unter allen Umständen müsse vermieden werden, dass ein Ehepartner ohne stichhaltigen Grund in Haft genommen werde und sich später seine Unschuld herausstelle.[386]

Auch Reichsjustizminister Thierack befasste sich im November 1944 mit dem Problem und gab anhand einiger Fallbeispiele aus der Justizpraxis von Scheidungsverfahren, in denen der vom anderen Ehepartner angezeigte Eheteil auf Grund dieser Denunziation die Scheidung eingereicht hatte, Richtlinien für die Richter heraus. Die Treuepflicht gegenüber der „völkischen Gemeinschaft“ habe nicht immer Vorrang vor der Pflicht gegenüber dem Ehegatten, so Thierack. Zwar gehe das Wohl der Gemeinschaft vor dem des Einzelnen, aber nicht jede Anzeige sei durch Berufung auf diese Pflicht gedeckt. Die Gemeinschaft erwarte nicht in jedem Fall eine solche Anzeige. Nicht umsonst gewähre das Gesetz sogar noch nach der Auflösung der Ehe ein Zeugnisverweigerungsrecht. Die Gemeinschaft verzichte hier im Interesse der Aufrechterhaltung der Ehe bewusst auf eine Erfüllung der „völkischen Treuepflicht“, die Aufrechterhaltung des gegenseitigen Vertrauens der Eheleute erscheine grundsätzlich höherwertig als diese Pflicht. Thierack hatte schon zu Beginn seiner Ausführungen deutlich gemacht, dass die Ehe nicht nur die vollkommenste Lebensgemeinschaft, sondern auch die Grundlage des „völkischen Lebens“ darstelle. Andererseits gebe es Fälle, in denen die „völkische“ über der ehelichen Pflicht stehe. Thierack nennt hier schwere Verbrechen wie Hoch- und Landesverrat und Wehrmittelbeschädigung. An einigen Beispielen erklärt er, „wie schwierig und mannigfaltig die Fragen sind, die der Richter gerade im Zusammenhang mit gegenseitigen Strafanzeigen von Ehegatten zu entscheiden hat und deren Beurteilung auch bei den im totalen Krieg noch weitergeführten Ehescheidungsverfahren von Bedeutung sein wird“.[387]

Schließlich seien noch zwei Fälle von „Fahnenflucht“ beziehungsweise „Entfernen von der Truppe“ geschildert, bei denen die Festnahme des jeweiligen Mannes durch Familienangehörige ausgelöst wurde.

Der 20-jährige Karl Pollak erhält im September 1943 von seinem Offizier den Auftrag, Hemden zum Waschen zu bringen. Pollak liefert die Hemden zwar noch in der Wäscherei ab, kehrt jedoch danach nicht mehr in die Unterkunft zurück, sondern begibt sich nach Wien zu einem ihm bekannten Pfarrer und einem Freund, die ihm Unterkunft gewähren. Beiden erzählt er, er habe einige Tage Urlaub, aber als Waise keinen Platz zum Übernachten. Der Vater des Freundes gibt Pollak Zivilkleidung und in dieser sucht er seine Tante auf, die bereits weiß, dass er polizeilich gesucht wird. Sie fordert ihn auf, sich sofort zu stellen. Pollak verlässt nach einem Streit die Wohnung, die Tante folgt ihm und verständigt die Polizei.

Vor dem Wehrmachtsgericht rechtfertigt sich Pollak damit, er sei wegen seiner geringen Körpergröße von 1,45 Meter von seinen Kameraden und Vorgesetzten stets verspottet und zurückgesetzt worden. Da ihm öfter gesagt wurde, er sei zu nichts brauchbar, habe er seine Vorgesetzten zu der Einsicht bringen wollen, dass es daher auch besser sei, ihn zu entlassen. Das Gericht sieht darin zwar eine Fahnenflucht, erkennt aber Pollaks Argumente als mildernden Umstand an, was angesichts der vielen Todesstrafen bei diesem Delikt ein großes Glück ist. Karl Pollak wird zu drei Jahren Zuchthaus verurteilt.[388]

Neben Fahnenflucht wurde vor dem Wehrmachtsgericht auch wegen „unerlaubten Entfernens von der Truppe oder Dienststelle"[389] verurteilt. Was von beiden eine Anklage begründete, hing unter anderem davon ab, wie lange sich der Betreffende entfernt hatte und ob er freiwillig zurückgekehrt war. Wenn er gefasst wurde, hing eine Anklage wegen „unerlaubten Entfernens" davon ab, ob das Gericht der Meinung war, dass er sich dauerhaft (Fahnenflucht) oder nur vorübergehend entfernen wollte und welche Gründe für Letzteres vorlagen.

Fahnenflucht wurde in jedem Fall mit lebenslänglichen Haftstrafen oder mit dem Tod bestraft, unerlaubtes Entfernen mit bis zu zehn Jahren Gefängnis oder Festungshaft. Mit zunehmender Kriegsdauer und insbesondere nach der Niederlage von Stalingrad wurden Deserteure, vor allem wenn sie direkt von der Front geflohen waren, in den meisten Fällen getreu nach Hitlers Spruch „An der Front kann man sterben, als Deserteur muss man sterben" zum Tode verurteilt[390] und entweder hingerichtet oder zur „Frontbewährung" begnadigt. Mit fortschreitendem Krieg, als es auf jeden wehrfähigen Mann ankam, wurden viele Gefangene auf Führerbefehl zur „Frontbewährung" in eigens dafür gegründete „Bewährungseinheiten"[391] entlassen – eine Praxis, die sich nicht nur auf Deserteure beschränkte, sondern auch männliche Gefangene betraf, die wegen verschiedenster anderer Delikte verurteilt worden waren.

Der 19-jährige Rudolf Lehner kehrt im Dezember 1943 von einem Urlaub in Krems, der ihm wegen der Schwangerschaft seiner Frau bewilligt wird, nicht zur Wehrmacht zurück. Zunächst versucht er, über einen Bekannten telefonisch seinen Urlaub verlängern zu lassen. Als diese Bitte abgeschlagen wird, fährt er gemeinsam mit seiner Frau nach Wien und übernachtet in verschiedenen Hotels. Etwa zehn Tage später wird er auf die Anzeige seiner Mutter hin festgenommen und wegen „unerlaubter Entfernung" zu drei Jahren Gefängnis verurteilt.

Das Gericht sieht es nicht als erwiesen an, dass Lehner sich dauerhaft von der Truppe entfernen wollte, da er unter anderem versichert hat, lediglich seiner Frau im Streit gegen die Eltern helfen und nach Klärung der Angelegenheit zurückkehren zu wollen. Dafür spreche auch, dass er die ganze Zeit Uniform getragen und die jeweiligen Hotelanschriften seiner Familie bekannt gegeben habe.[392]

Ob diese zu Haft verurteilten Wehrmachtsdeserteure und „Entferner" ihre Haft auch tatsächlich absaßen, lässt sich an diesen beiden Fällen nicht nachweisen. Oftmals wurden sie auf Führerbefehl zur „Frontbewährung" entlassen, was besonders mit zunehmender Kriegsdauer eine naheliegende Praxis scheint, die sich auch bei anderen Delikten nachweisen lässt.

Denunziation im öffentlichen Raum

Eine im Nationalsozialismus verbreitete und aus heutiger Sicht doch ganz besondere Art von Denunziation war die Anzeige fremder Menschen, die der Denunziant nie zuvor gesehen hatte, Denunziationen, denen kein leicht einleuchtendes Motiv wie familiärer Zwist, nachbarschaftlicher Streit, Neid, Rache oder wirtschaftliche Konkurrenz zugrunde lag.

In Gast- und Kaffeehäusern, in öffentlichen Verkehrsmitteln und auf der Straße kam es hier zu rein zufälligen Begegnungen zwischen Opfern und Denunzianten. Letztere zogen keinen materiellen Nutzen aus ihrer Anzeige, auch kann nicht von Rache oder Neid die Rede sein. Im Gegenteil, oft nahmen die Denunzianten lange Wartezeiten in Kauf, um auf die Polizei und im Anschluss an die Festnahme auf das Protokollieren ihrer Zeugenaussage zu warten. Hier ist vielmehr von persönlicher Identifikation mit den damaligen Verhältnissen auszugehen. Dabei musste durchaus nicht das NS-System als Ganzes für gut befunden werden, das Einverständnis mit gewissen Bereichen genügte völlig. Besonders die weit verbreitete Verehrung oder zumindest Achtung und Anerkennung des „Führers" führte bei vielen zu einer persönlichen Betroffenheit, wenn dieser beleidigt und herabgesetzt wurde. Die besondere Ehrfurcht Adolf Hitler gegenüber, gekoppelt mit einer weit verbreiteten und lange tradierten Autoritätshörigkeit, mögen der Grund dafür sein, dass so manche Zeitgenossen einen Witz über den „Führer", bei dem dieser nicht besonders gut wegkam, ganz und gar nicht lustig fanden, geschweige denn abfällige Äußerungen, Beschimpfungen und Flüche. Die Empörung darüber ist in vielen Denunziationen dieser Art förmlich zu spüren.

Tatort öffentliche Verkehrsmittel

Die 47-jährige Hausangestellte Hedwig Budin fährt im März 1939 mit dem Personenzug von Wien nach Tradigist bei St. Pölten, um ihre Mutter und ihren Bruder zu besuchen. Zu dieser Zeit grassiert in Wien eine Grippewelle, die schon mehrere Tote gefordert hat und daher in aller Munde ist. Auch im Zugabteil entspinnt sich zwischen Budin und mehreren mitreisenden Frauen eine Unterhaltung darüber. Zwei der beteiligten Frauen, Theresia Wenny und Anna Wodnek, steigen in Kammerhof aus, einige Stationen vor Hedwig Budin. Die beiden begeben sich zur örtlichen Gendarmeriestation und erstatten Anzeige gegen eine ihnen „unbekannte Frauensperson“, die – so fasst es der Gendarmerieinspektor in seinem Bericht an das Gericht zusammen – im Wagenabteil

> ein Lob auf die jüdischen Ärzte ausgesprochen [habe], in dem sie die arischen Ärzte hingegen den Juden als beruflich nicht gewachsen hinstellte und hiebei die Behauptung aufstellte, dass jetzt in den Wiener Spitälern täglich um 300 Personen mehr sterben, als zur Zeit es noch jüdische Ärzte gab. Weiters hat sie ihre gehässige Einstellung gegen den Staat und die Partei insofern kundgegeben, in dem sie sagte: „Hat es zu Schuschnigg-Zeiten gegeben, dass ein Ei 18 Groschen kostete!“

Beide Frauen zeigen sich über diese Äußerungen sehr empört. Theresia Wenny ergänzt noch, dass sie der unbekannten Frau zugerufen habe, sie solle doch „nach Russland gehen und sich dort von jüdischen Ärzten behandeln lassen“[393].

Durch die Ermittlungen der Gendarmerie kann Hedwig Budin aus Wien schließlich als die betreffende Frau ausgeforscht werden. Die Gendarmerie meldet den Fall als Übertretung nach dem „Heimtückegesetz“ an das Amtsgericht Kirchberg an der Pielach.

In der Zwischenzeit wird Hedwig Budin von der Wiener Polizei vernommen, aber nicht verhaftet. Sie bestreitet die Vorwürfe:

> Ich habe nun ebenfalls an der Debatte der Frauen [*über die Grippeerkrankungen*] teilgenommen und glaublich kurz vor der Station Rabenstein die Äußerungen gemacht, dass jetzt in Wien so viele Menschen an Grippe sterben und innerhalb drei Tagen im Allgemeinen Krankenhaus in Wien 160 Personen gestorben sind, weshalb die Schwarze Fahne am Allgemeinen Krankenhaus gehisst wurde. Von den in der Anzeige genannten 300 Personen habe ich nicht gesprochen [...]. Unter anderem sagte ich auch, dass so viele junge Ärzte sind, die noch nicht so die Praxis haben können, wie sie die Judenärzte gehabt haben. Dass ich ein Lob auf die jüdischen Ärzte aufgebracht habe, entspricht nicht der Wahrheit.

Auch die unterstellte Äußerung über die teuren Eier bestreitet Budin. Sie habe zwar über Teuerungen gesprochen, aber keinen Vergleich mit „Schuschnigg-Zeiten" angeführt.[394]

Es mutet lächerlich an, dass diese Vorwürfe überhaupt Gegenstand von ernsthaften Vernehmungen darstellten, und doch wurden derartige Äußerungen bei Anzeige stets auf „Heimtücke"-Tauglichkeit geprüft. Das Provinzgericht gibt den Fall an das Wiener Sondergericht weiter. Der dortige Staatsanwalt verfügt zwei Monate später die Einstellung des Verfahrens. Auch er hat sich eingehend mit den Vorwürfen befasst, das Hissen der schwarzen Flagge recherchiert und ist zum Ergebnis gekommen, dass die Behauptung der Beschuldigten, gegenwärtig würden täglich 300 Menschen mehr sterben als zur Zeit der jüdischen Ärzte, offenbar auf der stadtbekannten Tatsache beruhe,

> dass kurz zuvor auf einem Krankenhaus in Wien aus Anlass des Todes eines Arztes eine Schwarze Flagge gehisst worden war, was bei der damaligen Grippeepidemie in der Bevölkerung falsch verstanden worden war und Anlass zu allen möglichen Gerüchten der von der Besch. geäußerten Art gegeben hatte.

Auch die Sache mit den Eiern geht nicht im Sinne der Denunziantinnen aus. Da die Beschuldigte den von den Zeuginnen angegebenen Vergleich mit der Schuschnigg-Zeit mit Entschiedenheit bestreitet, will der Staatsanwalt ein Missverständnis der Zeuginnen nicht ausschließen. Hedwig Budin hat Glück: Ein Verstoß gegen das „Heimtückegesetz“ sei – so der Staatsanwalt – unter diesen Umständen nicht feststellbar.[395]

In 49 Prozent, also etwa der Hälfte aller durchgesehenen Fälle von durch Denunziation zustande gekommenen „Heimtückeverfahren“ vor dem Sondergericht Wien war der Denunziant oder die Denunziantin eine dem Opfer fernstehende, fremde Person, ein zufällig anwesender Gast im Wirtshaus, ein Kunde im Geschäft, eine gerade vorbeikommende Passantin, Menschen, die keinerlei persönlichen Bezug zum Opfer hatten. Auch die Tatsache, dass sich 51 Prozent, also ebenfalls etwa die Hälfte aller Denunzierten, in betrunkenem oder gar volltrunkenem Zustand befanden (besonders die auf der Straße und im Wirtshaus Denunzierten), bewog die Denunzianten nicht zur „Milde“ gegenüber dem Objekt ihrer Empörung. Die Mehrheit dieser „bsoffenen G'schichten“ wurde später vom Gericht wieder eingestellt, was die Denunzianten freilich nicht wissen konnten.

Die folgenden Fälle stehen symptomatisch für Denunziationen in der Öffentlichkeit.

Eisenbahn

Im April 1939 fährt der 36-jährige Koch Josef Waczek, ein tschechischer Staatsbürger, gegen 20 Uhr abends von der Arbeit in Krems mit dem Zug nach Hause Richtung Wien. Im selben Abteil sitzen mehrere Personen, unter ihnen auch Dr. Franz Reinhold, ein Beamter aus Wien, und Dr. Franz Tertsch, ein Oberinspektor der Gendarmeriewirtschaft, ebenfalls aus Wien. Waczek lässt sich, bereits stark alkoholisiert, während der Fahrt mehrmals lautstark über die NS-Führung aus und brüllt unter anderem: „Der G'füllte [*gemeint ist Hermann Göring*] is a Seicherl!“[396] Tertsch reagiert darauf stark erbost und fordert Waczek mehrmals auf, seinen Mund zu halten und sofort mit „diesen Frechheiten aufzuhören, die eine Beleidigung unserer Führung darstellen“. Waczek lässt sich davon jedoch nicht beeindrucken, sondern droht Tertsch seinerseits mit den Worten: „Papp'n hoidn, sunst schepperts.“[397]

Laut Tertsch hätten sich die übrigen Fahrgäste trotz seiner Bitte um Unterstützung nicht eingemischt, mit Ausnahme Dr. Reinholds, der ebenfalls versucht habe, den Randalierer zu beruhigen. Bei der nächsten Haltestelle alarmiert Tertsch die Bahnhofswache, die Waczek festhält und der örtlichen Polizei übergibt. Tertsch fordert vehement eine Verständigung der Gestapo und bietet sich sogleich als Zeuge des Vorfalls an.

Im April 1939 sagt Dr. Reinhold bei der Gestapo als erster Zeuge aus und betont dabei mehrfach, dass Waczek stark alkoholisiert gewesen sei und wohl nicht recht gewusst habe, „was er eigentlich sagte [und] kaum mehr stehen konnte".[398] Der Hauptzeuge Dr. Tertsch hingegen besteht bei seiner Einvernahme wenige Tage später auf der besonderen „Heimtücke" und belastet Josef Waczek schwer.[399] Der bezeugte Sachverhalt wird von der Gestapo an das Sondergericht Wien weitergeleitet, das im September 1939 Anklage gegen Josef Waczek wegen „Heimtücke" erhebt. Waczek betont bei der Verhandlung, dass er als ehemaliger „Illegaler" ein Anhänger des Nationalsozialismus sei, und leugnet den gesamten Vorfall.

Der Staatsanwalt gesteht dem Angeklagten als Milderungsgrund zu, ein „früher Kämpfer", außerdem zur Tatzeit vollkommen alkoholisiert und somit nicht zurechnungsfähig gewesen zu sein. Das Verfahren wird eingestellt, der Angeklagte erhält eine „strenge Abmahnung".[400]

Straßenbahn

Ähnlich ergeht es dem 48-jährigen arbeitslosen Pflasterergehilfen Franz Preissler aus Wien. Eines Nachmittags im Februar 1939 fährt er – angetrunken und lautstark über den „Führer" und die NS-Führung schimpfend – mit der Straßenbahn Linie D nach Hause. Der zufällig im selben Waggon anwesende Tischlermeister Franz Stowasser (Jahrgang 1891) beobachtet das Geschehen. Stowasser ist Parteimitglied und zu dieser Zeit kommissarischer Ortsgruppenleiter von Goldegg. Er lässt Franz Preissler nicht mehr aus den Augen und verfolgt ihn, als er aussteigt. Unglücklicherweise kommt den beiden ein Polizist entgegen. Den Augenblick nutzend, versucht Stowasser, den angetrunkenen Preissler festzuhalten, dieser reißt sich jedoch los und geht weiter. Stowasser und der Polizist Stanek überwältigen ihn nun gemeinsam. Stowasser besteht auf einer Anzeige und fordert, dass Preissler wegen „Heimtücke" verhaftet und zur Gestapo gebracht werde.

Franz Preissler ist fünfzehnmal wegen Diebstahls vorbestraft. Zwei Tage später sagt Stowasser vor der Gestapo aus, dass Preissler in der

Straßenbahn „Der Führer ist ein Dreck" geschrieen und die „gesamte Führung beleidigt" habe. Als die Gestapo ihn mit der Aussage des Polizisten Stanek konfrontiert, der angegeben hat, dass Preissler auf ihn einen schwer alkoholisierten Eindruck gemacht und in seiner Gegenwart keinerlei Beschimpfungen von sich gegeben habe, widerspricht Stowasser. Der Beschuldigte habe auf ihn keinesfalls betrunken gewirkt. Seine Äußerungen seien eine schwere Beleidigung des „Führers", die bestraft gehöre.[401] Franz Preissler selbst rechtfertigt seine Ausbrüche mit der Verärgerung über seine Arbeitslosigkeit und seinem alkoholisierten Zustand.

Die Gestapo behält Franz Preissler in Untersuchungshaft. Der Fall wird an das Sondergericht weitergeleitet, der dortige Staatsanwalt stellt das Verfahren jedoch mit Hinweis auf den alkoholisierten Zustand Preisslers bei gleichzeitiger Verwarnung ein.

Tatort Straße

Am 24. Februar 1939 wird die 52-jährige Marie Zalesak auf offener Straße am Wiener Meiselmarkt festgenommen, weil zwei zufällig anwesende Frauen und ein hinzugekommener Passant sie beschuldigen, abfällige Äußerungen über den „Führer" gemacht zu haben. Eine der beiden Frauen, die „Private" Anna Rühm, wird später zu Protokoll geben, Marie Zalesak habe in betrunkenem Zustand in Richtung vorbeigehender Hitlerjungen Folgendes gerufen:

> Du Pülcher [*Strolch*], du bist gerade so wie Hitler a Pülcher. Der Verbrecher, Gauner, Haderlump, im X. Bezirk im Asyl haben sie ihn aufgezogen, Wanzen hat er gefressen und jetzt ist er groß und frech. Hitler soll mich am Arsch lecken. Ihr könnt mich alle am Arsch lecken. Ihr seid genau solche Hurenkerle wie er war.[402]

Selbiges wird auch vom Passanten Josef Herzog wahrgenommen, von Beruf Reichsbahnsekretär, der sogleich einen Hitlerjungen zur nächsten Wachstube schickt. Die Beschuldigte habe auch dem Hitlerjungen Schimpfworte nachgerufen, sei dann aber in die entgegengesetzte Richtung davongelaufen. Dies scheint wegen des angetrunkenen Zustands nur langsam vonstatten zu gehen, denn Herzog und der eintreffende Wachmann können ihr mühelos folgen. Die dritte Zeugin, die Hausbesorgerin Elise Hekepek, gibt an, die Beschuldigte sofort zur Rede gestellt zu haben, worauf diese sie angeschrieen habe: „A was, leck mich am Arsch, Du bist die gleiche Hur wie Hitler."[403]

Der zuständige Staatsanwalt am Sondergericht, dem die Anzeige übergeben wird, hält in seiner Meldung an den Reichsjustizminister eine Strafverfolgung und „strenge Bestrafung" auf Grund des „widerliche[n] Verhalten[s] der Besch. in der Öffentlichkeit" trotz der „geistigen Minderwertigkeit" Zalesaks für „dringend geboten". Die Beschuldigte sei verwahrlost und vertrinke alles Geld, das sie in die Hände bekomme. Außerdem habe sie sechs gerichtliche Vorstrafen wegen Beamtenbeleidigung sowie Sachbeschädigung und im Jahre 1934 einmal sieben Tage in Arrest verbracht, weil sie den Straßenbahnverkehr aufgehalten, indem sie sich vor einen Straßenbahnwagen gestellt und mehrmals „Freundschaft" (den damaligen Gruß der Sozialdemokraten) gerufen habe.[404]

Berlin gibt grünes Licht für den Prozess.

Wie in allen Heimtückefällen unter Alkoholeinfluss wird auch hier der Frage, ob und in welchem Grade Trunkenheit vorherrschte, einige Aufmerksamkeit gewidmet. Alle Zeugen behaupten, Marie Zalesak sei zwar betrunken, aber keineswegs unzurechnungsfähig gewesen. Die Angeklagte bestreitet zwar nicht die ihr zur Last gelegten Äußerungen, was ihr im Urteil strafmildernd angerechnet wird, behauptet aber, sie könne sich an nichts erinnern. Sie sei vorher mit ihrem Mann, mit dem sie gemeinsam in einem Obdachlosenheim wohne, und zwei weiteren Männern in einer Weinhalle gewesen und habe alles durcheinander getrunken. Sie wisse nicht einmal, wie sie von dort wieder weggekommen sei. Den Meiselmarkt habe sie im Rausch offenbar deshalb aufgesucht, weil ihre Tochter dort als Verkäuferin arbeitet.[405]

Das Gericht betont, dass Zalesak „stark angetrunken" gewesen sei, geht aber paradoxerweise doch von der Zurechnungsfähigkeit und Verantwortlichkeit der Angeklagten aus, wie aus der Urteilsbegründung zu lesen ist:

> Die von der Angeklagten öffentlich geäußerten Beschimpfungen des Führers stellen sich schon nach ihrem Inhalte als gehässige, hetzerische und von niedriger Gesinnung zeugende Äußerungen dar, die an sich geeignet waren, das Vertrauen des Volkes zur po-

litischen Führung zu untergraben. Das Verhalten der Angeklagten bei dem Vorfalle zeigt auch, dass sie sich dessen bewusst war. Der Tatbestand des §2, Abs. 1 des Heimtückegesetzes ist somit gegeben.[406]

Marie Zalesak wird zu sechs Monaten Gefängnis verurteilt.

Tatort Gasthaus

Der 45-jährige Wiener Kaffeehauskellner Leopold Klement ist allein stehend und wohnt zur Untermiete. Am 9. April 1939 hat er einen freien Tag und trifft schon zu Mittag im Weinlokal einige Kollegen. Am Abend desselben Tages besucht er im angeheiterten Zustand ein Lokal im Stadtzentrum und beginnt mit einem Gast Karten zu spielen. Ein anderer Gast, Hermann Weiss, vermeint Klement von früher zu kennen und behauptet schließlich, in ihm ein ehemaliges Mitglied der Vaterländischen Front[407] oder der Heimwehr[408] wiedererkannt zu haben. Er stellt Klement zur Rede. Daraufhin kommt es zu einer Auseinandersetzung verbaler Art, die in der Toilette ausgetragen und von zwei weiteren zufällig anwesenden Gäste bestätigt wird. Alle drei behaupten später, dass Klement gerufen habe: „Ich scheiß auf die Schwarzen und ich scheiß auf die Nationalsozialisten."[409]

Klement verlässt daraufhin das Lokal, ohne die Zeche zu zahlen. Die drei Männer folgen ihm kurze Zeit später und beginnen auf der Straße eine Schlägerei, da sie ihn – wie sie später zu Protokoll geben – für seine Beschimpfungen und die Zechprellerei bestrafen wollen. Klement habe daraufhin eine Pistole gezogen und gerufen: „Wer mir nahe kommt, den schieß ich nieder." Beim anschließenden Gerangel sei ihm die Pistole entwunden worden und Klement habe die Flucht ergriffen. Hermann Weiss, Franz Hanauska und Robert Braun begeben sich umgehend ins Wachzimmer Bräunerstraße, um Leopold Klement anzuzeigen.[410]

Zwei Tage später ist Klement ausgeforscht, weil einer der Anzeiger ihn als Kellner kennt. Klement wird jedoch nicht verhaftet, sondern nur vernommen. Er erklärt, vollkommen betrunken gewesen zu sein und sich an rein gar nichts erinnern zu können. Den Revolver habe er vom Krieg nach Hause gebracht, aber nie getragen. Dass er ihn an diesem Abend bei sich hatte, könne er sich nicht anders erklären, als dass er ihn während eines kurzen Aufenthalts zu Hause – an den er sich ebenfalls nicht erinnere, der aber laut seiner Vermieterin zwischen dem ersten und zweiten Lokalbesuch gelegen sein müsse – an sich genommen habe. Er habe keine Ahnung, warum. Am nächsten Tag – so Klement weiter – habe er Schmerzen verspürt und Beulen am Kopf gehabt, könne aber nicht sagen, von wem und wo er geschlagen worden sei.[411]

Der Amtsarzt bestätigt eine Risswunde am Zeigefinger.[412]

Der Fall wird dem Sondergericht übergeben, das sich jedoch nur mit der Straftat nach dem „Heimtückegesetz" beschäftigt und die übrigen Straftatbestände (gefährliche Drohung und Waffenbesitz) an das ordentliche Gericht abgibt.[413] Leopold Klement bleibt auf freiem Fuß.

Der Staatsanwalt ersucht die Gestapo Wien um ein politisches Leumundszeugnis.[414] Dieses bescheinigt Klement zwar, nie politisch aktiv gewesen zu sein, spricht aber die Vermutung aus, dass er während seiner früheren Arbeit bei der Straßenbahn mit Sozialdemokraten in Verbindung gestanden beziehungsweise der Partei angehört haben könne. Es sei anzunehmen, dass er sich um die nationale Bewegung nicht besonders bemüht habe. Die Gestapo ersucht das Gericht ferner um Bekanntgabe, wie das Verfahren ausgegangen sei.[415] Der Staatsanwalt verleiht in der Meldung an den Reichsjustizminister in Berlin seiner Meinung Ausdruck, dass eine Strafverfolgung des Falles nicht notwendig sei. Er stellt sich dabei auf den juristischen Standpunkt, dass zwar die betreffende Beschimpfung auf der Toilette inhaltlich den Tatbestand eines Vergehens nach dem „Heimtückegesetz" erfülle, es jedoch zu bezweifeln sei, dass von einer öffentlichen Äußerung ausgegangen werden könne, wenn die Äußerung „auf einem Closett vor einem geschlossenen Personenkreis" gemacht worden ist. Überdies sei der Beschuldigte bisher politisch noch nicht in Erscheinung getreten, habe die Bemerkung in angetrunkenem Zustand gemacht und sei anschließend von den Zeugen „aus Empörung über die Äußerung misshandelt worden".[416]

Im Protokoll der Erstanzeige (Polizei) befindet sich nach dem Satz „Ich scheiß auf die Schwarzen und ich scheiß auf die Nationalsozialisten" in Klammern hinzugefügt: „Ich bin ein Roter und bleib ein Roter."[417] Der Staatsanwalt weist ausdrücklich darauf hin, dass Letzteres von keinem der drei Zeugen in der Vernehmung bestätigt wurde. Ob die betreffende Äußerung vom anzeigenden Polizisten einfach hinzugefügt wurde, um der Anzeige die nötige Härte zu verleihen, oder wie sie sonst ins Protokoll kam, lässt sich nicht mehr feststellen. Der Reichsjustizminister folgt der Einschätzung des Wiener Staatsanwalts und sieht von einer Strafverfolgung ab. Leopold Klement kommt mit einer Verwarnung davon.[418]

Vergleicht man das Verfahren gegen Leopold Klement mit dem zuvor beschriebenen gegen Marie Zalesak – beide vom selben Staatsanwalt, Dr. Stich, geführt –, so besteht der offensichtlichste Unterschied zunächst darin, dass Zalesak ihre Beschimpfungen in der Öffentlichkeit, auf einem Markt, gemacht hat und Klement auf einer Toilette. Wäre Letzteres im Gastraum geschehen, hätte es sich gleichfalls um eine öffentliche Äußerung gehandelt. Aber auch in vielen ähnlichen, eigentlich „nichtöffentlichen" Fällen bot der Gesetzestext Möglichkeiten zur weiten Auslegung. So konnten nichtöffentliche Äußerungen öffentlichen gleichgestellt werden, „wenn der Täter damit rechnet oder damit rechnen muss, dass seine Äußerung in die Öffentlichkeit dringen werde"[419]. Dass diese Auslegung bei Klement unterblieb, verwundert angesichts der Tatsache, dass selbst die Bemerkung einer Vermieterin gegenüber in einem anderen Fall als öffentliche Äußerung qualifiziert worden ist. So gesehen hatte Klement großes Glück, denn es wäre ein Leichtes gewesen, die Äußerungen auf der Toilette eines Gasthauses, in Anwesenheit dreier Gäste, in diesem Sinne auszulegen. Vergleicht man den Fall Zalesak mit den Äußerungen Franz Preisslers, der betrunken in der Straßenbahn über den Führer geschimpft hat und dennoch mit einer Verwarnung davonkam, so fällt auf, dass dieser, obwohl arbeitslos, nicht als „asozial" eingestuft wurde. Seine „Ausrutscher" hatte Preissler gerade mit seiner Verärgerung über die Arbeitslosigkeit begründet. Der Kellner Klement ging ohnehin einer geregelten Arbeit nach. Marie Zalesak hingegen war obdachlos, als Trinkerin bekannt, lebte von staatlicher Unterstützung und es ist sehr wahrscheinlich, dass sie auch bei „harmloseren" Äußerungen bestraft worden wäre, da es erklärtes Ziel nationalsozialistischer Politik darstellte, Menschen wie sie vom „gesunden Volkskörper" zu isolieren.[420] Hinzu kommt, dass Staatsanwälte und Richter auf Grund der vorherrschenden Geschlechterrollen eher dazu neigten, einem Mann Trunkenheit und damit einhergehenden Kontrollverlust nachzusehen beziehungsweise als mildernden Umstand zu werten als einer Frau. Das beweisen die zahlreichen Verfahrenseinstellungen von „Heimtückefällen" wegen erwiesener Trunkenheit zur Tatzeit (politische Unbescholtenheit vorausgesetzt), bei denen ähnliche Äußerungen gegen Hitler oder andere NS-Führer verhandelt worden waren. Etwa gegen Bruno Malotta, der beschuldigt wurde, im Juli 1939 im Morgengrauen auf offener Straße im Vollrausch gerufen zu haben: „Rotfront, Heil Moskau! Es wird nur einer leben und das ist Lenin."[421] Auch das Verfahren gegen den Kaufmann August Barth, der von einem Passanten denunziert wurde, weil er in angetrunkenem Zustand auf der Straße „Führerbeleidigungen" ausgestoßen hatte, wurde mit einer Verwarnung eingestellt.[422] Marie Zalesak hingegen war trotz Volltrunkenheit unterstellt worden, sie sei sich ihrer Handlung bewusst gewesen.

Dass man sich in vergleichsweise ähnlichen Fällen wie dem des eben beschriebenen Leopold Klement nicht lange mit der Definition von Öffentlichkeit aufhielt, bestätigt unter anderem das weiter oben geschilderte Beispiel der arbeitslosen Anna Gerlich, die lediglich ihrer Vermieterin gegenüber in deren Wohnung verlautet hatte, der „Führer" könne sie mal … Objektiv betrachtet musste sie dort viel weniger in Kauf nehmen, dass ihre Äußerung die Öffentlichkeit erreichen würde, als Leopold Klement auf einer Gasthaustoilette. Diese schwammigen Definitionen eröffneten einen relativ großen Ermessensspielraum für das Gericht, der – wie die unterschiedliche Auslegung zeigt – gemäß gesellschaftlich festgelegten Rollenbildern und Wertvorstellungen in Anspruch genommen wurde, sodass die Folgen einer diesbezüglichen Denunziation immer auch von Geschlecht und sozialem Status abhingen.

Tatort Kaffeehaus

Obwohl wir bei den Briefen an Reichskommissar Bürckel nicht davon ausgehen können, dass der Absender wirklich das ist, was er vorgibt – in diesem Fall Kaffeehauskellner; genauso gut könnte es sich um einen Gast am Nachbartisch handeln –, sind Briefe wie die zwei folgenden ihres Charakters wegen als beispielhaft anzusehen. Die Absender teilen dem Reichskommissar/Gauleiter eine irgendwo beobachtete Begebenheit oder zufällig Aufgeschnapptes mit:

> Sehr geehrter Herr Gauleiter!
> Ich teile Ihnen mit, dass Frau Professor Korkesch an einen jüdischen Rechtsanwalt in Wien einen Brief geschrieben hat, in wel-

chem sie ihm mitteilt, dass sie in Mähr. Neustadt eine Liste von sudetendeutschen Leitern einem tschechischen Beamten übergeben hat. Sie schrieb ihm auch, dass sie bald nach Kritzendorf kommen wird und sich wegen der Schmucksachen und Schweizerfranken, die sie für einen Bekannten in Brünn mitgenommen hat, ins Einvernehmen zu setzen, wenn sie nach Wien kommt. Ob Frau Korkesch in Kritzendorf gemeldet ist, weiß ich nicht. Ich bin Kellner in einem Café in der Stadt und habe dieses Gespräch im Café belauscht. Ich bin kein Nationalsozialist, ich war immer Sozialdemokrat, die Nachrichten aber aus dem Sudetenland erschütterten mich zutiefst, sodass ich mich entschlossen habe, diese Tschechin zur Anzeige zu bringen. Ob Sie etwas unternehmen ist mir gleich. Ich werde meinen Namen nicht nennen, weil ich nach langer Arbeitslosigkeit endlich einen Posten bekommen habe und diesen nicht aufs Spiel setzen werde.[423]

Sehr geehrter Herr Gauleiter Bürkel.
Ich war in der ersten April Woche als fremder Gast in einem Gasthaus XV. Bz., Karmeliterhofgasse, Birnbaumer, dort waren mehrere Gäste, die sich mit Du ansprachen, einer hieß Franz Hauser, der sich äußerte, der Führer kann mich im Arsch lecken, i scheiß ihn was [...] ein gewisser Herr Mitter Gustav sagte [...] einmal noch so ein Ton, so hast a paar Watschn, ich bin sofort gegangen [...].
Der Hauser soll dort im selben Haus wohnen und der andere namens Mitter soll Kohlehändler sein.[424]

Im folgenden Fall wurde der 19-jährige Alfred Halbauer von einem zwei Jahre jüngeren Burschen denunziert, er habe 1939 „im angeheiterten Zustand in lautem Tone vor einer größeren Menschenansammlung abfällige Äußerungen über Adolf Hitler gemacht".[425] Aus einem relativ harmlosen Ereignis sollte durch diese Denunziation ein politisches Delikt mit dramatischen Folgen werden.

Ferdinand Pech, ein Rayonsinspektor aus Wiener Neustadt, wird am 10. November 1939 zum Baumkirchner-Ring beordert, weil dort angeblich irgendein Tumult im Gange sei. Als er ankommt, ist davon jedoch weit und breit nichts zu erkennen. Er berichtet, dass nach einer Weile ein junger Bursche, Franz Hauser, auf einem Fahrrad angefahren kommt, bei ihm stehen bleibt und ihm erzählt, dass kurz zuvor ein Menschenauflauf neben der Schule stattgefunden habe, weil ein Mann sinngemäß Folgendes gerufen habe: „Schad, dass den Hitler net umbrocht ham! I fahr no selber hinaus und drah nan ham!“[426]

Zwei Tage zuvor hatte der 36-jährige schwäbische Schreiner Georg Elser versucht, Hitler während eines Auftritts im Münchner Bürgerbräukeller durch eine Zeitbombe zu töten. Acht Personen kamen bei der Explosion ums Leben, aber Hitler entging dem Attentat, weil er den Saal früher als sonst üblich verlassen hatte, um einen Zug nach Berlin zu nehmen.[427]

Der junge Franz Hauser berichtet weiter, dass sich die Beteiligten Richtung Martingasse begeben hätten, und bietet dem Polizisten sein Fahrrad zur Verfolgung an. Inspektor Pech kann so den Mann tatsächlich einholen, der gegen seine Festnahme Widerstand leistet und von einem Arrestantenauto abgeholt werden muss.[428]

Der verhaftete Alfred Halbauer wird einen Monat später vom zuständigen Bezirksgericht zu drei Monaten schweren Kerkers verurteilt, allerdings „nur“ wegen „Widerstands gegen die Behörden“, denn Inspektor Pech hatte die Sache weder an die Gestapo noch an das Gericht weitergeleitet. Alfred Halbauer wird dennoch im Frühjahr 1940 dem Sondergericht überstellt, das ein Verfahren wegen „Heimtücke“ gegen ihn einleitet. Inspektor Pech wird als Zeuge geladen und unter anderem gefragt, ob Halbauer in seiner Gegenwart Äußerungen gegen Hitler gemacht habe und ob ihm etwas über die politische Einstellung des Beschuldigten bekannt sei. Pech verneint beide Fragen wahrheitsgemäß. Der zweite geladene Zeuge, der junge Franz Hauser, belastet Alfred Halbauer jedoch erneut schwer, worauf das Sondergericht zu folgendem Ergebnis kommt:

> […] Der Beschuldigte behauptet, sich an den Vorfall überhaupt nicht erinnern zu können, weil er volltrunken gewesen sei, [es sei] jedoch erwiesen, dass der Beschuldigte zwar stark alkoholisiert war, jedoch zusammenhängend sprechen und aufrecht gehen konnte, sodass von einer Volltrunkenheit keine Rede sein kann. […]
> Der Beschuldigte war und ist Sozialdemokrat und hält auch heute noch die Verbindung zu kommunistischen Kreisen aufrecht.

> Die Äußerungen stellen den Versuch einer Rechtfertigung des Münchner Sprengstoffattentates vom 9. 11. 1939 dar, dem der Führer nur durch eine gütige Schicksalsfügung entronnen ist, [...] damit beinhalten sie auch eine hetzerische und von überaus niedriger Gesinnung zeugende Stellungnahme gegen den Führer und sein Lebenswerk.[429]

Halbauer wird vom Sondergericht Wien wegen „Heimtücke" zu zwei Jahren Zuchthaus, einer in „Heimtückefällen" unüblich hohen Strafe, verurteilt und anschließend an die Gestapo überstellt, die ihn „auf Kriegsdauer in Schutzhaft" nimmt. Mit Sicherheit hat bei dieser Entscheidung die Tatsache den Ausschlag gegeben, dass Halbauers Äußerung sich direkt auf das Attentat auf Hitler bezogen hatte und bei ihm zusätzlich Verbindungen zu kommunistischen Kreisen festgestellt worden waren. Dass ein Attentat überhaupt möglich gewesen war, traf die Gestapo als die für die Sicherheit verantwortliche Instanz im Nerv. Dementsprechend hart wurde mit jenen umgegangen, die in irgendeiner Form damit in Zusammenhang gebracht wurden oder sympathisierten.

Am 9. Dezember 1944 wird der nun 24-jährige Halbauer todkrank entlassen; drei Wochen später stirbt er an den Folgen der Haft.[430]

Nach dem Krieg erstattet Anna Karner, die Schwester Franz Halbauers, Anzeige gegen Franz Hauser und Ferdinand Pech wegen der Denunziation ihres Bruders. Zum Beweis legt sie die Anklageschrift des NS-Sondergerichts vor.[431] Im Verfahren vor dem Volksgericht Wien bestreitet der mittlerweile 24-jährige Franz Hauser jede Beteiligung und beschuldigt Polizeiinspektor Pech, die Anzeige gemacht zu haben. Pech hingegen behauptet, keine Meldung an das Sondergericht erstattet zu haben. Hauser versucht mit Hilfe seines Vaters auf „Unzurechnungsfähigkeit" zu plädieren und stellt einen Antrag auf Einweisung in eine psychiatrische Anstalt. Mehrere hinzugezogene Sachverständige kommen jedoch zu dem Ergebnis, dass keinerlei psychiatrische Störungen vorliegen. Das Gericht kann Hauser anhand der von der Schwester des Opfers vorgelegten Akten des NS-Sondergerichts beweisen, dass er es war, der sowohl die Polizei telefonisch zum Ort des Geschehens gerufen als auch später die Anzeige beim Sondergericht eingebracht hat. Ohne die Sondergerichtsakten hätte Hauser wohl nicht überführt werden können, weil Aussage gegen Aussage gestanden wäre.

Im Januar 1948 wird Franz Hauser zu einem Jahr schweren Kerkers verurteilt.[432]

Tatort Luftschutzkeller

Die 41-jährige Angestellte der Stadtgemeine Stockerau, Marie Braunsteiner, geht kurz vor Weinachten 1944 – wie bei Fliegeralarm üblich – in den Luftschutzkeller des Rathauses der Kleinstadt. Im Keller befinden sich mehrere Frauen, darunter Ausgebombte aus dem nahegelegenen Wien. Während Braunsteiner auf Entwarnung wartet, hört sie, wie sich im Nebenraum eine Debatte über den „Volkssturm"[433] entwickelt, bei der abfällige Äußerungen fallen. Über den Inhalt der Äußerungen zweier Frauen ist sie so empört, dass sie schließlich hinübergeht und sich einmischt. Als Entwarnung gegeben wird, löst sich die Runde auf und alle gehen nach oben. Auf der Treppe trifft Frau Braunsteiner zufällig den Bürgermeister von Stockerau und erzählt ihm sogleich von dem Vorfall. Dieser nimmt eine der noch anwesenden Frauen, die 25-jährige Wiener Postangestellte Therese Vogelweider, mit auf die Wache der Schutzpolizei. Frau Braunsteiner gibt zu Protokoll, was sie im Keller gehört hat:

> Im Verlaufe der Debatte, an welcher sich hauptsächlich drei Frauen beteiligten hörte ich, wie sich 2 Frauen in abfälliger Weise äußerten, während die dritte dagegen Stellung nahm. Die zwei Frauen äußerten sich wie folgt [...]:
> Ach Gott, der Volkssturm, der ist gar nichts, [als] der zur Vereidigung aufmarschiert ist, haben die Männer gesagt, dass sie gleich davonrennen, wenn etwas ist. Was wollen sie denn mit den 16jährigen Buben oder mit den alten Männern machen. [...] Jetzt erfahren wir erst, dass die Russen schon am Plattensee sind. [...] Reichsleiter Schirach hat in letzter Zeit gesagt, dass Wien jetzt eine Festung sei. Die andere [Frau] erwiderte, dass Schirach leicht reden könne, der fährt nach Klosterneuburg zu seiner Freundin in den Bunker.
> Es muss auch über unsere Soldaten gesprochen worden sein [...]. Ich hörte nur, wie die Lehrerin Schön sagte, dass unsere Soldaten in Narvik so tapfer gewesen seien. Ich hörte auch, wie die Lehrerin die Frauen fragte, ob es ihnen nicht jetzt besser

gehe. Eine der Frauen erwiderte: „Na ja, früher waren die Juden, jetzt sind halt die Preußen."
Daraufhin ging ich in den Nebenraum und stellte die Frauen zur Rede.[434]

Auch die 28-jährige Lehrerin Helene Schön, ebenfalls empörte Zeugin des Geschehens, beschuldigt die Festgenommene und eine weitere ihr unbekannte Frau:

> Über den Volkssturm wurde ziemlich abfällig gesprochen. Als ich dies hörte, habe ich offen zum Ausdruck gebracht, dass der Volkssturm etwas wert sei, weil er in Ostpreußen unbeschreibbare Erfolge habe. Eine mir unbekannte Frau [...] machte Einwände in der Richtung, dass bei uns die Leute anders als in Ostpreußen seien. Die Inhaftierte Frauensperson brachte offen zum Ausdruck, dass die Österreicher gegenüber den anderen immer die Trottel sind und bleiben werden, gleichgültig ob die einen bleiben, oder die anderen kommen. Ohne dass ich sagen kann, wer es gesagt hat, muss ich angeben, dass auch über die NSDAP abfällig gesprochen worden ist [...], dass bei Wien auf einem Berg 12 Bunker gebaut worden sind, in welche die hohen Parteifunktionäre bei Fliegeralarm mit ihren Auto hinausflitzen. Die Inhaftierte Frau hat offen zum Ausdruck gebracht, dass es ein Blödsinn sei, im 20. Jahrhundert einen Krieg anzufangen. Auf meine Erwiderung, dass wir hiefür nicht verantwortlich sind, hat die Frau betont, dass die Schuld an dem Kriege bei uns liege. Ich und eine gewisse Frau Braunsteiner haben die Frau zurechtgewiesen und hernach die Anzeige erstattet. Die [andere] Frau, die sich ebenfalls abfällig geäußert hat, ist mir unbekannt, doch weiß ich, dass sie im Gasthaus Wagner neben der Polizei täglich essen soll.[435]

Die inhaftierte Therese Vogelweider wird noch am selben Abend vernommen. Sie bestreitet, abfällige Äußerungen über den „Volkssturm" gemacht zu haben, gibt aber die übrigen Anschuldigungen zu. Sie habe sich von der Anzeigerin Schön provoziert gefühlt, weil diese die „Ostmärker" gegenüber den Preußen herabgesetzt habe. Deshalb habe sie eingewendet, dass sich die ostmärkischen Gebirgsjäger doch hervorragend bewährt und die Engländer fast allein abgewehrt hätten, aber immer die Dummen seien.

> Zu meiner Rechtfertigung möchte ich anführen, dass ich in diesem Kriege bereits zwei Cousins und einen Onkel verloren habe. Außerdem ist mein Bruder [...] in englische Gefangenschaft geraten. Durch die Äußerung der Schön, dass die Ostmärker minderwertige Soldaten seien, habe ich mich aufgeregt und [...] nicht bedacht, was ich spreche.[436]

Therese Vogelweider wird auf freien Fuß gesetzt, aber im Februar 1945 zur Gestapo Wien vorgeladen und dort vernommen. Sie bleibt bei ihren Aussagen vom Dezember. Die beiden Anzeigerinnen wiederholen bei der Gestapo ihre Anschuldigungen. Die Beweislage erscheint der Gestapo ausreichend genug, um den Fall an das Sondergericht Wien weiterzuleiten, und das Reichsjustizministerium ordnet die Strafverfolgung an. Therese Vogelweider wird angeklagt, „sich öffentlich hetzerisch über den deutschen Abwehrkampf geäußert" und damit gegen das „Heimtückegesetz" verstoßen zu haben. Der Staatsanwalt verfasst am 14. März 1945 die Anklage und beantragt die Anberaumung der Hauptverhandlung.[437]

Wegen der letzten Kriegswirren und der Einnahme Wiens durch die Alliierten ist es dazu nicht mehr gekommen.

Auch dieser Fall steht als Beispiel dafür, dass es Menschen gab, die angesichts der drohenden Niederlage umso verbissener am „Endsieg" festhielten, sei es aus Realitätsverdrängung oder aus dem Glauben, das Ende aufhalten zu können. Kritiker oder Defätisten mussten noch entschiedener eliminiert werden.[438]

„Asozial und gemeinschaftsfremd": Randgruppen und „Zigeuner"

Auch Angehörige anderer, als minderwertig angesehener Gruppen wurden denunziert, wie etwa die so genannten „Gemeinschaftsfremden", die wegen ihres Lebenswandels als „asozial" oder „arbeitsscheu" angesehen wurden. Für die Nationalsozialisten zählten dazu Alkoholiker, Bettler, Landstreicher, Prostituierte oder (Unterschichts-) Frauen mit „freizügigen sexuellen Kontakten" sowie Menschen, die nicht arbeiten wollten oder es infolge ihres sozialen Abstiegs nicht mehr konnten und von der Fürsorge lebten.[439]

Die nationalsozialistische Sozialpolitik sah in der (wie auch immer gearteten) Versorgung der in jeder modernen Gesellschaft vorhandenen subproletarischen Schicht keinen Sinn. Der grenzenlose sozialpolitische Optimismus des Nationalsozialismus, der in seinem „Gesamtkunstwerk“ keine vom Idealbild abweichende Gruppe dulden konnte und wollte, zeitigte zwangsläufig „Ausräum- und Ausmerzphantasien“[440]. Heydrich, der als Chef des SD eine allgemeine gesetzliche Denunziationspflicht einführen wollte, machte sich in den Diskussionen um ein „Euthanasiegesetz“ dafür stark, die „Asozialen“ mit einzubeziehen,[441] fand aber keine Resonanz. Letztlich sollte es nie zur Verabschiedung eines „Euthanasiegesetzes“kommen.

Eine Denunziation von „Asozialen“ konnte weit reichende Folgen haben, besonders wenn das Opfer der Denunziation als „unverbesserlich“ eingestuft wurde. Solchen Menschen drohten „Arbeitshaus“, „Vorbeugehaft“, Zwangssterilisation, Lager und mitunter Vernichtung.[442] Die Fürsorgebehörden konnten beispielsweise bei „schwerem Alkoholismus“ oder „moralischem Schwachsinn“ (Letzteres eine Klassifikation für „soziale Querulanten“ und Prostituierte) die Sterilisation der betroffenen Frauen und Männer einleiten.[443]

Die unter dem Begriff „Aktion Arbeitsscheu Reich“ in die Geschichte eingegangene Verhaftungswelle von mehr als 10.000 Männern als so genannte Arbeitsscheue und Asoziale im Frühjahr und Sommer 1938 stellte einen Wendepunkt hin zur Verschärfung des Vorgehens gegen so genannte Asoziale dar. Unter den Verhafteten waren auch 1500 Juden, deren Einordnung als „asozial“ sich auf Vorstrafen gründete, unabhängig davon, ob sie erwerbstätig waren oder nicht.[444] Alle Verhafteten wurden in Konzentrationslager verschleppt. Die Aktion wäre im Übrigen ohne die aktive Mitarbeit der Fürsorgebehörden und Gesundheitsämter nicht möglich gewesen, waren doch Gestapo und Kriminalpolizei auf Detailkenntnisse über den betroffenen Personenkreis angewiesen.

Auch in den folgenden Jahren wurden auf der Grundlage des „Grunderlasses Vorbeugende Verbrechensbekämpfung“ von Ende 1937 weiterhin Männer und zunehmend auch Frauen, die als nicht resozialisierbar galten, als „Asoziale“ in Konzentrationslager eingeliefert.[445] Ab 1941 wies man auch Jugendliche in so genannte Jugendschutzlager zur „Erziehung durch Arbeit“ ein, die sie oft genug nicht überlebten.[446]

Anders als bei der Verfolgung von Juden gab es bei der Verfolgung von „Gemeinschaftsfremden" weder einen Generalplan noch deuten Hinweise auf eine zentrale Lenkung. Die damit beschäftigen Behörden waren sich zwar über die Notwendigkeit der Ausgrenzung einig, nicht aber über die genaue Definition der einzubeziehenden Personen beziehungsweise über den konkreten Weg. Daher waren regionale Unterschiede und Unterschiede zwischen den verschiedenen Institutionen keine Seltenheit.[447] Bislang gibt es keine auch nur halbwegs begründete Schätzung, wie viele „Asoziale" in Konzentrationslager eingeliefert wurden; so ist auch die Anzahl jener, die ihr Leben verloren haben, derzeit nicht zu ermitteln. Sie dürfte aber mehrere Tausend betragen.[448]

Nach dem Krieg erhielten überlebende Häftlinge keine Entschädigung. Sowohl die Regierungen Deutschlands und Österreichs und deren Opferfürsorgebehörden als auch die Opferverbände ignorierten diese Gruppe von Verfolgten.

Zwar enthalten die Quellen, die diesem Buch zu Grunde liegen, keine Denunziation von Homosexuellen, doch sei an dieser Stelle erwähnt, dass auch sie als „gemeinschaftsfremd" verfolgt und – wie Forschungen belegen – häufig Opfer von Denunziationen aus der Bevölkerung wurden. Auch bei Razzien gegen Schwulentreffpunkte in den größeren Städten setzte die Gestapo auf Hinweise aus der Bevölkerung.[449]

Die Gesamtzahl der wegen Homosexualität verurteilten Männer im Nationalsozialismus wird auf 50.000 geschätzt. Frauen standen nicht unter Strafverfolgung, wurden aber als „Asoziale" verfolgt und in Einzelfällen auch in Konzentrationslager eingeliefert. Die Zahl der im KZ gestorbenen Homosexuellen liegt zwischen 5000 und 15.000.[450]

„Arbeitsscheues Gesindel"

Eine Frau bittet Bürckel im Sommer 1940 anonym, die Bänke vor ihrem Gemeindebauhof entfernen zu lassen, denn

> wenn wir Frauen aus der Arbeit kommen oder beim Tor rausgehen, sitzt so ein arbeitsscheues Volk und lacht […] einen aus, da sollten Sie einmal [*unleserlich*] machen und dieses Gesindel zusammen fangen lassen und in ein Arbeitslager oder es gibt Arbeit

genug beim Bauern, um dieses Volk endlich arbeiten zu lernen. Da sitzen sie da, bekommen Unterstützung […] lachen anständige Menschen aus, bestimmt wissen Sie Herr Gauleiter und der Führer von solchen Zuständen nichts. Heiraten, um keinen Arbeitsdienst zu machen und dass der Staat sie erhalten muss […] bitte nochmals um Entfernung der Bänke, es gibt ja Anlagen genug, wo man sie hinstellen kann, vor […] Spitäler oder Lazarette für unsere Soldaten […] in Privathäusern haben sie auch keine vor dem Haus.
Heil Hitler
Eine arbeitende Frau vom XXI. Bz.
Bitte noch etwas […] man sagte mir vor Kurzem, im Reich gibt es so eine Schlamperei nicht, dass alles von den Kindern so zugerichtet ist, der Verwalter ist nicht imstande, diesem Gesindel Herr zu werden. Der Wiener schimpft über Deutschen aber was Ordnung und Kameradschaft anbelangt, ist der Wiener weit zurück, nur traurig, dass ich als Ostmärkerin so was sagen muss.[451]

Das ist nicht der einzige Brief an Bürckel, in dem „arbeitsscheues Gesindel" im Gemeindebau beklagt wird. Ein weiteres anonymes Schreiben enthält eine Beschwerde über Frauen mit nur einem Kind, die den ganzen Tag auf den Bänken herumsäßen und „tratschten", während andere arbeiten müssten. Der oder die Verfasser/in fragt an, ob man diese Frauen nicht zur Arbeit heranziehen könne.[452]

Der pensionierte Polizeiinspektor Eduard Brosch sei erst vierzig Jahre alt, groß und stark und vollkommen gesund, so eine andere anonyme Zuschrift an Bürckel. Er führe ein ganz leichtsinniges Leben, vertrinke seine Pension und mache obendrein noch Schulden.

Aus Menschlichkeitsgefühl wäre eine Arbeitsaufdrängung für diesen Manne sehr am Platz und könnte sich vielleicht dadurch seine derzeit nur für ihn plagende Frau wieder erholen.
Ich hoffe, dass ich damit dem deutschen Volke diene und zeichne mit deutschem Gruß
Heil Hitler!
Ein Menschenfreund[453]

Wie viele der Verfasser anonymer Denunziationen betont auch der oder die Verfasser/in dieser Zeilen die uneigennützigen Motive des

Schreibens, in diesem Fall die Hilfe für die Ehefrau des Denunzierten und das Wohl der „Volksgemeinschaft". Es ist davon auszugehen, dass der Brief aus dem engeren Umfeld des Paares oder von der Ehefrau selbst kam.

In einem Brief, der einen Mann namentlich als „arbeitsscheuen Betrüger" meldet und ihn nebenbei noch als Kommunisten denunziert, der von staatlicher Unterstützung lebe, wird darum gebeten, die Mitteilung diskret zu behandeln, „da ich sonst bei diesem Kommunisten nichts zu lachen hätte".[454]

Ein mit „ein Volksgenosse" unterzeichneter anonymer Hardliner meldet Bürckel im Juni 1938 alles, was seiner Meinung nach „die Stadt Wien an dunklen Elementen belastet". In erster Linie handle es sich dabei um die vielen Bettler, die sich an allen Straßenecken und in Gast- und Kaffeehäusern herumtrieben. Dann gebe es in den Bezirken der Peripherie kleine Musikkapellen mit je zwei bis drei jungen Burschen als Absammlern – „ein Unfug sondergleichen", wie der Verfasser meint. Auch Invalide und Blinde mit vollen Höchstrenten würden betteln gehen, von den unbefugten Hausierern ganz abgesehen. Diese Leute seien „fast durchwegs arbeitsscheue Individuen [...], welche das bekannte gute Wienerherz ausnützen" und dann das Geld versaufen. Das Schreiben zählt noch andere solcher „Individuen" auf, etwa junge Burschen, die Passanten zu Glücksspielen auf der Straße verleiten und diese dann betrügen. Menschen, die in der Schuschnigg-Zeit das Arbeiten verlernt hätten und auch jetzt nicht arbeiten wollen, sollten zur Erziehung in ein Arbeitslager eingewiesen werden. Bürckel habe diese Macht und die anständige Bevölkerung Wiens würde es ihm danken.[455]

Die Existenz von Lagern für „Asoziale" dürfte sich herumgesprochen haben, denn die Forderung, die gemeldete Person in ein solches einzuweisen, taucht sehr oft in Denunziationsbriefen auf. Bereits 1936 hatte der *Völkische Beobachter* die Errichtung eines Arbeitslagers in Stuttgart mit der Überschrift „Wer leben will, muss arbeiten!" begrüßt. Tatsächlich berichtete die Tagespresse offensiv über derartige Maßnahmen.[456]

Von einer Frau, die sich als schwer krank ausgebe, heißt es in einem Brief an den Gauleiter Bürckel, sie sei in Wirklichkeit eine „ganz abgefeimte Schwindlerin und Querulantin", der endlich einmal Einhalt geboten werden müsse, indem man sie aus der Wohnung jage und in ein Arbeitslager stecke. Auch in diesem Fall geht es freilich um mehr, denn diese Frau, so heißt es weiter, bewohne mit ihrem Lebensgefährten eine leer gewordene Wohnung, „die bereits einem Parteigenossen zugesprochen wurde“. Trotz wiederholter Aufforderung würden sie die Wohnung nicht räumen.[457]

Elvira Czanda schreibt im Juni 1938 einen Brief an Bürckel und beschreibt darin ihre 41-jährige Mutter als ordinäre, verwahrloste Frau, die sich prostituiere und alles Geld mit Männern „vertue“, nachts oft nicht nach Hause komme und obendrein Dinge aus der Wohnung stehle und verkaufe. Seit 1917 sei sie arbeitslos. Es handelt sich hier offensichtlich um ein seit langem andauerndes Familiendrama, das die Tochter mit Hilfe des Reichskommissars geregelt sehen möchte, bevor sie, wie sie schreibt, „in den Arbeitsdienst“ fahren müsse. Im Wissen und Glauben, dass gegen solche Personen vorgegangen wird, schlägt sie vor, die Mutter in ein „Arbeitshaus“ einzuliefern.[458]

Was mit diesen Meldungen an den Reichskommissar und Gauleiter geschah, ob sie ad acta gelegt oder an Polizei- beziehungsweise Fürsorgebehörden weitergeleitet wurden, lässt sich leider nicht feststellen. Gegen Ende der Amtszeit Bürckels hatte man in Österreich zwar bereits mit der Erfassung von „Gemeinschaftsfremden“ begonnen, die so genannten Asozialenkommissionen – eine österreichische Besonderheit, die sich aus dem Gaustabsleiter, den Leitern des Sozialamtes, Vertretern der Wiener Abteilung der „Erb- und Rassenpflege“ und einem Vertreter des Arbeitsamtes zusammensetzten – gab es jedoch noch nicht. Diese wurden im Februar 1942 gegründet, kategorisierten fortan die betreffenden Personen und ordneten gegebenenfalls die Einweisung in ein Arbeitslager an.[459]

In einem Schreiben der Gemeindeverwaltung des Gaus Wien vom 2. November 1942 heißt es beispielsweise über die Einlieferung einer Frau:

> Über Antrag der Abteilung E 5 – Hauptwohlfahrtsamt wird […] die Unterbringung der [Margarete H.] […] in die Arbeitsanstalt für Frauen „Am Steinhof“ in Wien 14., Baumgartnerhöhe 1, angeordnet.
> <u>Begründung:</u>
> Auf Grund der gepflogenen Erhebungen und Feststellungen der Asozialenkommission der Gauleitung Wien der NSDAP ist Margarete H. […] als asozial […] anzusehen. Sie führt einen liederlichen Lebenswandel, treibt sich mit jungen Burschen und

Mädchen herum und geht einer geregelten Beschäftigung nicht nach. Sie muss als arbeitsscheu bezeichnet werden.
Ihr unsittliches und arbeitsscheues Verhalten ist erwiesen.
Um Hilfsbedürftigkeit zu verhüten, insbesondere ihre Gesundheit und Arbeitskraft zu erhalten, ist die Einleitung der erforderlichen Erziehungs- und Fürsorgemassnahmen gerechtfertigt und die Anhaltung in der Arbeitsanstalt zwecktunlich.[460]

Besagte „Arbeitsanstalt für asoziale Frauen" war 1941 auf dem Gelände der Psychiatrischen Anstalt Steinhof errichtet worden, zwischen 100 und 200 Frauen waren dort interniert. Weitere „Arbeitsanstalten" und „Arbeitserziehungslager" befanden sich in der Umgebung Wiens.[461] „Unverbesserliche und rückfällige Asoziale" konnten in ein Konzentrationslager eingeliefert werden.[462]

In die Kinder- und Jugendlichenabteilungen der Psychiatrischen Anstalt wurden auch so genannte schwererziehbare, unangepasste oder verwahrloste Kinder und Jugendliche eingewiesen. Einige der solcherart klassifizierten Kinder und „asozialen" Erwachsenen wurden – als „minderwertiges Leben" eingestuft – auch Opfer der Euthanasie: ein Kapitel, das bis heute noch nicht genauer erforscht ist.[463]

Roma und Sinti

Unter die Begriffe „asozial" und „gemeinschaftsfremd" wurden auch „Zigeuner" subsumiert, deren „Rassedefinition" der nationalsozialistischen Führung zunächst unklar war. Obwohl die „Nürnberger Rassengesetze" sich in erster Linie gegen Juden richteten und gesetzliche Bestimmungen für „Zigeuner" darin nicht aufscheinen, heißt es in einem Kommentar zu den Gesetzen: „In Europa haben artfremdes Blut im wesentlichen nur Juden und Zigeuner."[464] Hitler überließ die Einordnung der „Zigeuner" dem so genannten Rassenhygieneinstitut (auch Rassenhygienische Forschungsstelle). Anders als bei Juden galten danach „reinblütige Zigeuner" als weniger gefährlich als „Mischlinge". Die „Zigeunerforscher" glaubten nämlich festgestellt zu haben, dass „Zigeunermischlinge" die „rassenreinen Zigeuner" in Sachen Kriminalität erheblich überträfen, da sie sich meist mit „Asozialen" und „erblich Minderwertigen" gepaart hätten und so alle „negativen Eigenschaften" verstärkt aufwiesen.

1938 begann man mit der systematischen „rassebiologischen" Einordnung, nach der schließlich neunzig Prozent aller deutschen und österreichischen Sinti und Roma als „Zigeunermischlinge" klassifiziert wurden.[465] Sie wurden in Sammellager gesperrt, sterilisiert und immer wieder in größeren Gruppen in verschiedene Ghettos und Konzentrationslager verbracht.

In Auschwitz richtete man Ende 1942 ein so genanntes Familienlager für „Zigeuner" ein, in das ab Anfang 1943 etwa 23.000 Menschen (darunter 2900 aus Österreich) deportiert wurden. Die meisten von ihnen starben an Unterernährung, Seuchen und Misshandlungen, etwa 3000 wurden im August 1944 vergast. Von den rund 11.000 „Zigeunern" Österreichs haben nur 1500 bis 2000 überlebt.[466] Schätzungen zufolge wurden insgesamt etwa 220.000 „Zigeuner" Opfer der nationalsozialistischen Verfolgung.[467]

Die Überlebenden haben, bis auf Ausnahmen, bis heute keine Entschädigung erhalten, denn die gesellschaftliche Stigmatisierung und Diskriminierung dauerte auch nach dem Krieg fort. Weder der Staat noch die Opferverbände anerkannten die Verfolgung und das Leid, das dieser Gruppe angetan wurde. Die Historikerkommission der Republik Österreich, die im Frühjahr 2003 einen ausführlichen Bericht zur Enteignung des Vermögens österreichischer Sinti und Roma während der NS-Zeit vorgelegt hat, sieht dringenden Handlungsbedarf zur Entschädigung und Restitution.[468]

Sehr geehrter Herr Reichskommissar!
Gelegentlich meines Aufenthalts in Wien habe ich zu meiner nicht geringen Überraschung einen Mann in SA-Uniform gesehen, der weder in der NSDAP noch in deren Gliederungen etwas verloren hat.
Es ist dies ein Mann namens Ferdinand Oplustil welcher vor einigen Jahren in den Grinzinger Baracken im 19. Wiener Gemeindebezirk gewohnt hat. Dieser von Zigeunern stammende Mann hat durch viele Jahre die Landsmannschaft betrogen, in dem er ihr unter Vorspiegelung, studieren zu wollen, mehrere 1000 (Tausend) Schilling herausgelockt hat, welche er in gewissenlosester Weise versoffen hat.
Als Mitglied der S.D.P. [*Sudetendeutschen Partei*[469]] Konrad Henleins empfinde ich es als meine Pflicht, Sie sehr geehrter Herr Reichskommissar auf die unerhörte Frechheit dieses Verbrechers

aufmerksam zu machen, um die Bewegung unseres großen Führers Adolf Hitler vor einem nicht zu voraussehenden Schaden zu bewahren.
Ich bitte Sie daher die Erbringung des Abstammungsnachweises dieses Mannes anzufordern und zu veranlassen, dass er bis dahin vom Dienst beurlaubt werde. [...]
Mit „Heil Hitler", sowie dem Ausdrucke vorzüglicher Hochachtung zeichnet ein
Deutscher Volksgenosse Sudetendeutschlands[470]

Tatsächlich untersuchte das „Rassenhygieneinstitut" auch NSDAP-Mitglieder genealogisch auf Abstammung von „Zigeunern". Parteigenossen, BDM-Führerinnen, Frontsoldaten mit hohen Auszeichnungen fanden sich plötzlich in Auschwitz wieder, weil die Forscher in ihrer Ahnenreihe einen „Zigeuner" oder eine „Zigeunerin" ausfindig gemacht hatten.[471]

Eine besonders traurige Geschichte von Missgunst und Hass gegen „Zigeuner" hat der unlängst verstorbene Schriftsteller und Journalist Reimar Gilsenbach im Rahmen seiner umfangreichen Arbeiten zur Verfolgung der Roma und Sinti unter dem Nationalsozialismus recherchiert. Im Juni 1943 schreibt Margarethe Dickow aus Berlin im Namen einiger Kleingärtner einen Brief an die „Zigeunerdienststelle des Berliner Polizeipräsidiums", in dem sie mitteilt, dass sie als Blockverwalterin der Nationalsozialistischen Volkswohlfahrt in ihrem Block zwei Zigeunerfamilien habe: die Familien Krause und Freiwald in der Gartenkolonie „Wiesengrund".

In der Laube von Krause treffen sich oft sehr viele Männer und Frauen vom Osteinsatz, welchen Zweck diese Zusammenkünfte haben, entzieht sich meiner Kenntnis. Bestimmt machen sie aber keine Propaganda für das Dritte Reich. Ich bitte, [...] für alle Volksgenossen, welche in der Kolonie wohnen, und sich bemühen, anständige Menschen aus ihren Kindern zu machen, diesen Zustand ein Ende zu bereiten, indem die Zigeuner verschwinden. Verwarnungen wären zwecklos ...
Heil Hitler.[472]

Die Familien, die am „Wiesengrund" lebten, galten als Wolgadeutsche, weil sie seit der Jahrhundertwende gemeinsam mit anderen deutschen Sintifamilien als Musiker von Schlesien über Polen durch Russland, hauptsächlich durch Siedlungsgebiete der Wolgadeutschen, gezogen waren und ihre deutsche Staatsbürgerschaft nie abgelegt hatten. Während des Ersten Weltkriegs waren sie in Sibirien interniert, 1931 kehrten sie endgültig nach Deutschland zurück. Mehrere dieser Familien hatten sich am „Wiesengrund" niedergelassen. Im Herbst 1941 sichteten die Mitarbeiter der oben genannten „Rassenhygienischen Forschungsstelle" auch diese Familien und ordneten sie als „Zigeunermischlinge" ein. Fünf der ursprünglich acht Wolga-Sintifamilien der Laubenkolonie waren bereits im März 1943 ins „Zigeunerlager" nach Auschwitz deportiert worden.

Die Kriminalpolizei beantwortet die Denunziation und das Ansuchen der Kleingärtner zunächst abschlägig, da die Familien seit Jahren ein unbescholtenes Leben führten. Damit geben sich die Nachbarn jedoch nicht zufrieden. Im Oktober trifft ein zweites Schreiben von der „Stadtgruppe Berlin-Osten der Kleingärtner" bei der Kriminalpolizei ein:

> Wir sprechen hiermit die dringende Bitte aus, dafür Sorge tragen zu wollen, dass die Zigeuner, die noch auf Kleingartenparzellen hausen, endlich einem Sammellager überwiesen werden. Abgesehen davon, dass hierdurch die Kleingärtner von unliebsamen Mitmenschen befreit werden, würden auch Kleingartenparzellen frei werden.[473]

Der zuständige Kriminalkommissar Karsten gerät unter Druck und trägt sich mit dem Gedanken, die „Zigeunerfamilien" vom „Wiesengrund" in das so gut wie leer stehende große Sammellager in Berlin-Mahrzahn umzuquartieren. Nahezu alle ehemaligen Insassen dieses Lagers sind inzwischen nach Auschwitz gebracht worden.[474] Im Januar 1944 wird das Lager aber bei einem Bombenangriff so schwer beschädigt, dass keine Einweisungen mehr möglich sind.

Inzwischen erklären dreißig Kleingärtner der riesigen Gartenkolonie, „dass sie keine Klagen gegen die Zigeunerfamilien vorzubringen hätten". Doch die Beschwerdeführer lassen nicht locker. Im Wissen um die Gefahr, nach Auschwitz verbracht zu werden, haben die Sintifamilien nun offenbar selbst einen Vorschlag gemacht, denn Kommissar Karsten meldet einen bei ihm vorgebrachten Antrag des „Zigeunermischlings" Angela Freiwald, geb. Lora, die Familien nach

Thorn (Torun im heutigen Polen) zu Verwandten reisen zu lassen. Zu diesem Zeitpunkt durften „Zigeuner" ihren Aufenthaltsort nicht mehr verlassen, mussten jede ihnen zugewiesene Arbeit verrichten, hatten Gaststättenverbot, durften keine öffentlichen Verkehrsmittel mehr benutzen, Kindern war es untersagt, deutsche Schulen zu besuchen etc. Die Musiker der Familien Freiwald und Krause durften nun auch ihren Beruf nicht mehr ausüben; noch 1943 war Rudolf Krause bei einer Kapelle in Norwegen zur „Wehrmachtsbetreuung" eingesetzt gewesen. Mehrere Angehörige der beiden Familien mussten für das Heereszeugamt zu geringen Löhnen arbeiten.

Kommissar Karsten versucht, dem Antrag auf Übersiedlung zu den Verwandten nachzuhelfen, indem er an die Kriminalpolizei Thorn schreibt, es handle sich um Familien, die von der „Einweisung in das KL Auschwitz ausgenommen wurden, weil [sie] seit zehn Jahren einer regelmäßigen Beschäftigung nachgehen und zu Klagen bisher keinerlei Anlass gaben". Er bitte daher um ausnahmsweise Übernahme wegen der durch die Bombenangriffe eingetretenen Zustände. Anfang März 1944 lehnt die Kripo die Umsiedlung nach Thorn mit der Begründung ab, es gebe dort keinen Wohnraum und obendrein sei „ein Zuzug zigeunerischer Personen in das befreite Ostgebiet auch aus rassepolitischen Gründen, insbesondere als den Bestrebungen zur Festigung des Deutschtums im Osten zuwiderlaufend, durchaus unerwünscht".

Nun schaltet sich das Reichssicherheitshauptamt (RSHA) ein. Um weiteren Beschwerden über die „Zigeunerfamilien" vorzubeugen, werde „die Frage ihrer Einweisung in das Zigeunerlager Auschwitz überprüft. Zu diesem Zweck wird um Mitteilung der Personalien sämtlicher dort ansässigen zigeunerischen Personen [...] gebeten".

Es macht den Anschein, als hätte Kriminalkommissar Karsten vom Eintreffen der ersten Denunziation an versucht, die Familien zu schützen. Auch jetzt spricht er persönlich im RSHA vor, um noch einmal die Gründe der bisherigen Nichteinweisung vorzubringen. Offenbar ohne Erfolg: Das RSHA beauftragt die „Rassenhygienische Forschungsstelle" mit der nochmaligen Untersuchung der „Zigeuner" und einer „gutachterlichen Äußerung", die schließlich im Mai 1944 vorliegt. Alle Gutachten lauten auf „Zigeunermischling" – was Sterilisierung oder Konzentrationslager bedeutete. Kommissar Karsten übergibt dem RSHA die geforderte Auflistung der Familien und betont neuerlich in einem Begleitschreiben, „dass über das Verhalten dieser Sippen auch jetzt keine Klagen laut geworden sind. Sämtliche Angehörige dieser Familien, soweit sie noch nicht steril sind, haben sich mit der Unfruchtbarkeitsmachung einverstanden erklärt."

Zur Deportation der Familien nach Auschwitz sollte es nicht mehr kommen. Das dortige „Zigeunerlager" wird Anfang August 1944 liquidiert, die noch lebenden rund 3000 Insassen dieses Lagers werden von der SS in die Gaskammern getrieben. Bis in die letzten Kriegsmonate wird jedoch weiter sterilisiert.

Die Familien vom „Wiesengrund" nutzen das durch permanente Bombenangriffe entstandene Chaos, um die Flucht zu ergreifen.

Reimar Gilsenbach hat in den Achtzigerjahren zufällig einen Überlebenden vom „Wiesengrund" getroffen, Alfred Freiwald. Seine Großtante, die schon erwähnte Angela Freiwald, nimmt den damals Dreizehnjährigen in letzter Minute mit auf die Flucht. Sie nennen sich nun sicherheitshalber Lora, nach dem Geburtsnamen der Großtante. Vielleicht besitzt sie noch einen Matrikelschein auf ihren Geburtsnamen, wie ihn Gilsenbach in den NS-Zigeunerakten von einem anderen Familienmitglied gefunden hat, der diesen als Wolgadeutschen ausweist, ausgestellt von einem deutschen Konsulat in Russland. Wie auch immer: Alfred behält den Namen Lora von da an bis heute bei. Er glaubt sich zu erinnern, dass die Familie damals geflüchtet sei, weil die Kinder sterilisiert werden sollten. In den letzten Monaten des Krieges halten sie sich in den Wäldern versteckt, hungern und frieren. Dann mischen sie sich als Flüchtlinge, die vor den Russen aus Masuren geflüchtet seien, unter die inzwischen unüberblickbare Zahl von Flüchtlingen in Berlin, bis Deutschland im Mai endlich kapituliert.

Nach dem Krieg studiert Alfred Lora Musik und spielt schon mit siebzehn Jahren klassische Musik in verschiedenen Orchestern. Seit er zwanzig ist, interessiert er sich für Jazz, Swing und Folklore, er gründet seine eigene Band.[475] Heute leitet der 72-jährige das *Alfred Lora Swingtett.*[476]

Alfred Lora

„Der falsche Behm“: Ressentiments gegen Tschechen in Wien

In den Zuschriften aus der Bevölkerung finden sich als Wiener Spezifikum zahlreiche Hetz- und Denunziationsbriefe gegen Tschechen, das heißt gegen Wiener tschechischer Abstammung.

Zum besseren Verständnis derartiger Denunziationen sei an dieser Stelle die Geschichte der Tschechenfeindschaft, die ihren Ursprung in der österreichisch-ungarischen Monarchie hat, kurz beleuchtet. Schon die widerspenstigen Böhmen der Reformationszeit hatten den Unmut der Habsburger herausgefordert. Nach der Übernahme der böhmischen Krone 1617 holte Ferdinand II. mit Fanatismus und blutigem Krieg Böhmen, dessen Stände und Bevölkerung sich mehrheitlich zum Protestantismus hingewendet hatten, in die Obhut der katholischen Kirche zurück. Schon sechzig Jahre zuvor hatten die Habsburger gegen die Privilegierung der Hussiten in Böhmen eingegriffen. Solche einschneidenden Ereignisse wirken länger fort, als wir wahrhaben möchten: Noch heute beziehen sich die Prager beispielsweise eher auf ihre hussitische und protestantische Tradition denn auf die katholische, die als aufgezwungen betrachtet wird.[477]

Seit den ersten Jahrzehnten des 19. Jahrhunderts und spätestens seit der endgültigen Aufhebung der Untertänigkeit der Landbevölkerung nach der Revolution von 1848 strömten immer mehr Menschen aus verschiedenen Teilen der Monarchie in die Hauptstadt. Angesichts der Tatsache, dass damals halb Mitteleuropa zum Habsburgerreich gehörte, ist es nicht verwunderlich, dass diese Binnenwanderung in Wien zu einem bunten Gemisch aus verschiedenen Völkern der Monarchie führte. Die Hoffnung auf ein besseres und freieres Leben zog vor allem arme Leute in die Stadt. Dass die Tschechen dabei als geografisch nächstgelegene Gruppe den größten Teil der Zuwanderung ausmachten, ist verständlich. Im Zuge der zunehmenden Industrialisierung wurden in der Mitte des 19. Jahrhunderts immer mehr Arbeitskräfte benötigt und sogar mittels Agenturen angeworben.[478] Wer nicht ins industrialisierte Nordböhmen ging oder nach Amerika auswanderte, kam nach Wien. Am bekanntesten sind wohl die so genannten Ziegelböhmen, die größtenteils als Saisonarbeiter in den Wiener Ziegelwerken noch bis zur Jahrhundertwende unter katastrophalen Bedingungen zwölf Stunden täglich arbeiteten, Frauen, Männer und Kinder ab zwölf Jahren. Doch auch tschechische Lehrlinge und Handwerker kamen in die Stadt und siedelten sich an. Zur Jahrhundertwende war die Mehrheit der Wiener Schlosser, Tischler, Schuster und Schneider tschechischer Abstammung.[479] Frauen und vor allem allein zuziehende Frauen arbeiteten in der Regel als Dienstpersonal. Fast jeder wohlhabendere Wiener Haushalt hatte eine tschechische Hausangestellte und eine tschechische Köchin.[480]

1900 waren 518.333 (oder 30,9 Prozent) der in Wien heimatberechtigten Personen in Böhmen oder Mähren geboren. Auch wenn in den beiden folgenden Jahrzehnten wieder Abwanderungen zu verzeichnen waren, kann man sich ausmalen, wie viele Wiener tschechische Vorfahren haben. „Ein echter Wiener ist, wer mindestens eine tschechische Großmutter hat", behaupten manche. Nicht nur der böhmische Einfluss auf die Wiener Küche, sondern auch die Häufigkeit tschechischer Familiennamen erinnert an diese Zuwanderung. Einer Berechnung für das Jahr 1965 zufolge waren 27 Prozent der Familiennamen tschechischer Herkunft, allen voran Novak, gefolgt von Svoboda, Dvorak und Novotny.[481]

Den sozialen Aufstieg in die Selbstständigkeit hatten zu Beginn des 20. Jahrhunderts immerhin 17 Prozent der Zuwanderer geschafft, 10 Prozent aller Ministerialbeamten waren tschechischer Herkunft.[482] Die Integration der Tschechen in Wien ist sicherlich eine Erfolgsgeschichte, wenn auch der Druck auf die Tschechen, sich sprachlich zu assimilieren, enorm war. Besonders die regierende Christlichsoziale Partei betrieb eine tschechenfeindliche Politik, die so manches Ressentiment schürte. Ab 1900 musste jeder um Bürgerrecht in Wien ansuchende Tscheche einen Eid auf den „deutschen Charakter der Stadt" schwören, in dem er gelobte, diesen aufrecht zu erhalten.

Die tschechische Sprache war unerwünscht und verpönt. Tschechische Zeitungen wurden regelmäßig konfisziert und es soll sogar vorgekommen sein, dass deren Leser in Kaffeehäusern vorübergehend verhaftet wurden. Als die tschechische Gemeinde 1911 eine eigene Schule gründen wollte, eskalierte der Konflikt zur regelrechten Tschechenhetze.[483] Der „Ziegelbehm" und das Dienstpersonal waren „frech" geworden. Ähnlich wie die Juden wurden Tschechen als „Unterminierer" der deutschen Kultur diffamiert. Tscheche zu sein und Tschechisch zu sprechen galt als minderwertig.[484]

Nach dem Untergang der Monarchie bot die neu gegründete Tschechoslowakische Republik 1918 den in Österreich lebenden

Tschechen die Rückkehr an. Schätzungen zufolge wanderten daraufhin etwas über 100.000 Personen aus Wien ab. Auch das verstärkte das Ressentiment gegenüber den Tschechen. Einerseits wurde ihnen Unterwanderung der deutschen Kultur unterstellt und nun auch Mitschuld an der Zerstörung der Monarchie gegeben, andererseits wurden jene, die nun – da Österreich den Krieg verloren hatte und die Versorgungslage dramatisch war – Wien den Rücken kehrten, als Verräter betrachtet.

Das Phänomen, dass zugewanderte Menschen mitunter besonders echte und gute Einheimische sein wollen, finden wir wahrscheinlich überall auf der Welt, wo den Neuen das Dazugehörigsein schwer gemacht wird. So erklärt es sich vielleicht auch, dass einige der gegen die Tschechen gerichteten anonymen Zuschriften an Reichskommissar Bürckel, die ihre Sorge um das „deutsche Wien" und ihr Wienertum betonen, in gebrochenem Deutsch verfasst sind.[485]

Hitler selbst hat seine antitschechischen Ressentiments im Wien des beginnenden 20. Jahrhunderts gelernt. Angesichts der 1938 einsetzenden Propaganda gegen die Tschechoslowakei stieg der Druck auf die Österreicher tschechischer Abstammung, sich fortan als einwandfreie deutsche „Volksgenossen" zu beweisen.

> Österreich hatte Tschechen, Kroaten, Serben! Heilige Einfalt, hier ist alles vergeblich. Jeder Tscheche ist der geborene Nationalist, der seinen Interessen alle anderen Verpflichtungen unterordnet. Man darf sich nicht täuschen, je mehr er sich beugt, um so gefährlicher wird er. [...] Der Tscheche ist von allen Slawen der gefährlichste, weil er fleißig ist. Er hat Disziplin, hat Ordnung [...]. Hinter einer gewissen Loyalität weiß er seine Pläne zu verbergen. [...] Ich verachte sie nicht, es ist ein Schicksalskampf. Ein fremder Rassensplitter ist in unser Volkstum eingedrungen, einer muss weichen, er oder wir,

so Hitler resümierend zu Beginn des Jahres 1942.[486]

Hitler verdächtigte von allen slawischen Völkern der ehemaligen Monarchie besonders die Tschechen der Sympathie für die panslawistische Bewegung und damit für Russland und den Bolschewismus.[487] Mehrmals betonte er, nach den Juden auch die Tschechen aus Wien „hinaustun" zu wollen.[488] Allerdings hielt er einen großen Teil von ihnen für germanischen Ursprungs und somit für „eindeutschbar". Mit

Genugtuung stellte er fest, dass es schon im vergangenen Jahrhundert der Stolz eines Tschechen in Wien gewesen sei, Deutsch zu sprechen, und der „allergrößte Stolz, für einen Wiener gehalten zu werden".[489]

Anonyme Postkarte an Josef Bürckel:

> Ameisgasse 73
> Karl Blasizek
> braucht keine arbeit
> ganze familie verwandten Böhmischer abstamm
> Kommonisten
> bezieht von meiner Schwägerin die Winterhilfe
> Kauft vom Juden Möbeln[490]

Im Mai 1938 berichtet ein anonymes Schreiben Bürckel von der Unzufriedenheit der Bevölkerung. Vor der Wahl habe es Zuckerln gegeben, nach der Wahl nichts. Der Kommunismus habe so ein leichtes Spiel. Der Absender verteidigt die „Halbjuden", die völlig unschuldig an ihrem Schicksal seien und nun als „Zwitterwesen" der Lächerlichkeit preisgegeben würden.

> Aber nicht diese Halbjuden sind Feinde der N.S.D.A.P. Eine viel größere Gefahr, die übersehen wird, sind die Tschechen. Das sind die Staatsfeinde. Diesen Ariern Zugeständnisse in Form von aktiven Beamten machen, ist ein Unglück für unser ganzes Volk. [...] Ob Hofrat, ob Arbeiter, sie haben sich mit wenig Ausnahmen dem Sowjetstern verschworen. [...] Lieber deutschösterreichische Halbjuden als dieses slawische unverlässliche ... Belassen Sie die Slawen in den Ämtern, haben Sie überall den Feind. Durch ihre unglaubliche Schlauheit getarnt, verstehen sie es, überzeugte Nationalsozialisten vorzutäuschen und tragen Streit und Zwietracht in die Partei. Bedenken Sie, es gibt ein Reich, einen Führer, aber nicht ein Volk. Behandeln Sie die Österreicher mehr nach ihrer Eigenart, Sie werden es sonst bitter bereuen. Bitte diesen Brief nicht achtlos bei Seite legen.
> Heil Hitler![491]

Im Juli 1938, während der Sudetenkrise, warnt ein anonymer Schreiber vor einer tschechisch-kommunististischen Verschwörung. Er sei

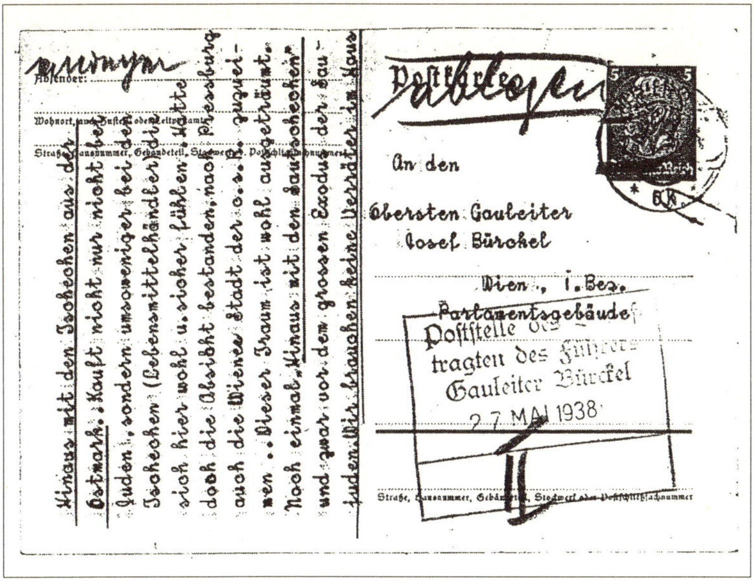
anonym
Absender:
Wohnort, auch Zustell- oder Leitpostamt
Straße, Hausnummer, Gebäudeteil, Stockwerk oder Postschließfachnummer

Hinaus mit den Tschechen aus der
Ostmark. Kauft nicht nur nicht bei
Juden, sondern umsoweniger bei den
Tschechen (Lebensmittelhändler) die
sich hier wohl u. sicher fühlen. Hätte
doch die Absicht bestanden, nach Pressburg
auch die Wiener Stadt der C.S.R. zuzutei-
len .. Dieser Traum ist wohl ausgeträumt.
Noch einmal, Hinaus mit den Sautschechen
und zwar vor dem grossen Exodus der Sau-
juden. Wir brauchen keine Verräter im Haus

Postkarte
Ablegen

An den
Obersten Gauleiter
Josef Bürckel
Wien, I. Bez.
Parlamentsgebäude

Poststelle des Beauftragten des Führers Gauleiter Bürckel
27. MAI 1938

Straße, Hausnummer, Gebäudeteil, Stockwerk oder Postschließfachnummer

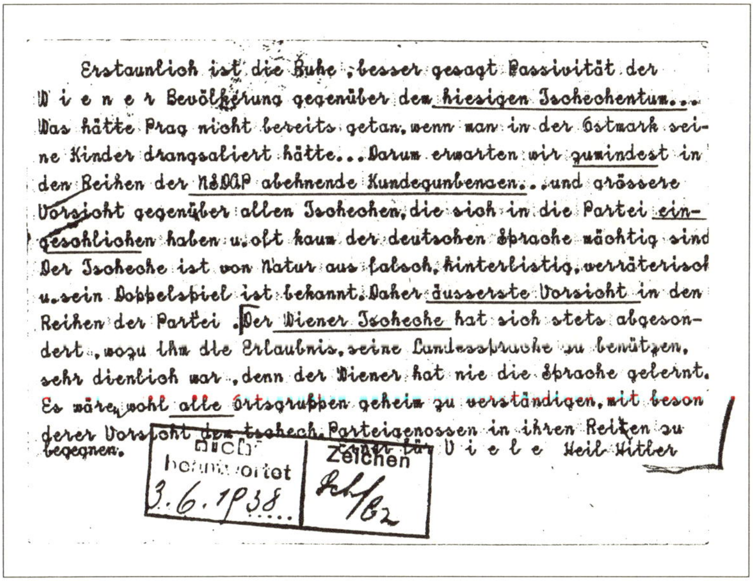
Erstaunlich ist die Ruhe, besser gesagt Passivität der
W i e n e r Bevölkerung gegenüber dem hiesigen Tschechentum...
Was hätte Prag nicht bereits getan, wenn man in der Ostmark sei-
ne Kinder drangsaliert hätte... Darum erwarten wir zumindest in
den Reihen der NSDAP ablehnende Kundegunbenaen...und grössere
Vorsicht gegenüber allen Tschechen, die sich in die Partei ein-
geschlichen haben u. oft kaum der deutschen Sprache mächtig sind
Der Tscheche ist von Natur aus falsch, hinterlistig, verräterisch
u. sein Doppelspiel ist bekannt. Daher äusserste Vorsicht in den
Reihen der Partei. Der Wiener Tscheche hat sich stets abgeson-
dert, wozu ihm die Erlaubnis, seine Landessprache zu benützen,
sehr dienlich war, denn der Wiener hat nie die Sprache gelernt.
Es wäre wohl alle Ortsgruppen geheim zu verständigen, mit beson
derer Vorsicht den tschech. Parteigenossen in ihren Reihen zu
begegnen. Danke für V i e l e Heil Hitler

nicht beantwortet 3.6.1938
Zeichen Sch/Bz

Anonyme Postkarte an Josef Bürckel

am 15. Juni am Nachmittag über den Kardinal Nagl-Platz gegangen und habe bemerkt, wie eine Tschechisch sprechende Frau aus einem Wäschekorb Aufrufe in tschechischer Sprache zu je fünfzig Stück in einem Paket an vielleicht zehn bis zwölf Personen verteilt habe, die auf den Bänken sitzend offensichtlich auf die Frau gewartet hätten. Am nächsten Tag habe ihm ein Herr, mit dem er zufällig ins Gespräch gekommen sei, gesagt, im Herbst werde es „etwas geben", falls es mit der „Tschechei" ernst werde. Das Dienstmädchen eines Bekannten habe unlängst behauptet, die Wiener Kommunisten würden bei einem Angriff auf die „Tschechei" alle Eisenbahngeleise, alle Brücken und Wasser- und Lichtleitungen sprengen. Solcherart beunruhigt weist der Schreiber darauf hin, dass ein Drittel aller Gemeindebaubewohner „nationale Tschechen" seien und es viele Kommunisten in den städtischen Betrieben und bei der Eisenbahn gebe, und gibt dem Reichskommissar folgenden „alten österreichischen Volksspruch" mit auf den Weg:

> Trau, schau wem
> Nur kan Juden und kan Bem.[492]

Der Schreiber nachfolgenden Briefes bezieht sich auf eine Rede Hitlers vom 26. September 1938, in der dieser – einige Tage, bevor deutsche Truppen das ihnen zugesprochene sudetendeutsche Gebiet in Besitz nahmen – erklärte, er habe Chamberlain gegenüber betont, dass er nur am Sudetenland interessiert sei und gar keine Tschechen wolle.[493]

> Herrn Gauleiter Bürkel Wien.
> Nachdem unser lieber Führer erst vor zwei Tagen betonte, dass er keine Tschechen will so erlaube ich mir bekannt zu geben, wie frech die Tschechen trotzdem jetzt noch in Wien sind. Atlenklub Metropol, Gasthaus Woller Mittersteig 8, ist auch ein gewisser Josef Sametz, dieser hatte mit Rudolf Riedmüller, Schriftführer des Klubs und N.S.K.K. Mann, einen Wortwechsel, wo Sametz den N.S.K.K. Mann zurief, was bildest du dir denn ein mit deiner teperten Uniform auf die wird gesch …
> Anstatt dass Obmann Kafka, Straßenbahner, auch tschechischer Abstammung, diese Hoheitsbeleidigung anzeigte und Sametz den Klub verweigerte, nein das tat er nicht, wurde der N.S.K.K. Mann Riedmüller vom Klub entfernt und anstatt ihm wurde ein

Tscheche als Schriftführer ernannt, das ist Himmel schreiend, so eine Tschechen Frechheit. [...] Die Deutschen werden verdrängt und Tschechen bleiben, so etwas erlebt man heute noch in Wien, bitte nachforschen, es ist volle Wahrheit, nur traut man sich seinen eigenen Namen deshalb nicht anzugeben weil man fürchtet von den Tschechen niedergeschlagen zu werden.
[...] Riedmüller wohnt V. Brandmeiergasse 3.
Josef Sametz wohnt IV. Große Neugasse 29.
Mit Deutschen Gruß
Heil Hitler.[494]

Januar 1939:

An Herrn Gauleiter Bürckel!
Wie ich heute im „Völkischen Beobachter" las, dass Sie verehrter Herr an die Spitze von uns getreten sind, können wir Gott sei Dank nur sagen, dass der Halbtscheche Globocnik abgetreten ist.[495] Und ich hoffe als altes Parteimitglied, dass Sie den leider hier noch sehr unangenehmen Tschechen gehörig auf die Kappe sehen werden. Denn diese Staatsfeinde sind noch immer sehr frech der deutschen Bevölkerung gegenüber. Ich ersuche Sie, alle tschechischen Hausmeister auszurotten, denn mit ihrer Stelle martern sie die Deutschen Parteien in jedem Haus. Ebenso muss jedes [Tschechisch] Sprechen vollkommen untersagt werden. Nicht, dass die Sauböhmen Deutsche durch ihren herausfordernden Gesang in einem Gasthaus [...] Sezack [*in der Heinestraße*] zur konstanten Wut reizen. Der Führer hat Deutsche geholt, aber keine Tschechen, welche hier unterminieren als Kommunisten. Als Österreicher mussten wir uns dies gefallen lassen, heute im Großdeutschen Reich gibt es sowas nicht mehr.
Ich bitte Sie recht herzlich mit der Ihnen zur Verfügung stehenden Macht diese Rasse sowie die Juden vollkommen auszurotten. Es gibt hier ganze Häuser voll Staatsfeinde.
Herr Globocnik war ja nicht einmal ein Redner mit seinem Böhmischen Akzent, einfach unmöglich. [...]
Hochachtungsvoll Heil Hitler.[496]

Derselbe anonyme Schreiber (oder die Schreiberin) fordert Bürckel einen Monat später, nachdem auf den ersten Brief offensichtlich keine

Reaktion erfolgt ist, erneut auf, mit den Tschechen (= Kommunisten) aufzuräumen. Diesmal nennt er Namen.

> Ich muss wieder mit einer Bitte an Sie herantreten [...] im Gasthaus Sezak [...] Heinestraße verkehren so viele bösartige Kommunisten, die wenn sie etwas angeheitert sind, auf den Führer und die Regierung Schmähungen aussprechen.

Man solle einen oder besser mehrere Spitzel in das Gasthaus schicken, die einige Samstag- und Sonntagabende bis zum Schluss bleiben, damit man „diesen Tschechen den Garaus mit 5 Jahren Arbeitslager" machen könne. Der dort spielende Ziehharmoniker sei ein großer Gegner der Regierung, der ständig betone, dass er früher besser gelebt habe. Ab und zu komme das Ehepaar Wannek hin, Hausmeister in der Kleinen Pfarrgasse 28 und „Urtschechen", wie der Schreiber bemerkt. Auch diese beiden seien verbissene Feinde der Regierung. Der Wirt bringe kein einziges deutsches Wort richtig heraus und drehe sich je nach Gast mit dem Wind. Schließlich sei da noch ein Kommunist namens Krois, der Sabotage betreibe. Als Zeugen dieser Zustände nennt der Briefschreiber einen Parteigenossen mit Namen und Adresse, der so manches über das Gasthaus berichten könne.

Der Schreiber hatte sich, bevor er an Bürckel schrieb, schon an die NSDAP-Ortsgruppe gewandt, jedoch ohne Erfolg:

> Wenn man Meldung auf den Ortsgruppen macht, ist dies nur angehört worden, aber die vielen Halbtschechen, die [...] Parteimitglieder sind, machen keine Handbewegung dagegen.

Daher fordert der Absender des Briefes, dass jede Ortsgruppe „eine deutsche Führung" haben solle.[497]

Oktober 1939:

> Werther Herr Gauleiter Bürkl!
> Ich erlaube mir Ihnen die Mitteilung zu machen, dass ich wo immer man mit den Chechen zusammen kommt, immer und immer wieder über die Kriegswirtschaft und Regierung derart geschimpft wird, dass einem das Herz weh tut. Im Weltkrieg [sei] es ihnen viel besser gegangen als jetzt, ist auch so, da sie ja mit

den Juden fest gebackelt haben, um uns Deutsche zu unterjochen. Da es aber nicht so gekommen ist wie sie wollten, wissen sie nicht wie sie ausarten sollen über unseren Herrn Führer und sämtliche Regierung. [...] Über die ganze Wirtschaft sind sie so unzufrieden, sie möchten alles haben wie die Juden, recht gut und umsonst. Von den Chechen sind alle sehr falsch, ins Gesicht zuckersüß und hinterrücks könnten sie einem das Messer hineinstoßen.
Bitte Herr Gauleiter möchten Sie das zur Kenntnis nehmen, um diese Süßen danach zu behandeln.
Hochachtungsvoll
Ihre Parteigenossinnen
Heil Hitler[498]

August 1940:

Geehrtester Herr Gauleiter Bürkl!
Als Garconier wohne ich seit 50 Jahren in der Leopoldstadt [...] und habe die ganze Judenverfolgung mitgemacht und als sehr guter Deutscher muss ich verehrten Herrn Gauleiter mitteilen, dass die ganze Sache nicht richtig vor sich geht [...] denn diese Sachen sind eines wahren Deutschen ganz unwürdig. [...] Ich erlaube mir auch darauf aufmerksam zu machen, dass jetzt die Slaven, die jetzt hier wohnen viel gefährlicher sind als die Juden, weil sie sich überall hineinschleichen tun, weil sie Arier sind und es sind lauter Kommunisten und Marxisten die fest dagegen arbeiten gegen die Deutschen mit ihrem unauslöschlichen Deutschenhass und die meisten sprechen so gut Deutsch wie wir selber. Also geehrter Herr Gauleiter sind Sie auf der Hut [...]. Man könnte zum Beispiel fast den ganzen X. [*Bezirk*] Favoriten von den Slaven befreien, auch Floritzdorf, dann hätten wir Wohnungen genug und die Slaven sollen in ihr Böhmenland gehen und am Feld arbeiten. Auch die slavischen Abkömmlinge, die sind auch alle nichtsnutz die mit die slawischen Namen. Heil Hitler!
Franz Binder[499]

Auch die katholische Kirche im Allgemeinen sowie deren Priester im Konkreten waren Opfer von Denunziationen. Neben den zahlreichen politischen Delikten wie „Heimtücke", „Defätismus", „Abhören ausländischer Sender" und anderen, von deren Anzeigen mitunter auch Pfarrer betroffen waren, mussten sie noch mit eigens für sie erfundenen Vergehen und entsprechenden Gesetzen umgehen, wie etwa der „Verordnung über das Kirchenläuten", Bestimmungen über „unbefugtes Sammeln", der „Ministrantenverordnung" (HJ-Dienst am Sonntag hatte Vorrang!) und dem „Kanzelparagrafen"[500]. Selbst in abgelegenen Gemeinden konnte es vorkommen, dass der Pfarrer wegen „Übertretens der Feiertagsordnung" angezeigt wurde, weil er an einem kirchlichen Feiertag, der jedoch kein staatlicher war, den an diesem Tag verbotenen Gottesdienst abgehalten hatte.

Mit dem so genannten Kanzelparagrafen wurde festgelegt, dass Priester, wenn sie Angelegenheiten des Staates, der Regierung, der Partei und ihrer Gliederungen „in einer den öffentlichen Frieden gefährdenden Weise" zum Gegenstand der Verkündung machten, mit bis zu zwei Jahren Gefängnis bestraft werden konnten. Der „öffentliche Friede" galt dann als gefährdet, wenn mindestens zwei Personen in der Kirche den Eindruck bekamen, der Prediger habe etwas Strafbares gesagt.

Diesen Eindruck haben 1943 zwei junge Mädchen, die am Gottesdienst ihrer Kirche teilnehmen. Sie denunzieren den Pfarrer, er habe die anwesenden Eltern aufgefordert, ihre Kinder zum Konfessionsunterricht anzumelden. Obwohl der Pfarrer sich in seinen Beispielen über die Folgen nichtkatholischer Erziehung nicht ausdrücklich gegen die Konfessionsfeindlichkeit der Nazis gewendet, sondern das „bolschewistische Russland", die „Menschenfresser in Afrika" und die „Gangster in New York" ins Treffen geführt hat, kommt die Botschaft offensichtlich an. Die beiden Mädchen empfinden das Verhalten des Pfarrers als „Politisieren gegen die Partei". Die Staatsanwaltschaft am Sondergericht erhebt Anklage wegen Verstoßes gegen den „Kanzelparagrafen" und „Heimtücke". Das Gericht kommt in diesem Fall jedoch zu dem Schluss, dass dem Pfarrer durch seine Äußerungen eine Kritik an der staatlichen Schulpolitik nicht eindeutig nachzuweisen sei. Angesichts der Tatsache, dass der Staat die Möglichkeit vorsehe, am Konfessionsunterricht teilzunehmen, sei es wahrscheinlich, dass der Pfarrer nur eine „kräftige Aufforderung an die Eltern“ gerichtet habe. Der Prozess endete daher mit Freispruch.[501]

Auch unter den Denunziationsbriefen an Bürckel befinden sich sowohl allgemeine Hetzbriefe gegen die Kirche und deren Einrichtungen als auch konkrete Anzeigen gegen Priester. Im Mai 1938 denunziert ein sich als illegaler Parteigenosse ausgebender anonymer Schreiber einen Wiener Pfarrer beim Gauleiter:

> Es wäre sehr notwendig, wenn die Organe der Partei sich für das Haus [...] Vormosergasse 8 interessieren würden. Dieses Haus ist Eigentum der Gemeinde Wien [...] und wurde unter der Systemzeit dem Pfarrer Rudolf Waurich der Pfarre St. Paul in Döbling für kath. Vereine zur Verfügung gestellt. [...] Wiederholt hat man bei Pfarrer Waurich schon vorgesprochen und haben sich Leute um Wohnungen in diesem Haus beworben, doch Waurich, ein bekannter Gegner der N.S.D.A.P., hat für die Not anderer Menschen nichts übrig. Begreiflicherweise herrscht über Pfarrer Waurich eine ziemlich erbitterte Stimmung, wo man außerdem noch weiß, dass er an seinem früheren Dienstort, in Wulkendorf, eine rege Tätigkeit gegen die Partei entfaltete [...]. In Parteikreisen ist es bereits bekannt, dass Waurich auch beleidigende Äußerungen über den Führer machte und ist es wirklich nicht zu verstehen, dass diesem Gegner, der aus seiner Gegnerschaft kein besonderes Geheimnis macht, bisher keine Schranken auferlegt wurden. Die nationalsozialistische Bevölkerung von Döbling erwartet in dieser Angelegenheit Ihre gerechte Entscheidung.[502]

Dieser Brief ist insofern als typisch für viele der Zuschriften zu bezeichnen, als auch hier wieder einer Beschwerde, die für sich allein genommen möglicherweise zu keinem Ergebnis führen würde, durch das Aufzählen schwerer wiegender Vorwürfe gegen die jeweilige Person, etwa Führerbeleidigung, Nachdruck verschafft werden soll.

Am 7. Oktober 1938 hält der Wiener Kardinal Theodor Innitzer im überfüllten Wiener Stephansdom anlässlich einer Jugendfeier zum Rosenkranzfest eine Andacht, in der er die Besucher auffordert, an ihrem Glauben festzuhalten. Nach dieser Feier ziehen Jugendliche spontan zum Erzbischöflichen Ordinariat, um ihre Loyalität zur Kirche zu bekunden. Als Reaktion darauf organisieren Nationalsozialisten am folgenden Tag einen gewaltsamen Angriff auf das Erzbischöfliche Palais. Fenster werden eingeworfen, Teile der Einrichtung demoliert und der Domkurat aus dem Fenster auf die Straße geworfen, wo er mit zwei gebrochenen Beinen liegen bleibt.[503]

Ein paar Tage später, am 13. Oktober, hält Bürckel eine öffentliche Rede am Heldenplatz, worin er Kardinal Innitzer und die Kirche heftig attackiert und das Ende aller Verhandlungen zwischen Kirche und Staat ankündigt.[504] Beide Ereignisse werden hier deshalb erwähnt, weil sie sich sowohl in Protesten als auch zustimmend in den Zuschriften aus der Bevölkerung an Bürckel widerspiegeln.

Eine Wiener Lehrerin glaubt, Bürckel weitere Argumente gegen Kardinal Innitzer in die Hand geben zu können, indem sie den Kardinal wegen vermeintlicher früherer Kontakte zu Juden denunziert:

> Ihre große, aufschlussreiche Rede war überall Gegenstand lebhaftester Erörterungen. […] Besonders eingehend wurden natürlich die Beziehungen des Kardinals zu den Juden, […] und seine auffallende Freundschaft für sie besprochen. Dieser letzten Tatsache standen und stehen alle verständnislos gegenüber. Die Haltung des Kardinals erscheint jedoch sofort verständlich, wenn man weiß, dass er im Hause eines Juden lange Jahre seiner Gymnasialzeit verlebte. Ich erfuhr dies im Sommer d. J. in Kachlitz (nunmehr befreites Gebiet) [*Nordböhmen*] von einer Familie […]. Sie nannten mir den Ort, den Beruf und Namen des Juden. Allein mir blieb nur die Tatsache an sich im Gedächtnis, es wäre aber jederzeit zu erkunden.
> Auf das Drängen meiner Bekannten entschloss ich mich nun, Ihnen, Herr Reichskommissar, dies mitzuteilen, ungern, muss ich sagen, da ich annehme, dass Sie auch hierüber bereits Bescheid wissen und ich Sie mit unnötigem Geschreibsel verschonen möchte. […]
> Heil Hitler
> Marianne Wald
> Junglehrerin[505]

Kirchenfeindliche Maßnahmen wie die Schließung der katholischen Vereine und konfessionellen Schulen, die Auflassung von Klöstern und Beschlagnahmungen kirchlichen Vermögens animierten einige Österreicher und Österreicherinnen zu melden, welche Objekte sie persönlich für auflösungs- und enteignungswürdig hielten.[506]

Heinrich Czerny aus Wien ist häufig Patient des katholischen Krankenhauses St. Josef in Wien-Hacking. Im Juli 1939 teilt er dem Reichskommissar seine Beobachtungen aus den letzten Jahren mit und berichtet unter anderem:

> Da wurde ein Jude eingeliefert als Kranker. An ihm wurde die Taufe vollzogen und starb dort als Christ [*sic!*]. Seine Tochter wurde auch getauft und dort in den Orden eingereiht, da sie doch Nonne sollte werden. Diese wahre Begebenheit ist ein Anhaltspunkt für weitere Erhebungen. Juden taufen ist dort nichts neues. [...] Ums Geld wird dort eben arisiert. Der Jude bleibt als Patient dort bis alles in Ordnung ist. Zwei Hauspfaffen sind ja vorhanden zu allem. [...]
> Wir brauchen ein Spital fürs Volk und nicht zu solchen Zwecken. [...]
> Da ich aber jetzt ausgetreten bin aus der Religion und leidend bin, so kann ich in dieses religiöse Spital nicht mehr gehen und hoffe, dass eine Änderung vorgenommen wird. Es ist schade für diese schöne und beliebte Anstalt [...] dass selbe noch nicht in den Händen der Gemeinde ist. Ich würde diese Überleitung begrüßen.[507]

Priester und Pfarrangestellte, die Juden bei der Beschaffung von Taufscheinen oder gefälschten Dokumenten zur Erlangung des „Ariernachweises“ verhalfen beziehungsweise selbst Dokumente fälschten oder Juden auf irgendeine andere Art unterstützten („Judenbegünstigung“), mussten sehr geschickt vorgehen, umso mehr, als sie keinen Verdacht in der Gemeinde beziehungsweise in der Nachbarschaft erwecken durften.

Im Juli 1939 erreicht den Gauleiter folgende anonyme Zuschrift:

> Vor nicht langer Zeit ist der wegen Dokumentenfälschung für Juden abgestrafte Kanzleigehilfe der Pfarre Lainz wieder bei seinem Bruder, dem Pfarrer von XIII. Bz. Lainz als solcher eingestellt, wo er seine verbrecherische Tätigkeit bereits wieder aufgenommen hat. Man sähe bereits sehr viele Juden aus und ein gehen, die Bevölkerung ist sehr aufgebracht, dass man diesem Menschen wieder Gelegenheit gibt, sein Fälscherwerk [...] fortsetzen zu können, und da kann es passieren, dass eines Tages die

Kanzlei gestürmt wird und dieser anständig verprügelt wird. Auch tragt dieser Abgestrafte noch manches Mal das Parteiabzeichen, da er Parteimitglied war, ist so etwas gestattet, er heißt Franz Schrefel und ist mit 5 M[onaten] Kerker abgestraft, ein solcher gehört hinaus und das Handwerk gelegt.[508]

Im Juni 1939 wird im Erzbischöflichen Ordinariat Wien als Reaktion auf die mit dem Gesetz in Konflikt geratenen Priester eine Klerusstelle geschaffen, die Rechtshilfe für Priester bereitstellen soll.[509] Die erhalten gebliebenen Unterlagen dieser Klerusstelle, Quartals- und Jahresberichte, Korrespondenzen sowie Auszüge aus Gerichtsakten geben einen Einblick in die Repressionen, denen so mancher Priester in diesen Jahren ausgesetzt war. In einigen Fällen lässt sich nicht mehr ermitteln, ob die Denunzianten „normale" Mitglieder der Pfarrgemeinde waren oder ob eigens ein Spitzel von der Partei oder Gestapo zur Kontrolle des Pfarrers entsandt worden war – ein in dörflichen Gemeinden, wo jeder jeden kannte, allerdings nicht unauffällig zu bewerkstelligendes Unterfangen. In anderen Fällen hingegen ist die Denunziation durch Gemeindemitglieder oder andere Privatpersonen eindeutig dokumentiert.

Die Bemerkung einigen jungen Mädchen gegenüber, die ungestüm in die Pfarrkanzlei drängen und Taufscheine verlangen – „Nun, nun, wollt ihr vielleicht Stalingrad erobern" –, bringt dem Pfarrer eine Anzeige ein, die schließlich zu einer Verhandlung vor dem Sondergericht führt. Das Gericht sieht in dieser Bemerkung einen Beweis der „gehässigen niedrigen Gesinnung" des Pfarrers und spricht eine Geldstrafe von 500 Reichsmark aus.[510] Angesichts der Tatsache, dass sich dieser Fall im Jahr 1944 ereignet, also schon in fortgeschrittenen Kriegszeiten, kann der Pfarrer noch von Glück sprechen, mit einer Geldstrafe davongekommen zu sein. Bei manchen Beschuldigten führte eine vergleichsweise harmlose Anspielung auf Stalingrad zu einer hohen Gefängnisstrafe, denn nach der Niederlage verstand man keinen Spaß mehr.

Auch ein Kaplan hat Glück im Unglück, als er Anfang 1944 einem Besucher ein antinazistisches Flugblatt zeigt, das ihm, wie er angibt, kurz zuvor in der Dunkelheit der Straße von einem ihm unbekannten Passanten zugesteckt worden sei. Der Besucher sollte ihn später denunzieren. Der Kaplan wird verhaftet und zu zwei Jahren Gefängnis verurteilt. Da er es unterlassen habe, das Flugblatt der Polizei zu übergeben, stehe er – so das Gericht – im Verdacht, Kenntnis von einer verbotenen „Geheimbewegung" zu haben. Kontakt oder gar Mitgliedschaft kann ihm jedoch nicht nachgewiesen werden.[511]

Im gleichen Zeitraum wird ein anderer Pfarrer von einer jungen Postzustellerin angezeigt, der aufgefallen ist, dass dieser – anders als sonst – versucht hat, sie am Zutritt ins Zimmer zu hindern. Sie drängt sich an ihm vorbei und hört Stimmen aus einem Radio, das der ihr folgende Pfarrer sofort abdreht. Das Gericht sieht darin einen Verstoß gegen die Rundfunkverordnung, nimmt allerdings einen „leichteren Fall" an, sodass der Pfarrer „nur" zu einem Jahr Gefängnis verurteilt wird.[512]

Denunziation von Juden und „Judenfreunden"

„Aber vor Bomben hatten wir keine Angst, nur vor Menschen, die uns verfolgten, quälten und töten wollten."

Elly Mayer[513]

Ein Teil der hier beschriebenen Denunziationen könnte in den Kapiteln abgehandelt werden, in denen von Denunziationen in der Nachbarschaft und im Arbeitsbereich die Rede ist, waren doch die hier Denunzierten oft Nachbarn, Kollegen und Bekannte. Die Fülle und Variationsbreite der Denunziationen von Juden legen jedoch ein eigenes Kapitel nahe, in dem das Spezifische dieser Fälle veranschaulicht werden soll.

Unter den Denunziationsbriefen an den Reichskommissar machen Denunziationen von Juden den größten Einzelteil (etwa 35 Prozent) aus. Im Wissen, welche konkreten Verbote es für Juden gab, denunzierte man wegen aller nur denkbaren Verstöße gegen die antijüdischen Gesetze oder allein wegen der Tatsache, Jude zu sein. Auffallend sind weniger die antisemitischen Stereotype, die aus diesen Briefen sprechen – denn mit diesen war man in Österreich schon vor dem „Anschluss" gut vertraut –, als die geradezu selbstverständliche Übernahme nationalsozialistischer Terminologie und Kriterien, die Juden betrafen, und der Eifer, diese in die Praxis umzusetzen und Juden so schnell wie möglich aus allen Bereichen auszuschließen.

Anders als für Deutschland beschrieben, kann aus dem vorliegendem Quellenmaterial nicht erschlossen werden, ob sich auch im „angeschlossenen" Österreich nach der Einführung der Kennzeichnungspflicht der jüdischen Bevölkerung durch den gelben Stern im September 1941 Denunziationen von Juden ein weiteres Mal häuften. Der Bestand Bürckel endet mit Mai 1940 und aus den Gerichtsakten ist ein Anstieg nicht feststellbar, weil die meisten dieser Denunziationen wegen „Nichtragens des Sterns" oder anderer „Vergehen" nicht zu einem Prozess führten, sondern durch die Gestapo exekutiert wurden und nicht selten die sofortige Deportation in ein Ghetto oder ab Frühjahr 1942 in ein Vernichtungslager nach sich zogen. Hier können nur Gestapounterlagen Auskunft geben, die in Österreich jedoch, wie bereits erwähnt, nicht erhalten geblieben sind.

Was im Folgenden wie eine Kurzzusammenfassung aus einem antisemitischen Lehrbuch klingt, kann – lässt man die Anspielung auf alte Parteigenossen einmal beiseite – als typische Denunziation gegen Juden und vermeintliche Juden in den ersten Monaten nach dem „Anschluss" stehen. Ein anonymer Brief vom Juni 1938:

> Ich möchte Ihnen einen Fall bekannt geben, der bezeichnend ist für die Mentalität der Halbjuden. Im Hause VIII. Feldgasse 13, Tür 14, wohnt eine Familie Taussig. Eduard Taussig, der Volljude war, ist vor ca. acht Jahren gestorben, war überzeugter Kommunist, Schieber und Kriegsgewinner. Seine Frau ist Vollarierin, die drei Kinder sind Mischlinge ersten Grades, also Halbjuden. [...] Dieser Haushalt gilt nach den Nürnberger Rassegesetzen als jüdisch; sie aber tun, als ob sie Arier wären.[...] Die ganze Familie lebte früher [...] in ärmlichen Verhältnissen, heute geht es ihnen glänzend und das zu einer Zeit, in der manche alte Parteigenossen noch keinen Posten haben.
> Ich glaube, dass man diesen Fall einmal näher untersuchen sollte.[514]

Eine weitere Zuschrift vom Dezember 1938:

> Ich mache Sie auf einen Fall aufmerksam. In der Boerhaavegasse 25 in Wien 3. Bz. führt ein Mann, der mit einer Volljüdin verheiratet ist, ein Friseurgeschäft, auch die Tochter von dieser Jüdin ist im Geschäft Friseurin. Er hat am Geschäft in der Auslage stehen: Deutsch-Arischer Handwerker und Mitglied der Deut-

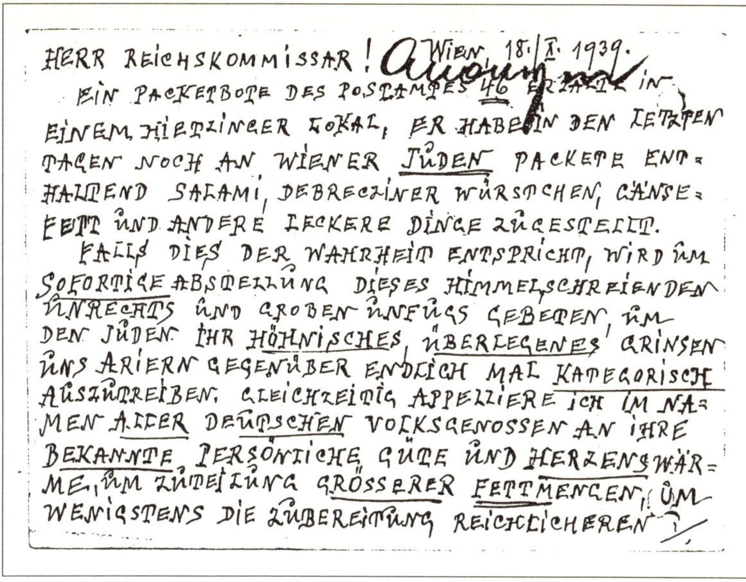

HERR REICHSKOMMISSAR! Wien, 18/X. 1939.

EIN PACKETBOTE DES POSTAMTES 46 ERZÄHLT IN EINEM HIETZINGER LOKAL, ER HABE IN DEN LETZTEN TAGEN NOCH AN WIENER JUDEN PACKETE ENT=HALTEND SALAMI, DEBRECZINER WÜRSTCHEN, GÄNSE=FETT UND ANDERE LECKERE DINGE ZUGESTELLT.

FALLS DIES DER WAHRHEIT ENTSPRICHT, WIRD UM SOFORTIGE ABSTELLUNG DIESES HIMMELSCHREIENDEN UNRECHTS UND GROBEN UNFUGS GEBETEN, UM DEN JUDEN IHR HÖHNISCHES, ÜBERLEGENES GRINSEN UNS ARIERN GEGENÜBER ENDLICH MAL KATEGORISCH AUSZUTREIBEN. GLEICHZEITIG APPELLIERE ICH IM NA=MEN ALLER DEUTSCHEN VOLKSGENOSSEN AN IHRE BEKANNTE PERSÖNLICHE GÜTE UND HERZENSWÄR=ME, UM ZUTEILUNG GRÖSSERER FETTMENGEN, UM WENIGSTENS DIE ZUBEREITUNG REICHLICHEREN

GEMÜSES WÄHREND DER WINTERMONATE ZU ER=MÖGLICHEN.

UNSERES HERZLICHSTEN DANKES HIEFÜR SEIEN SIE IM VORAUS VERSICHERT.

IN DEUTSCHER TREUE ERGEBEN IHR STILLER MITARBEITER.

! HEIL HITLER !

N.S. DIE ÜBERSTELLUNG ALLER HIESIGEN JUDEN AN DIE WESTFRONT (NATÜRLICH OHNE WAFFEN) ZWECKS HERZ=LICHEM WILLKOMM SEITENS DER DORTIGEN BRIT. U. FRANZ. REGIERUNGEN WÄRE EBENFALLS SEHR WÜNSCHENSWERT. !!!

Postkarte

Deutsches Reich

Eingegangen: 23.

AN HERRN REICHSKOMMISSAR GAULEITER JOSEPH BÜRCKEL IN WIEN I.

[redacted]

Anonyme Postkarte vom 18. Oktober 1939 an Josef Bürckel

schen Arbeitsfront [...], wenn ein Mann eine Jüdin geheiratet hat, dann ist er kein Arier mehr, wieso kann er sich öffentlich als solcher ausgeben [...].[515]

In einem Fall findet sich eine Reaktion des Reichskommissars auf eine ähnliche Denunziation vom Juli 1938. Dieser hatte den eingegangenen anonymen Brief mit folgenden Worten an den Kreisleiter der zuständigen Ortsgruppe der NSDAP weitergeleitet:

> In beiliegender anonymer Zuschrift werde ich aufmerksam gemacht, dass sich die Firma Röder als arisch-deutsch bezeichnet, während der Inhaber zugewanderter Tscheche und dessen Frau polnische Jüdin sein sollen.
> Ich bitte die Angelegenheit einer Prüfung zu unterziehen und – wenn die Angaben stimmen – das Nötige zu veranlassen.[516]

Viele Denunzianten gingen von ihren persönlichen „Rassengesetzen" aus, die mitunter weit über die von den Nationalsozialisten erlassenen Bestimmungen hinausreichten, und forderten beispielsweise die Annullierung von „Mischehen", die Kündigung und Entlassung aller „Mischlinge" und der mit Juden verheirateten „arischen" Ehepartner aus Betrieben oder – auch das ein häufiges Ersuchen – die Einordnung dieser Ehepartner als „Volljuden".

Reichskommissar Bürckel griff im Interesse der Wirtschaft und aus Sorge um die Einhaltung der Vorschriften in einige Fälle der in Wien verbreiteten eigenmächtigen und nicht gesetzeskonformen Kündigungen ein, was ihm vermutlich weiteren Unmut der beteiligten österreichischen Nationalsozialisten und Bürger einbrachte, nachdem schon das Einschreiten der NS-Führung gegen die wilden „Arisierungen" nicht unbedingt auf aller Wohlwollen gestoßen war.

Ein Kanzleiangestellter der „Ostmärkischen Volksfürsorge" wird im Juni 1938 entlassen, weil er mit einer Jüdin verheiratet ist. Nach seiner Eingabe an Bürckel veranlasst dieser die Wiedereinstellung.[517] Als die Firma Theodor Friedmann Nachf., Am Graben 16, im September 1938 von örtlichen Parteigenossen der Deutschen Arbeitsfront bedrängt wird, eine jüdische Angestellte sofort zu entlassen, ordnet Bürckel an, dass die Angestellte in Stellung bleibe, bis ein qualifizierter Ersatz gefunden sei.[518]

Auf die Eingabe eines Mannes im Oktober 1938, dem zwei Wachbeamte das Radio mit der Begründung, er sei mit einer Jüdin verheiratet, aus der Wohnung holen, ordnet die Dienststelle des Reichskommissars eine sofortige Überprüfung an, mit dem Ergebnis, dass das Ehepaar einen Monat später das Radio zurück erhält.[519]

Diese Haltung vieler „Volksgenossen" und daraus resultierende Handlungen, wie zum Beispiel Kündigungen von „Mischlingen", dürften von der NS-Führung als Problem erkannt worden sein. Bei einer Sitzung zur „Judenfrage" im Reichsinnenministerium am 16. Dezember 1938 erklärte Reichsinnenminister Wilhelm Frick:

> In den Nürnberger Gesetzen ist genau festgelegt, wer Jude ist. Es ist nicht zulässig, Personen, welche nach diesen Gesetzen nicht als Juden gelten, also Mischlinge, den Juden gleichzustellen. [...] Mischlinge können daher von deutschen Firmen beschäftigt werden. Wenn diese die Beschäftigung von Mischlingen aus eigenem Willen ablehnen, soll ihnen dies natürlich auch nicht verboten werden.

Frick betonte, dass die Partei unter allen Umständen neutral zu sein habe, das heißt, dass Inhabern von Unternehmen, die „Mischlinge" eingestellt hätten, keinerlei Nachteile entstehen dürften.

> Das Gesetz bezüglich Arisierung der Wirtschaft gehe gegen die Juden und nicht gegen die Mischlinge. Besonders gilt dies für Österreich, wo die Mischlinge sehr zahlreich sind. Gerade aus Österreich kommen immer wieder Klagen, dass Mischlinge wie Juden behandelt werden.

Dies sei nicht im Sinne des Führers. Auch der deutsche Ehegatte, der eine Jüdin geheiratet habe, gelte als Deutscher.[520]

„Falsche Arier"

Zahlreiche Denunzianten meldeten ihren Verdacht, Leute hätten sich einen Ariernachweis erschlichen und seien in Wirklichkeit Juden, beziehungsweise denunzierten sie Stellen, von denen sie annahmen, dass sie Juden dabei behilflich waren.

Im Juli 1938 informiert ein anonymes Schreiben den Reichskommissar, dass im neuen Telefonbuch unter dem Buchstaben „F" ein gewisser „August Fritz" zu finden sei, „Fabrikation von Kesselstein" im 12. Wiener Gemeindebezirk. Der Mann sei jedoch außerdem Fuhrwerksbesitzer, was das Telefonbuch nicht vermerke. Früher habe er sich mit seiner „vaterländischen Gesinnung" sehr hervorgetan.

> Nun verstehen wir nicht, dass der Herr den Mut hat, auch heute noch sich um die Fuhrwerksgeschäfte beim Staat zu bewerben, wo er weiß, dass bei genauer Prüfung der Papiere man auf „Hebräer" stoßen wird. Seine Frau ist eine geborene „Herz". Sollte die Familie Fritz arische Papiere der Vorfahren vorzulegen den Mut haben, so können Sie überzeugt sein, dass die Geschichte eine mit Protektion gerichtete ist. [...] Wenn Sie energisch prüfen, wird sich Frau Fritz schon zur Wahrheit bequemen, wenn Sie ihr vorhalten, dass bereits alles aufgedeckt ist.
> [...]
> Heil Hitler
> Aus Parteikreisen![521]

Eine andere Zuschrift denunziert eine Familie namens Klein, sie habe sich aus Budapest „arische" Dokumente beschafft und laufe jetzt mit dem Hakenkreuzabzeichen herum. Bei genaueren Nachforschungen werde man diese Anzeige bestätigt finden, so der Absender. Zum Beweis liegt ein Zeitungsausschnitt vom Juli 1938 bei, in dem es heißt:

> Ungarische Juden werden Arier.
> Taufscheinfälscher in einem Dorf.
> Budapest, 4. Juli
> Wie aus Stuhlweißenburg gemeldet wird, ist es der Gendarmerie gelungen, in der kleinen Gemeinde Lovaspatona eine Fälscherwerkstätte für Geburts- und Taufurkunden aufzudecken. Die Fälschungen stellte der ehemalige jüdische Bankier Alexander Nemes her. Seine Gehilfen waren die Juden Rudolf Glück und Heinrich Reich aus Budapest.
> [...] Die Fälscher versahen vor allem ihre in Deutschland wohnenden Verwandten zum Nachweis der arischen Abstammung mit solchen Dokumenten.[522]

Ein weiteres Schreiben fordert die genaue Überprüfung einer Familie Kühfaber aus Zwentendorf, die sich angeblich den „Ariernachweis" erschlichen habe. Vor siebzig Jahren seien sie eingewandert, hätten ihren Namen verändert und sich taufen lassen. Der Schreiber bittet nun den Reichskommissar, sich der Sache anzunehmen, denn seine Intervention beim NSDAP-Kreisleiter in Tulln sei ohne Folge geblieben, weil dieser mit den Kühfabers gut befreundet sei. Im Ort erzähle man sich, dass die Familie den „Ariernachweis" bei Verwandten in Nürnberg beschafft habe.[523]

Der folgende Brief vom November 1939 ist typisch sowohl für die Selbstverständlichkeit, mit der viele der Absender die soziale Entrechtung der Juden aufnahmen, als auch für die Missgunst, mit der allen Verstößen gegen die Gesetze begegnet wurde.

> Sehr geehrter Herr Gauleiter!
> Die Juden und die Mischlinge gehören bis aufs letzte i Tüpferl vertilgt. Folgender Fall. Im Hause, XII. Bz., Reschgasse 15 [*1. Stiege, Tür 11*] wohnt die verwitwete Bundesbahnpensionistin. Ihr Mann war getaufter Jude, seine Mutter eine Volljüdin, die in Untermiete in der Leopoldstadt wohnt, der Großvater und Urgroßvater, alles Juden! 5 Judenbastarde kamen zur Welt, alle stehen in Arbeit, verdienen gut, kein Chef weiß, dass sie Juden sind. Frau Johanna Hermann ist ihr Name, tut alles erdenkbare, um aus ihnen Arier zu machen. [...] Sie sagt, wenn sie nur einen hohen von der Partei kennen würde, wären ihre Kinder in einer halben Stunde Arier! So eine Gemeinheit kann eine reine deutsche Frau nicht aussprechen, sondern nur eine Schwindlerin!
> Der H. Blockwart, der zu ihnen kommt, weiß wahrscheinlich nicht, dass sie Juden sind [...] und hat sie fürs Ehrenkreuz der deutschen Mutter vorgeschlagen!!! Allerhand. [...]
> Die Familie lebt besser wie ordentliche Deutsche, Gewand, Schuhe, Matrazen, Bettzeug, alles erdenkliche wird gekauft, Sportplatz, Kino, Theater, alles besucht, man hat doch zum Ausweisen einen katholischen Taufschein.
> So ist es in einer Familie, wer weiß, in wie vielen noch?
> Heil Hitler!
> [*Unterschrift unleserlich*][524]

Im November 1938 schreibt Ingenieur Alexander Wielemans aus Wien einen Brief mit dem Betreff „Möglichkeit von Schwindel beim Ariernachweis" an Bürckel:

> Da Gefahr im Verzuge zu sein scheint, fühle ich mich verpflichtet, unmittelbar an maßgebenster Stelle meine Erfahrungen, die ich heute bei der Legalisierung einer Urkunden-Abschrift durch ein hiesiges Bezirksgericht gemacht habe, zur Kenntnis zu bringen. [...]
> Zu meiner größten Verwunderung hat der Beamte weder das Original noch die zwei Abschriften auch nur eines Blickes gewürdigt und sich weder den Inhalt der Urkunde angesehen, noch sich davon überzeugt, dass die vorgelegten Abschriften mit diesem übereinstimmen, sondern sofort auf die Rückseite der Abschriften einen Stempel gedrückt [...], unterschrieben und mir die Papiere zurückgegeben.
> Bei diesem Vorgang kann ein findiger Kopf leicht eine Massenerzeugung arischer Großmütter aufziehen, eine Sache, bei der sicher massig zu verdienen wäre. In den von mir vorgelegten „Abschriften" hätten ganz beliebige Namen stehen können, ohne dass es dem Beamten aufgefallen wäre. [...]
> Da ich den Ariernachweis für sehr wichtig halte, bitte ich um Vergebung wegen der Behelligung durch dieses Schreiben.
> Heil Hitler!
> Ing. Wielemans[525]

Auch Parteimitglieder wurden wegen vermeintlicher jüdischer Abstammung angezeigt. Über den Parteigenossen Otto Markowitz heißt es in einem Brief vom Mai 1938:

> Ich kenne den Judenbengel schon von klein auf, weil ich in der nächsten Umgebung wohne [...]. Sein Vater ist [...] ungarischer Jude, seine selige Mutter war Böhmin. Also eine gute Mischung. Jetzt hat er eine Geliebte, eine Johanna Selig, Christin, die will alles daran setzen, um seine Abkunft zu verschleiern. Weil sie diesen Juden so liebt, wollen sie es jetzt so sagen, als ob er ein lediges Kind wäre und [...] der damalige [Vater] nicht sein Vater. [...] Ich wohne in nächster Nähe des Markowitz und da kommt es mir sehr komisch vor, dass der Parteimann ist [...]. Der Vater

heißt David M., die Großmutter hieß Holländer.
Ich weiß auch, dass er sich schon illegal betätigt hat [...].
Ich teile dies mit, damit wir [uns] nicht von den Juden an der Nase herumführen lassen müssen. Sollten Sie bei ihm vielleicht eine Ausnahme machen wollen, dann ist es etwas anderes, aber uns dann von den übrigen Juden auslachen lassen, brauchen wir auch nicht.
Bitte von diesem Schreiben keinen auffälligen Gebrauch zu machen. [...]
Man sieht ihm ja auch schon außen den Juden an.
Heil Hitler[526]

Im Mai 1938 wird der „kommissarische Leiter" der Baugenossenschaften in Wien, Dr. Josef Schneider, angezeigt, er habe einen „jüdischen Großelternteil". Der Absender betont, dass er mit der Anzeige „keinerlei eigensüchtige Zwecke" verfolge, sondern nur eine gerechte Beurteilung dieses Falles wünsche. Josef Schneider sei ein guter Freund des Reichsstatthalters Seyss-Inquart und daher laufe dort vermutlich ein von ihm eingebrachtes Ersuchen um „Anerkennung als Arier".[527]

Wie aus den Akten hervorgeht, wurden derartige Hinweise auf Parteimitglieder vor allem, wenn sie nicht anonym erfolgten, sehr ernst genommen und überprüft. Die Dienststelle Bürckels leitete solche Meldungen an die zuständige Gauleitung. Vorwürfe dieser und anderer Art wurden, sofern sie einen „kommissarischen Leiter" betrafen, an eine so genannte „Prüfstelle für kommissarische Leiter" weitergegeben,[528] in solchen Fällen samt Denunziationsschreiben. Der Sachverhalt erschließt sich hier nur aus der Antwort Bürckels. Einmal antwortet dieser dem Anzeiger, dass der von ihm wegen seiner jüdischen Herkunft gemeldete Herr Woditschka bereits überprüft worden sei und nichts mehr mit der Partei zu tun habe.[529]

Hausgemeinschaften

Die Wiener Gemeindebauten ermöglichen als Sonderform des städtischen Zusammenlebens schon allein durch ihre architektonische Struktur – große Flächen der sozialen Begegnung (von gemeinsamen Bibliotheken, Kindergärten bis zu den Parkanlagen der Innenhöfe) –

ein hohes Maß an nachbarschaftlicher Kontrolle. Unmittelbar nach der Machtübernahme trafen in der städtischen Wohnhäuserverwaltung Schreiben ein, in denen Nachbarn ihrem Unmut über die jüdischen Mietparteien freien Lauf ließen, oft genug mit der Bitte um Übernahme der Wohnung.[530] Ähnliche Briefe finden sich auch in der Post des Reichskommissars. Als Denunzianten wurden hier sowohl politische Funktionäre der mittleren und unteren Ebenen als auch „gewöhnliche“ Nachbarn aktiv. Selbst ernannte „Herrenmenschen“, oft ganze „arische Hausgemeinschaften“ initiierten Unterschriftenaktionen und versuchten, die jüdischen Mieter aus ihren Wohnungen zu vertreiben.[531]

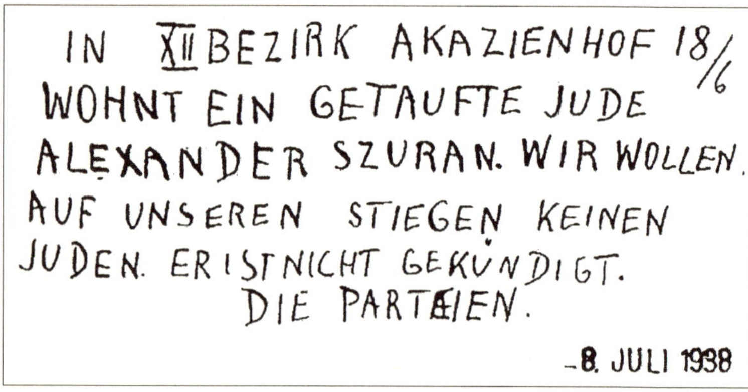
IN XII BEZIRK AKAZIENHOF 18/6
WOHNT EIN GETAUFTE JUDE
ALEXANDER SZURAN. WIR WOLLEN
AUF UNSEREN STIEGEN KEINEN
JUDEN. ER ISTNICHT GEKÜNDIGT.
DIE PARTEIEN.
-8. JULI 1938

Anonymer Brief an die städtische Wohnhausverwaltung vom 8. Juli 1938

Anfang Juli 1938 erreichte die Kreisleitung VII der NSDAP folgendes Schreiben:

> Die unterzeichneten arischen Parteien (Hauptmieter) des Hauses Wien 13., Linzerstr. 442 empfinden es als untragbar, dass im genannten Wohnhaus noch weiterhin Juden wohnen und stellen das dringende Ersuchen, das geeignete zu veranlassen, dass diese ehetunlichst ausziehen und durch arische Mieter ersetzt werden.
> Das Wohnhaus besteht aus 3 Trakten, beherbergt 36 Parteien, von denen 7 jüdische sind und die wie folgt heißen:
> Fischer Günther (gilt als Jude, da mit Jüdin verheiratet.)
> Gassentrakt Tür 2
> Pariser Anton - " - " 3

Neumann Valerie	- " -	"	6
Turad Hermann	- " -	"	7
Schimmerl Anton	II. Gartentrakt	Tür	3
Schimmerl Hugo	- " -		4
Hamburg Friedrike	- " -		6

Der Hauseigentümer des Hauses ist der Jude Sektionschef i. R. Dr. Engelberg Siegmund, Wien 19., Würtg. 2a bezw. dessen Tochter. Der kommissarische Hausverwalter ist Herr Kirchmayr Hans, 3., Hiesg. 16/10 wohnhaft, Tel. B 58-2-90.
Hiel [*sic!*] Hitler
Robert Dörfler
Pol.-Oberstleutnant.[532]

Robert Dörfler, Ortsgruppenleiter von Wien-Hütteldorf, hat, wie sich im Nachkriegsverfahren gegen ihn herausstellt, diesen Brief für die Bewohner des Hauses formuliert. Alle „arischen" Mietsparteien haben ihn unterschrieben.

Dörfler terrorisiert die Juden seiner Umgebung bis zum Schluss. Der 1877 geborene Dr. Heinrich Tennenbaum, der die Zeit des Nationalsozialismus, durch seine „Mischehe" geschützt, überleben kann, sagt nach dem Krieg gegen Dörfler aus, dieser habe im Februar 1945 ihn und seine Frau denunziert. Die Eheleute suchten wegen eines schweren Bomberangriffs den Luftschutzbunker des Hütteldorfer Brauhauses auf. Als Dörfler, der ebenfalls dort Zuflucht sucht, sie erblickt, schreibt er an beide:

> Wenn sie keinen Luftschutzkeller haben, haben sie zu Hause zu bleiben [...] so eine jüdische Frechheit [...].[533]

Dörfler droht Heinrich Tennenbaum außerdem wegen Nichttragens des Judensterns mit einer Anzeige bei der Gestapo und weist dem Ehepaar die Tür. Tatsächlich erhält Tennenbaum drei Wochen nach diesem Vorfall eine Vorladung zur Gestapo. Durch Intervention seines Rechtsanwalts erfährt Tennenbaum, dass es sich um eine Anzeige wegen „Nichttragens des jüdischen Sternes" im Brauhof handle. Es gelingt ihm, den Vorladungstermin hinauszuschieben, bis er durch das einsetzende Chaos der letzten Kriegstage nicht mehr belangt wird.[534]

Robert Dörfler überprüft in seiner Eigenschaft als „Vorsitzender der Disziplinarkommission zur Neuregelung des österreichischen Berufsbeamtentums“ etwa 3500 Polizeibeamte auf ihre politische Zuverlässigkeit. Anlässlich dieser Tätigkeit denunziert er zahlreiche Beamte wegen deren politischer Gesinnung, deren früherer Einstellung gegen Nationalsozialisten und in mindestens einem Fall wegen Bevorzugung von Juden gegenüber „Ariern“ bei der Gestapo und beim Reichsstatthalter.[535]

Das Nachkriegsverfahren gegen Robert Dörfler, der Ende April 1945 einen Selbstmordversuch unternimmt, wird im Januar 1948 wegen der Verhandlungsunfähigkeit des Angeklagten aus gesundheitlichen Gründen eingestellt.

Berufliches Umfeld

In Betrieben und Geschäften ging es Denunzianten vor allem um Beseitigung beruflicher Konkurrenz und um Arbeitsplätze für „Arier“. Mit einer Denunziation bei der Gauleitung oder beim Reichskommissar versuchten sie, eine Kündigung der betreffenden Juden durchzusetzen, oft nachdem sie sich bei anderen Stellen vergeblich beschwert hatten.

> Sehr geehrter Herr Gauleiter!
> Erlaube mir auf diesem Wege anzufragen, wann endlich die Jüdin Antonie Waringer ihren Dienst im Sofienspital [...] aufgeben wird, da sie seit 20 Jahren mit einem Juden verheiratet ist, nach jüdischem Ritus getaufte Kinder hat, für die sie zu sorgen hat, und Kinder von deutschen Volksgenossen, die eventuell noch immer arbeitslos sind, hungern können.
> Der Nationalsozialismus wird und kann in diesem Unternehmen niemals gefestigt werden, solange deutsche Volksgenossen gezwungen sind, mit dieser Jüdin in einem Raum zu sein, und niemals etwas sprechen oder sich an etwas freuen können, da sie ja nur für die Kom. Partei ist und alles andere lächerlich findet.
> Wir können nur annehmen, dass im Ministerium für soz. Verwaltung jemand drinnen ist, der für diese Jüdin ist, denn es wurde schon 2 mal angezeigt, diese Jüdin zu entfernen und sie ist schön weiter im Betrieb.
> Andere mussten jetzt den Ariernachweis erbringen, was jeden

einzelnen Angestellten Geld gekostet hat, denn niemand hatte diese Dokumente im Haus, die Halbjüdin kann ohne allen [*sic!*] weiter für ihre jüdischen Kinder ihr Brot verdienen. [...]
Sollte diese Frau vom Ministerium nicht entlassen werden, werden wir uns direkt an den Führer wenden.
Wo ist da der Sinn des Nationalsozialismus und die Gerechtigkeit?????????
N. N.[536]

Nicht immer sind die Motive der Absender klar. In einigen Fällen lassen sich Racheakte gegenüber jüdischen Kollegen vermuten, aber in ebenso vielen Fällen mögen reiner Judenhass und die daraus resultierende Missgunst ausschlaggebend für eine Anzeige gewesen sein. Oft spricht die Empörung über Zuwiderhandlungen gegen vermeintliche Verbote oder schlicht gegen den Zeitgeist aus den Anzeigen, wenn etwa gemeldet wird, dass Juden in Stellung verbleiben dürfen oder eingestellt worden sind.

An Herrn Reichskommissär der Ostmark
Gauleiter PG Börgel [*sic!*].

Es ist eines Deutschen Menschen unwürdig, Verrat zu üben, doch dies liegt gegen unser Parteigesetz und läuft gegen den Willen unseres heißgeliebten Führers.
Das Tuchhaus Franz Johann Ziegler Wien I. Kohlmessergasse beschäftigt seit Eröffnung einen Juden mit Namen Moritz Koslyschek, der selbe war bei Tuchhaus Goldenberg Salztorg[asse] als Geschäftsführer tätig. Der Jude war die Haupt-Person im Jahre 1930, als Goldenberg in Ausgleich ging. Er war der größte auf dem Wienerplatz. Heute beschäftigt ihn Herr Ziegler, der bei dem Tuchhaus U. Goldenberg kommissarischer Leiter war. Es wäre im Interesse der Partei, Herrn Ziegler zu fragen, von wo er das Geld her hat. Der Jude arbeitet hinter einer Glaswand, die anschließend im Geschäft ist. Kommt ein fremder Kunde, bleibt der Jude hinter der Glaswand, kommt ein Bekannter, ruft ihn Herr Ziegler vor. Ich bitte, [die] Kunden einmal näher zuzusehen, größter Teil Juden, ich habe das Empfinden, dass andere Geschäfte dort gemacht werden. Schon das eine, dass Herr Ziegler einen Todfeind beschäftigt, einen Juden, [...] .

Ich bin ein Angestellter der Firma Simon und Schiffer und kenne daher die beiden sehr gut.
Mit treudeutschem Gruß
Heil Hitler.
Ein Angestellter und Pg. seit dem Jahr 1928[537]

Manchmal sind die Motive der Denunzianten aus den Briefen jedoch nur allzu deutlich erkennbar. Im folgenden Beispiel denunziert ein Angestellter seinen ehemaligen Arbeitgeber, eine „Halbjüdin" zu beschäftigen. Nebenbei wird angedeutet, dass im Betrieb nicht alles mit rechten Dingen zugehe. Möglicherweise war das Arbeitsverhältnis nicht ganz freiwillig gelöst worden.

Wien, am 3. Februar 1940
An den Reichskommissar und Gauleiter Herrn Josef Bürckel
Wien, I.

Es wird Sie möglicherweise interessieren, dass bei der Firma Kleiderhaus Karl Pöschl, Wien, V. Reinprechtsdorferstraße 28 eine Halbjüdin Gertrude Steininger als Lehrmädchen in Diensten steht.
Sehr merkwürdig mutet einem diese Tatsache an. Umso mehr, als doch stets betont wird, dass absolute Sauberkeit in Nationalsozialistischen Betrieben vorherrschen soll, was aber in diesem Betriebe nicht der Fall ist.
Ich selbst war Ende 1938 bis Anfang 1939 in diesem Betriebe als Verkäufer betätigt und habe manches gesehen und gehört, was der sogenannten Sauberkeit direkt Hohn spricht.
Es wäre hoch an der Zeit, wenn Sie sich Herr Gauleiter einmal hievon überzeugen würden, damit Sie die Gewissheit erhalten, dass auch anonym ergehende Anzeigen der Wahrheit entsprechen.
Ein ehemaliger Angestellter obig genannter Firma!
Die Gattin des Betriebsführers obiger Firma wohnt im selben Hause und könnte so manches interessante Vorkommen erzählen.[538]

Sehr geehrter Herr Gauleiter!
Ihre [...] Anordnungen betreffs Wirtschaft, Arisierungen und Juden hinaus erfreuen uns jeden Tages zu lesen.

Aber es gibt noch Juden in städtischen Betrieben, haben die vielleicht Protektion zu bleiben?
Als Gaskassier, Wien VIII., Josefstätterstraße 10 Angestellte Rudi Arnstein, ein Jude, wohnt Wien XI. Mitterweg 355!
Warum muss der nicht hinaus!
Hochachtend
Ein Gaskassier![539]

„Judenfreunde"

Inhalt zahlreicher Schreiben an Bürckel sind auch Denunziationen von Menschen, die Juden in ihrer Bedrängnis zu Hilfe gekommen waren, dessen verdächtigt wurden oder sich aus irgendeinem anderen Grund verdächtig gemacht hatten, „Judenfreunde" zu sein.

Ein Brief vom Dezember 1938:

Ich bringe im Nachstehenden einen Fall zu Ihrer Kenntnis, und falls erforderlich zu Ihrer gefl. Überprüfung.
Eine gewisse Frau Pollack, Wien, XVI., Neulerchenfelderstraße 63 ist mit einem Juden verheiratet, selbst Arierin. Diese erhielt durch Vermittlung der Arbeitslosen-Stelle eine Beschäftigung als Beamtin und erzählt jedem, der es nur hören will, dass sie, trotzdem sie mit einem Juden verheiratet ist, eine gute Stelle mit RM 250.– pro Monat, bei einem langjährigen Illegalen inne hat. Es soll eine Autoreparatur-Werkstätte im III. Bezirk sein und der Inhaber selbst hätte ihr gesagt, dass er mit dem Vorgehen der Partei den Juden gegenüber nicht einverstanden wäre und dass sie bei ihm ein dauerndes Unterkommen gefunden habe. Er würde sie, gerade weil ihr Mann Jude sei, nicht entlassen, da er mitfühlen könne. Da diese Frau in einem Arbeiterviertel wohnt, wo Männer nur 28.– bis 30.– Mark pro Woche verdienen, macht die Frau mit ihrem Einkommen [...] sehr böses Blut und Stimmung gegen Hitler!
Da ich selbst jeder Gefühlsduselei Juden gegenüber abhold bin [...] fühle ich mich verpflichtet, Sie auf diesen Fall aufmerksam zu machen.
Heil Hitler![540]

Der Bäckermeister Leopold Waltenberger aus der Siccardsburggasse Nr. 35, so berichtet ein anonymer Brief dem Gauleiter, dulde es, dass die jüdische Frau seines Kompagnons in die Bäckerei komme, und außerdem habe er einen jüdischen Gehilfen aufgenommen. Diese Jüdin gehöre mitsamt dem Bäckermeister nach Dachau, denn „Judenunterstützer" seien es nicht wert, „in unseren Reihen zu leben".[541]

Der Blockleiter von Wien-Perchtoldsdorf habe günstig ein Haus „arisiert", heißt es in einem Schreiben aus demselben Monat. Er habe jedoch bis zum „Anschluss" stets im jüdischen Kaffeehaus Weiss verkehrt und das „ausgesprochene Judenbad Zell" besucht, obwohl es im Ort ein zweites Bad gebe, das nur von Nationalsozialisten frequentiert werde.[542]

Ähnlich wie schon bei den politischen Denunziationen festgestellt, wurde durch die Beschuldigung eines Nationalsozialisten als „Judenfreund" mitunter versucht, anderen Beschwerden auf die Sprünge zu helfen, in erster Linie solchen über „ungerechte Arisierungen", womit ausschließlich die ungerechte Verteilung unter den „Volksgenossen" gemeint ist. Daneben zeigen sich auch offene Rechnungen aus früheren Tagen als Motiv. Wie durch „Heimtücke"-Beschuldigungen oder das Anzeigen früherer politischer Einstellungen hoffte man hier, die verhasste Person durch das Denunzieren „judenfreundlicher" Äußerungen oder Handlungen diskreditieren zu können. Manchmal wurde auch aus Wut und Ärger über menschliches oder freundschaftliches Verhalten angezeigt.

Missgunst

Neid und Missgunst gegenüber Juden nahmen ein geradezu erschreckendes Ausmaß an. Nicht nur Wohnung und Arbeitsplatz missgönnte man ihnen, auch elementare Dinge wie Nahrungsmittel und Kleidung, von Luxusgütern oder Freizeitvergnügen ganz zu schweigen. Zahlreich sind daher auch die Briefe, in denen der Absender Geschäftsleute anzeigt, die außerhalb der vorgeschriebenen Öffnungszeiten an Juden verkaufen, Juden, die zu „falschen Zeiten" einkaufen und/oder „unberechtigte" Waren erwerben, und die Vorschläge enthalten, wie man Juden das Leben möglichst noch schwerer machen könnte.

Die Wiener Geschäftsfrau Berta Roisel schreibt im Oktober 1939 einen Brief an Bürckel, in dem sie ihm Folgendes vorschlägt: Die Zuckerbäcker von Wien sollten ein Schild mit der deutlich lesbaren Aufschrift „Verkauf an Juden nur zwischen 14 – 16 Uhr“ an die Eingangstüre hängen. Aus Anhänglichkeit an ihre alte und gute Kundschaft würden manche vorzugsweise und zu jeder Tageszeit das Beste an die Juden verkaufen.

> Der dann in der Mittagszeit kommende Arbeiter [...] darf sich dann mit den übrig gebliebenen Resten begnügen. Die Laden unter dem Pult werden für den gemeinen Arier auch nie geöffnet. Ein paar Stichproben in den einzelnen Betrieben tut von Zeit zu Zeit not.
> Und noch etwas interessiert den Wiener. Im Rotundemessegelände [...] hat der ungarische Jude Biro Kassenmaschinen ausgestellt. Die Arierinnen als Angestellte täuschen den Kunden. Nicht aber den Wiener. Wenn er auch ein Ausländer ist, für den Wiener-Begriff ist und bleibt er Jude. Wie viele Arier werden wegen Platzmangel abgewiesen worden sein und ausgerechnet für den Juden war Platz! Ich weiß ja nur den einen Fall, vielleicht gibt es mehrere. [...]
> Heil Hitler
> Berta Roisel
> [...] Geschäftsfrau[543]

In Graz, wird der Reichskommissar informiert, befinde sich noch ein Kino, das „schon längst geräumt gehört“. Gemeint ist das „Union Kino“. Es diene als „Zusammenkunftsort“ der Juden, nirgends sehe man so viele Juden aus und ein gehen. Besuche man eine Vorstellung, müsse man „neben solchen Elementen“ sitzen. Kein national denkender Mensch könne ein solches „Judenkino“ betreten. Der anonyme Absender bittet, ein Augenmerk auf diesen Ort zu haben, um den Juden das Handwerk zu legen. Eine Räumung sei man dem „Führer“ schuldig.[544]

Gemeldet wurde jeder nur denkbare Ort, an dem sich Juden „unberechtigterweise“ aufhielten: der Eislaufplatz, die Trabrennbahn in Baden, Parkanlagen, verschiedene Kaffeehäuser und Wirtshäuser, in denen man Juden zu bemerken glaubte.

„Ich wende mich an Sie, als Frau“, so ein mit Pseudonym unterschriebener Brief vom Juli 1940,

> … als hasserfüllte Frau gegen alles Jüdische, auch gegen die jüdische Frau, die in mehrjähriger Ehe mit einem Arier lebt und die, dank ihres arischen Ehepartners sich als der deutschen Frau gleichgestellt vorkommt, was in vielen Fällen leider auch zutrifft. Diese Jüdin wohnt schön, sie hat Telefon im Hause, empfängt Besuche, sie geht einkaufen, wann es ihr passt, kauft schöne punktefreie Kleider, geht zum Friseur, ins Bad, kurz, sie genießt in Wien ein herrliches Leben. – Ich kenne mehrere Fälle von Mischehen, in denen die jüdische Frau ein weitaus besseres Leben führt, als der Durchschnitt der deutschen Frau in Wien.
> Ihren Gerechtigkeitssinn hoch in Ehren, Herr Gauleiter, Sie haben mich in Ihren Anordnungen noch nie enttäuscht, nur in diesem Falle, da bitte ich Sie: Sehen Sie doch in der Jüdin nicht die Frau, sondern die Jüdin und lassen Sie diese Jüdin nicht so ganz sorglos in Wien herumspazieren (wenn dies schon überhaupt sein muss). Sie könnte doch ebenso gut in den Wiener Parks die Beete vom Unkraut befreien oder in den Straßen Ordnung machen. Wir deutsche Frauen müssen doch auch arbeiten, im Krieg mehr als je.
> Heil Hitler!
> Herta Helga Held[545]

Im Namen der Gerechtigkeit fordert ein Schreiber im Juli 1939 die Entfernung von Juden aus einer beschatteten großen Allee Wiens, die nicht als Park galt und Juden daher noch zugänglich war und die im Gegensatz zu heute damals noch eine ruhige Straße gewesen sein muss:

> In der besonders jetzt herrlich schönen, schattigen Baumallee des Währinger Gürtels <u>wimmelt</u> es vor Juden, so dass die vielen dort von der Währingerstraße bis hinunter zur […] Döblinger Hauptstraße aufgestellten Bänke von ihnen <u>vollständig besetzt</u> sind u. man es vor dem bekannten Gestank kaum mehr aushält! Müssen wir in der Umgebung Wohnenden uns das im Gegensatz zu den anderen Verfügungen (Gasthäuser, Kaffeehäuser, Parkanlagen, Theater, Bäder etc.) gefallen lassen?!
> Wir bitten um <u>eheste</u> Säuberung.
> Heil Hitler!
> Gerechtigkeit.[546]

„Unberechtigter Bezug von Kleider- und Lebensmittelkarten"

Das folgende Beispiel veranschaulicht, wie rasch eine Anzeige weitere Kreise ziehen konnte, wenn dem Denunzianten oder der Denunziantin die Reaktion der Behörde, bei der die Anzeige zunächst eingebracht wurde, unangemessen, zu milde, zu langsam, kurz: nicht den Erwartungen entsprechend schien.

Am 8. Juli 1940 erscheint Emma Kumpera bei der Kreisleitung der NSDAP ihres Wohnbezirks in Wien, um sich über das Verhalten des Leiters eines Polizeireviers zu beschweren, bei dem sie kurz zuvor versucht hat, ihre jüdische Nachbarin anzuzeigen.

> Ich habe am 15. Juni 1940 an das Polizeiamt Währing 18., Klostergasse 31 eine Anzeige gegen die [*in der Bergsteiggasse 14–16*] wohnhafte Jüdin Grete Drab (Zimmer Nr.5) erstattet, dass sie sich als Arierin polizeilich gemeldet und aufgrund dieser Meldung Kleiderkarten und Lebensmittelkarten bezieht und auch von diesen Gebrauch macht.
> Da ich längere Zeit von dem Kommissariat keine Verständigung über meine Anzeige erhielt, begab ich mich persönlich zu dieser Dienststelle und wurde vom [*Kriminalobersekretär*] Keck in dieser Sache einvernommen .[...] Keck nahm mit mir ein bezügliches Protokoll auf. Während meiner Einvernahme machte er mir Vorwürfe, wieso ich dazu komme, eine Anzeige gegen die Jüdin zu erstatten. Er sagte unter anderem: „Sie haben eine Wohnung. Sie haben etwas zum Essen und auch zum Anziehen etc. vergönnen sie der Jüdin nichts, der man ohnehin Kleider, Schmuck und auch die Wohnung weggenommen hat und [die] eigentlich Mitleid verdient."
> Auf meine Frage, dass ich als Volksgenossin und eh. Parteigenossin die Pflicht habe, solche Unzukömmlichkeiten, wie das Erschleichen von Lebensmittelkarten und Bekleidungskarten die Anzeige zu erstatten, unterbrach er mich und nahm abermals die Jüdin in Schutz. Die Jüdin Drab hat mir selbst gestanden, dass sie jüdischer Abstammung sei, sich aber als Arierin gemeldet hat und deshalb Furcht hat, wegen dieser Falschmeldung eingesperrt zu werden.

Emma Kumpera schildert weiter, Keck habe dem Portier ihres Wohnhauses von ihrer Anzeige erzählt. Der Portier wisse ebenfalls, dass Drab Jüdin sei, die Kinder des Portiers kämen sogar in die Wohnung der Jüdin. Außerdem vermute sie, dass auch die Hausbesitzerin von der jüdischen Abstammung der Drab Kenntnis habe. „Die Jüdin Drab" habe jedenfalls von der Anzeige gegen sie erfahren.

> Auf mein nochmaliges Vorsprechen bei Keck machte er mir wieder Vorhalte, wieso ich dazu komme, die Jüdin anzuzeigen und welchen Zweck ich mit der Anzeige verfolge. Auf meinen Vorhalt, dass ich als Arierin mehrmals bei ihm erscheinen muss, während er selbst meine Anzeige beim Portier zur Verlesung brachte, konnte er sich nur mit einer faulen Ausrede verteidigen. Ich empfinde, dass eigentlich ich als Angeklagte in dieser Sache erscheine und Keck auf Seite der Jüdin steht.

Emma Kumpera berichtet empört, dass das von Keck verfasste Protokoll ihrer Anzeige den Zusatz enthielt:

> Ich bereue, die Anzeige gegen die Jüdin erstattet zu haben und dass sie mir persönlich nichts im Wege lege.

Sie habe deshalb die Unterschrift verweigert, was Keck zu einer Drohung mit Festnahme veranlasst habe. Sie habe daraufhin gefordert, gleich der Gestapo übergeben zu werden. Keck habe erwidert, wenn er darüber zu urteilen hätte, würde er sie „empfindlich bestrafen". Als sie dann nach Hause gehen konnte, habe der Portier schon wieder alles gewusst. Emma Kumpera teilt der NSDAP-Kreisleitung noch mit, was sie am Vortag in Erfahrung gebracht und was wohl den Ausschlag für ihr heutiges Erscheinen gegeben hat:

> Der Gatte der Jüdin Drab soll im jüdischen Greisenasyl auf der Hohen Warte sich in Stellung befinden. Gestern hat er seinen Urlaub angetreten und befindet sich bei der Jüdin Drab in der Wohnung. Ich vermute, dass beide Butter am Kopf haben und wahrscheinlich die Flucht ergreifen wollen. Keck gab mir noch zu verstehen, dass bei einer Meldung im Hotel es nicht usus sei, das Glaubensbekenntnis anzugeben und ich ersehe daraus, dass er die Jüdin in jeder Beziehung schützen will. Keck drang auch in mich ein, ihm anzugeben, ob ich bei der Partei gegen ihn eine Anzeige

wegen seines Benehmens in der Sache Drab erstattet habe. Ich verneinte mit vollem Recht, da ich erst heute die Angelegenheit dem Kreis zur Kenntnis bringe. Keck bemerkte auch bei meiner ersten Anwesenheit, dass er jetzt auf Urlaub gehe und wegen meiner Anzeige sich den Urlaub nicht verpatzen lassen werde.

NSDAP-Kreisleiter Wagner erstattet daraufhin Anzeige bei der Kriminalpolizei gegen Keck mit dem Ersuchen, ein Strafverfahren einzuleiten.[547]

Die Folgen dieser Denunziation lassen sich leider nur noch bruchstückhaft rekonstruieren. Denkbar wäre, dass gegen Josef Keck ein Verfahren wegen „Judenbegünstigung“ oder zumindest ein Disziplinarverfahren wegen Amtsmissbrauchs oder Verstoßes gegen die Amtspflicht eingeleitet wurde. In den erhaltenen gebliebenen Akten findet sich jedoch kein Hinweis darauf. Über sein Schicksal können lediglich Mutmaßungen angestellt werden. Im Wehrbuch Josef Kecks befindet sich ein „Vorläufiger Ausmusterungsschein“ des Wiener Wehrbezirkskommandos, der am 12. Mai 1944 – also etwa vier Jahre nach dem Vorfall – ausgestellt wurde. Sein Beruf wird dort mit „Kriminalobersekretär in Rente“ angegeben. „Er scheidet“, so heißt es weiter, „nunmehr aus dem Wehrdienstverhältnis aus“.[548] Zu diesem Zeitpunkt ist der 1884 geborene Keck aber bereits sechzig Jahre alt. Möglicherweise hat er durch die Denunziation seine Funktion als leitender Beamter des Kommissariats Währing verloren und wird trotz seines fortgeschrittenen Alters „zur Bewährung“ an die Front geschickt, eine nicht ungewöhnliche Buße. „Frontbewährung“ wurde mit fortschreitendem Krieg oft anstelle einer Strafe verhängt, Häftlinge entließ man vorzeitig zur „Frontbewährung“.

Welche unmittelbaren Folgen die Denunziation von Grete Drab hat, ist nicht ersichtlich. Bestrafungen von Juden wegen Verstoßes gegen die so genannte Verbrauchsregelung und andere Sonderverordnungen standen jedoch an der Tagesordnung.

Am 15. Februar 1941 wird die 48-jährige Grete Drab gemeinsam mit ihrem Mann Robert mit dem ersten Transport von Wien ins Ghetto Opole südlich von Lublin deportiert.[549]

Vor dem Volksgericht Wien gibt es nach dem Krieg keine Anzeige gegen die ehemalige Denunziantin Emma Kumpera. Obwohl es nachweislich wiederholt zu Denunziationen von Juden wegen Verstößen gegen die Lebensmittelkartenregelung und Ähnliches (die so genannte Verbrauchsregelung) gekommen war, wurden derartige Denunziationen nicht vor den Volksgerichten verhandelt. Der Oberste Gerichtshof hatte entschieden, dass eine solche Anzeige nicht den Tatbestand der Denunziation nach §7 des Kriegsverbrechergesetzes erfülle, und das damit begründet, dass es in Kriegszeiten in jedem politischen System solche Regelungen zur Sicherung der Versorgung der Bevölkerung gebe.[550] Hier wurde jedoch völlig außer Acht gelassen, dass Juden im Dritten Reich nicht wie alle anderen behandelt wurden und – weil nicht zur „Volksgemeinschaft" zählend – besonders schlechten Versorgungsbedingungen unterlagen.

In Denunziationsfällen wie dem geschilderten, bei dem sich der Anzeiger oder die Anzeigerin schon an die zweite (manchmal dritte) Instanz gewandt hatte, fühlten sich die Denunzianten oft veranlasst, ihrer Beschwerde über die mangelnde Beachtung ihrer Anzeige durch weitere und immer detailliertere Angaben über das Opfer und dessen Umfeld aufzuhelfen, sodass die ursprüngliche Anzeige mitunter in einen regelrechten denunziatorischen Rundumschlag mündete.

„Rassenschande"

Während der Diskussion um den Wortlaut der „Nürnberger Rassengesetze" wurde von Justizminister Gürtner und einigen Rechtsexperten die Auffassung vertreten, dass ein Verbot der Eheschließung und des außerehelichen Verkehrs zwischen Juden und „Staatsangehörigen deutschen oder artverwandten Blutes" zwar generalpräventiv wirken, aber bedenkliche Nebenwirkungen haben werde: „Erpressungen, Denunziationen und so weiter von den Partnern einer auseinandergegangenen Verbindung oder von dritter Seite würden nicht nur eine erschreckende Zahl erreichen, sondern auch ein ganz besonders unerfreuliches, ja widerwärtiges Gesicht annehmen."[551] Aus diesen und anderen Gründen plädierten verschiedene führende Juristen zunächst gegen einen strafrechtlichen „Rassenschutz". Nach Meinung von Justizminister Gürtner sollte vielmehr eine „sehr weitreichende, tiefgreifende Änderung in der Erziehung" zum gewünschten Ziel führen.[552]

Tatsächlich bildeten nach Einführung des „Blutschutzgesetzes" Denunziationen den häufigsten Auslöser von Anklagen wegen „Rassenschande" – so auch in Wien, wo der überwiegende Teil der „Rassenschande"-Prozesse durch Denunziationen initiiert worden war.[553] Wie sonst auch wären intime Verhältnisse zwischen Juden und Nichtjuden ausfindig zu machen gewesen? Amtlich bekannt waren nur diejenigen Fälle, in denen die betreffenden Personen etwa schon vor dem „Anschluss" ihre Lebensgefährten offiziell angegeben hatten oder in denen das Paar über eine gemeinsame Meldeadresse verfügte. Lockere oder sporadische Beziehungen konnten jedenfalls auf diese Weise nicht bekannt werden. Unerwähnt soll nicht bleiben, dass es auch in den Ämtern vom einzelnen Bearbeiter abhing, ob er seinem Auftrag mit Akribie oder eher zurückhaltender nachging und vielleicht gelegentlich etwas „übersah".

Im Zusammenhang mit den zahlreichen Denunziationen gegen Juden wegen „Nichtragens des Judensterns", Benutzung „arischer Kennkarten", Einkaufens außerhalb der festgelegten Zeiten, „Ausgeben als „Arier" und Ähnlichem kam es mitunter vor, dass sich im Zuge der Ermittlungen (meist durch umfassende Aussagen der Beschuldigten selbst) herausstellte, dass die Betroffenen ein Verhältnis mit einem „Arier" oder einer „Arierin" hatten oder gehabt hatten, was zumeist weiter reichende Konsequenzen nach sich zog als ein Verstoß gegen andere judenfeindliche Gesetze und Erlässe.

Zwar gab es Paare, die in dem Glauben, ihre Beziehung sei von den „Rassengesetzen" nicht betroffen, ganz offen damit umgingen oder etwa heiraten wollten; in erster Linie waren es aber Nachbarn, Kollegen oder Bekannte und Freunde, die über Liebesbeziehungen Bescheid wussten.

Soweit die Denunziationen nicht anonym waren, lässt sich eindeutig feststellen, dass sie meist aus der Nachbarschaft und aus dem (weiteren) Bekanntenkreis stammten. In Wien traten häufig Hausbesorgerinnen als Anzeigerinnen auf.[554]

Auch in den Briefen an den Reichskommissar finden sich Denunziationen von intimen Beziehungen zwischen Juden und „Ariern".

Herr Gauleiter WIEN., I. Parlament.
Erlaube mir, Herrn Gauleiter, dessen Gerechtigkeitssinn im Volke allgemein bekannt ist, darauf aufmerksam zu machen, dass der bis zum Umbruch gewesene Präsident der Pulverfabrik Skodawerke Wetzler A.G., Wien I., Kantgasse 2, der 60 jährige Volljude Hofrat Rottenberg mit der 20 jährigen arischen Beamtin Grete Honisch seit Jahren ein ständiges intimes Verhältnis

hatte und Grete Honisch nur dadurch zu ihrem Posten kam, den sie heute noch immer hat.

Die Angestellten der Pulverfabrik hoffen, dass Herr Gauleiter auch in diesem Falle Ordnung schaffen werde.

Heil Hitler!

Ein Parteigenosse und Angestellter Pulverfabrik Skodawerke Wetzler A.G.[555]

15. XII. 1939

Verehrter Herr Gauleiter,

Sie lenkten die Aufmerksamkeit verdienstvollerweise auf Missstände. Im Wohnungsamt, Zimmer 28 sitzt ein Referent, der Bindungen mit polnischen Jüdinnen hat, die sich dessen rühmen.

Man schämt sich.

H. H. Ein deutscher Rechtswahrer[556]

Inwieweit solche Schreiben Konsequenzen nach sich zogen, lässt sich nicht einschätzen. Die handschriftlichen Vermerke darauf nähren die Hoffnung, dass sie, wie die meisten der anonymen Briefe, ad acta gelegt wurden.

Bis zum Ende des Jahres 1940 wurden im gesamten Deutschen Reich 1911 Männer wegen „Rassenschande" rechtskräftig verurteilt.[557] Für 1941 liegen keine Zahlen vor, spätestens ab 1942 fanden nur mehr selten „Rassenschande"-Prozesse" statt, weil sich kaum noch Juden im Deutschen Reich befanden.

Die Zahl der eingeleiteten Verfahren liegt natürlich wesentlich höher. Allein in Hamburg wurden während der NS-Zeit 1150 Gerichtsverfahren wegen „Rassenschande" eingeleitet.[558] Und noch höher ist vermutlich die Zahl der polizeilichen Ermittlungen anzusetzen, gelangten bis zum Gericht doch nur jene Fälle, die von der Polizei als stichhaltig betrachtet wurden. Wie bei Denunziationen anderen Inhalts dürften sich zahlreiche der gemeldeten „Rassenschande"-Vergehen als nichtig herausgestellt haben, weil der oder die Denunzierte entweder gar kein Verhältnis hatte oder der Partner beziehungsweise die Partnerin nicht jüdisch war.

Das „Blutschutzgesetz" (§5 Absatz 2) sah nur die Bestrafung des am sexuellen Verkehr beteiligten Mannes vor, sowohl des jüdischen als auch des „deutschblütigen" Mannes, der mit einer Jüdin verkehrte.

Einer Anordnung Hitlers zufolge sollten Frauen grundsätzlich nicht wegen „Rassenschande" bestraft werden, auch nicht indirekt, wie es örtliche Nazis gelegentlich auf eigene Faust praktizierten, wenn sie den betreffenden Frauen öffentlich ein Schild mit der Aufschrift „Judenliebchen" oder Ähnlichem umhängten. Die Gerichte verurteilten die beteiligten Frauen mitunter wegen Begünstigung, wenn sie etwa – um den beteiligten Juden zu schützen, aus Scham oder Angst vor Schande – falsche Angaben gemacht hatten. Hitler intervenierte in mehreren Fällen persönlich, wenn er mit diesen Urteilen nicht einverstanden war. Als im März 1937 eine Jüdin wegen „Begünstigung" zu drei Monaten Gefängnis verurteilt wurde, ließ er seinen Adjutanten im Reichsjustizministerium anrufen und ihm mitteilen, dass die Verurteilung der Frau nicht gerechtfertigt sei. Er habe dem Justizminister gegenüber wiederholt erklärt, dass sich die Strafverfolgung bei „Rassenschande" nur gegen den Mann richten dürfe. Er wünsche eine Änderung des Urteils in diesem Sinne. Das Ministerium wies noch am selben Tag den zuständigen Oberstaatsanwalt an, gegen das Urteil mit dem Ziel eines Freispruchs Revision einzulegen. Eine Bestrafung der mitbeteiligten Frauen sei nicht angängig, auch nicht auf dem Umweg über eine Bestrafung wegen „Begünstigung".[559] Infolge der nun einsetzenden Kontroversen und Kompetenzstreitigkeiten schlug das Justizministerium vor, den Weg der Gesetzgebung zu beschreiten und eine entsprechend klare Verordnung herauszugeben. Es sollte noch bis Februar 1940 dauern, bis nach langen Diskussionen per Ergänzung der 1. Ausführungsverordnung zum „Blutschutzgesetz" noch einmal ausdrücklich erklärt wurde, dass nur der beteiligte Mann verantwortlich sei und die beteiligte Frau nicht wegen „Begünstigung", „Verhehlung" oder „falscher uneidlicher Aussage" bestraft werden könne.[560] Eine Falschaussage der Frau unter Eid konnte jedoch zu einer Verurteilung führen. Aber auch in diesen Fällen behielt sich Hitler eine Kontrolle vor.[561]

Die ergänzende Bestimmung fand durchaus nicht die Zustimmung aller führenden Juristen, von denen einige die Bestrafung der Frau ausdrücklich bejahten.[562] Und wie aus zahlreichen Denunziationen hervorgeht, forderten auch Frauen und Männer aus dem Volk die Bestrafung der beteiligten Frau. Auf einen Artikel im *Stürmer*, der im November 1938 einen eben in Wien abgehaltenen „Rassenschande"-Prozess auswalzte, schrieb ein anonymer Absender mit Rotschrift, dass zur „Rassenschande" immer zwei gehörten, „nicht nur der Jude, sondern auch die arische Dirne“, und diesen Brief an Bürckel geschickt.[563]

„Arische“ Frauen, die „Rassenschande“ begangen hatten, durften nicht in verantwortlichen Positionen, etwa als Beamtin, arbeiten und wurden gegebenenfalls strafversetzt.[564]

Der Gesetzespassus ist letztendlich Hitlers persönlicher Ansicht geschuldet, in der es gewissermaßen zum anthropologischen Grundbestand der Menschheit gehörte, dass der Mann im Sexualleben der aktive, verantwortliche Teil, die Frau der passive sei.

Hitler rühmte sich einmal, er habe abgeschafft, dass eine Frau zur Aussage über intime Dinge gezwungen werde.[565] Davon kann in den „Rassenschande“-Prozessen keine Rede sein. Schon um festzustellen, ob die Form des sexuellen Kontakts den Tatbestand der „Rassenschande“ erfüllte oder nicht, mussten beide Beteiligten sich entsprechende Fragen gefallen lassen.

In einem geheimen Erlass vom Juni 1937 ordnete Heydrich als Chef der Sicherheitspolizei an, dass jüdische Frauen, die mit einem Deutschen „Rassenschande“ verübt hätten, nach Abschluss des Gerichtsverfahrens in „Schutzhaft“ zu nehmen seien.[566]

Leo Rogowoy

Leo Rogowoy und Josefa Distl bewohnen seit 1932 in Lebensgemeinschaft eine Wohnung im 6. Wiener Gemeindebezirk; im Dezember 1938 wird Rogowoy zu Hause abgeholt und zur Vernehmung auf das Kriminalpolizeiamt Mariahilf gebracht. Man wirft ihm vor, mit einer „Arierin“ zusammenzuleben. Auch nach dem Krieg klärt sich nicht auf, durch wen die Kripo auf das Paar aufmerksam gemacht wurde. Diese jedenfalls gibt die Sache an das Landesgericht für Strafsachen weiter, wohin Leo Rogowoy ebenfalls vorgeladen wird, wo man ihn aber nicht verhaftet.

Rogowoy, 1889 in Odessa geboren, hat als Reserveoffizier in der russischen Armee gedient und ist zu Beginn des Ersten Weltkriegs in österreichische Kriegsgefangenschaft geraten. Nach Ende des Krieges bleibt er in Wien und arbeitet als Elektriker und Drogist. Er ist staatenlos und gehört der israelitischen Glaubensgemeinschaft an. In den Zwanzigerjahren hat er sich vergeblich um die österreichische Staatsbürgerschaft bemüht. Nach Aussage von Rogowoy sei es ihm nicht möglich, seine Lebensgefährtin zu heiraten, da er die dafür nötigen Papiere aus Russland nicht beschaffen könne. Er gibt an, „höchstens Halbjude“ zu sein: Sein Vater Leon, ein Kaufmann aus Odessa, sei zwar „Volljude“ gewesen, seine Mutter Rosalia Rogowoy, geb. Dostrowsky, jedoch „der Rasse nach“ Russin und christlich-orthodoxen Glaubens. Beide seien verstorben. Er habe also die Lebensgemeinschaft mit Josefa Distl nach dem „Anschluss“ im Glauben fortgesetzt, dass dies nicht strafbar sei. Zwar sei er als „mosaisch“ registriert, habe aber niemals der Kultusgemeinde angehört noch irgendeine Beziehung zum Judentum gehabt.[567] Nun beginnt eine penible Recherche des Gerichts nach Rogowoys Abstammung, die sich über mehr als zwei Jahre hinzieht. Papiere sind nicht beizubringen, da die russischen Behörden auf entsprechende Ansuchen nicht reagieren. Rogowoys frühere Lebensgefährtin Karoline Blazek wird vorgeladen und sagt aus, Rogowoy habe ihr am Beginn der Bekanntschaft gesagt, dass seine Eltern Juden seien. Über Abstammung sei ansonsten nicht gesprochen worden. Rogowoy habe allerdings erst im Januar 1939 (also nach Beginn der Ermittlungen gegen ihn) der gemeinsamen Tochter gegenüber erwähnt, seine Mutter sei „arisch“ gewesen.[568] Rogowoy erhebt Einspruch gegen diese Aussage und erklärt, dass es sich hierbei um einen Racheakt handle,[569] hat Rogowoy die Zeugin doch 1932 wegen Josefa Distl verlassen.

Seine jetzige Lebensgefährtin steht während des gesamten Verfahrens zur Beziehung und sucht bei Hitler persönlich um eine Heiratsgenehmigung an.[570] Beide verteidigen ihre Beziehung damit, dass diese nicht unter das Verbot der „Rassengesetze“ falle. Im Mai 1939 tritt Rogowoy, offensichtlich im Glauben, er könne dadurch seine Situation verbessern, aus der jüdischen Religionsgemeinschaft aus.

In der Hauptverhandlung widerruft seine frühere Lebensgefährtin ihre zuvor gemachten Aussagen. Sie habe nur aus Gehässigkeit – weil Rogowoy sie verlassen habe – angegeben, dass er von jüdischen Eltern abstamme. Rogowoy habe ihr gegenüber dann und wann erwähnt, dass seine Mutter nicht dieselbe Religion habe wie er. Die beiden gemeinsamen Kinder seien mit Rogowoys Einverständnis katholisch erzogen worden. Auch habe er keine jüdischen Gebräuche eingehalten und zu Weihnachten immer den Christbaum so schön geschmückt.[571]

Leo Rogowoy wird im Juli 1940 freigesprochen, obwohl gewisse Verdachtsmomente auf seine „volljüdische“ Abstammung vorlägen, diese sei aber nicht zweifelsfrei nachzuweisen. Das Bild, das der Angeklagte von seiner Mutter entworfen habe – heißt es in der Urteilsbegründung –, mache keinen „ungünstigen“ Eindruck auf das Gericht. Geradezu sensationell ist, dass das Gericht auch die Mitteilung der „Reichsstelle für Sippenforschung“/Abteilung Wien verwirft, es sei von einer „volljüdischen Abstammung“ auszugehen. Diese Aussage würde sich auf nichts stützen, da keine Abstammungsurkunden vorgelegen seien.[572]

Der Staatsanwalt Dr. Stonitsch beruft gegen die Entscheidung, das Urteil wird aufgehoben und das Verfahren neu aufgerollt. Leo Rogowoy kann dennoch in der gemeinsamen Wohnung bleiben. In vergleichbaren Verfahren, bei denen ebenfalls monatelange Recherchen um die Abstammung des Beschuldigten geführt wurden, erließ man immer einen Haftbefehl. Warum das hier nicht der Fall war, lässt sich nur vermuten. Rogowoy galt als staatenlos, seine jüdische Abstammung war nicht zweifelsfrei erwiesen und die Antwort auf das Gesuch an den „Führer“ stand noch aus; möglich, dass diese Faktoren eine für das Gericht schwierige Rechtslage darstellten.

Als das Paar von der Berufung des Staatsanwalts erfährt, schreibt Josefa Distl einen verzweifelten Brief an ihn.

An den Herrn Staatsanwalt! Wien, 8. IX. 40

> Da ich keinen anderen Ausweg weiss, wende ich mich mit einer Bitte, die für mich unendlich [viel] bedeutet, an den Herrn Staatsanwalt selbst [...].
> Ich bitte Sie flehentlich, mir zu glauben, dass die Angaben, die in dem Prozess zur Sprache gekommen sind, auf Wahrheit beruhen. Denn, Herr Staatsanwalt, ich hätte mich nie getraut, an unseren obersten Führer „Adolf Hitler“ mit der Bitte zu treten, mir zu ermöglichen, dass ich heiraten darf, denn ich musste mir vor Augen halten, wenn ich unwahre Dinge sage und schreibe, dass ich die schlimmsten Folgen heraufbeschwöre.
> Herr Staatsanwalt, ich flehe Sie an, lassen Sie den Freispruch gelten; Lassen Sie mir das, was für mich das Lebensglück bedeutet. Ich bin schon viel herumgestoßen worden, und das wäre für mich die entsetzlichste Strafe, wenn Sie meinen Lebensgefährten einsperren ließen. Ich bin nicht beeinflusst von ihm, ich liebe nur. Ich kann nichts dafür, bitte mich nicht so hart zu strafen. Ach bitte, glauben Sie doch, dass es wahr ist, was angegeben wurde [...].[573]

In der Zwischenzeit fordert das Gericht ein ausführliches Gutachten des „Reichssippenamts" an. Die im März 1935 gegründete „Reichsstelle für Sippenforschung" (später „Reichssippenamt") wurde in „Rassenschande"-Verfahren bei Schwierigkeiten bezüglich des Nachweises der Abstammung hinzugezogen. Anhand von vorgelegten Urkunden und Lichtbildern traf sie Entscheidungen von weit reichender Bedeutung. Nur in seltenen Fällen wurde als letztes Mittel zur Feststellung der jüdischen Herkunft eine „erb- und rassenkundliche Untersuchung" von Juden angeordnet. Mit gutem Grund, galt doch die Untersuchungsmethode, bei der mittels Kopf- und Körpervermessung und deren physiognomischer Deutung und Abgleichung mit statistischen Mittelwerten eine „Rassenzugehörigkeit" konstruiert wurde, auch den Nationalsozialisten als nicht zuverlässig.[574] Reichsjustizminister Gürtner hatte sich noch vor Einführung der „Rassengesetze" nach einer sicheren Methode erkundigt, mit der „einigermaßen zuverlässig aus objektiven Merkmalen festzustellen" sei, ob es sich etwa bei einem Kind um einen „Mischling" handle oder nicht – dies beispielsweise für den Fall, dass die Mutter eines unehelichen Kindes mit einem jüdischen Vater im Interesse des Kindes behauptete, der richtige Vater sei „Arier" gewesen. Gürtners Frage nach wissenschaftlich einwandfreien Mitteln musste vom Rassenreferenten des Reichsinnenministeriums verneint werden.[575]

Das im März 1941 in Wien einlangende Gutachten über Rogowoys Abstammung erklärt ihn zum „Volljuden":

> [...] Der Angeklagte gibt selbst zu, dass sein Vater Jude gewesen sei. Die volljüdische Abstammung väterlicherseits kann daher, trotz Fehlens von näheren Angaben und Urkunden über die Großeltern, als feststehend erachtet werden. [...] Leo Rogowoy ist beschnitten und hat dem jüdischen Glauben angehört. Vor- und Familiennamen seiner Mutter bieten keinen besonderen Anhalt für die Vermutung nichtjüdischer Abstammung; vielmehr deutet insbesondere der Vorname seiner Mutter auf jüdische Herkunft. Das Reichssippenamt vertritt daher die Auffassung, dass Leo Rogowoy auch blutmäßig volljüdischer Abstammung ist. [...] Im übrigen ist die Abstammung der Mutter des Angeklagten insofern unerheblich, als der rechtsgültige Austritt des Angeklagten aus der jüdischen Religionsgemeinschaft erst am 8. 5. 1939 [...] erfolgt ist. [...] Leo Rogowoy hätte also auch

für den Fall, dass die jüdische Abstammung seiner Mutter nicht hinreichend belegt erscheint, gemäß §5 Abs. 2 der Ersten Verordnung zum Reichsbürgergesetz als Jude zu gelten. [...] Die Vornahme einer rassenkundlichen Untersuchung des Leo Rogowoy ist nicht geeignet, die Annahme seiner volljüdischen Abstammung mit hinreichender Sicherheit zu begründen.
gez: Dr. Kurt Mayer[576]

Mit Hinblick auf eventuelle Unsicherheiten des Gerichts erwähnt das Gutachten noch, dass besagte Verordnung auch für Staatenlose gelte.

Nun geht alles sehr schnell: Das Gericht in Wien folgt dem Gutachten des Reichssippenamtes. In der Hauptverhandlung betont Richter Dr. von Bergmann, jahrelang in Odessa gelebt zu haben, die russischen Verhältnisse sehr gut zu kennen und zu wissen, dass Ehen zwischen Juden und Orthodoxen, wie Rogowoy sie für seine Eltern beschreibt, bis 1917 unmöglich waren. Der Staatsanwalt gibt mit Verweis auf einen nicht näher bezeichneten Bericht zu Protokoll, dass das Heiratsgesuch an den „Führer" abgelehnt worden sei.[577]

Rogowoy wird am 3. April 1941 nach über zweijähriger Verfahrensdauer zu fünfzehn Monaten Zuchthaus verurteilt. Erschwerend und als „besonders große Verantwortungslosigkeit" wertet man die Fortsetzung des „sträflichen Verkehrs" trotz Kenntnis des anhängigen Verfahrens.[578] Rogowoy war schon während der ersten Vernehmung vor dem Richter darauf hingewiesen worden, dass die Aufrechterhaltung seines Verhältnisses zu einer „Arierin" im laufenden Verfahren „zumindest als grobe Unsittlichkeit" verstanden werde und er sich die gesetzlichen Maßnahmen zu vergegenwärtigen habe.[579]

Rogowoy wird in Haft genommen, am 24. Mai 1941 in das Zuchthaus Stein überstellt und am 9. August 1942 nach Verbüßung seiner Haftstrafe in Gestapohaft übernommen.[580] Zwei Monate später, am 5. Oktober 1942, wird er nach Maly Trostinec bei Minsk deportiert und vier Tage nach seiner Ankunft ermordet – wie nahezu alle der insgesamt 9000 Juden aus Wien, die unmittelbar nach ihrer Ankunft in einem Kiefernwäldchen erschossen oder in „Gaswagen" ermordet wurden. Nur siebzehn Personen aus Wien haben diese Transporte überlebt.

Durch die amtliche Einstufung Leo Rogowoys als „Volljude" gelten von nun an auch die beiden Kinder aus der früheren Beziehung als „Mischlinge ersten Grades". Solchermaßen klassifizierte Kinder durften ab Juli 1942 keine Hauptschulen, Mittelschulen und höhere

Leo Rogowoy, geb. 1889 in Odessa, gest. 1942 in Maly Trostinec

Schulen mehr besuchen.[581] Bis zur zweiten Hauptverhandlung im Jahre 1941 leben die Kinder offenbar unbehelligt, denn die Mutter gibt auf die Frage des Richters an, dass sie in eine ganz normale Schule gingen und nicht als „Mischlinge“ galten.[582]

Rogowoys Lebensgefährtin Josefa Distl bleibt in Wien zurück und wartet vergeblich auf ihn. Nach dem Krieg stellt sie bei Gericht den Antrag nachzuforschen, wer sie und ihren Lebensgefährten im Jahre 1938 denunziert und das „Rassenschande“-Verfahren in Gang gesetzt habe. Das Landesgericht für Strafsachen Wien teilt ihr Ende März 1946 mit, dass die Akten auf das Genaueste durchgesehen worden seien. Trotzdem könne nicht festgestellt werden, wer seinerzeit bei der Polizei die auslösende Anzeige erstattet habe. Das zeitlich erste Stück des Aktes bilde eine Anzeige der Dienststelle der Kriminalpolizei Mariahilf, in der es nur allgemein heiße, „anlässlich von Erhebungen“ sei festgestellt worden …[583] – ein Hinweis, wie er sich so oder ähnlich vor allem in Verfahren findet, in denen sich auf Grund des sofortigen Geständnisses der Beschuldigten oder anderer Beweise die Ladung der Denunzianten als Zeugen erübrigte oder die Anzeige anonym erfolgt war.

Obgleich das Gesetz Juden wie Nichtjuden die gleiche Strafe bei „Rassenschande“ androhte, wurden jüdische Männer in der Regel mit längeren Haftstrafen und mit Zuchthaus bestraft, „arische“ Männer konnten in den meisten Fällen mit etwas geringeren Gefängnisstrafen bis zu maximal einem Jahr rechnen.[584] Auffallend ist, dass innerhalb der Stichprobe von achtzig Gerichtsakten der Wiener „Rassenschande“-Verfahren insgesamt weit häufiger gegen Juden (81 Prozent) prozessiert wurde als gegen Nichtjuden, wobei nur genauere Forschungen klären können, ob die Gestapo hier vorsortierte oder wodurch sonst das Ungleichgewicht verursacht wurde.[585] Es bleibt anzunehmen, dass in allen unklaren Fällen, in denen der „arische“ Beschuldigte politisch gut beleumundet war, Gerichtsverfahren in aller Regel nicht eingeleitet wurden beziehungsweise nur eine Verwarnung durch die Gestapo ausgesprochen wurde, während man gegen Juden in jedem Falle prozessierte.

Die Gestapo versuchte bei jüdischen Männern in der Regel, deren Entlassung nach Verbüßung der Haftstrafe zu verhindern, und beantragte ihre Übernahme in „Schutzhaft“. Von dort wurden sie in Konzentrationslager und später direkt in die Vernichtungslager deportiert, wie auch die Geschichte Leo Rogowoys gezeigt hat. Dabei entschied die Staatsanwaltschaft über die „Überstellung“ an die Gestapo, wobei sie sich im „angeschlossenen" Österreich in den Jahren 1938 und 1939 offenbar mitunter noch erfolgreich gegen die Gestapo durchsetzen konnte, während ab 1940 fast allen Ansuchen stattgegeben wurde.[586] Das anfängliche Verhalten der Justiz kann nur mit Vorsicht bewertet werden; es stellt sicher weniger den Versuch dar, die Opfer vor weiterer Verfolgung zu schützen, als einen Kompetenzstreit zwischen Gestapo und Justiz, der im Laufe der Zeit gemäß den Entscheidungen auf höchster Ebene immer mehr zugunsten der Gestapo ausgefallen ist.

Ignatz Kurz

Das folgende Beispiel zeigt exemplarisch, dass das Gericht bei „Rassenschande"-Prozessen ebenso wie bei anderen durch Denunziation ausgelösten Prozessen genau zu prüfen versucht hat, ob es sich bei der Denunziation nicht vielleicht um eine „falsche Anschuldigung aus niederen Motiven" handelte.

Die 31-jährige Verkäuferin Anna Steffl aus Wien beschließt am 12. November 1938, bei der NSDAP-Ortsgruppe in der Nähe ihres Arbeitsortes Meldung zu erstatten, dass ihre frühere Dienstgeberin, die 25-jährige Karoline (Lina) Slaby, Inhaberin einer Fleischhauerei am Karmeliterplatz, mit dem Juden Ignatz Kurz „rassenschänderische" Beziehungen unterhalte. Außerdem schulde ihr Frau Slaby noch 102 Reichsmark.[587] Die Anzeige wird, da alles seine Ordnung haben muss, zunächst an die für Karoline Slaby zuständige Ortsgruppe und erst von dort an die Kriminalpolizeileitstelle Wien weitergeleitet.

Anfang Januar werden Slaby und der 58-jährige entlassene Krankenkassenangestellte Ignatz Kurz abgeholt und verhört. Kurz ist Kunde des Geschäfts und sowohl mit Slaby als auch mit deren ehemaliger Angestellten Steffl bekannt. Slaby und Kurz bestreiten, jemals intime Beziehungen gehabt zu haben, und vermuten einen Racheakt der Anzeigerin Anna Steffl. Diese hatte bis kurz vor ihrer Anzeige als Kassiererin im Geschäft gearbeitet und war wegen des Verdachts, Geld gestohlen zu haben, von Karoline Slaby entlassen worden.[588] Anna Steffl wird nun ebenfalls zur Polizei vorgeladen, hält jedoch ihre Anschuldigung aufrecht.[589] Ignatz Kurz wird daraufhin verhaftet und ins Landesgericht überstellt. Zunächst bestreitet er die Vorwürfe weiter, gibt dann aber zu, bis Februar 1938 – also bis kurz vor dem „Anschluss" – sexuelle Kontakte zu Slaby gehabt zu haben.[590] Karoline Slaby bestreitet weiter vehement die Vorwürfe. In den folgenden Vernehmungen und auch zu Beginn der Hauptverhandlung gesteht Kurz erneut sexuelle Beziehungen mit Slaby ein und berichtet über die Anzeigerin Anna Steffl, diese habe ihm gesagt, sie habe eigentlich nichts gegen ihn, er tue ihr vielmehr Leid, aber sie wolle die Slaby „moralisch und materiell zu Grunde richten"[591]. Ähnliches hatte bereits ein Zeuge berichtet, demgegenüber Steffl erwähnt hatte, sie werde Slaby wegen „Rassenschande" anzeigen, wenn sie nicht sofort ihr noch ausständiges Geld bekomme.[592] Konfrontiert mit Slabys unter Eid gemachten Aussagen schließt sich Kurz diesen überraschend an und widerruft sein Geständnis. Er habe es für aussichtslos gehalten, die Wahrheit zu sagen, da er annahm, man würde ihm als Juden keinen Glauben schenken. Daher erschien ihm günstiger, sexuelle Beziehungen bis kurz vor dem „Anschluss" zuzugeben; in diesem Fall hätte er nicht verurteilt werden können, weil zu diesem Zeitpunkt die „Rassengesetze" noch nicht in Kraft gewesen seien.[593] Er sei zwar öfter im von Anna Steffl genannten Stundenhotel gewesen, aber nicht mit Frau Slaby, sondern mit einer jüdischen Bekannten. Zwar habe er Anna Steffl von intimen Beziehungen mit Frau Slaby erzählt, aber nur, um „zu renommieren".[594]

Anna Steffl bleibt bis zum Schluss bei ihren Anschuldigungen. Im Laufe der Verhandlung wird allerdings immer offensichtlicher, dass sie sich im Wesentlichen nur auf das beruft, was Kurz ihr erzählt hat: Das Verhältnis zu Slaby habe vor sechs Jahren begonnen, ihn viel Geld gekostet und bis zum November 1938 gedauert.[595] Er habe sie gebeten, nichts davon weiterzuerzählen, da er sonst befürchten müsse, nach Dachau zu kommen.[596]

Die Angestellten des besagten Stundenhotels erkennen Ignatz Kurz, nicht aber Karoline Slaby als Gast wieder.[597]

Das Gericht erklärt Ignatz Kurz wegen seiner widersprüchlichen Aussagen für unglaubwürdig, die Motive für sein falsches Geständnis seien jedoch von seinem Standpunkt aus durchaus vernünftig gewesen. Karoline Slaby habe stets einen sehr günstigen Eindruck auf das Gericht gemacht und vor Polizei, Untersuchungsrichter und in der Hauptverhandlung vollkommen gleichlautend ausgesagt. Ignatz Kurz habe offenbar gegenüber Anna Steffl mit sexuellen Kontakten zur ihrer Dienstgeberin geprahlt, „weil es ihm als altem Mann schmeichelte, als Liebhaber eines jungen und rassigen Mädchens zu gelten". Die

Aussagen der Zeugin Anna Steffl seien nicht verlässlich, sodass ein sicherer Schuldspruch nicht möglich sei. Steffl hatte ihre Anzeige damit begründet, sich als „deutsche Volksgenossin“ dazu verpflichtet zu sehen. Auf die Frage des Gerichts, warum sie denn nicht sofort Anzeige erstattet habe, als sie von der Sache erfuhr, sondern erst Monate später, nach dem Zerwürfnis mit ihrer Dienstgeberin, antwortet Steffl, sie habe beobachten wollen, ob das Verhältnis noch weiter andauere. Außerdem hätten ihr die Verwandten wegen ihres Nervenleidens von einer Anzeige abgeraten. Das Gericht würdigt schließlich allein die Aussage Karoline Slabys als glaubwürdig. Es sei Kurz zwar zuzutrauen, so der Richter, dass er mit anderen „arischen“ Mädchen ins besagte Stundenhotel gehe, jedoch fehle auch hier ein sicherer Beweis.[598] Ein „rassenschänderisches“ Verhältnis zwischen Kurz und Slaby sei nicht nachzuweisen und somit der Angeklagte „im Zweifel“ freizusprechen.

Der Staatsanwalt beantragt nun die Einleitung eines Strafverfahrens wegen falscher Anschuldigung gegen Anna Steffl, über dessen Fortgang sich keine Unterlagen mehr finden.[599]

Ignatz Kurz wird laut Aktenvermerk am 28. April 1939 aus der Haft entlassen.[600] Ob er von der Gestapo in Schutzhaft genommen oder tatsächlich auf freien Fuß gesetzt wird, lässt sich nicht feststellen. Acht Monate später, am Neujahrstag 1941, stirbt er 61-jährig in Wien.

Louise Staromiejska und Johann Bondy

Im November 1939 zeigt der 54-jährige Arzt Dr. Pius Wachlowsky den Verdacht an, dass sich eine gewisse Louise Staromiejska als „Arierin“ ausgebe. Bei der Gelegenheit meldet er außerdem, dass sie die Lebensgefährtin des Juden Johann Bondy sei. Die Staatsanwaltschaft interessiert sich für diesen Fall vor allem deswegen, weil „Rassenschande“ vorliegen würde, falls sich herausstellte, dass Frau Staromiejska doch „Arierin“ sei.[601] Ein entsprechendes Verfahren gegen Bondy wird eröffnet. Weder Staromiejska noch Bondy sind jedoch an ihren Wohnorten oder sonstwo in Wien aufzuspüren. Der Anzeiger Dr. Wachlowsky wird im Januar 1940 als Zeuge im Verfahren gegen Bondy vernommen und wiederholt in aller Ausführlichkeit, was er vom beschuldigten Paar weiß:

Ich habe seinerzeit gegen Louise Staromiejska eine Anzeige erstattet, da sie sich als Arierin ausgab, sich mit dem Titel „Fürstin“ rufen ließ und vorgab, sie komme mit verschiedenen Männern des öffentl. Lebens (z. B. Reichsf. SS Himmler, Baron Ettinghausen) zusammen. Mir ist auch ein Fall bekannt, wo sie sich als Cousine der deutschen Kaiserin ausgab.
Von einem gewissen Herrn Mandl, dem früheren Inhaber des Caffee de France, Wien I, Schottenring, einem Juden, erfuhr ich, dass die sogenannte Fürstin, die in seinem Caffeehaus lange Jahre mit dem Besch[uldigten] Bondy verkehrte, die Lebensgefährtin des [...] Bondy sei. Sie gebe sich als Fürstin aus und als Arierin, grüße mit „Heil Hitler“, soll aber die Tochter eines jüdischen Greisslers von der Taborstrasse, glaublich mit Namen Steiner, sein.
Ich selbst habe den Besch. und die Staromeijska durch Herrn Mandl kennengelernt, der sie mir im Juli 1939 auf der Strasse vorstellte und zwar unter den genannten Namen. Bondy sagte mir im Vorjahre einmal, dass „die sogenannte Fürstin“ seine Lebensgefährtin sei.
Ich habe seinerzeit von Herrn Mandel gehört, sie hätte im Jahre 1939 durch ca. 6 Monate unter dem Namen Louise Steiner in der Servitengasse 10 zusammen mit dem Besch. Bondy gewohnt. Ich traf vor einigen Tagen Herrn Mandel, der mir erzählte, Bondy und die Staromiejska-Steiner seien beide gegenwärtig in Budapest, wo sie ein Bekannter in einem Hotel gesehen habe.
Ich werde die Anschrift des Mandel binnen 3 Wochen dem Gerichte telephonisch bekannt geben.[602]

Das Gericht ermittelt, dass Johann Bondy sich am 18. Oktober 1939 nach Berlin abgemeldet hat, und versucht nun, dessen dortigen Aufenthaltsort zu ermitteln. Mehrere Schreiben an die Berliner Polizei und das dortige Einwohnermeldeamt führen zu keinem Ergebnis, Johann Bondy ist in Berlin nicht auffindbar. Die Wiener Polizei teilt Anfang Februar mit, dass Louise Staromiejska sich ebenfalls am 18. Oktober abgemeldet habe, allerdings nach Zürich.[603] Da der Gerichtsakt mit dieser Auskunft geschlossen wird und es bis Kriegsende bleibt, ist zu hoffen, dass die beiden in die sichere Schweiz gelangt sind.

Nicht alle erhalten gebliebenen Briefe an den Reichskommissar und Akten aus den Gerichtsbeständen liefern einen Hinweis auf die Motive der Denunzianten. Dennoch lassen sich in vielen Fällen Schlüsse darauf ziehen, sofern die Denunzianten nicht ohnehin selbst offen ihr Motiv darlegten, es mangelhaft verbrämten oder sich aus Dummheit verrieten. Es war natürlich immer auch eine Frage der sozialen Herkunft, ob jemand ein persönliches oder egoistisches Motiv geschickt als „völkische Pflicht" kaschieren konnte oder nicht, und da ein großer, wenn nicht der größte Teil der anonymen Schreiber und Schreiberinnen aus der Unterschicht zu kommen scheint, liegen die Motive in vielen Fällen mehr oder weniger offen, sofern der Brief über das bloße Aufzählen strafbarer Delikte hinausgeht.

Bei Gerichtsakten hängt es in erster Linie davon ab, ob der Denunziant oder die Denunziantin vor Gericht ausgesagt hat oder nicht. Wenn der Beschuldigte geständig war und es keiner weiteren Zeugenaussagen bedurfte, erfahren wir in der Regel nichts oder wenig über die Beweggründe des Anzeigers, denn diese werden nur selten in der protokollierten Erstanzeige vor Gestapo, Polizei oder NSDAP-Dienststelle deutlich.

Am Beispiel des geschilderten „Rassenschande"-Prozesses gegen Ignatz Kurz wird, da die betroffene Frau das unterstellte Vergehen vehement bestreitet, durch neuerliche Vernehmungen der Anzeigerin und weiterer Zeugen immer offenkundiger, dass es sich bei der Anzeige um einen Racheakt der Denunziantin gegen ihre frühere Chefin handelt. In diesem Fall wurden die antijüdischen Gesetze nur instrumentalisiert, die Denunziantin hatte nach eigenem Bekunden persönlich nichts gegen Ignatz Kurz, nahm aber dessen Verhaftung zur Befriedigung ihrer Interessen in Kauf.

In anderen Fällen, wie der Denunziation des Schülers und seiner Familie wegen „Abhörens von ausländischen Sendern", erfahren wir nichts darüber, was den Mitschüler zu seiner Anzeige bewogen hat.

Instrumentelle Denunziationen stellten mit Sicherheit keine Seltenheit dar. Eine im Zorn gerufene staasfeindliche Äußerung kam in einem jahrelangen Nachbarschaftstreit gerade recht, um endlich etwas gegen den unliebsamen Nachbarn in der Hand zu haben. Zuträgerdienste aus eigennützigen Motiven bedeuteten gewissermaßen ein Geschäft mit dem NS-Staat. Der Einzelne erwies dabei dem Staat einen Dienst, indem er ihm Informationen lieferte, während der Staat dem Bürger den Dienst erwies, seinen persönlichen Konflikt zu erledigen – ein Phänomen, das in jedem totalitären Regime zu beobachten ist.[604] Der zivilisatorische Rückschritt bestand hier im Verlust bürgerlicher Mechanismen und Regelungen zur Streitschlichtung, indem man direkt auf Repression und Zwangsmaßnahmen zurückgriff, die das NS-System bereitstellte.

Auch unter Eheleuten wurden politische Denunziationen genutzt, um etwa eine Scheidung durchzusetzen, wie am Fallbeispiel zu Beginn unseres Buches zu sehen ist, oder auch nur, „um es ihm einmal richtig heimzuzahlen“, wie eine Frau, die ihren Ehemann wegen Hörens und Weiterverbreitens von Auslandsnachrichten angezeigt hatte, zu ihrer Verteidigung nach dem Krieg vorbrachte. Der Mann wurde im Oktober 1944 in Graz zum Tode verurteilt, das Urteil aber nicht mehr vollstreckt.[605]

Spezifisch weibliche Motive waren Rache und erhoffte Genugtuung für erlittene sexuelle und gewalttätige Übergriffe des Ehemannes.[606]

In Betrieben setzten einerseits Vorgesetzte und vor allem Funktionäre der NSBO-Betriebszellen Denunziationen und Drohungen mit Denunziation als Mittel ein, um einzelne unliebsame Mitarbeiter und manchmal ganze Belegschaften zu disziplinieren; andererseits denunzierten Arbeiter und Angestellte ihre Vorgesetzten, den Direktor oder die Firmenleitung als Staatsfeinde oder „Judenfreunde“. Welche offenen Rechnungen man damit zu begleichen trachtete, kann oft nur vermutet werden. Unzufriedenheit mit der Behandlung der Belegschaft oder gewöhnlicher Sozialneid auf bessergestellte Kollegen beziehungsweise Vorgesetzte und Firmeninhaber kann hier sicherlich in vielen Fällen als Motiv angenommen werden. Angesichts der nationalsozialistischen Aufwertung der „kleinen Leute“ als „wertvolle Mitglieder der Volksgemeinschaft“, die nur ihren Beitrag leisten konnten und sollten, verwundern gerade solche aus Neid gemachten Denunziationen nicht. Hier trifft sich die nationalsozialistische übrigens mit der linken antikapitalistischen Propaganda. Da der nationalsozialistische Staat sich anschickte (ob nur in der Theorie oder auch in der Praxis, sei hier dahingestellt), die Klassengegensätze aufzuheben und durch die „Volksgemeinschaft“ und deren Feinde zu ersetzen, liegt es nahe, dass viele die Gunst der Stunde nutzten, um die Herren von gestern als die Feinde von heute zu denunzieren – aus „Gerechtigkeitssinn“, wie unzählige Denunzianten zur Rechtfertigung ihrer Anzeige betonten.

Sozialneid war auch ein häufiges Motiv bei Denunziationen von Juden, denen man auf der Grundlage tief sitzender, bereits in vornationalsozialistischer Zeit virulenter antisemitischer Ressentiments vorwarf, auf Kosten der einfachen und ehrlichen Österreicher zu leben. Dieser Vorwurf wurde insbesondere gegenüber wohlhabenden jüdischen Geschäfts- oder Firmeninhabern erhoben. In vielen Fällen stand die Denunziation von Juden im Kontext einer angestrebten „Entjudung" – so der gebräuchliche Ausdruck – einer Wohnung oder eines Geschäfts, das man übernehmen wollte. Durch eine Anschuldigung glaubte man den Vorgang beschleunigen zu können – was auf diesem Wege aber in den seltensten Fällen gelang. Denunziationsbriefe, in denen wirkliche oder vermeintliche NS-Gegner gemeldet wurden, haben mitunter deren Bereicherung an jüdischem Eigentum beziehungsweise deren Profitieren von den Enteignungen zum Inhalt. Empörung über solche „Wendehälse" mag in vielen Fällen genauso Motiv für die Anzeige gewesen sein wie in anderen der pure Neid, der mit dem Hinweis auf die politische Vergangenheit des Denunzierten oder auf aktuelle NS-feindliche Äußerungen als „Anzeige aus Pflichtgefühl" kaschiert wurde.

Durch Drohung mit Anzeige bei der Gestapo versuchte der eine oder andere, sich die ohnehin eingeschüchterten Juden gefügig zu machen, und so manchem „Volksgenossen" öffnete sich so – im wahrsten Sinn des Wortes – die Wohnungstür zur freien Entnahme von Wertgegenständen. Der jüngst bekannt gewordene Fall des Wieners Richard Heiserer, der als Anwalt einer jüdischen Familie 1938 seine Stunde gekommen sieht, deren Bibliothek und wertvolle Musikaliensammlung zu veräußern, steht als typisches Beispiel für diese Vorgehensweise. Zunächst droht Heiserer der Tochter der Familie, Melanie Adler, mit der Gestapo und setzt damit durch, die Sammlung inspizieren zu können. Als diese ihm daraufhin das Mandat entzieht, informiert er tatsächlich die Gestapo, die nun die Auflage erteilt, einen Verkauf der Sammlung nur mit ihrer Zustimmung zu tätigen. Melanie Adler wird im Mai 1942 nach Minsk deportiert und dort ermordet. Teile der Sammlung fallen in die Hände der Nationalsozialisten. Eine seit dieser Zeit verschollene Partitur Gustav Mahlers taucht im Jahre 2000 im Auktionshaus Sotheby's auf. Richard Heiserer jun., der Sohn des damaligen Anwaltes, dem die Zusammenarbeit seines Vaters mit der Gestapo nicht bekannt war, hat sie dort angeboten.[607]

Der auffallend hohe Anteil an Denunziationen von Juden zeigt nicht zuletzt das Einverständnis vieler Österreicher mit der nationalsozialistischen Judenpolitik. Es brauchte nicht erst konkrete Konflikte persönlicher Art, Nachbarschaftsstreit, Eifersucht oder sonstige offene Rechnungen, um Juden zu denunzieren, auch wenn solche Motive in einzelnen Fällen eine Rolle gespielt haben.

In der überwiegenden Mehrheit der Denunziationen von Juden, wie sie sich aus den Zuschriften an Reichskommissar Bürckel erschließen, wurden diese Menschen nur deshalb denunziert, weil sie Juden waren und man ihre Anwesenheit nicht wünschte. Das Motiv ist hier Antisemitismus. Aus purer Judenfeindschaft meldete man Männer, Frauen und sogar Kinder, weil sie noch im Park, im Kaffeehaus, im Kino gesehen wurden, weil sie sich „arische" Papiere verschafft hatten, weil sie weiter eine schöne Wohnung bewohnen „durften", noch über eine Arbeit verfügten oder schlicht, weil sie Juden waren beziehungsweise eventuell sein konnten. Neid und Missgunst sind selbstverständliche Bestandteile von Antisemitismus und es wäre irreführend, sie hier als „eigene" und ursächliche Motive dieser Denunziationen aufzuführen.

Obwohl auch aus anderen Gebieten des Deutschen Reiches ein hoher Prozentsatz an Denunziationen von Juden und „Judenfreunden" belegt ist – neuerdings etwa auch für das bislang als eher resistent geltende katholische Unterfranken[608] –, entsteht der Eindruck, dass in Österreich und besonders in Wien die soziale Isolierung und Vertreibung der Juden mit großem Wohlwollen aufgenommen wurden und hier auch gewalttätige Aktionen gegen Juden besonders häufig und brutal erfolgten. Etwa 35 Prozent aller eingesehenen Denunziationsbriefe an Reichskommissar Bürckel richteten sich gegen Juden oder jene, die Kontakte zu ihnen aufrecht erhielten. Aber auch Zuschriften, in denen es gar nicht um Juden ging, sondern in denen „Volksgenossen" wegen aller nur denkbaren Vergehen gemeldet wurden, enthalten häufig eine Zustimmung zur antijüdischen Politik oder einen antisemitischen Vergleich: etwa dass der Angezeigte genauso schlimm sei wie die Juden oder „jüdische Methoden" anwende oder den Ratschlag, außer den Juden sollten auch Staatsfeinde wie der soeben Angezeigte verschwinden.

Das Gegengewicht zu Denunziationen aus eigennützigen Beweggründen stellen jene dar, denen kein persönliches Motiv zu Grunde lag und die, gegen bekannte wie gegen unbekannte Personen gerichtet, aus Loyalität und Einverständnis mit den herrschenden Verhältnissen geschahen. Diese Denunziationen hatten ideelle, politische Motive wie etwa den Glauben an und die Liebe zum Nationalsozialismus im Allgemeinen und mitunter die Liebe zum „Führer“ im Besonderen, Hass auf Feinde und Störenfriede, verbissenes Festhalten am „Endsieg“ und Ähnliches. In der Praxis lassen sich die eigennützigen und die politischen Motive nicht immer klar voneinander scheiden. Oft mag das eine zum anderen gekommen sein.

Als Beispiele für Denunziationen aus politischen Gründen stehen in erster Linie die gegen völlig unbekannte Menschen gerichteten, von deren „Vergehen“ man auf der Straße oder im Gasthaus zufällig Zeuge geworden war. Immerhin machen diese Fälle etwa die Hälfte aller untersuchten „Heimtückefälle“ aus. Zur Erklärung derartiger Denunziationen ist sicher auch zu berücksichtigen, dass die vom Nationalsozialismus versprochene und auch realisierte „Ruhe und Ordnung“ auf ein weit verbreitetes Bedürfnis der Bevölkerung traf – ein Bedürfnis, das aus der Sicht der Denunzianten keine abweichende Meinung, kein abweichendes Verhalten dulden und als dessen Erhalter beziehungsweise Beschützer man sich aufspielen konnte. Im Nationalsozialismus konnte nun jeder und jede Einzelne durch Meldung von unangepasstem Verhalten einen Beitrag leisten. Psychologisch gesehen spielte hier und auch bei Anzeigen gegen Nachbarn und Kollegen sicherlich das Machtgefühl eine Rolle. Man hatte nun die Möglichkeit, sich als „Ordnungskraft“ nicht nur aufzuspielen, sondern es durch das neue Angebot an verfolgbaren Delikten auch real zu sein.

Das Ausleben von Machtgelüsten und Wichtigtuerei dürfen als Motive sicher nicht unbeachtet bleiben. Der Denunziant gewann an Bedeutung, seine Aussage war „wichtig“ und sie konnte „etwas bewirken“. Die kleine Macht der Volksgenossen (Diewald-Kerkmann) erstreckte sich nicht nur auf das Opfer der Denunziation, sondern in gewisser Weise auch auf den Verfolgungsapparat, der wegen der Anzeige seine Arbeit aufnehmen musste.

Auch bei der Denunziation von Juden mögen Gesetzestreue und der Wunsch nach Ruhe und Ordnung eine gewisse Rolle gespielt haben. Juden wurden wegen ihrer Verstöße gegen die antijüdischen Verordnungen und Gesetze als Rechtsbrecher empfunden, sozusagen als Querulanten, die geltendes Recht und Gesetz unterliefen: eine aus Untertanengeist und Ablehnung individueller Verantwortung geborene Haltung, die vom Inhalt der Gesetze vollständig abstrahiert. In Verdrehung von Ursache und Wirkung und bar jeder sozialen und moralischen Kompetenz sind Menschen in diesem Fall der nationalsozialistischen Kriminalisierungsstrategie bereitwillig gefolgt. Der Antisemitismus förderte und erleichterte eine solche Haltung, waren die Adressaten dieser Gesetze doch die ungeliebten Juden. Der Antisemitismus führte aber nicht nur dazu, dass die Gesetze akzeptiert wurden, er trieb auch groteske Blüten der Eigeninitiative praktischer und theoretischer Natur: wenn man etwa „Vergehen“ von Juden meldete, die selbst nach nationalsozialistischem Recht nicht strafbar waren, und Vorschläge zur Erweiterung und Perfektionierung der Judenverfolgung machte. Die Gesinnungsparagrafen und das Sonderrecht gegen die Juden mögen von vielen auch als Angebot interpretiert worden sein, den Nationalsozialismus durch das Anzeigen derartiger Straftatbestände zu unterstützen. Dabei musste die Zustimmung nicht zwangsläufig hundertprozentig sein. So konnte man beispielsweise die NS-Judenpolitik begrüßen, aber die Verhaftungen wegen politischer Delikte kritisieren, wie mehrere Briefe an Bürckel zeigen. In einem Schreiben vom Juli 1939 heißt es: „Nach Dachau gehören Juden und nicht deutsche Männer.“[609] Umgekehrt sind Fälle bekannt, in denen Juden verteidigt wurden, da sie – im Gegensatz zu Staatsfeinden wie etwa Kommunisten – nichts verbrochen hätten. Bekannt geworden ist der Fall einer Frau aus Hamburg, die der jüdischen Gattin eines ihr bekannten Tierarztes durch Beschaffung falscher Papiere zur Flucht verhalf und kurze Zeit später einen anderen Bekannten wegen „staatsfeindlicher Äußerungen“ denunzierte.[610]

29 Prozent aller Denunziationen in den durchgesehenen Verfahren des Sondergerichtes Wien wurden von Frauen verursacht. Die mitunter vertretene Ansicht, der größere Anteil an Denunziationen ginge wegen ihres Wissens im sozialen Bereich (Verwandtschaft, Nachbarschaft) und infolge der kriegsbedingten Abwesenheit der Männer auf das Konto von Frauen,[611] lässt sich durch empirische Befunde nicht belegen. Auf der anderen Seite liefert die von der Forschung festgestellte geringere Zahl von Frauen unter den Denunzianten – je nach Aktenbestand zwischen 16 und 31 Prozent[612] – nicht unbedingt einen Beweis für die geringere Anzeigebereitschaft von Frauen und sagt nichts über deren mögliche Rolle als Anstifterinnen von Denunziationen aus. Denkbar wäre, dass Frauen gelegentlich – entsprechend den bestehenden Geschlechterrollen – die Weiterleitung des Gehörten oder Gesehenen dem Ehemann überließen. War dieser noch dazu NSDAP-Mitglied, liegt es nahe, dass er die Anzeige über seine Parteigruppe weiterleitete.

Zwei weiter oben beschriebene Fälle mögen die gesellschaftliche Rollenverteilung noch einmal veranschaulichen: Das Ehepaar Meierhofer belastet vor Gericht die ehemalige Angestellte ihrer Gärtnerei gleichlautend wegen „verbotenen Umgangs mit Kriegsgefangenen". Die Erstanzeige erstattet der Mann anlässlich eines Zusammentreffens mit dem Zellenleiter der NSDAP-Ortsgruppe. Nach Aktenlage ist aber davon auszugehen, dass die beiden die Anzeige gemeinsam betrieben haben. Im Nachkriegsprozess werden nur der Mann und der Zellenleiter wegen Denunziation verurteilt, die Frau taucht als Beschuldigte nicht auf, weil den hinzugezogenen Gerichtsakten der NS-Zeit die beiden Männer als Anzeiger zu entnehmen sind.[613]

Als typisch dürfen auch öffentliche Situationen angesehen werden, in denen ein Mann die Situation an sich reißt. Marie Zalesak, die auf einem Wiener Markt betrunken über Hitler schimpft, wird zwar von zwei Frauen, die auf sie aufmerksam werden, verbal attackiert und zur Rede gestellt, die Initiative ergreift aber ein hinzukommender Mann: Er schickt einen HJ-Jungen zur Polizei und hilft dem Wachmann auch noch bei der Verfolgung der Beschuldigten.[614]

Sicherlich hatten Frauen ebenso viele Motive wie Männer, ihre Mitmenschen zu denunzieren; von einer – verglichen mit Männern – höheren Denunziationsbereitschaft kann allerdings keine Rede sein.

Schlusswort

Der Nationalsozialismus eröffnete, wie dieses Buch gezeigt hat, mit seinen auf Disziplinierung ausgelegten neuen Strafbeständen wie „Heimtücke", „Hören von Feindsendern" und „Defätismus" sowie seiner Sondergesetzgebung vor allem gegen Juden zahlreiche Möglichkeiten, gegen Mitbürger vorzugehen. Erstaunlich und zugleich erschreckend sind jedoch weniger die Gesinnungsjustiz und der Antisemitismus des NS-Staates, über den man sich normalerweise keine Illusionen macht, sondern die Hilfe der Bevölkerung bei der Umsetzung. Wie Forschungen zum Denunziationsverhalten übereinstimmend bestätigen, zog tatsächlich jede neue politische und antijüdische Verordnung entsprechende private Denunziationen nach sich, sodass es den Verfolgungsbehörden nicht an Informationen mangelte. Ohne diese Hinweise aus der Bevölkerung wären dem Repressionsapparat der Gestapo vor allem bei der Verfolgung strafbarer politischer Bagatelldelikte individueller Natur sowie von „Rassenschande"-Vergehen, Verstößen gegen antijüdische Verordnungen, gegen den „Verbotenen Umgang mit Kriegsgefangenen" und „Rundfunkdelikten" relativ enge Grenzen gesetzt gewesen.

Neben den politisch motivierten „Überzeugungsdenunzianten" gab es solche, die die Gesetze zur Lösung persönlicher Konflikte, zur Befriedigung von Rachegelüsten und zur persönlichen Vorteilnahme zu funktionalisieren trachteten, was eine positive Einstellung zum Nationalsozialismus natürlich nicht ausschließen musste.

Das Ausmaß an Hinweisen aus der Bevölkerung überforderte streckenweise sogar die NS-Bürokratie, was unter anderem dazu führte, dass viele der anonyme Denunziationen unbearbeitet zu den Akten gelegt wurden. Diese Praxis dürfte vielen der Denunzierten Ärger und Schlimmeres erspart haben. Besonders bei Anzeigen von deutschen „Volksgenossen" erwartete die NS-Führung, dass der Anzeiger mit seinem Namen für seine Anzeige einstand und bereit war, als Zeuge aufzutreten. Anonymen Anzeigen von „Rassenschande-Vergehen" hingegen und bestimmten Denunziationen gegen die jüdische Bevölkerung wurde große Beachtung geschenkt, da sie bei der zunächst anvisierten lückenlosen Erfassung und Kontrolle beziehungsweise – spätestens ab 1942 – bei der ausnahmslosen Deportation behilflich waren.

Solange das NS-Regime währte, wurde in der Führung das Problem des Denunziantentums immer wieder diskutiert; man unternahm auch einige Versuche zu dessen Eindämmung und Lenkung. Dabei ging es einerseits darum, „unehrenhafte“ Anzeigen, das heißt sämtliche frei erfundenen Anschuldigungen, aber auch solche zu verhindern, die nach Ansicht der NS-Führung das Gemein- und Wirtschaftsleben störten. Darunter fielen unter anderem Denunziationen, die die frühere NS-feindliche und/oder „judenfreundliche“ Haltung einer Person anzeigten; das oftmals verdeckte Ziel solcher Denunziationen, etwa die Ausschaltung wirtschaftlicher oder beruflicher Konkurrenz, blieb der NS-Führung natürlich nicht verborgen.

Informationen über so genannte Gemeinschaftsfremde, aktive politische Gegner und Juden waren hingegen jederzeit erwünscht. Als unmittelbar nach dem Novemberpogrom 1938 in der NS-Führung über die Absonderung der Juden vom Rest der Bevölkerung nachgedacht wurde und vor allem Göring sich für Ghettos in Deutschland oder eigene Städte für Juden stark machte, waren es Heydrich und Hitler selbst, die diesen Vorstellungen widersprachen. Die deutsche Bevölkerung solle zwar nicht mit Juden im selben Haus wohnen, aber durch ihre Nähe in der gleichen Straße eine gewisse Überwachung gewährleisten: „Die Kontrolle des Juden durch das wachsame Auge der gesamten Bevölkerung ist besser, als wenn Sie die Juden zu Tausenden und Abertausenden in einem Stadtteil haben, wo ich durch uniformierte Beamte eine Überwachung des täglichen Lebenslaufes nicht herbeiführen kann“, so Heydrichs Antwort an Göring.[615]

Die unzähligen Denunziationen von Juden gaben ihm leider Recht.

Die landläufige Vorstellung vom NS-Staat als „Terrorregime“, das sechzig Millionen Menschen in die Knie zwang und ihnen gleichzeitig eine gigantische Gehirnwäsche verpasste, ist ein Mythos der Nachkriegsgeschichte; indem er alle, außer die ausgewiesenen Nationalsozialisten, zu Opfern macht, verwischt er nicht zuletzt die Grenzen zwischen den tatsächlichen Opfern und den Tätern und Mitläufern. Die Begeisterung und Zustimmung weiter Teile der Bevölkerung hat in dieser Vorstellung wenig Platz.

Für Juden, politische Gegner, „Asoziale“, Behinderte und alle anderen in der „Volksgemeinschaft“ Unerwünschten lässt sich der Terror, dem sie jeweils ausgesetzt waren, kaum ermessen. Wie aber stand es um die große Mehrheit der Bevölkerung?

Wenn sich die Vorstellung von der Unterdrückung aller Bürger mitunter immer noch hält, dann vielleicht, weil es uns, wie der Historiker Robert Gellately bemerkt, schwer fällt, der Tatsache ins Auge zu sehen, dass ein Regime wie jenes des Nationalsozialismus auf so große Begeisterung seiner Bürger gestoßen ist.[616] Im Gegensatz zu Stalin oder Mao Tse-tung brauchte Hitler gegenüber seiner („arischen") Bevölkerung keinen vergleichsweise ähnlichen Terror anzuwenden. Die Ziele und Wünsche des „Führers" trafen sich – vielleicht nicht in jeder Hinsicht und nicht immer in der konkreten Umsetzung, aber doch grundsätzlich – mit denen breiter Teile der Bevölkerung. Hitler konnte sich in jeder Phase seiner Herrschaft einer breiten Zustimmung gewiss sein. Allein die Tatsache, dass er den in allen Schichten der Bevölkerung als Schmach empfundenen Vertrag von Versailles sukzessive außer Kraft setzte und Deutschland damit in den Augen der Bevölkerung seinen Platz in der Weltgeschichte zurückgab, brachte ihm enorme Anerkennung. Viele Menschen ließen sich durch Hitlers große Erfolge in der Arbeits- und Sozialpolitik und die schnellen militärischen Erfolge in den ersten Jahren des „Blitzkriegs" überzeugen. Deren Nutznießer waren alle „Volksgenossen". Der Traum von unermesslichem Wohlstand und Ruhm, die Vorstellung, etwas Besonderes zu sein, einer wieder erstarkten Nation anzugehören, und die Aufwertung zur „Herrenrasse" beflügelten das Volk. Hitler-Deutschland kann daher in gewisser Weise als „plebiszitäre Diktatur" (Martin Broszat) angesehen werden.[617]

Das mag auch das hohe Maß an Eigeninitiative und Engagement innerhalb der Bevölkerung erklären. Dabei gehörte das Liefern von Hinweisen und Informationen wohl zu den wichtigsten Beiträgen staatsbürgerlichen Engagements.[618]

Gerade die vermeintlichen oder wirklichen Terrorinstrumente des Regimes erweisen sich bei näherem Hinsehen als keineswegs gegen die Bevölkerung gerichtete Instrumente der Willkür, sondern als durchaus differenzierende Mittel zur Schaffung der idealen „Volksgemeinschaft", in der nur bestimmte Gruppen von Menschen keinen Platz haben sollten. Der „arische" Durchschnittsbürger musste nicht fürchten, in ein Konzentrationslager zu kommen, soweit er sich an die Gesetze hielt, und die meisten Deutsche lebten keineswegs in Angst und Schrecken. Zwar bedrohten Gestapo, Gefängnis und KZ als Disziplinierungsmittel alle Bürger, aber es gab eine relativ klare Folge von Ursache und Wirkung, die – im Gegensatz zu dem, was man gemeinhin als Terror bezeichnet – nicht willkürlich war.

Die Gestapo wie die Sondergerichte wussten die Angeklagten exakt nach den Vorgaben der nationalsozialistischen Ideologie zu sortieren. Bei vergleichbaren „Vergehen" konnten „gute Volksgenossen" – das heißt entweder politisch bewährte oder politisch unauffällige, unbescholtene Personen –, die einer geregelten Arbeit nachgingen, mit Milde rechnen, während politisch Unzuverlässige, als „arbeitsscheu" und „asozial" Eingestufte und in jedem Fall Juden von hohen Strafen ausgehen mussten, ganz zu schweigen von der Tatsache, dass ein großer Teil der nationalsozialistischen Straftatbestände sich überhaupt nur gegen Juden richtete. Terror waren diese Gerichte nur für jene, die von vornherein und bis in alle Ewigkeit nicht zur „Volksgemeinschaft" gehören sollten, sich nicht einordnen wollten oder dazu nicht in der Lage waren.

Das Vorgehen der in dieser Arbeit beschriebenen Landesgerichte und der Sondergerichte an den Landesgerichten darf nicht auf eine Stufe mit jenem des „Volksgerichtshofs" gestellt werden. War Letzterer eine Art Standgericht der „inneren Front", wie sein berüchtigter Präsident Roland Freisler ihn gern zu nennen pflegte[619], so versuchten Erstere mit geradezu verblüffender Akribie, den Schein der Rechtsstaatlichkeit zu wahren. Erschreckend ist dabei weniger die Verhandlungsführung an sich als der den Diskurs der Verhandlung prägende Inhalt der Gesetze, nach denen hier verhandelt wurde. Mit erstaunlicher Alltäglichkeit und geradezu kafkaesker Normalität waren abstruse Vorwürfe Gegenstand ernsthafter Erörterungen, wenn etwa Richter, Staatsanwälte und Verteidiger darüber debattierten, ob „Rassenschande" vorgelegen habe oder nicht, ob der vermeintliche Täter als „Volljude" oder als „Mischling" anzusehen sei, und dazu Gutachten angefordert wurden. Innerhalb dieses grotesken Systems wurde eine ordentliche „normale" Verhandlung geführt. Die damit betrauten Richter haben die neuen Strafbestände wie das zuvor geltende Recht nicht in Frage gestellt, sondern schlicht vollzogen.

Weder in „Heimtückefällen" noch bei „Rundfunkdelikten" oder „Rassenschande" wurden – wie man sich das vielleicht landläufig vorstellt – Terrorurteile am Fließband gefällt. Prozesse konnten sich durchaus über Jahre hinziehen. Und auch die vielen Verfahrenseinstellungen, Freisprüche, Verwarnungen und – gemessen am möglichen Strafrahmen – milden Urteile zeigen, dass hier nicht einfach undifferenziert „die Bevölkerung" terrorisiert werden sollte. Bekannte Regimegegner hingegen und Personen, die entweder organisiert oder individuell etwas gegen den Nationalsozialismus unternahmen, traf, wie einige Beispiele des Buches gezeigt haben, die volle Härte des Systems.

Aus der Perspektive der Denunzianten mögen viele Angezeigte durchaus zu mild bestraft worden sein, ganz zu schweigen von der Frustration angesichts der Unwirksamkeit anonymer Denunziationen. In den Zuschriften an Josef Bürckel finden sich einige Beispiele, wie sich Menschen darüber beschweren, dass bislang nichts gegen die von ihnen bereits gemeldete Person unternommen worden sei.

Private Denunziationen, wie sie in diesem Buch geschildert wurden, erfolgten unaufgefordert und freiwillig. Auch wenn die NS-Ideologie mit ihrem Anspruch auf Durchdringung aller Lebensbereiche der Denunziation und dem Ausgrenzen von Andersdenkenden, „Querulanten" und „Volksfremden" Vorschub leistete, lag es immer im Ermessen des Einzelnen, ob er einen anderen denunzierte oder nicht. Es finden sich genügend Beispiele, wie weggesehen und weggehört wurde, anstatt Meldung an die Behörde zu machen. Wie die Fallbeispiele gezeigt haben, versuchten manchmal selbst Polizisten und NS-Funktionäre, Denunziationen zu stoppen oder den Opfern in irgendeiner Form zu helfen. Diejenigen, die in Zusammenhang mit ihrem Beruf Kenntnisse über andere erlangten, etwa Ärzte oder Fürsorgerinnen, die so genannte Asoziale und Erbkranke melden sollten, sowie Post- und Bankangestellte konnten ihr Wissen entweder für sich behalten oder sich mit Ehrgeiz zu „Spürhunden" entwickeln, mit allen Abstufungen dazwischen. Anders als im Computerzeitalter war man im Nationalsozialismus auf die Mitarbeit unzähliger Helfer bei der Erfassung bestimmter Menschen angewiesen.

So hatten etwa die Registraturangestellten der städtischen Berliner Stromwerke den Auftrag, Listen jener Stromkunden anzufertigen, deren Namen jüdisch waren oder jüdisch klangen.[620]

Einer Bankangestellten fällt im Januar 1942 eine Kundin auf, die Zugang zu einem Safe der Bank hat und Schatzanweisungen in bares Geld wechseln will. Da sie in dieser eine Jüdin zu erkennen glaubt, recherchiert sie auf eigene Faust und bringt in Erfahrung, dass die Kundin tatsächlich Jüdin ist, sie nicht das erste Mal ohne Judenstern in die Bank kommt und Zinsen der Schatzanweisungen mit falscher

Unterschrift abholt. Sie meldet den Namen der Frau der Kriminalpolizei, die den Fall an die Vermögensverkehrsstelle weiterleitet.[621]

Wie es Menschen gab, die ihre Beobachtungen sofort weitergaben, gab es auch andere, die aus verschiedenen Gründen von der Idee, das Beobachtete zu melden, wieder Abstand nahmen. Natürlich haben wir auch hier widersprüchliche Menschen vor uns: Ein vom Nationalsozialismus Begeisterter konnte vermeintliche oder tatsächliche politische Gegner anzeigen, aber dem verfolgten jüdischen Nachbarn gegenüber Mitleid zeigen.

Das junge Ehepaar Kuttelwascher aus Wien bezieht 1938 mit seinen drei kleinen Kindern eine ehemals von Juden bewohnte Wohnung und ersteht in der Nähe billigen Hausrat aus einem aufgelösten jüdischen Haushalt. Bei dieser Gelegenheit freundet es sich mit der dort noch wohnenden jüdischen Familie K. an, einem Ehepaar mit zwei schon erwachsenen Töchtern. Die jungen, mit dem Ehepaar etwa altersgleichen Frauen kommen in der Folge öfter zu Besuch. Eine der Töchter ist durch einen Zufall nicht anwesend, als alle jüdischen Bewohner ihres Hauses zur Deportation abgeholt werden. Noch in derselben Nacht klopft sie beim Ehepaar Kuttelwascher an, das sie sofort aufnimmt und fortan in seiner Wohnung verborgen hält. Ein altes Nachbarehepaar kennt die Freundin von früheren Besuchen und erblickt die Versteckte eines Tages zufällig durch das Fenster des Lichthofs zur Küche. Daraufhin ruft die Nachbarin Frau Kuttelwascher zu sich, erklärt ihr, dass die Jüdin aus dem Haus müsse, und nennt ihr Verhalten mit Hinweis auf die drei Kinder unverantwortlich. Frau Kuttelwascher bittet weinend um etwas Geduld und verspricht baldige Abhilfe. Am Tag darauf berichtet die Nachbarin von einem „Judentransport“, den sie soeben gesehen habe. Sie wolle so ein Schicksal nicht verschulden. Erna K. verbringt die Jahre bis zum Ende des Krieges in der Wohnung und lebt heute in den USA.[622]

Zweifelsohne wäre der große Teil jener Juden, die Opfer einer Denunziation wurden, auch ohne diese ermordet worden. Allerdings mit drei gravierenden Ausnahmen:

Die Folgen einer Denunziation, Gefängnis und Schutzhaft, verhinderten in der Zeit bis zum generellen Verbot der Auswanderung im Oktober 1941 eine möglicherweise geplante Emigration der betreffenden Person.

Die durch eine „Mischehe“ vor Deportation geschützten jüdischen Ehepartner mussten – wenn ihnen ein „Vergehen“ gegen die sie betreffenden antijüdischen Verordnungen oder ein politischer Tatbestand wie „Heimtücke" nachgewiesen wurde – mit Gefängnis, Schutzhaft und anschließender Deportation oder im späteren Kriegsverlauf mit sofortiger Deportation rechnen.

Juden, die sich versteckt hatten oder mit „arischen" Papieren lebten, hätten den Krieg ohne eine Denunziation möglicherweise überlebt.

Die Identifikation der Menschen mit dem Nationalsozialismus erklärt auch den relativ hohen Anteil an eindeutig politisch motivierten Denunziationen, wie die Autoren sie für etwa die Hälfte aller untersuchten „Heimtückefälle" festgestellt haben. Hierin liegt möglicherweise auch der Unterschied zum Denunziationsverhalten in der späteren DDR. Der Politikwissenschaftler Helmut Müller-Enbergs, der umfangreiche Untersuchungen zum Staatssicherheitsdienst der DDR vorgelegt hat, bemerkte, dass sich die Staatssicherheit anders als die Gestapo im „Dritten Reich" kaum auf Denunzianten stützen konnte, „die unaufgefordert die Diktatur informierten, vielmehr musste die Staatssicherheit gezielt ein solches Netz aufbauen"[623]. Einschränkend muss allerdings festgestellt werden, dass die DDR-Gesetzgebung keine derartige Bandbreite an Anlässen für Denunziationen geschaffen hatte, dass das Informationsbedürfnis teilweise anderen Kriterien folgte und starke Verselbstständigungstendenzen aufwies.

Mitte der Achtzigerjahre kam ein „Informeller Mitarbeiter" (IM) der DDR-Staatssicherheit auf 120 Einwohner, im Berlin des Nationalsozialismus ein Gestapomitarbeiter auf über 4000 Einwohner. Im Jahre 1935 hatte die Gestapo reichsweit 3800 feste Mitarbeiter.[624] Die Staatssicherheit der DDR beschäftigte 1989 – bei einer Bevölkerung, die ungefähr ein Viertel des Deutschen Reiches ausmachte – 91.000 hauptamtliche Mitarbeiter und zusätzliche 174.000 IMs.[625] Das allein sagt nichts über die Denunziationsbereitschaft aus, aber offensichtlich war sich die Gestapo der Zustimmung und freiwilligen Zuträgerdienste wesentlich sicherer als die DDR-Behörden.

Denunziation stellt als Phänomen politischer und sozialer Auseinandersetzungen mitunter auch in der heutigen Welt ein Problem dar. Allerdings sind die Auswirkungen in modernen demokratischen Rechtsstaaten auf ein Minimum reduziert. Meinungsfreiheit und das – weitgehende – Fehlen von Gesinnungsparagrafen in Verbindung mit rechtsstaatlichen Verfahrensgrundsätzen verhindern Denunziationen politischer Ansichten sowie die willkürliche Anzeige strafrechtlich relevanter Vorwürfe und damit die Möglichkeit, zwischenmenschliche Konflikte durch Denunziation zu lösen.

Allerdings gibt es hin und wieder staatliche wie private Aufrufe zur Denunziation. So startete Microsoft vor zwei Jahren eine Kampagne gegen illegalen Softwareeinsatz, bei der Händler aufgefordert wurden, dem Konzern Daten von Kunden zu melden, die einen Computer ohne vorinstalliertes Betriebssystem gekauft hatten. Den Händlern winkten für ihre Meldungen „wertvolle Geschenke". Doch die heftige Kritik an diesem allerorts als „Denunzianten-Deal" bezeichneten Aufruf veranlasste Microsoft alsbald zu einem Rückzieher. Um den Ruf der Firma besorgt, versicherte man, die eingegangenen Hinweise nicht an die Verfolgungsbehörden weitergegeben zu haben.[626]

Unter dem Titel „Aus für Denunzianten-Hotline" meldete die *taz* im Januar 2003 die Einstellung des „Bürgertelefons gegen Sozialhilfemissbrauch" in Bremerhaven. Bürger waren hier über Monate hinweg aufgerufen worden, Fälle ungerechtfertigten Bezugs von Sozialhilfegeldern zu melden. Das Sozialamt spricht von 36 eingegangenen Anrufen, zwei Drittel der Anrufer wollten anonym bleiben. Das umstrittene Telefon war vom Sozialdezernenten der SPD im Alleingang durchgesetzt worden, die meisten deutschen Städte und der Deutsche Städtetag hatten sich gegen eine solche Einrichtung ausgesprochen.[623]

Aufrufe dieser Art sind vom demokratischen Standpunkt aus betrachtet mittelfristig kontraproduktiv, denn sie gefährden das Zusammenleben der Bürger, indem sie Sozialneid und Missgunst fördern; abgesehen von der Tatsache, dass – wie der Artikel zutreffend feststellt – persönlichem Anschwärzen Tür und Tor geöffnet werden. Der Rechtsstaat besitzt hier zweifelsohne die Verantwortung, Denunziantentum zu verhindern.

Angesichts der Erfahrungen mit dem Nationalsozialismus, mit der Tatsache, dass viele Menschen aus den verschiedensten Gründen die Gelegenheit zur Denunziation ergriffen und die „kleine Macht der Volksgenossen" (Diewald-Kerkmann) auskosteten, ist es umso wichtiger, Verhältnisse zu etablieren und zu erhalten, die uns sowohl vor den Folgen von Denunziation als auch vor dieser Versuchung selbst bewahren.

Anmerkungen

1 Willy Krell, „Kinder klagen an“, in: *Der neue Weg – Jüdisches Organ mit amtlichen Mitteilungen der Israelitischen Kultusgemeinde Wien*, Nr. 3/4, 1. Februar 1946, S. 7; s. auch die Resonanz des Falles in der Presse: *Österreichische Zeitung* vom 25. Juni 1947, *Neues Österreich, Wiener Zeitung* und *Arbeiterzeitung*, alle vom 26. Juni 1947.

2 Lt. MA 61 der Stadt Wien: Schantl; in den Volksgerichtsakten: Schandl.

3 Zur Barackensiedlung Hasenleiten s. www.ns-verbrechen.at (enter, information, Baracken/Hasenleiten/Umsiedlungen). Die mit der Vertreibung jüdischer Mieter befasste Website enthält auch Hinweise auf Denunziationen in Gemeindebauten.

4 Dokumentationsarchiv des österreichischen Widerstandes (DÖW), Gestapo-Tagesrapporte, Tagesbericht Nr. 6 vom 16. bis 19. 4.1943.

5 Nach den großen Deportationen im Jahre 1942 lebten nur noch weniger als 11.000 Juden in Wien; bis Ende 1944 wurden in zahlreichen Transporten noch einmal etwa 5000 Juden deportiert, darunter etwa 350 nach Auschwitz, zu denen auch Michael Schwarz gehörte. Etwa 5700 Juden überlebten in Wien, unter ihnen diejenigen, die durch „Mischehen“ geschützt waren. S. Botz, Gerhard, Ausgrenzung, Beraubung und Vernichtung. Das Ende des Wiener Judentums unter der nationalsozialistischen Herrschaft (1938–1945), in: ders./Oxaal, Ivar/Pollak, Michael/Scholz, Nina (Hg.), Eine zerstörte Kultur. Jüdisches Leben und Antisemitismus in Wien seit dem 19. Jahrhundert, Wien[2] 2002, S. 315–339, S. 335 f.; DÖW (Hg.), Jüdische Schicksale. Berichte von Verfolgten, Wien 1992, S. 500; für die Angaben zu Michael Schwarz s. www.doew.at, unter „Nicht mehr anonym“, die digitalisierte Erkennungsdienstliche Kartei der Gestapo Wien (Originale im WStLA), www.doew.at unter „Namentliche Erfassung der österreichischen Holocaustopfer“.

6 An einigen Stellen, wo es der Lesbarkeit zuträglich erschien, wurden Orthografie und Interpunktion der Gerichtsprotokolle geringfügig verändert.

7 Polizeiverordnung über die Kennzeichnung der Juden vom 1. September 1941, RGBl. 1941, I. S. 547; in den besetzten Gebieten war der „Judenstern“ schon früher eingeführt worden.

8 Theresienstadt war für mehr als die Hälfte der Deportierten nur Durchgangsstation auf dem Weg in die Vernichtungslager.

9 Krell, Kinder, a. a. O. (FN 1), S. 7.

10 Vg 11e Vr 5056/46 (DÖW V215/1-17, MF 1051D), Zeugenvernehmung Rosa Schnedlitz vom 12. März 1946.

11 Ebd., Anklageschrift vom 28. März 1947.

12 Ebd., Zeugenvernehmung Rosa Schnedlitz vom 23. August 1946.

13 Polizeigefangenenhaus, heute Roßauerlände.

14 Ein ehemaliges Schulgebäude in der Kleinen Sperlgasse 2a.

15 Vg 11e Vr 5056/46 (DÖW V215/8-16, MF 1051D), Zeugenvernehmung Hilda Schwarz vom 12. September 1946.

[16] Ebd.; wegen grammatikalischer Fehler im Vernehmungsprotokoll wurde die Aussage leicht korrigiert.

[17] Ebd., Protokoll der Hauptverhandlung vom 26. Juni 1947, Zeugin Hilda Schwarz; s. auch Zeugenvernehmung Erwin Schwarz vom 12. September 1946.

[18] Ebd., Protokoll der Hauptverhandlung vom 24. Juni 1947, Zeuge Erwin Schwarz.

[19] Ebd., Schreiben der Firma Persil vom 27. Dezember 1946.

[20] Ebd., Zeugenvernehmung Erwin Schwarz vom 13. Dezember 1946.

[21] Nach der „2. Verordnung zur Durchführung des Gesetzes über die Änderung von Familiennamen und Vornamen" mussten ab 1. Januar 1939 alle jüdischen Männer, Frauen und Kinder als zusätzlichen Vornamen „Israel" bzw. „Sara" tragen, s. Walk, Joseph (Hg.), Das Sonderrecht für die Juden im NS-Staat. Eine Sammlung der gesetzlichen Maßnahmen und Richtlinien – Inhalt und Bedeutung, Heidelberg 1996, S. 237.

[22] Vg 11e Vr 5056/46 (DÖW V215/8-16, MF 1051D), beigelegtes Kündigungsschreiben vom 9. Februar 1942 im Schreiben der Fa. Persil vom 27. Dezember 1946.

[23] 1. Verordnung zum Reichsbürgergesetz vom 14. 11. 1935, RGBl. 1935, I., S. 1333.

[24] MA 61, Staatsbürgerschaftsevidenzstelle Wien.

[25] Vg 11e Vr 5056/46 (DÖW V215/8-16, MF 1051D), Zeugenvernehmung Erwin Keschmann vom 13. Jänner 1947.

[26] Ebd., Zeugenvernehmung Karl Prottung vom 13. Jänner 1947.

[27] Zugleich wurde mit der Beschränkung auf einen wesentlicher erscheinenden Teil des Verfahrens der Prozess insgesamt beschleunigt. Es musste kein Aufwand mehr betrieben werden, weitere Zeugen und Beweise herbeizuschaffen, eine Vorgehensweise, die als typisch für die permanent überlasteten Volksgerichte dieser Zeit beschrieben wird, s. die unveröffentlichte Diplomarbeit von Tiefenthaler, Guido, Denunziationen während der NS-Herrschaft im Spiegel der Volksgerichtsprozesse, phil. Dipl., Wien 1995, S. 67.

[28] Vg 11e Vr 5056/46 (DÖW V215/8-16, MF 1051D), Protokoll der Hauptverhandlung vom 24. Juni 1947, Zeuge Erwin Schwarz; Zeugenvernehmung Erwin Schwarz vom 13. Dezember 1946.

[29] Ebd., Zeugenvernehmung Erwin Schwarz vom 13. Dezember 1946.

[30] Ebd., Protokoll der Hauptverhandlung vom 24. Juni 1947, Zeuge Erwin Schwarz.

[31] Ebd., Zeugenvernehmung Erwin Schwarz vom 13. Dezember 1946.

[32] Ebd., Protokoll der Hauptverhandlung vom 24. Juni 1947, Zeuge Erwin Schwarz.

[33] Die nach dem „Anschluss" zunächst forcierte Auswanderung der Juden wurde im August 1941 durch die „Auswanderungssperre für wehrfähige Juden" eingeschränkt. Im Oktober 1941 wurde ein generelles Auswanderungsverbot für Juden aus dem Deutschen Reich verfügt, s. Walk, Sonderrecht, a. a. O. (FN 21), S. 347, 353.

[34] DÖW (Hg.), Jüdische Schicksale. a. a. O. (FN 5), S. 188, 191.

[35] Vg 11e Vr 5056/46 (DÖW V215/8-16, MF 1051D), Dokument der Israelitischen Kultusgemeinde vom 22. September 1942.

[36] S. FN 5.

[37] Vg 11e Vr 5056/46 (DÖW V215/8-16, MF 1051D), Protokoll der Hauptverhandlung vom 24. Juni 1947, Zeuge Erwin Schwarz.

[38] Inoffizielle Bezeichnung für den „Sonderdienst", bestehend aus etwa sechs Männern, die nicht der Israelitischen Kultusgemeinde, sondern der „Zentralstelle für jüdische Auswanderung" und nach dem März 1942 der Gestapo unterstellt waren; s. Rabinovici, Doron, Instanzen der Ohnmacht. Wien 1938–1945. Der Weg zum Judenrat, Frankfurt/M. 2000, S. 287 f.

[39] Vg 11e Vr 5056/46, (DÖW V215/8-16, MF 1051D), Protokoll der Hauptverhandlung vom 24. Juni 1947, Zeuge Erwin Schwarz; in der Malzgasse war ein weiteres Sammellager zur Deportation der Juden, ein drittes befand sich in der Castellezgasse.

[40] Albrich, Thomas, Holocaust und Schuldabwehr. Vom Judenmord zum kollektiven Opferstatus, in: Steininger, Rolf/Gehler, Michael (Hg.), Österreich im 20. Jahrhundert, Bd. 2: Vom Zweiten Weltkrieg bis zur Gegenwart, Wien, Köln, Weimar 1997, S. 50 f.; für weitere Details s. Moser, Jonny, Österreich, in: Benz, Wolfgang (Hg.), Dimensionen des Völkermords. Die Zahl der jüdischen Opfer des Nationalsozialismus, München 1991, S. 80–85.

[41] Vg 11e Vr 5056/46 (DÖW V215/8-16, MF 1051D), Zeugenvernehmung Erwin Schwarz vom 12. September 1946.

[42] Ebd., Protokoll der Hauptverhandlung vom 24. Juni 1947, Zeuge Alois Simonek.

[43] Ebd., Zeugin Berta Schwarz.

[44] Ebd., Zeugin Berta Schwarz; Zeugenvernehmung Erwin Schwarz vom 12. September 1946.

[45] Die ersten Deportationen in das „Generalgouvernement" fanden im Frühjahr 1941 statt. Seit Frühjahr 1942 hatten mehrere große Deportationen stattgefunden, s. DÖW (Hg.), Widerstand und Verfolgung in Wien, Bd. 3, Wien[2] 1984, S. 496.

[46] Vg 11e Vr 5056/46 (DÖW V215/8-16, MF 1051D), Zeugenvernehmung Marie Stiglitz vom 25. September 1946.

[47] Weihnachten 1938 wurde die Verleihung des „Ehrenkreuzes der Deutschen Mutter" erstmals öffentlich angekündigt. Das Bronzekeuz erhielten Mütter von vier und fünf „arischen" Kindern, Silber Mütter von sechs und sieben und Gold Mütter von acht und mehr Kindern; s. Weyrather, Irmgard, Muttertag und Mutterkreuz. Der Kult um die „deutsche Mutter" im Nationalsozialismus, Frankfurt/M. 1993, S. 55 f.

[48] Vg 11e Vr 5056/46 (DÖW V215/8-16, MF 1051D), Zeugenvernehmung Josef Stiglitz vom 13. November 1946.

[49] Ebd., Protokoll der Hauptverhandlung vom 24. Juni 1947, Zeugin Margarethe Kuttenberger.

[50] Ebd., Zeugenvernehmung Margarethe Kuttenberger vom 25. September 1946.

[51] Ebd., Protokoll der Hauptverhandlung vom 24. Juni 1947, Zeuge Sigmund Mühlrad.

[52] Ebd., Zeugenvernehmung Wilhelm Krell vom 10. Oktober 1946.

[53] Ebd., Zeugenvernehmung Mathias Schnedlitz vom 11. November 1946.

[54] Ebd., Bericht (politischer Leumund) vom 12. Oktober 1946.

[55] Ebd., Zeugenvernehmung Franz Hron vom 21. Februar 1947.

[56] Ebd., Zeugenvernehmung Antonie Gnendiger vom 14. November 1946.

[57] Ebd., Bitte um Enthaftung, o. D., eingelangt am 10. April 1947.

[58] Ebd., Protokoll der Hauptverhandlung vom 24. Juni 1947, Angeklagte Rosa Schnedlitz.

[59] Zum Tatbestand der Denunziation im KVG s. S. 73 f. des vorliegenden Buches.

[60] Vg 11e Vr 5056/46 (DÖW V215/8-16, MF 1051D), Urteil vom 24. Juni 1947.

[61] Ebd.

[62] Ebd., Tilgungsgesuch vom 24. Februar 1954, Ablehnung des VG Wien vom 9. April 1954.

[63] Rosa Schandl hatte sich 1959 und 1965 wieder verheiratet und den Namen des jeweiligen Ehemanns angenommen. Um jedoch Verwirrung zu vermeiden, wird der Name Rosa Schandl hier beibehalten.

[64] Auskunft der MA 12 (Opferfürsorge).

[65] Landwehr, Achim/Ross, Friso (Hg.), Denunziation und Justiz. Historische Dimensionen eines sozialen Phänomens, Tübingen 2000; Hokamp, Michaela/Ulbrich, Claudia, Der Staatsbürger als Spitzel. Denunziation während des 18. und 19. Jahrhunderts aus europäischer Perspektive, Leipzig 2001; Jerouschek, Günter/Marßolek, Inge/Röckelein, Hedwig, Denunziation. Historische, juristische und psychologische Aspekte, Tübingen 1997.

[66] S. u. a.: Jochmann, Werner (Hg.): Adolf Hitler. Monologe im Führerhauptquartier 1941–1944. Die Aufzeichnungen Heinrich Heims, Hamburg 1980, S. 125 f.; Hitler, Adolf, Mein Kampf, München 1934, S. 221 f., 227 ff., 583 ff., 593 f.

[67] S. das Kapitel zur Ambivalenz des NS-Staats im vorliegenden Buch.

[68] Dörner, Bernward, Gestapo und „Heimtücke". Zur Praxis der Geheimen Staatspolizei bei der Verfolgung von Verstößen gegen das „Heimtücke-Gesetz", in: Mallmann, Klaus-Michael/Paul, Gerhard, Gestapo – Mythos und Realität, Darmstadt 1995, S. 325–342, S. 327.

[69] Ebd., S. 328, Anm. 11; Jochmann, Monologe, a. a. O. (FN 66), S. 146, 248 f.

[70] Gellately, Robert, Hingeschaut und weggesehen. Hitler und sein Volk, Stuttgart, München 2002, S. 259. Schlagzeilen dieser Zeitungsberichte waren u. a.: „Feindsender abgehört: Todesurteil", „Keine Nachsicht für diese Volksfeinde", „Warnung an Unbelehrbare".

[71] Zit. nach: Bauer, Yehuda, Die dunkle Seite der Geschichte. Die Shoah in historischer Sicht. Interpretationen und Re-Interpretationen, Frankfurt/M. 2001, S. 317.

[72] Gellately, Hingeschaut und weggesehen, a. a. O. (FN 70); Johnson, Eric A., Der nationalsozialistische Terror. Gestapo, Juden und gewöhnliche Deutsche, Berlin 2000; Koonz, Claudia, Mütter im Vaterland. Frauen im Dritten Reich, Freiburg i. Br. 1991.

[73] Interview mit Hanna R. in: Szepansky, Gerda, „Blitzmädel". „Heldenmutter". „Kriegerwitwe". Frauenleben im Zweiten Weltkrieg, Frankfurt/M. 1986, S. 188 ff.

[74] Weiss, Hilde, Antisemitische Vorurteile in Österreich, Wien[2] 1987, S. 127.

[75] Aumüller-Roske, Ursula, Die nationalsozialistischen Erziehungsanstalten für Mädchen im „großdeutschen Reich". Kleine Karrieren für Frauen?, in: Gravenhorst, Lerke/Tatschmurat, Carmen (Hg.), TöchterFragen: NS-Frauengeschichte (Forum Frauenforschung Bd. 5), Freiburg i. Br. 1990, S. 211–236, S. 235.

[76] S. auch die literarischen Erinnerungen vertriebener Wiener, u. a. Clare, George,

Letzter Walzer in Wien, Wien (Neuauflage) 2001; Zuckmeyer, Carl, Als wär's ein Stück von mir. Horen der Freundschaft, Gütersloh 1986.

77 Botz, Gerhard, Arisierung und Wohnungsraub. Vortrag anlässlich der Enquete zur Erfassung der wirtschaftlichen Schäden der NS-Opfer in Österreich, Wien 17. Juni 1997.

78 Bauer, Geschichte, a. a. O. (FN 71), S. 317.

79 Gemeint sind hier alle, die durch die „Nürnberger Rassengesetze" zu Juden erklärt wurden, unabhängig von ihrer Eigendefinition.

80 Das erklärt vielleicht auch die Aussagen von Fürsorgerinnen, ihre Arbeit während der NS-Zeit habe sich nicht von der Zeit davor unterschieden, s. Mitrovic, Emilija, Fürsorgerinnen im Nationalsozialismus: Hilfe zur Aussonderung, in: Ebbinghaus, Angelika (Hg.), Opfer und Täterinnen. Frauenbiographien im Nationalsozialismus, Nördlingen 1987, S. 14–36; S. 14–20.

81 Zur Geschichte des Zigeunerhasses s. Gilsenbach, Reimar, Oh Django, sing Deinen Zorn. Sinti und Roma unter Deutschen, Berlin 1993; ders., Wie Lolitschai zu Doktorwürde kam, in: Beiträge zur nationalsozialistischen Gesundheits- und Sozialpolitik, Bd. 6, 1988, S. 101–134.

82 Ute Scheub, „Ein Dorf spielt ‚Zigeunervertreiben'", in: *taz* Berlin Nr. 3204 vom 7. September 1990, S. 23.

83 Unter der inzwischen zahlreichen Literatur s. u. a.: Heer, Friedrich, Gottes erste Liebe. Die Juden im Spannungsfeld der Geschichte, München, Berlin 1981; ders., Der Glaube des Adolf Hitler. Anatomie einer politischen Religiosität, Wien[2] 1998; Rütgen, Herbert, Antisemitismus in allen Lagern. Publizistische Dokumente zur Ersten Republik Österreich 1918–1938, Graz 1989; Hannot, Walter, Die Judenfrage in der katholischen Tagespresse Deutschlands und Österreichs 1923–1933, Mainz 1990; Riedl, Joachim, Das Geniale. Das Gemeine. Versuch über Wien, München 1992; Ley, Michael, Abschied von Kakanien. Antisemitismus und Nationalismus im Wiener Fin de Siècle, Wien 2001; Scholz, Nina/Heinisch, Heiko, „Alles werden sich die Christen nicht gefallen lassen…". Wiener Pfarrer und die Juden in der Zwischenkriegszeit, Wien 2001; Botz /Oxaal /Pollak /Scholz, Eine zerstörte Kultur, a. a. O. (FN 5).

84 Zentrum für Historische Sozialforschung, Vol. 26 (2001), Sonderheft Denunziation im 20. Jahrhundert: Zwischen Komparatistik und Interdisziplinarität, No. 2/3, Köln 2001; Jerouschek/Marßolek/Röckelein, Denunziation, a. a. O. (FN 65).

85 Siehe Literaturverzeichnis.

86 Schafranek, Hans, V-Leute und Verräter. Die Unterwanderung kommunistischer Widerstandsgruppen durch Konfidenten der Wiener Gestapo, in: Internationale wissenschaftliche Korrespondenz zur Geschichte der deutschen Arbeiterbewegung, Heft 3/2000, S. 300–349; s. auch Tiefenthaler, Denunziationen, a. a. O. (FN 27).

87 Safrian, Hans/Witek, Hans, Und keiner war dabei. Dokumente des alltäglichen Antisemitismus in Wien 1938, Wien 1988, S. 16.

88 Botz, Ausgrenzung, a. a. O. (FN 5), S. 326. In den Monaten vom „Anschluss" bis November 1938 wanderten 32.000 Personen aus, bis Juli 1939 folgten noch einmal 54.000; Ende November 1939 hatten insgesamt 126.445 Juden Österreich

verlassen. Die Zahl läge sicher noch höher, wenn das Ausland sich zu höheren Aufnahmequoten entschlossen hätte.

89 Bericht an Ministerpräsident und Generalfeldmarschall Göring, geheim, vom 19. November 1938, zit. nach: Safrian/Witek, Und keiner war dabei, a. a. O. (FN 87), S. 186 f.

90 *Völkischer Beobachter* (Wiener Ausgabe) vom 26. April 1938, S. 2, 4.

91 Heller, Ludwig Viktor/Loebenstein, Edwin/Werner, Leopold, Das Nationalsozialistengesetz. Das Verbotsgesetz 1947. Die damit zusammenhängenden Spezialgesetze, Wien 1947, S. II/141.

92 Allein in Wien gab es 426 Ortsgruppen, die sich in 2370 Zellen mit wiederum 14254 Blocks gliederten, s. Botz, Gerhard, Nationalsozialismus in Wien, Machtübernahme und Herrschaftssicherung 1938/39, Buchloe[3] 1988, S. 205–209.

93 Vgl. Definition von „Denunziation" nach Broszat als „die nicht durch Amtspflicht oder Gesetzesnorm gebotene, vielmehr freiwillig erfolgte Anzeige eines angeblichen oder wirklichen Verhaltens, das aus der Sicht des NS-Regimes zu missbilligen war, mit dem Ziel der Bestrafung dessen, gegen den sich die Anzeige richtete", in: Broszat, Martin, Politische Denunziationen in der NS-Zeit. Aus Forschungserfahrungen im Staatsarchiv München. In: Archivalische Zeitschrift, Heft 37/1977, S. 221.

94 Stowasser, J. M., Lateinisch-Deutsches Schulwörterbuch, Wien[2] 1969 (Nachdruck der Ausgabe 1900), S. 304, Stichwort „denuntiatio".

95 Kolmer, Lothar, Die denunciatio canonica als Instrument im Kampf um den rechten Glauben, in: Jerouschek/Marßolek/Röckelein, Denunziation, a. a. O. (FN 65) S. 26–47, S. 26, 39 f. (Anm. 2).

96 Ebd., S. 26 f.

97 Ebd., S. 34.

98 Ebd., S. 36 f.

99 Fößel, Amalie, Denunziationen im Verfahren gegen Ketzer im 13. und im beginnenden 14. Jahrhundert, in: Jerouschek/Marßolek/Röckelein, Denunziation, a. a. O. (FN 65), S. 48–63.

100 Ebd., S. 39.; Stammler, W./Erler, A./Kaufmann, E. (Hg.), Handwörterbuch zur deutschen Rechtsgeschichte, Bd. 1, Berlin 1971, S. 681.

101 Großes vollständiges Universallexikon von Johann Heinrich Zedler, Bd. 7, Halle, Leipzig 1734, Stichwort: Denunciatio und Denunciant.

102 Heinrich Heines als staatsfeindlich und franzosenfreundlich angesehene Schriften wurden 1835 vom Deutschen Bundestag verboten; Heine, Heinrich, „Über den Denunzianten. Eine Vorrede zum dritten Teile des ‚Salons'", in: ders., Sämtliche Werke, Bd. IV, Schriften zu Literatur und Politik II. Vermischtes, Düsseldorf, Zürich[3] 1997 (Text im Internet unter: http://homepages.compuserve. de/frickew/heine/denunziant.htm); August Heinrich Hoffmann von Fallersleben (1798–1874), 1842 wegen seiner freiheitlich-liberalen Gesinnung als Professor für deutsche Sprache und Literatur entlassen und des Landes verwiesen.

103 Heer, Friedrich, Demokratie und Denunziation, in: Gewerkschaftliche Monatshefte 1/1960; Text s. www.gmh.dgb.de/main/jahresin/1961/Leseproben/leseprobe_01-1961-Heer.html

104 Meyers Taschenlexikon A–Z, Mannheim, Leipzig, Zürich, Wien[6] 2002, Stichwort: Denunziation.

105 Fremdwörterbuch, Bibliographisches Institut Leipzig, Leipzig 1985, Stichwort: Denunziation.

106 Paul Yvon, „Staatsschutz für faule Zeugen", in: *profil* 07/2003, S. 36 f.; Florian Klenk, „Im Zweifel besser schuldig", in: *Falter* 23/2000, S. 12.

107 In Deutschland nach dem Alliierten Kontrollratsgesetz Nr. 10 vom 20. 12. 1945 (Art. II, 1c); zur Rechtsprechung nach diesem Gesetz s. Broszat, Martin, Siegerjustiz oder strafrechtliche „Selbstreinigung". Aspekte der Vergangenheitsbewältigung der deutschen Justiz während der Besatzungszeit 1945–1949, in: VfZ 29/1981, Heft 4, S. 477–544, S. 532 f.; in Österreich nach dem Kriegsverbrechergesetz (§ 7) vom 26. Juni 1945 (Neufassung vom 23. Juli 1947).

108 StGBl 1945/32 vom 18. Oktober 1945 (KVG).

109 Boberach, Heinz (Hg.), Richterbriefe. Dokumente zur Beeinflussung der deutschen Rechtssprechung 1942–1944 (Schriftenreihe des Bundesarchivs 21), Boppard a. Rhein 1975, S. 5 f., 480; Adam, Uwe Dietrich, Judenpolitik im Dritten Reich, Düsseldorf 1972, S. 244; Larenz, Karl, Die Deutsche Rechtserneuerung und Rechtsphilosophie, Tübingen 1934, S. 34 ff., 44; Höhn, Reinhard, Das Gesetz als Akt der Führung, Deutsches Recht 4/1934, S. 433.

110 Boberach, Richterbriefe, a. a. O. (FN 109), S. 454; auch Himmler, der Kraft seines Amtes als Reichsführer SS auch oberster „Richter" der Sondergerichtsbarkeit für SS-Angehörige war, nahm diese Rolle sehr ernst. Zum festen Bestandteil seines Tagesprogramms gehörte das morgendliche Durchsehen der anhängigen Verfahren und Urteile, um gegebenenfalls zu intervenieren, s. Forschungsstelle für Zeitgeschichte in Hamburg (Hg.), Der Dienstkalender Heinrich Himmlers 1941/42, Hamburg 1999, S. 29, 38.

111 Boberach, Richterbriefe, a. a. O. (FN 109), S. 194, 451.

112 Karl Larenz, Vertreter der so genannten Kieler Schule von Rechtsgelehrten, die versuchte, rechtstheoretische Grundlagen zur Erneuerung des deutschen Rechts auf der Basis der nationalsozialistischen Weltanschauung zu entwickeln, zitiert nach: Kiesewetter, Hubert, Von Hegel zu Hitler. Die politische Verwirklichung einer totalitären Machtstaatstheorie in Deutschland (1815–1945), Frankfurt/M. u. a.[2] 1995, S. 298 f.; Boberach, Richterbriefe, a. a. O. (FN 105), S. 450 f.

113 Ebd.

114 Ebd., S. 299.

115 Larenz, Karl (Hg.), Grundfragen der neuen Rechtswissenschaft, Berlin 1935, S. 241.

116 RGBl. 1933 I. S. 135.

117 RGBl. 1934 I. S. 1269.

118 Hüttenberger, Peter, Heimtückefälle vor dem Sondergericht München 1933–1939, in: Broszat, Martin/Fröhlich, Elke/Grossmann, Anton (Hg.), Bayern in der NS-Zeit, Bd. IV, Herrschaft und Gesellschaft im Konflikt. Teil C, München u. a. 1981, S. 435–526, S. 438; für Wien ab Januar 1939 s. WStLA, Justizministerium, Sondergericht am Landesgericht für Strafsachen Wien, Registerbände B2/1–2, 1939–1945.

119 Mallmann, Klaus-Michael/Paul, Gerhard, Gestapo – Mythos und Realität, in: Florath, Bernd/Mitter, Armin/Wolle, Stephan (Hg.), Die Ohnmacht der Allmächtigen. Geheimdienste und politische Polizei in der modernen Gesellschaft, Berlin 1992, S. 105; Dörner, Bernward, „Heimtücke“: Das Gesetz als Waffe. Kontrolle, Abschreckung und Verfolgung in Deutschland 1933–1945, Paderborn, München, Wien, Zürich 1998, S. 98 ff., S. 101 (Tabelle III-3); Johnson, Terror, a. a. O. (FN 72), S. 111.

120 RGBl. 1938 I. S. 80.

121 Information des Historikers Martin Polaschek vom Institut für Österreichische Rechtsgeschichte der Universität Graz; nach Wissensstand der Autoren gibt es bislang keine Untersuchungen für diesen Zeitraum.

122 Dörner, „Heimtücke“, a. a. O. (FN 119), S. 316.

123 Neugebauer, Wolfgang, Richter in der NS-Zeit. Politische und gesellschaftliche Rahmenbedingungen, in: Weinzierl, Erika (Hg.), Richter und Gesellschaftspolitik. Symposium Justiz und Zeitgeschichte, 12. und 13. Oktober 1995 in Wien, Innsbruck 1997, S. 56–68, S. 61 f.; drei der prominentesten Opfer dieser „Säuberungen“, die im Konzentrationslager ihr Leben verloren, sind der frühere Justizminister Robert Winterstein, der Staatsanwalt Karl Tuppy und der Oberlandesgerichtsrat Alois Osio.

124 RGBl. 1938 I. S. 1455.

125 Urteil des VGH vom 6. Juni 1944 (Linz in Niederösterreich) abgedruckt in: Rot-Weiss-Rot-Buch, Erster Teil, Wien 1946, S. 137 f.; Zahlen von Todesurteilen für „Wehrkraftzersetzung“ liegen für die Jahre 1942 und 1943 vor. Waren es im ersten Jahr „nur“ vier Todesurteile, so stieg die Zahl für das Jahr darauf auf 108 an, s. Boberach, Richterbriefe, a. a. O. (FN 109), S. 148 (Anm. 4).

126 Boberach, Richterbriefe, a. a. O. (FN 109), S. 148 (Anm. 4), 490.

127 Conrad F. Latour, Goebbels' „Außerordentliche Rundfunkmaßnahmen“ 1939–1942, in: VfZ 11/1963, Heft 4, S. 418–435, S. 419.

128 RGBl. 1939, I. S. 1683.

129 ÖStA, AdR, Reichsjustizministerium, Kart. 7, Generalakten zur Einführung der Vorschriften über Hochverrat und Landesverrat im Lande Österreich, Merkblatt A betr. Die Behandlung von Hoch- und Landesverratssachen, S. 3.

130 RGBl. 1939, I. S. 1679.

131 WStLA, Justizministerium, Sondergericht am Landesgericht für Strafsachen, Registerbände B2/1–2, 1939–1945.

132 Boberach, Richterbriefe, a. a. O. (FN 109), S. 7–10, 438 f., 453; Benz, Wolfgang/Graml, Hermann/Weiß, Hermann (Hg.), Enzyklopädie des Nationalsozialismus, München[2] 1998, S. 787 f.

133 Loebenstein, Herbert, Strafrecht und Strafenpraxis im nationalsozialistischen Staat, in: Davy, U./Fuchs, H./Hofmeister, H./Marte, J./Reiter, I. (Hg.), Nationalsozialismus und Recht. Rechtssetzung und Rechtswissenschaft in Österreich unter der Herrschaft des Nationalsozialismus, Wien 1990, S. 200–208, S. 207.

134 RGBl. 1939, I. S. 2319 (Verordnung zur Ergänzung der Strafvorschriften zum Schutz der Wehrkraft des Deutschen Volkes); s. die Beschreibung mehrerer Urteile aus dem Jahre 1942 und die Stellungnahme des Reichsministers für Justiz in: Boberach, Richterbriefe, a. a. O. (FN 109), S. 81–95.

[135] Boberach, Richterbriefe, a. a. O. (FN 109), S. 453 (Anm. 13).

[136] Ebd.

[137] So beschloss etwa die Synode von Elvira im Jahre 306 ein Verbot der Tisch- und Ehegemeinschaft zwischen Christen und Juden; die Synode von Clermont verbot im Jahre 535 Juden die Ausübung öffentlicher Ämter; die Synode von Toledo im Jahre 681 beschloss die Verbrennung des Talmuds und anderer jüdischer Schriften; Papst Innozenz III. verordnete auf dem IV. Laterankonzil 1215 die Kennzeichnung von Juden mittels eines besonderen Zeichens an der Kleidung und bekräftigte das Heiratsverbot zwischen Christen und Juden; die Synode von Wien im Jahre 1267 verbot den Christen die Teilnahme an jüdischen Feierlichkeiten; s. Scholz/Heinisch, Christen, a. a. O. (FN 83), S. 28 f., 31, 37.

[138] RGBl. 1935, I. S. 1146.

[139] Zu den weiteren Paragrafen des Gesetzes s. Gruchmann, Lothar, Justiz im Dritten Reich 1933–1940. Anpassung und Unterwerfung in der Ära Gürtner (Quellen und Darstellungen zur Zeitgeschichte, Bd. 28), München 1988, S. 877 f.

[140] Bis 1940 wurden allein wegen „Rassenschande" 1191 Männer rechtskräftig verurteilt; das Gesetz sah nur die Bestrafung des Mannes vor, vgl. die Statistik in: Gruchmann, Justiz, a. a. O. (FN 139), a. a. O. (FN 109), S. 879.

[141] Hitler strich im letzten Moment den Satz „Dieses Gesetz gilt nur für Volljuden" aus dem Gesetzestext, wodurch die spätere Ausweitung der Definition des betroffenen Personenkreises mittels Erlässen möglich wurde, ohne gegen ein Gesetz verstoßen zu müssen, s. Adam, Judenpolitik, a. a. O. (FN 109), S. 131.

[142] RGBl. 1935, I. S. 1333.

[143] Vortrag Himmlers über Wesen und Aufgabe der SS und der Polizei beim nationalpolitischen Lehrgang der Wehrmacht vom 15. bis 23. Jänner 1937, in: Der Prozeß gegen die Hauptkriegsverbrecher vor dem Internationalen Militärgerichtshof. Nürnberg 14. 11. 1945 – 1. 10. 1946. Amtlicher Wortlaut in deutscher Sprache, 42 Bde., Nürnberg 1947–1949 (IMT), Bd. 29, Dokument 1992 (A)-PS, S. 225.

[144] Stuckart, Wilhelm/Globke, Hans, Kommentare zur deutschen Rassengesetzgebung, Bd. 1, München, Berlin 1936, S. 64, Hervorhebung im Original.

[145] Ebd., S. 65.

[146] Ebd., S. 66.

[147] § 7 der Ersten Verordnung zum Reichsbürgergesetz, RGBl. 1935, I. S. 1333.

[148] RGBl. 1938, I. S. 594.

[149] RGBl. 1933, I. S. 136.

[150] RGBl. 1933, I. S. 83.

[151] RGBl. 1933, I. S. 85.

[152] RGBl. 1933, I. S. 141.

[153] RGBl. 1933, I. S. 83.

[154] Ebd. und RGBl. 1933, I. S. 135, nicht zu verwechseln mit dem „Heimtückegesetz".

[155] RGBl. 1939, I. S. 2107.

[156] Fest, Joachim, Hitlers Krieg, in: VfZ 38/1990 Heft 3, S. 359–373, S. 368 f.; vor SS-Gerichten wurden auch Straftatbestände wie „Homosexualität" oder „Diebstahl von Kameradeneigentum" verfolgt.

[157] RGBl. 1939, I. S. 1658.

[158] Der eigens für „Weiterbehandlung" von Hochverratssachen verantwortliche Sachbearbeiter in Wien war Staatsanwalt Dr. Zachar (1939), s. ÖStA, AVA, Sondergerichte, Karton 5199, Akt 154/1939.

[159] RGBl. 1939, I. S. 2000, 2378; RGBl. 1941, I. S. 549, 581, s. auch Loebenstein, Strafrecht, a. a. O. (FN 133), S 203 f.

[160] Verordnung der Reichsregierung über die Bildung von Sondergerichten. RGBl. 1933, I. S. 136 f.

[161] RGBl. 1938, I. S. 237.

[162] Loebenstein, Strafrecht, a. a. O. (FN 133), S. 201.

[163] Longerich, Peter, Politik der Vernichtung. Eine Gesamtdarstellung der nationalsozialistischen Judenverfolgung, München 1998, S. 163.

[164] RGBl. 1938, I. S. 607.

[165] Longerich, Politik der Vernichtung, a. a. O. (FN 163), S. 162 f.

[166] RGBl. 1938, I. S. 640

[167] Gesetzblatt für das Land Österreich Nr. 615/1938; RGBl. 1938 I. S. 1632.

[168] RGB1. 1939, I. S. 79 f.

[169] Zit. nach: Rüping, Hinrich, Denunziation und Strafjustiz im Führerstaat, in: Jerouschek/Marßolek/Röckelein, Denunziation, a. a. O. (FN 65), Tübingen 1997, S. 127–145, S. 131.

[170] Vgl. Schreiben des Reichsministers der Justiz (RJM) an den Ministerrat, 13. Oktober 1939; BA, R 43 II/1264 a, Bl. 113 f., in: Diewald-Kerkmann, Gisela, Politische Denunziation im NS-Regime oder Die kleine Macht der „Volksgenossen", Bonn 1995, S. 21.

[171] Rüping, Denunziation, a. a. O. (FN 169), S. 132.

[172] Gellately, Robert, Die Gestapo und die deutsche Gesellschaft. Die Durchsetzung der Rassenpolitik 1933–1945, Paderborn 1994, S. 170.

[173] Nach einer anerkannten Liste der „Asozialenforscher" Heinrich Kranz und Friedrich Koller gehörten zu den „Asozialen": „Landesverräter, Rassenschänder, wegen Abtreibung Bestrafte, sexuell Hemmungslose, Süchtige, Alkoholiker, Prostituierte (besonders heimliche), Arbeitsscheue und gewohnheitsmäßige Schmarotzer", s. Weyrather, Muttertag, a. a. O. (FN 47), S. 104 ff.; Die Betroffenen wurden mitunter ganz bürokratisch über Fürsorgebehörden in Konzentrationslager oder so genannte Jugendschutzlager eingewiesen, s. Ayaß, Wolfgang, „Ein Gebot der nationalen Arbeitsdisziplin". Die Aktion „Arbeitsscheu Reich" 1938, in: Beiträge zur nationalsozialistischen Gesundheits- und Sozialpolitik, Bd. 6, 1988, S. 43–74, S. 62 ff.; Rothmaler, Christiane, Die Sozialpolitikerin Käthe Peterson zwischen Ausmerze und Auslese, in: Ebbinghaus, Opfer und Täterinnen, a. a. O. (FN 80), S. 75–90.

[174] Dörner, Bernward, „Heimtücke": Das Gesetz als Waffe. Kontrolle, Abschreckung und Verfolgung in Deutschland 1933–1945, Paderborn, München, Wien, Zürich 1998, S. 314.

[175] Johnson, Terror, a. a. O. (FN 72), S. 396.

[176] Ders., S. 395 f. Die etwas gewagte Schätzung Johnsons basiert auf einer Zufallsstichprobe (jede achte Akte) der Krefelder Gestapoakten auf Hinweise von Denunziationen aus der Bevölkerung. Sie bezieht alle Ermittlungen in die Berech-

nungen mit ein, die tatsächlich und vermutlich durch Denunziationen ausgelöst worden sind, und verdoppelt sicherheitshalber die Zahl, um alle von der Polizei nicht an die Gestapo weitergeleiteten Denunziationen einzubeziehen und jene, die von der Gestapo wegen Belanglosigkeit nicht weiterverfolgt wurden. Das von der Gestapo selbst beschriebene Problem, dass der Großteil der Hinweise aus der Bevölkerung „unbrauchbar" war (siehe Verhör von Werner Best im Kapitel „V-Leute und andere Konfidenten der Gestapo") und daher gar nicht mehr als Denunziation in einem Ermittlungsakt auftaucht, stellt neben anderen Problemen diese Rechnung in Frage.

177 Zu den Problemen zur Quantifizierung von Denunziationen in Gestapoaktenbeständen siehe: Gellately, Hingeschaut und weggesehen, a. a. O. (FN 70), S. 191 f.

178 U. a. für Düsseldorf: Mann, Reinhard, Protest und Kontrolle im Dritten Reich. Nationalsozialistische Herrschaft im Alltag einer rheinischen Großstadt, Frankfurt/M., New York 1987; für Krefeld: Dörner, Bernward, Alltagsterror und Denunziation. Zur Bedeutung von Anzeigen aus der Bevölkerung für die Verfolgungswirkung des nationalsozialistischen „Heimtücke-Gesetzes" in Krefeld, in: Berliner Geschichtswerkstatt (Hg.), Alltagskultur, Subjektivität und Geschichte, Münster 1994, S. 254–271; für Saarbrücken: Mallmann, Klaus-Michael/Paul, Gerhard, Herrschaft und Alltag: Ein Industrierevier im Dritten Reich, Bonn 1991; für München: Hüttenberger, Heimtückefälle, a. a. O. (FN 118); für den NS-Gau Mainfranken (Würzburg): Gellately, Gestapo, a. a. O. (FN 172) und Rockenmeier, Dieter W., Denunzianten. 47 Fallgeschichten aus den Akten der Gestapo im NS-Gau Mainfranken, Würzburg 1998.

179 Die vom Historiker Thomas Mang im Jahre 2000 aufgefundene Kartei enthält erkennungsdienstliche Personalangaben und Fotos der Festgenommenen. Die Originalkartei befindet sich im WStLA; eine digitalisierte, nach Namen abfragbare Version findet sich unter: www.doew.at, Link: „Nicht mehr anonym".

180 Botz, Nationalsozialismus in Wien, a. a. O. (FN 92), S. 198 f.

181 Der Bestand „Bürckel/Korrespondenzen" enthält alle Schreiben mit Absender, der Bestand „Bürckel/Materie" besteht aus sieben Kartons mit anonymen Zuschriften; im Bestand Bürckel/Nachträge befinden sich ebenfalls anonyme Zuschriften.

182 S. u. a.: ÖStA, AdR, Bürckel/Korrespondenzen, Adler, Karl; Baumert, Markus; Donath, Else; Fried, Alice, Fried, Oskar; Fried, Salo; Friedmann, Robert; Friedländer, Leopold; Wakler, Paula; Wald-Herczke, Hermann; Waldner, Robert; ebd., Bürckel/Materie, Kart. 217, Ordner 338: Eingang 8. April 1938; Kart. 217, Ordner 339: Brief vom 12. Juni 1938; Kart. 221, Ordner 348: Eingang 25. Juli 1939; Kart. 221, Ordner 347: Eingang 22. April 1939; Kart. 222, Ordner 350: Eingang 5. Dezember 1939; Kart. 223: Eingang 8. April 1940.

183 OStA, AdR, Bürckel/Korrespondenzen, Fries Richard.

184 ÖStA, AdR, Bürckel/Materie, Karton 220, Ordner 345, Eingang 21. Februar 1939.

185 ÖStA, AdR, Bürckel/Korrespondenzen, Frank, Anny.

186 Ebd., Aschbeck, Hedwig.

187 Ebd., Bürckel/Materie, Karton 217, Ordner 338, Schreiben vom 28. Mai 1938.

188 Lt. Aussage von Werner Best (führender Gestapomann im Reichssicherheitshauptamt) war mit 90 Prozent dieser Hinweise nichts anzufangen, in: IMT, Bd. 20, S. 144 f.

[189] Ebd., Bürckel/Korrespondenzen, Becvar, Else; s. auch die Reaktionen des Obersten Parteigerichts („niederträchtige Verleumdung“) und der Gauleitung Niederdonau (von „persönlichen Hass- und Rachegefühlen“ geleitet), in: ebd., Frauer, Tini bzw. Riedl, Hermine; in beiden Fällen ist nur die Reaktion und nicht das auslösende Schreiben erhalten, sodass nicht klar wird, um welcherlei Anschuldigungen es sich gehandelt hatte.

[190] S. die Überlegungen in: Scheffler, Wolfgang, NS-Prozesse als Geschichtsquelle. Bedeutung und Grenzen ihrer Auswertbarkeit durch Historiker, in: ders./Bergmann, Werner (Hg.), Lerntage des Zentrums für Antisemitismusforschung. Bd. 5, Berlin 1988, S. 13–27; Die Verfahren vor dem Volksgericht Wien (1945–1955) als Geschichtsquelle. Abschlussbericht des vom Fonds zur Förderung der wissenschaftlichen Forschung finanzierten Forschungsprojekts des DÖW, unter: www.doew.at/information/mitarbeiter/beitraege/verfvolksgericht.html

[191] Verbotsgesetz vom 8. Mai 1945, StGBl. Nr. 13/1945 sowie §13 KVG (Kriegsverbrechergesetz) vom 26. Juni 1945.

[192] Tiefenthaler, Denunziationen, a. a. O. (FN 27), S. 67.

[193] WStLA (Hg.), Serie 2, Heft 3, Staatliche Gerichte. Von Brigitte Rigele, Wien 1993, S. 7.

[194] Polaschek, Martin F., Im Namen der Republik Österreich! Die Volksgerichte in der Steiermark 1945–1955, Graz[2] 2002, S. 16.

[195] Kuretsidis-Haider, Claudia, Die Volksgerichtsbarkeit als Form der politischen Säuberung in Österreich, s. www.doew.at/thema/thema_alt/justiz/nachkriegsforsch/volksger.html

[196] http://normative.zusammenhaenge.at/materialien/verbotsg.html

[197] StGBl. 1945/32 vom 18. Oktober 1945 (KVG).

[198] Vgl. die zeitgenössischen Erörterungen der Bedingungen zur Erfüllung des Straftatbestands in: Schatzl, Ferdinand, Denunziation oder Pflicht zur Anzeige? Die Bestimmungen des §7 Kriegsverbrechergesetz und die Anzeigepflicht auf Grund der strafrechtlichen Bestimmungen, Diss. (unveröffentlicht), Wien 1947, S. 4 ff.; Heller/Loebenstein/Werner, Nationalsozialistengesetz, a. a. O. (FN 91), S. II/140 ff.; sowie die Darstellung unter: www.nachkriegsjustiz.at/service/gesetze/kvg4.php

[199] Polaschek, Im Namen, a. a. O. (FN 194), S. 193.

[200] Tiefenthaler, Denunziationen, a. a. O. (FN 27), S. 72.

[201] Eine Zahl, die Weisz durch Erhebung der Verfahrensregister ermittelte, s. Weisz, Franz, Personell vor allem ein „ständestaatlicher“ Polizeikörper. Die Gestapo in Österreich, in: Mallmann/Paul, Gestapo, a. a. O. (FN 68) S. 439–462, S. 459, Anm. 90.

[202] 93 Prozent aller Verurteilungen erfolgten in diesem Zeitraum, s. Marschall, Karl, Volksgerichtsbarkeit und Verfolgung von nationalsozialistischen Gewaltverbrechen in Österreich. Eine Dokumentation des Bundesministeriums für Justiz. Wien[2] 1987, S. 42.

[203] DÖW, Verfahren vor österreichischen Volksgerichten: Schätzungen und erstmals detaillierte Zahlen (Bericht über die vorläufigen Ergebnisse des Projekts „Kartei der Wiener Volksgerichtsprozesse 1945–1955. Forschungs- und Dokumentationsprojekt zur elektronischen Erfassung und wissenschaftlichen Auswertung der Kartei der am Volksgericht Wien 1945–1955 geführten Voruntersuchungen“), s.

www.doew.at/thema/vg/vg.html; die im Rahmen eines umfangreichen Projekts noch zu ermittelnde Anzahl der Verhandlungen und Urteile stand den Autoren bis zur Drucklegung noch nicht zur Verfügung.

204 Polaschek, Im Namen, a. a. O. (FN 194), S. 200.

205 DÖW Akt Nr. 9254, Verzeichnis über die nach März 45 wegen Nazi-Gewalttaten in Österreich verurteilten Personen.

206 Stiefel, Dieter, Entnazifizierung in Österreich, Wien 1981, S. 255, 257.

207 Die schon 1933 eingeführte „Schutzhaft“ wurde am 25. Januar 1938 durch einen Erlass zur „Zwangsmaßnahme der Geheimen Staatspolizei“ umdefiniert gegen Personen, „die durch ihr Verhalten den Bestand und die Sicherheit des Volkes und Staates gefährden“. Nur die Gestapo konnte von nun an „Schutzhaft“ anordnen, s. Benz/Graml/Weiß, Enzyklopädie des Nationalsozialismus, a. a. O. (FN 132), S. 717.

208 Rubin-Bittmann, Fritz, Leben in Wien, Illusion ohne Ende, Ende einer Illusion, in: Plat, Wolfgang (Hg.), Voll Leben und voll Tod ist diese Erde. Bilder aus der Geschichte jüdischer Österreicher (1190–1945), Wien 1988, S. 278–323, S. 291.

209 Um einen möglichst direkten Zugang zum Charakter der Originale zu gewährleisten, werden orthografische und stilistische Fehler in den Quellen nur dort angezeigt, wo es für das allgemeine Verständnis notwendig erscheint.

210 Gruchmann, Justiz, a. a. O. (FN 139), S. 834.

211 Ebd., S. 835 f.

212 Eines der Führerhauptquartiere (feste Kommandozentralen und ein Sonderzug, von denen aus Hitler im Krieg die Operationen leitete), bei Rastenburg in Ostpreußen gelegen.

213 Jochmann, Monologe, a. a. O. (FN 66), S. 316.

214 Gruchmann, Justiz, a. a. O. (FN 139), S. 836.

215 Zit. nach Sauerland, Karol, Dreißig Silberlinge. Denunziation: Gegenwart und Geschichte, Berlin 2000, S. 18.

216 Abschrift des Erlasses im StA München: LRA Bad Aibling, Fasz. 47140, zit. nach: Broszat, Politische Denunziationen, a. a. O. (FN 93), S. 223.

217 IMT, Bd. 42, Dok. Politische Leiter – 34, S. 327.

218 RMI [I e 672/38-5012] vom 10. Jänner 1942 in: Walk, Sonderrecht, a. a. O. (FN 21), S. 273.

219 Stellungnahme des Reichsministers der Justiz Nr. 11 vom 1. August 1943 in: Boberach, Richterbriefe, a. a. O. (FN 109), S. 171 f.

220 Boberach, Richterbriefe, a. a. O. (FN 109), S. 151.

221 ÖStA, AdR, Bürckel/Materie, Karton 222, Ordner 350, Eingang 2. Dezember 1939.

222 Ebd., Bürckel/Korrespondenzen, Wieden, Walter.

223 Ebd., Bürckel/ Materie, Karton 219, Ordner 344, Eingang 23. Dezember 1938.

224 Ebd., Bürckel/Korrespondenzen, Franek, Karl; WStLA, Justizministerium, Sondergericht, Akt 6553/47; eine Reaktion Bürckels auf das Schreiben Karl Franeks ist nicht ersichtlich.

225 Ebd., Bürckel/Korrespondenzen, Waldau, Elisabeth.

226 www.doew.at, Projekt: Namentliche Erfassung österreichischer Holocaustopfer.

227 Aussage der ehemaligen Gestapoangestellten Rosa Friedl, s. Schafranek, Hans,

Widerstand und Verrat: Die Unterwanderung illegaler Arbeiterorganisationen in Österreich (1938–1944) durch die Gestapo. Endbericht zum Forschungsprojekt (unveröffentlicht), Wien 1996.

228 Zum Erfolg der Wiener Gestapo s. auch: Schafranek, V-Leute, a. a. O. (FN 86) S. 300–349.

229 Aus den eingesehenen Prozessakten des Sondergerichts Wien geht hervor, dass 48,7 Prozent aller denunzierten „Heimtücke"-Delikte von leicht bis stark angetrunkenen Personen begangen wurden; oftmals waren die Denunzianten zufällig anwesende Passanten oder ebenfalls Gäste des Wirtshauses.

230 Schafranek, V-Leute, a. a. O. (FN 86); Weisz, Franz, Die Geheime Staatspolizei. Staatspolizeistelle Wien 1938–1945. Organisation, Arbeitsweise und personale Belange, phil. Diss. (unveröffentlicht), Wien 1991.

231 Mitglieder der Wehrorganisation der Sozialdemokraten, Pendant zur „Heimwehr" der Christlichsozialen.

232 Weisz, Staatspolizei, a. a. O. (FN 230), S. 2214 ff., S. 1302–1344.

233 Ders., Polizeikörper, a. a. O. (FN 201), S. 450.

234 Bukey, Evan Burr, Hitlers Österreich. „Eine Bewegung und ein Volk", Hamburg, Wien 2001, S. 91.

235 Die Zahl 3000 ist mangels genauerer Daten eine Schätzung der Autoren auf Basis der von Franz Weisz ermittelten Tatsache, dass der Personalbestand der Wiener Gestapo im Jahre 1940 und 1941 jeweils etwas weniger als 10 Prozent des Gestapopersonals des gesamten Deutschen Reiches ausmachte, und daher mit Vorsicht zu genießen. Nach der „Reichsstärkemeldung" vom 1. Jänner 1944 hatte die Gestapo reichsweit 31.374 Angestellte, s. Weisz, Polizeikörper, a. a. O. (FN 201), S. 452.

236 Ebd., S. 460, ebenfalls eine mit Vorsicht zu genießende Zahl, die auf der Aussage der ehemaligen Gestapoangestellten Rosa Friedl und einer dazu addierten geschätzten Zahl auf Grund der Information beruht, dass die verschiedenen Gestapoabteilungen in Kompetenzstreit jeweils eigene Konfidenten führten.

237 Ebd., S. 461; zu den Erfolgen durch V-Leute in der Steiermark s. Polaschek, Im Namen, a. a. O. (FN 194), S. 192 f.

238 Vg 8 e Vr 166/55 (DÖW V142/1–13, MF 1302), Bericht der Kriminalabteilung der Polizeidirektion Wien vom 14. Juli 1948.

239 Ebd., Bericht der Kriminalabteilung der Polizeidirektion Wien vom 11. Juni 1948.

240 Ebd., Bericht der Kriminalabteilung der Polizeidirektion Wien vom 14. Juli 1948.

241 Ebd., Zeugenaussage Hermine Schwarzer vom 28. Juli 1948.

242 Ebd.

243 Vg 8 e Vr 166/55 (DÖW V142/1-13, MF 1302), Abschrift eines Kassibers von Walter Kämpf vom 25. Oktober 1949 (vorgelegt von Leopoldine Kämpf).

244 Faksimile Tagesbericht Nr. 10, 11.–14. Juni 1943 der Gestapo Wien, zit. nach DÖW, Widerstand und Verfolgung, a. a. O. (FN 45), Bildanhang.

245 Vg 8 e Vr 166/55 (DÖW V142/1–13, MF 1302), Zeugenaussage Anna Opferkuh vom 22. Februar 1949.

246 Schafranek, V-Leute, a. a. O. (FN 86), S. 331.

247 Ebd.

248 Schafranek, Widerstand und Verrat, a. a. O. (FN 227), S. 16.

249 DÖW-Akt 19.827, Bericht der Polizeidirektion Wien, Abteilung I vom 18. Jänner 1949.

250 Ebd.

251 Vg 8e Vr 166/55 (DÖW V142/1–13, MF 1302), Bericht der Kriminalbeamtenabteilung der Polizeidirektion Wien vom 15. Juli 1948.

252 Ebd., Einstellung des Verfahrens durch das Landesgericht Wien am 8. April 1957.

253 Vg 12 Vr 5536/46 (DÖW V116/1–20, MF 1028), Niederschrift der Vernehmung des Franz Brandtner vor der Staatspolizei St. Pölten vom 6. Mai 1946.

254 Ebd.

255 Ebd., Vernehmung des Johann Röhrling vor der Staatspolizei St. Pölten vom 3. Juni 1946.

256 Möglicherweise handelt es sich bei „Walter" um den o. g. Leopold Koutny, s. Vg 12 Vr 5536/46 (DÖW V116/1–20, MF 1028), Zeugenaussage Mayer Leopold vor der Staatspolizei St. Pölten vom 14. März 1946.

257 Ebd., Vorerhebungen der Staatspolizei St. Pölten vom 5. Juli 1946.

258 Ebd., Anklageschrift vom 9. Oktober 1947.

259 Ebd., Urteil vom 22. Dezember 1947.

260 Ebd., Anhang zum Akt Vg 12 Vr 5536/46.

261 Neben einigen Juden, die als V-Leute arbeiteten, hatte die Zollfahndungsstelle Juden als „Vertrauenspersonen" eingestellt, die bei der Aufdeckung von Verstößen gegen das Ausfuhrverbot jüdischen Vermögens helfen sollten. Das Beispiel einer Frau, die ihre Beziehungen beim Transfer von Vermögen anbot und diesen dann auffliegen ließ, findet sich im WStLA, Justizministerium, Landesgericht für Strafsachen I., Akt Vr 594/42.

262 Rabinovici, Instanzen, a. a. O. (FN 38), S. 288.

263 Ebd.

264 Lingens, Ella, Eine Frau im Konzentrationslager, Wien, Frankfurt, Zürich 1966, S. 9 f., 13 f.; Weinzierl, Erika, Zu wenig Gerechte. Österreicher und Judenverfolgung 1938–1945, Wien[4] 1997, S. 129, 163; Meisels, Mosche, Die Gerechten Österreichs. Eine Dokumentation der Menschlichkeit, Tel Aviv 1996, S. 56–60; zu jüdischen V-Leuten s. Weyrauch, Walter Otto, Gestapo V-Leute. Tatsachen und Theorie des Geheimdienstes, Frankfurt/M. 1992, S. 53–56.

265 Diewald-Kerkmann, Denunziation, a. a. O. (FN 170), S. 87; Gellately, Hingeschaut und weggesehen, a. a. O. (FN 70), S. 191, 260; Mann, Protest und Kontrolle, a. a. O. (FN 178), S. 295.

266 Pohl, Dieter, Nationalsozialistische Judenverfolgung in Ostgalizien 1941–1945. Organisation und Durchführung eines staatlichen Massenverbrechens, München 1996, S. 104.

267 Vgl. Sauerland, Silberlinge, a. a. O. (FN 215), S. 27, 65–70; zu Kollaboration in den besetzten Gebieten siehe auch: Hirschfeld, Gerhard, Fremdherrschaft und Kollaboration. Die Niederlande unter deutscher Besatzung 1940–1945, Stuttgart 1984; ders./Marsh, Patrick (Hg.), Kollaboration in Frankreich. Politik, Wirtschaft und Kultur während der nationalsozialistischen Besatzung 1940–1944, Frankfurt/M. 1991.

268 Pohl, Judenverfolgung, a. a. O. (FN 266), S.105; die Auswertung der V-Mann-Akten des Distrikts Radom ergab, dass mindestens drei Juden als V-Männer ar-

beiteten; die berühmteste „Greiferin“ ist sicher Stella Kübler aus Berlin, s. Wyden, Peter, Stella, Göttingen 1993.

269 Ebd., ein Ergebnis auf Grundlage der Untersuchung von polnischen Prozessakten gegen ehemalige V-Leute im Distrikt Radom.

270 Gellately, Robert, Allwissend und allgegenwärtig? Entstehung, Funktion und Wandel des Gestapo-Mythos, in: Mallmann/Paul, Gestapo, a. a. O. (FN 68), S. 47–72.

271 IMT, Bd. 20, S. 144 f. Werner Best war ab 1935 bei der Gestapo, bis 1939 Chef des Amtes Verwaltung und Recht im Hauptamt Sicherheitspolizei, 1939–1940 Leiter des Amtes II des RSHA.

272 *Neue Mannheimer Zeitung* vom 20. Juni 1934, zit. nach: Sauerland, Silberlinge, a. a. O. (FN 215), S. 16.

273 Dokumentation lebensgeschichtlicher Aufzeichnungen am Institut für Wirtschafts- und Sozialgeschichte der Universität Wien, Margarete Hosner, S. 14.

274 Weisz, Staatspolizei, a. a. O. (FN 230), S. 1913 ff.

275 Mährische Bezirksstadt, ab Oktober 1938 Teil des Deutschen Reiches.

276 Diewald-Kerkmann, Denunziation, a. a. O. (FN 170), S. 27; Statistisches Jahrbuch Berlin 1942; für die Gestapo Krefeld kommen auf einen Gestapobeamten ungefähr 10.000 Einwohner, s. Dörner, Gestapo, a. a. O. (FN 68), S. 332.

277 Weisz, Polizeikörper, a. a. O. (FN 201), S. 458 f.

278 Ebd., S. 458.

279 Dörner, Gestapo, a. a. O. (FN 68), S. 327 f., 330.

280 War die „Heimtückeäußerung“ vor der Einführung des Gesetzes gemacht worden, lehnte das Sondergericht seine Zuständigkeit ab bzw. stellte das Verfahren ein. s. ÖStA, AVA, Justiz, Sondergericht, Karton 5199, Akt 161/1939, Anklageschrift vom 21. Juni 1939, S.3; Karton 5199, Akt 151/1939, Schreiben des Generalstaatsanwalts an die Gestapo Wien vom 3. Mai 1939; WStLA, Justizministerium, Landesgericht für Strafsachen, Akt 185/1939, Der Generalstaatsanwalt an die Geheime Staatspolizei Frankfurt/O. vom 17. Juni 1939.

281 RGBl. I. 1934, S. 1269, für öffentlich gemachte Äußerungen (§2, Abs. 1) wird Gefängnisstrafe ohne konkrete Zeitangaben angedroht.

282 ÖStA, AdR, Bürckel/Korrespondenzen, Rücker, Friedrich; Rücker hatte sich an Bürckel gewandt, daher findet sich eine Abschrift des Urteils im Akt.

283 Jochmann, Monologe, a. a. O. (FN 66), S. 59.

284 ÖStA, AVA, Justiz, Sondergericht, Karton 5199, Akt 214/1939, Zeugenaussage Hermine Wichant am 18. Jänner 1939.

285 Ebd., Schreiben der Gestapo Wien vom 4. Jänner 1939.

286 Ebd., Urteil des Sondergerichts Wien vom 18. Jänner 1939.

287 ÖStA, AVA, Justiz, Sondergericht, Karton 5199, Akt 161/1939, Anklageschrift vom 21. Juni 1939, S. 2.

288 Ebd., Der Generalstaatsanwalt an den Herrn Reichsminister der Justiz vom 17. Mai 1939; Anklageschrift vom 21. Juni 1939, S. 3.

289 DÖW, Akt 20000/G 88.

290 WStLA, Justizministerium, Sondergericht, Akt Vr 3717/47, Schreiben der Gendarmerie Gutenstein vom 8. November 1944.

291 Ebd., Angabe der Theresia Eichhorn im Schreiben der Gendarmerie Gutenstein.

[292] Ebd., Einstellung des Verfahrens durch die Staatsanwaltschaft Wien vom 9. Februar 1945.

[293] Ebd., Karton 223, Eingang 23. April 1940.

[294] ÖStA, AdR, Bürckel/Materie, Karton 223, Eingang 11. Mai 1940.

[295] ÖStA, AdR, Bürckel/Korrespondenzen, Deleglise-Grenout, Laurent, Geheime Staatspolizei Wien an den Stab des Reichskommissars für die Wiedervereinigung Oesterreichs mit dem Deutschen Reich vom 8. August 1938.

[296] Ebd., Schreiben von Julia Bayer an den Gauleiter Bürckel vom 5. Juli 1938.

[297] Ebd., Schreiben Knissel (Büro Bürckel, d. V.) an den Rechtsanwalt Dr. Erich Führer vom 25. August 1938.

[298] DÖW, Akt 20100/1594.

[299] ÖStA, AdR, Bürckel/Korrespondenzen, Adler, Hermine, Schreiben an die Gestapo vom 26. Juli 1938.

[300] Ebd., Schreiben der Geheimen Staatspolizei an den Reichskommissar vom 23. August 1938.

[301] Ebd., Schreiben der Geheimen Staatspolizei an den Reichskommissar vom 10. August 1938.

[302] ÖStA, AVA, Justiz, Sondergericht, Karton 5199, Akt 187/1939, Der Generalstaatsanwalt an den Herrn Reichsminister der Justiz vom 7. Juni 1939; Anklageschrift vom 28. Juni 1939.

[303] Ebd.

[304] Die NSBO wurde 1928 als Initiative des linken Flügels der NSDAP zur Organisierung und Werbung von Arbeitern gegründet. 1932 hatte sie bereits 300.000 Mitglieder. Nach 1933 bzw. nach dem „Anschluss“ Österreichs hatte die NSBO noch größeren Zulauf. Sie war für weltanschauliche Schulungen, Propaganda innerhalb des Betriebes und Kontrolle der Einhaltung nationalsozialistischer Prinzipien zuständig. Der ursprüngliche Plan, zu einer Einheitsgewerkschaft zu werden, wurde nicht realisiert.

[305] Vg 1f Vr 152/49 (DÖW V197/1–17, MF 1046/47), Urteil vom 24. Jänner 1947.

[306] Ebd., Schreiben an die „Reichsstatthalterei in Wien“ vom 27. Jänner 1938.

[307] Ebd., Brief an die NSDAP-Ortsgruppe vom 26. Juli 1939.

[308] Ebd., Zeugenaussage Franz Kessler vom 24. Jänner 1947.

[309] Ebd., Zeugenaussage Marie Kessler vom 24. Jänner 1947.

[310] Ebd., Abschrift des Briefes von Marie Plazotta vom 23. Jänner 1942.

[311] Ebd., Brief an die Gestapo vom 26. Jänner 1942.

[312] Ebd., Aussage Marie Plazotta in der Hauptverhandlung vom 24. Jänner 1947.

[313] Ebd., Protokoll der Hauptverhandlung vom 24. Jänner 1947; Smutny hatte Zwangsarbeiter körperlich schwer misshandelt, bei Spendensammlungen die Werkstore verschließen lassen und demonstrativ mit einer Waffe hantiert, um die Belegschaft zum Spenden zu bewegen.

[314] Ebd., Vormerkblatt für bedingte Entlassung vom 25. April 1949.

[315] Vg 2d Vr 573/45 (DÖW V195/1–54, MF 1046), Zeugenaussage Ernst Handl vom 30. Juli 1945.

[316] Ebd., Zeugenaussage Ernst Handl vom 30. Juli 1945.

[317] Zeugenaussage Johann Slumsky vom 30. Juli 1945.

[318] Ebd., Urteil des Sondergerichts Wien vom 17. Februar 1943.

[319] Ebd., Zeugenaussagen Johann Slumsky und Franziska Malek vom 30. Juli 1945.
[320] Ebd., Zeugenaussage Johann Slumsky vom 30. Juli 1945.
[321] Vg 2d Vr 573/45 (DÖW V195/1–54, MF 1046), Urteil vom 8. Jänner 1946.
[322] Ebd., Verfahrenseinstellungen vom 20. September 1945 und 27. Dezember 1956.
[323] Vg 1 Vr 2884/45 (DÖW V275/1–13, MF 1043), Zeugenaussage Franz Galuschka vor dem LG Wien am 10. November 1945.
[324] Ebd., Zeugenaussage Franz Galuschka vor dem LG Wien am 10. November 1945; Schreiben der Staatsanwaltschaft Wien vom 29. Jänner 1947.
[325] Ebd., Anklageerhebung vom 29. Jänner 1947.
[326] Ebd., Zeugenaussage Dr. Van der Pernt vor dem LG Wien am 12. August 1946.
[327] Ebd., Urteil vom 25. Juli 1947.
[328] Urteil des Sondergerichts Wien vom 8. Februar 1944, abgedruckt in Danimann, Franz (Hg.), Flüsterwitze und Spottgedichte unter dem Hakenkreuz, Wien 1983, S. 142–144.
[329] ÖStA, AdR, Bürckel/Korrespondenzen, Damian, Franz Valentin; im Akt befindet sich nur das Schreiben an den Landesschulrat.
[330] Bayrisches Ministerium für Unterricht und Kultus, zitiert nach: Rockenmaier, Denunzianten, a. a. O. (FN 178), S. 61.
[331] Vg 12i Vr 5167/48 (DÖW V101/1–26, MF 1027), Anklageschrift vom 10. September 1948.
[332] Ebd., Beweisantrag Leopold Schuster vom 30. September 1948.
[333] Ebd., Anklageschrift vom 10. September 1948; Urteil vom 8. November 1948. Gegen Ende des Krieges gehörte Schuster zu jenen, die angesichts der vorrückenden Alliierten umso erbitterter am Kampf festhielten. Noch im April 1945 hatte er eine Frau wegen des Verdachts auf „Verstecken eines Deserteurs“ arretiert, geschlagen und mit dem sofortigen Erschießen bedroht. Der Frau gelang es jedoch, mit Unterstützung eines Polizisten aus der Haft zu fliehen. Ungefähr zur gleichen Zeit ließ er einen fünfzehnjährigen Jungen aus der Nachbargemeinde Haslach wegen „Defätismus“ festnehmen. Nur durch den Ortsbauernführer und den Bürgermeister der Nachbargemeinde Haslach, die argumentierten, dass der Beschuldigte doch noch ein Kind sei, konnte Schuster davon abgebracht werden, den Jungen hinrichten zu lassen.
[334] Ebd., Urteil vom 8. November 1948.
[335] RGBl. 1939, I. S.1683.
[336] ÖStA, AdR, Bürckel/Korrespondenzen, Appel, Dr. Karl, Nationalsozialistische Deutsche Arbeiterpartei, Ortsgruppenleitung Hamerling an den Kreisleiter Pg. Dr. Scholz vom 15. Juli 1938, Abschrift der Anzeige Pg. Scheckenbacher.
[337] Ebd., Nationalsozialistische Deutsche Arbeiterpartei, Kreisleitung „oI“ Dorotheergasse an Pg. Scheckenbacher vom 10. August 1938.
[338] ÖStA, AdR, Bürckel/Materie, Karton 217, Ordner 339, Eingang 23. Juni 1938.
[339] ÖStA, AdR, Bürckel/Materie, Karton 218, Ordner 340, Eingang 16. Juli 1938.
[340] ÖStA, AdR, Bürckel/Materie, Karton 219, Ordner 343, Eingang 3. November 1938.
[341] ÖStA, AdR, Bürckel/Materie, Karton 220, Ordner 345, Eingang 2. Februar 1939.
[342] CV = Cartell Verband, 1933 gegründeter, einflussreicher katholischer Studentenverband, 1938 verboten.

[343] Otto von Habsburg.

[344] ÖStA, AdR, Bürckel/Materie, Karton 222, Ordner 351, Eingang 22. Februar 1940.

[345] ÖStA, AdR, Bürckel/Korrespondenzen, Riener Franz.

[346] Marxen, Klaus, Das Volk und sein Gerichtshof. Eine Studie zum nationalsozialistischen Volksgerichtshof, (Juristische Abhandlungen, Bd. 25), Frankfurt/M., 1994, S. 69 f.; von insgesamt 1375 Prozessen wegen „Wehrkraftzersetzung" wurden 1000 durch eine Denunziation ausgelöst.

[347] Vg 12g Vr 1096/46 (DÖW V148/1-21, MF 1032/33), Brief von Franz Koblizka (Betriebsobmann des KH Lainz) an den Betriebsobmann des KH Mödling vom 6. Juli 1945.

[348] Ebd., Niederschrift der Aussage Leopoldine Pütz durch die Staatspolizei am 2. August 1945.

[349] Ebd., Protokoll der Zeugenaussage Margarete Smola bei der Staatspolizei vom 3. August 1945.

[350] Ebd., Vernehmungsprotokoll Lambert Stumfohl vom 16. April 1947.

[351] Zit. nach DÖW Akt 3368, Urteil des VGH Wien vom 29. Oktober 1942.

[352] Vg 12g Vr 1096/46 (DÖW V148/1-21, MF 1032/33), Beweisanträge der Verteidigung vom 30. Juli 1948.

[353] Ebd., Zeugenaussagen Dr. Oskar Reiner, Schwester Kajetana und Margarete Reisner vor dem Bezirkspolizei-Kommissariat Mödling am 14. Mai 1947.

[354] Ebd., Urteil vom 20. August 1948.

[355] Ebd., Schreiben der österreichischen Behörden (Absender nicht angezeigt, d. V) an die C.I.C. vom 3. April 1947.

[356] Ebd., Gnadengesuch Lambert Stumfohl um Nachsicht der Rechtsfolgen vom 28. Juli 1951.

[357] ÖStA, AdR, Bürckel/Materie, Karton 222, Ordner 349, Eingang 16. Oktober 1939, im Original noch stärker im Dialekt. Übersetzung: Der Vizi von Ernstbrunn hat zu Frau Dillmann aus Steinbach, als diese ein Paar Schuhe abholte, Folgendes gesagt: Na, Herr Perschl, Sie sind hier? Ja warum nicht? Na, ich habe gemeint, Sie sind eingerückt? Der Herr Vizi sagt: Ich? Warum ich? Wer Polen will und braucht, der soll [...] hingehen, ich brauch Polen nicht.
So ein feiner Herr Nachbar ist der Perschl. Aber das Geld jeden Monat auf dem Gemeindeamt [...] Marsch hinein in die graue Montur. Wir brauchen den hier nicht, der so etwas sagt. Und das ist wahr, Herr Bürckl. Weil der wird gleich sagen, das hat er nicht gesagt.

[358] RGBl. 19, 1938, I. S. 1455, Wegen „Zersetzung der Wehrkraft" wurde u. a. mit dem Tode bestraft, wer öffentlich den Willen des deutschen Volkes zur wehrhaften Selbstbehauptung zu lähmen oder zu zersetzen suchte.

[359] WStLA, Justizministerium, Landesgericht für Strafsachen, Akt Vr 116/43, Geheime Staatspolizei, Abschlussbericht vom 22. Dezember 1942.

[360] Ebd., Aussage Marie Miedler vor der Gestapo vom 19. Oktober 1942.

[361] Ebd., Der Oberstaatsanwalt, Vermerk vom 8. Jänner 1943.

[362] Ebd., Urteil des Landesgerichts Wien vom 5. Februar 1943.

[363] Ebd., Urteil des Oberlandesgerichts Wien vom 1. April 1943.

[364] Ebd., Vg 1h Vr 3250/45, Urteil des Landesgerichts Wien als Volksgericht vom 5. April 1948.

[365] WstLA, Justizministerium, Landesgericht für Strafsachen, Akt Vr 386/42, Gendarmerieposten Götzendorf an das Landesgericht vom 27. Jänner 1942.

[366] Ebd.

[367] Ebd., handschriftlicher Vermerk am Ende des Berichts.

[368] Ebd., Hauptverhandlung vom 12. Mai 1942.

[369] Ebd., Gendarmerieposten Götzendorf an das Landesgericht vom 27. Jänner 1942.

[370] Diewald-Kerkmann, Denunziation, a. a. O. (FN 170), S. 144; Hirsch, Harald, Politische Denunziation vor dem Sondergericht Darmstadt, in: Landwehr/Ross, Denunziation und Justiz, a. a. O. (FN 65), S. 199–226, S. 216; s. auch die Fallbeispiele von Denunziationen in der Familie bei: Rockenmaier, Denunzianten, a. a. O. (FN 178), S. 61–94.

[371] WStLA, Justizministerium, Sondergericht, Akt Vr 2670/47, Niederschrift der NSDAP-Ortsgruppe Bergsteiggasse vom 8. November 1943.

[372] Ebd., Schreiben der NSDAP-Ortsgruppe Bergsteiggasse vom 11. November 1943.

[373] Etwa: Hurensohn bzw. Hurenkind.

[374] Ebd., Zeugenaussage Anna Schwarz vor der Gestapo Wien vom 29. November 1943.

[375] Ebd., Zeugenaussage Aloisia Kovar vor der Gestapo Wien vom 30. November 1943.

[376] Ebd., Aussage Josef Schwarz vor der Gestapo Wien vom 27. März 1944.

[377] Ebd., Zeugenvernehmung der Aloisia Kovar vor dem Landesgericht Wien vom 16. Mai 1944.

[378] Ebd., Schreiben des Generalstaatsanwalts Wien an den Reichsminister der Justiz vom 23. Mai 1944; Schreiben des Reichsministers der Justiz vom 26. Juni 1944.

[379] WStLA, Justizministerium, Sondergericht, Akt Vr 8106/47, Der Kommandeur der Sicherheitspolizei. Grenzpolizeikommissariat Lundenburg IV, vom 15. Dezember 1944.

[380] Ebd.

[381] Ebd., Schlussvermerk vom 12. Jänner 1945; I. Vorführungsnote vom 7. Jänner 1945, Abschnitt IV zur Sache.

[382] Ebd., Übersetzung aus dem Tschechischen (Brief des Josef Baranek, den er persönlich auf seiner Zelle im Amtsgerichtsgefängnis Lundenburg geschrieben und seiner Ehefrau zustellen ließ), o. D.

[383] Ebd., Niederschrift Leopoldine Baranek vom 10. Jänner 1945, Übersetzung aus dem Tschechischen durch die Polizei.

[384] Ebd., weiterverhandelt, Josef Baranek vom 11. Jänner 1945.

[385] Ebd., Schlussvermerk vom 12. Jänner 1945.

[386] Schreiben des Chefs der Sicherheitspolizei und des SD an alle Stapo(leit)stellen vom 24. Februar 1941, zit. nach: Diewald-Kerkmann, Denunziation, a. a. O. (FN 170), S. 144, und Rockenmaier, Denunzianten, a. a. O. (FN 178), S. 62.

[387] Boberach, Richterbriefe, a. a. O. (FN 109), S. 369–373.

[388] DÖW, Akt 6095, Feldurteil vom 23. November 1943.

[389] RGBl. 1938 I. S. 1455, §6.

[390] Zu österreichischen Deserteuren siehe das soeben erschienene Buch: Manoschek, Walter (Hg.), Opfer der NS-Militärjustiz. Urteilspraxis – Strafvollzug – Entschädigungspolitik in Österreich, Wien 2003; zu Todesurteilen siehe: Wüllner, Her-

mine (Hg.), „... kann nur der Tod die gerechte Sühne sein". Todesurteile deutscher Wehrmachtsgerichte. Eine Dokumentation, Baden-Baden 1997.

391 Bewährungsbataillone ab April 1941 und Bewährungstruppen ab Oktober 1942; s. Klausch, Hans Peter, „Erziehungsmänner" und „Wehrunwürdige". Die Sonder- und Bewährungseinheiten der Wehrmacht, in: Haase, Norbert/Paul, Gerhard (Hg.), Die anderen Soldaten. Wehrkraftzersetzung, Gehorsamsverweigerung und Fahnenflucht im Zweiten Weltkrieg, Frankfurt/M. 1995, S. 66–82.

392 DÖW, Akt 6093, Feldurteil vom 10. Jänner 1944.

393 ÖStA, AVA, Justiz, Sondergericht, Karton 5199, Akt 157/1939, Gendarmerie-Station Rabenstein an das Amtsgericht Kirchberg a. d. Pielach vom 6. April 1939.

394 Ebd., Angaben der Beschuldigten.

395 Ebd., Verfügung vom 12. Juni 1939.

396 ÖStA, AVA, Justiz, Sondergericht, Karton 5199, Akt 201/1939, Zeugenaussage Dr. Franz Tertsch vom 29. April 1939 vor der Gestapo Wien, übersetzt etwa: „Der Gefüllte [*der Dicke*] ist ein Waschlappen."

397 Ebd., übersetzt etwa: „Maul halten, sonst kracht's."

398 Ebd., Zeugenaussage Dr. Franz Reinhold vom 21. April 1939 vor der Gestapo Wien.

399 Ebd., Zeugenaussage, Dr. Franz Tertsch vom 29. April 1939 vor der Gestapo Wien.

400 ÖStA, AVA, Justiz, Sondergericht, Karton 5199, Akt 201/1939, Begründungsschreiben der Generalstaatsanwaltschaft Wien vom 18. September 1939.

401 ÖStA, AVA, Justiz, Sondergericht, Karton 5197, Akt 39/1939.

402 ÖStA, AVA, Justiz, Sondergericht, Karton 5199, Akt 163/139, Anklageschrift vom 21. Juni 1939, S. 2.

403 Ebd.

404 Ebd., der Generalstaatsanwalt vom 17. Mai 1939, S. 3.

405 Ebd., Urteil vom 18. Juli 1939, S. 3.

406 Ebd., S. 4.

407 1933 von Dollfuß gegründete politische Organisation, die nach der Errichtung des Ständestaats und dem In-Kraft-Treten der autoritären Verfassung vom Mai 1934 die einzige politische Kraft in Österreich war, trat für die Schaffung eines Staates auf christlich-ständischer Grundlage ein.

408 Nach dem Ersten Weltkrieg als Gegengewicht gegen die Organisation der Arbeiterschaft gegründete Kampforganisation.

409 ÖStA, AVA, Justiz, Sondergericht, Karton 5199, Akt 174/1939, Vernehmung Hermann Weiss vom 12. April 1939; s. auch die Vernehmung der Zeugen Franz Hanauska vom 11. April 1939 und Robert Braun vom 15. April 1939.

410 Ebd., Meldung vom 9. April 1939 (Wachzimmer Bräunerstraße).

411 Ebd., Vernehmung Leopold Klement vom 11. April 1939.

412 Ebd., Parere vom 12. April 1939.

413 Ebd., Verfügung vom 16. Mai 1939.

414 Ebd., Der Generalstaatsanwalt an die Geheime Staatspolizei vom 16. Mai 1939.

415 Ebd., Geheime Staatspolizei vom 12. Juni 1939.

416 Ebd., Der Generalstaatsanwalt vom 3. Juli 1939.

417 Ebd., Meldung vom 9. April 1939 (Wachzimmer Bräunerstraße).

418 Ebd., Verfügung vom 27. Juli 1939.

419 §2, Abs. 2 des „Heimtückegesetzes", RGBl. I. 1934, S. 1269.

420 S. das Kapitel „Asozial und gemeinschaftsfremd: Randgruppen und ‚Zigeuner'".

421 WStLA, Justizministerium, Sondergericht Akt 2/47.

422 ÖStA, AVA, Justiz, Sondergericht, Karton 5199, Akt 195/ 1939.

423 ÖStA, AdR, Bürckel/Materie, Karton 218, Ordner 341, Eingang 29. September 1938.

424 ÖStA, AdR, Bürckel/Materie, Karton 221, Ordner 347, Eingang 20. Mai 1939.

425 Vg 11f Vr 4378/46 (DÖW V112/1-16, MF 1028), Anklageschrift vom 23. Januar 1947.

426 „Schade, dass sie den Hitler nicht umgebracht haben! Ich fahre noch selber hinaus und drehe ihn heim (bring ihn um)."

427 Kershaw, Ian, Hitler. 1936–1945, Stuttgart 2000, S. 372–376; Georg Elser war zum Zeitpunkt der Detonation schon auf dem Weg zur Grenze, um Deutschland zu verlassen, wurde jedoch festgenommen und konnte durch mitgeführte Gegenstände als Attentäter überführt werden. Er legte schließlich ein Geständnis ab und wurde ins Konzentrationslager Sachsenhausen und gegen Kriegsende nach Dachau gebracht, wo er im April 1945 erschossen wurde.

428 Vg 11f Vr 4378/46 (DÖW V112/1-16, MF 1028), Aussage Ferdinand Pech am 4. Januar 1946 vor dem Polizeikommissariat Wiener Neustadt.

429 Ebd., Urteil des Sondergerichts Wien vom 26. April 1940.

430 Vg 11f Vr 4378/46 (DÖW V112/1-16, MF 1028), Anklageschrift vom 23. Januar 1947.

431 Ebd., Aussage Anna Karner beim Polizeikommissariat Wiener Neustadt vom 3. Jänner 1946.

432 Ebd., Urteil vom 7. Jänner 1948.

433 Auf Befehl von Hitler in den letzten acht Kriegsmonaten zusammengestelltes Aufgebot aller bis dahin noch nicht eingezogenen Männer zwischen 16 und 60 Jahren zur Unterstützung der Wehrmacht, s. RGBl. I. 1944, S. 253, „Erlass des Führers über die Bildung des Deutschen Volkssturms vom 25. September 1944".

434 WStLA, Justizministerium, Sondergericht Akt 3696/47, Der Bürgermeister der Stadt Stockerau. Schutzpolizeidienstabteilung, Niederschrift mit Braunsteiner, Marie vom 20. Dezember 1944.

435 Ebd., Niederschrift mit Schön Helene vom 20. Dezember 1944.

436 Ebd., Niederschrift mit Vogelweider Therese vom 20. Dezember 1944.

437 Ebd., Anklageschrift vom 14. März 1945.

438 S. auch die beiden Fallbeispiele bei: Wolters, Rita, Verrat für die Volksgemeinschaft. Denunziantinnen im Dritten Reich, Pfaffenweiler 1996, S. 80–85.

439 S. die Definition des Begriffs „Asoziale" in FN 173, s. auch: Ayaß, Wolfgang, „Asoziale": Die verachteten Verfolgten, in: Dachauer Hefte (Verfolgung als Gruppenschicksal), 14. Jahrgang 1998, Heft 14, S. 50–66, S. 52 f.

440 Ayaß, Wolfgang, „Asoziale" im Nationalsozialismus, Stuttgart 1995, S. 221 f.

441 Roth, Karl Heinz/Aly, Götz, Das „Gesetz über Sterbehilfe bei unheilbar Kranken", in: Roth, Karl Heinz (Hg.), Erfassung zur Vernichtung. Von der Sozialhygiene zum „Gesetz über Sterbehilfe", Berlin 1984, S. 102 f.

[442] Rothmaler, Sozialpolitikerin, a. a. O. (FN 173), S. 78–87.

[443] Ebd., S. 80; Mitrovic, Fürsorgerinnen, a. a. O. (FN 80), S. 29

[444] Gellately, Hingeschaut und weggesehen, a. a. O. (FN 70), S. 177.

[445] Ayaß, „Asoziale", a. a. O. (FN 439) S. 62 f.

[446] Hepp, Michael, Vorhof zur Hölle. Mädchen im „Jugendschutzlager" Uckermark, in: Ebbinghaus, Opfer, a. a. O. (FN 80), S. 191–216, S. 193 ff

[447] Ayaß, „Asoziale", a. a. O. (FN 439), S. 219 f.

[448] Auskunft von Wolfgang Ayaß vom 24. April 2003.

[449] Gellately, Hingeschaut und weggesehen, a. a. O. (FN 70), S. 164.

[450] Benz, Wolfgang, Homosexuelle und „Gemeinschaftsfremde". Zur Diskriminierung von Opfergruppen nach der nationalsozialistischen Verfolgung, in: Dachauer Hefte. Studien und Dokumente zur Geschichte der nationalsozialistischen Konzentrationslager (hg. von Wolfgang Benz und Barbara Distl), Verfolgung als Gruppenschicksal, 14. Jahrgang 1998, Heft 14, S. 3–16, S. 11.

[451] ÖstA, AdR, Bürckel/Nachträge, Karton rot 29a, Konvolut 166, Eingang 23. Juli 1940.

[452] Ebd., Bürckel/Materie, Karton 223, Eingang 19. April 1940.

[453] Ebd., Bürckel/Materie, Karton 221, Ordner 348, Eingang 20. Juli 1939.

[454] Ebd., Bürckel/Materie, Karton 221, Ordner 347, Eingang 28. April 1939.

[455] Ebd., Bürckel/Materie, Karton 217, Ordner 339, Eingang 13. Juni 1938.

[456] Ayaß, „Asoziale", a. a. O. (FN 439), S. 55.

[457] Ebd., Bürckel/Materie, Karton 219, Ordner 342, Eingang 21. Oktober 1938.

[458] Ebd., Bürckel/Korrespondenzen, Czanda, Elvira.

[459] Seliger, Maren, Die Verfolgung normabweichenden Verhaltens im NS-System. Am Beispiel der Politik gegenüber „Asozialen" in Wien, in: ÖZP 1991, Heft 4, S. 409–429, S. 418; Ayaß, Wolfgang, „Gemeinschaftsfremde". Quellen zur Verfolgung von „Asozialen" 1933–1945, Materialien aus dem Bundesarchiv Nr. 5, Koblenz 1998, Quelle Nr. 121, 146, 147.

[460] DÖW, Akt 20.000/H1, Bescheid der Gemeindeverwaltung des Reichsgaues Wien, Hauptabteilung A – Allg. Verwaltung, Abt. A 7 – Allgemeine Rechtsabteilung vom 2. XI. 1942.

[461] Seliger, Verfolgung, a. a. O. (FN 459), S. 416 f., 420; Baumgartner, Gertrud/ Mayer Angela H., Arbeitsanstalten für sog. „asoziale Frauen" im Gau Wien und Niederdonau. Endbericht, Wien 1990, Bd. 1, S. 21–34.

[462] Ayaß, „Asoziale", a. a. O. (FN 439), S. 56–65.

[463] Egger, Gernot, Ausgrenzen – Erfassen – Vernichten. Arme und „Irre" in Vorarlberg, Bregenz 1990, S. 188; http://bob.swe.uni-linz.ac.at/vwm/betrifft/43/spuren43.html

[464] Kommentar von Wilhelm Stuckart und Rolf Schiedermair (1939) zit. nach: Pauser, Wolfgang, Was heißt „artfremdes Blut"?, in: Davy/Fuchs/Hofmeister/ Marte/Reiter, Nationalsozialismus und Recht, a. a. O. (FN 133), S. 97–133, S. 113.

[465] Pauser, Blut, a. a. O. (FN 464), S. 112 ff.; zur so genannten Zigeunerforschung siehe auch: Hohmann, Joachim S., Robert Ritter und die Erben der Kriminalbiologie. „Zigeunerforschung" im Nationalsozialismus und in Westdeutschland im Zeichen des Rassismus, Frankfurt/M., Bern, New York, Paris 1991.

466 Freund, Florian/Baumgartner, Gerhard/Greifeneder, Harald, Vermögensentzug, Restitution und Entschädigung der Roma und Sinti, Ergebnisbericht der Historikerkommission der Republik Österreich, Wien 2003, www.historikerkommission.gv.at

467 Broszat, Martin/Frei Norbert, Das Dritte Reich im Überblick. Chronik. Ereignisse. Zusammenhänge, München[6] 1999, S. 251 f; zur Geschichte der Verfolgung von Sinti und Roma s. auch: Rose, Romani (Hg.), „Den Rauch hatten wir täglich vor Augen". Der nationalsozialistische Völkermord an den Sinti und Roma, Heidelberg 1999; Gilsenbach, Django, a. a. O. (FN 81); Schenk, Michael, Rassismus gegen Sinti und Roma. Zur Kontinuität der Zigeunerverfolgung innerhalb der deutschen Gesellschaft von der Weimarer Republik bis in die Gegenwart, Frankfurt/M., Berlin, Bern, New York, Paris, Wien 1994.

468 „Radikale Lösung", in: *profil* Nr. 14, 31. März 2003, S. 58 ff; Freund/Baumgartner/Greifeneder, Vermögensentzug, a. a. O. (FN 466).

469 Konrad Henlein, geb. 1898, Selbstmord in alliierter Haft 1945, gründete 1933 die Sudetendeutsche Heimatfront, die sich 1935 in Sudetendeutsche Partei umbenannte, forderte 1938 den Anschluss an das Deutsche Reich; 1939–1945 Gauleiter und Reichsstatthalter im Sudetenland.

470 ÖStA, AdR, Bürckel/Materie, Karton 218, Ordner 340, Eingang 18. Juli 1938.

471 Gilsenbach, Reimar, Die Verfolgung der Sinti – ein Weg, der nach Auschwitz führte, in: Beiträge zur nationalsozialistischen Gesundheits- und Sozialpolitik, Bd. 6/1988, S. 11–41, S. 30 f; Hohmann, Robert Ritter, a. a. O. (FN 465), S. 209.

472 Zit. nach: Gilsenbach, Django, a. a. O. (FN 81), S. 199.

473 Zit. nach: ebd., S 199 f.

474 Das Lager Berlin Mahrzahn war vor den Olympischen Spielen 1936 eingerichtet worden, um alle Berliner „Zigeuner" dorthin einzuweisen, s. www.sinti-und-roma-informationen.de/zigeunerlager-marzahn.htm; Gilsenbach, Reimar, Mahrzahn – Hitlers erstes Lager für „Fremdrassige". Ein vergessenes Kapitel der Naziverbrechen, in: pogrom Nr. 122, 17. Jahrgang (1986), S. 15–17.

475 Alle Zitate und Informationen aus: Gilsenbach, Django, a. a. O. (FN 81), S. 198–210.

476 www.kath-zigeunerseelsorge.de/Musik.htm

477 Coudenhove-Kalergi, Barbara, Die Wiederkehr des Vergangenen. Zwei Völker, zwei Geschichten, in: dies./Rathkolb, Oliver (Hg.), Die Beneš Dekrete, Wien 2002, S. 7–14, S 11 f.

478 John, Michael/Lichtblau, Albert, Schmelztiegel Wien – einst und jetzt. Zur Geschichte und Gegenwart von Zuwanderung und Minderheiten, Wien[2] 1993, S. 94, 103 f.

479 Ebd., S. 22, 29 f.

480 Ebd., S. 19, 25 ff.

481 Ebd., S. 19.

482 Ebd., S. 19, s. dort auch die Heimatrecht-Statistik auf S. 16.

483 Ebd., S. 277 f.

484 Coudenhove-Kalergi, Wiederkehr, a. a. O. (FN 477), S. 11.

485 Als Beispiele für dieses Kapitel wurden der Verständlichkeit halber etwas einfacher lesbare Briefe ausgewählt, die – wo es der Lesbarkeit dienlich erschien – in ihrer

Interpunktion leicht korrigiert wurden. Manche Zuschriften sind an der Grenze des Verständlichen.

486 Ebd., S. 227 f., 25. Jänner 1942.

487 Jochmann, Monologe, a. a. O. (FN 66), S. 64.

488 Ebd., S. 405.

489 Ebd., S. 216, 244.

490 ÖStA, AdR, Bürckel/Materie, Karton 219, Ordner 344, Eingang 5. Dezember 1938, Hervorhebung im Original.

491 ÖStA, AdR, Bürckel/Materie, Karton 217, Ordner 339, Eingang 25. Mai 1938, Hervorhebungen im Original.

492 ÖStA, AdR, Bürckel/Materie, Karton 218, Ordner 340, Eingang 3. Juli 1938.

493 Rede Hitlers im Sportpalast am 26. September, abgedruckt in: Domarus, Max, Hitler. Reden und Proklamationen 1932–1945, Bd. I, 2, Wiesbaden 1973, S. 932.

494 ÖStA, AdR, Bürckel/Korrespondenzen, Riedmüller, Eingang 29. September 1938.

495 Odilo Globocnik wurde Anfang 1939 wegen finanzieller Unregelmäßigkeiten als Wiener Gauleiter abgesetzt. Josef Bürckel übernahm übergangsweise diese Funktion bis zum Amtsantritt von Baldur von Schirach im August 1940.

496 ÖStA, AdR, Bürckel/Materie, Karton 220, Ordner 345, Eingang 1. Februar 1939.

497 ÖStA, AdR, Bürckel/Materie, Karton 220, Ordner 345, Eingang 27. Februar 1939.

498 ÖStA, AdR, Bürckel/Materie, Karton 222, Ordner 349, Eingang 23. Oktober 1939.

499 ÖStA, AdR, Bürckel/Nachträge, Karton rot 29a, Konvolut 166, Eingang 10. August 1940.

500 Diözesanarchiv Wien, Sekretariat der bischöflichen Klerusstellen, Mappe III, Jahres- und Quartalsberichte, Rechtsfragen aus dem priesterlichen Alltag.

501 Ebd., Mappe II, Auskünfte und Besorgungen 1940–1954, Interne Sekretariatssache 1939–1945, Mitteilungen Seiner Gnaden hochwürdigster Herr Prälat Josef Wagner vom 25. August 1943, s. auch ÖStA, AdR, Bürckel/Materie, Karton 220, Ordner 345, Eingang 29. März 1939, ein anonymer Brief, der den Gauleiter auf Predigten in der Dornbacher Kirche aufmerksam macht.

502 ÖStA, AdR, Bürckel/Materie, Karton 217, Ordner 339, Eingang 25. Mai 1938.

503 Kaiser, Konstantin, „Der Fels Petri in den ‚Alpen- und Donaugauen'", in: Historisches Museum der Stadt Wien (Hg.), Wien 1938, Wien 1988, S. 220; DAW, Bischofsakten Innitzer, Bericht des Domkuraten Stur; DÖW (Hg.), Widerstand und Verfolgung, a. a. O. (FN 45), Bd. 3, S. 37.

504 *Völkischer Beobachter*, Wiener Ausgabe vom 14. Oktober 1938; zu den Verhandlungen und dem Versuch der Kirche, sich mit den Nationalsozialisten zu arrangieren, s. Moritz, Stefan, Grüß Gott und Heil Hitler. Katholische Kirche und Nationalsozialismus in Österreich, Wien 2002, S. 67–78.

505 ÖStA, AdR, Bürckel/Korrespondenzen, Wald, Marianne.

506 ÖStA, AdR, Bürckel/Materie, Karton 219, Ordner 344, Eingang 15. Dezember 1938; Karton 221, Ordner 348, Eingang 11. August 1939; Bürckel/Nachträge, Karton rot 29a, Konvolut 166, Blatt 17–21, o. D.

507 ÖStA, AdR, Bürckel/Korrespondenzen, Czerny, Heinrich, Hervorhebung im Original.

508 ÖStA, AdR, Bürckel/Materie, Karton 221, Ordner 348, Eingang 13. Juli 1939; s. auch DAW, Sekretariat der bischöflichen Klerusstellen, Mappe I, Gerichtssachen

1939–1945, Schreiben vom 31. Jänner 1944 mit Hinweis auf Pfarrer Hyazinth Grimm, der mit 600 RM Geldstrafe belegt wurde, weil sein Matrikenschreiber auf einem Geburtsschein die „semitische Abstammung“ nicht verzeichnete.

509 DAW, Sekretariat der bischöflichen Klerusstellen, Mappe IV, Korrespondenzen, Exposé vom 12. Juni 1939.

510 Ebd., Mappe III, 1. Mitteilung 1944, 30. März 1944.

511 Ebd.

512 Ebd.

513 Dokumentation lebensgeschichtlicher Aufzeichnungen am Institut für Wirtschafts- und Sozialgeschichte der Universität Wien: Jüdische Lebensgeschichten, Elly Mayer, S. 11; Elly Mayer konnte mit ihrer Familie nach Budapest fliehen und dort als U-Boot überleben.

514 ÖStA, AdR, Bürckel/Materie, Karton 221, Ordner 348, Eingang 27. Juni 1938.

515 Ebd., Eingang 12. Dezember 1938.

516 ÖStA, AdR, Bürckel/Korrespondenzen, Röder, Herrmann.

517 ÖStA/AdR, Bürckel/Korrespondenzen, Brückel, Johann.

518 Ebd., Friedmann, Theodor; s. auch Fricke, Dir.

519 Ebd., Czadek, Josef.

520 Niederschrift über die Sitzung des Reichsministeriums des Inneren am 16. Dezember 1938 in Angelegenheit der Judenfrage, Staatsarchiv Hamburg, Familienarchiv Krogmann I, C 14 VIII, Bl. 464–473, zit. nach: Beiträge zur nationalsozialistischen Gesundheitspolitik Nr. 9, Bevölkerungsstruktur und Massenmord. Neue Dokumente zur deutschen Politik der Jahre 1938–1945, Berlin 1991, S. 20.

521 ÖStA, AdR, Bürckel/Materie, Karton 218, Ordner 340, Eingang 13. Juli 1938.

522 ÖStA, AdR, Bürckel/Materie, Karton 218, Ordner 340, Eingang 8. Juli 1938.

523 ÖStA, AdR, Bürckel/Nachträge, Karton rot 29a, Konvolut 166, Eingang 21. Juli 1940.

524 ÖStA, AdR, Bürckel/Materie, Karton 222, Ordner 350, Eingang 23. November 1939.

525 ÖStA, AdR, Bürckel/Korrespondenzen, Wielemans, Ing. Alexander, Hervorhebungen im Original.

526 ÖStA, AdR, Bürckel/Materie, Karton 217, Ordner 339, Eingang 17. Mai 1938, Hervorhebungen im Original

527 ÖStA, AdR, Bürckel/Materie, Karton 217, Ordner 339, Eingang 23. Mai 1938.

528 ÖStA, AdR, Bürckel/Korrespondenzen, Frank, Wilhelm.

529 ÖStA, AdR, Bürckel/Korrespondenzen, Wickingen, Dr. H.; siehe auch: ebd., Dunkl, Maria.

530 Exenberger, Herbert/Koß, Johann/Ungar-Klein, Brigitte, Kündigungsgrund Nichtarier. Die Vertreibung jüdischer Mieter aus den Gemeindebauten in den Jahren 1938–1939, Wien 1996, S. 45 ff.

531 Ebd., S. 45 ff., 177; Botz, Gerhard, Wohnungspolitik und Judendeportation in Wien 1938 bis 1945. Zur Funktion des Antisemitismus als Ersatz nationalsozialistischer Sozialpolitik, Wien, Salzburg 1975, S. 57 ff.

532 Vg 1a Vr 4542/45 (DÖW V57/1-13, MF 1021/22), Brief an die Kreisleitung VII vom 7. Juli 1938.

[533] Ebd., Zeugenaussage Dr. Heinrich Tennenbaum vor dem LG Wien vom 23. Mai 1946.

[534] Ebd. Zeugenaussage Dr. Heinrich Tennenbaum vor dem LG Wien vom 23. Mai 1946.

[535] Ebd., Anklageschrift vom 27. Jänner 1947.

[536] ÖStA, AdR, Bürckel/Materie, Karton 220, Ordner 345, Eingang 18. Februar 1939.

[537] ÖStA, AdR, Bürckel/Materie, Karton 221, Ordner 348, Eingang 26. Juni 1938.

[538] ÖStA, AdR, Bürckel/Materie, Karton 222, Ordner 351, Eingang 5. Februar 1940.

[539] ÖStA, AdR, Bürckel/Materie, Karton 218, Ordner 340, Eingang 29. Juli 1938.

[540] ÖStA, AdR, Bürckel/Materie, Karton 219, Ordner 344, Eingang 21. Dezember 1938.

[541] ÖstA, AdR, Bürckel/Materie, Karton 219, Ordner 344, Eingang 16. Dezember 1938.

[542] ÖStA, AdR, Bürckel/Materie, Karton 219, Ordner 344, Eingang 13. Dezember 1938.

[543] ÖStA, AdR, Bürckel/Korrespondenzen, Roisel, Berta.

[544] ÖStA, AdR, Bürckel/Materie, Karton 220, Ordner 345 alt, Eingang 3. Jänner 1939.

[545] ÖStA, AdR, Bürckel/Nachträge, Karton rot 29a, Konvolut 166, 19. Juli 1940.

[546] ÖStA, AdR, Bürckel/Materie, Karton 221, Ordner 348, Eingang 7. Juli 1939, Hervorhebung im Original.

[547] Privatarchiv Herbert Dohmen.

[548] Ebd.

[549] www.doew.at/cgi-bin/shoah/shoah.pl

[550] OGH, 31. Juli 1948, 5 Os 56, s. Tiefenthaler, Denunziationen, a. a. O. (FN 27), S. 60.

[551] Professor Kohlrausch, Mitglied der Strafrechtskommission in der Sitzung derselben am 5. Juni 1934, zit. nach: Gruchmann, Justiz, a. a. O. (FN 139), S. 866.

[552] Ebd., S. 865.

[553] Das bestätigten sowohl die vorliegende Untersuchung als auch die Auswertung von 150 Gerichtsakten von „Rassenschande-Verfahren", die der Politikwissenschaftler Michael Ley vorgenommen hat, Ley, Michael, „Zum Schutz des deutschen Blutes ...". „Rassenschande"-Gesetze im Nationalsozialismus, Bodenheim b. Mainz 1997 .

[554] Ebd., S. 29.

[555] ÖStA, AdR, Bürckel/Materie, Karton 218, Ordner 341, Eingang 27. August 1938.

[556] ÖStA, AdR, Bürckel/Materie, Karton 222, Ordner 350, Eingang 16. Dezember 1939.

[557] Gruchmann, Lothar, „Blutschutzgesetz" und Justiz. Zu Entstehung und Auswirkung des Nürnberger Gesetzes vom 15. September 1935, in: VfZ 31/1983, Heft 3, S. 418–442, S. 434.

[558] Robinsohn, Hans, Justiz als politische Verfolgung. Die Rechtssprechung in „Rasseschandefällen" beim Landgericht Hamburg 1936–1943, Stuttgart 1977.

[559] Gruchmann, „Blutschutzgesetz", a. a. O. (FN 557), S 437.

[560] Ebd., S. 437–441; RGBl. I. 1940, S. 394.

[561] Boberach, Richterbriefe, a. a. O. (FN 109), S. 437 (auch Anm. 41). Hitler ließ

sich einmal einen Gerichtsfall vorlegen, bei dem auch die beteiligte „arische" Frau verurteilt worden war. Er wurde jedoch darüber aufgeklärt, dass die Frau wegen Meineids verurteilt worden war; der Präsident des VGH, Roland Freisler, führt diesen Fall an, um die Berechtigung dieser Verurteilung generell in Frage zu stellen, weil die Frau vielleicht aus Angst vor Strafe oder Schande geleugnet habe.

562 Ebd., S. 438 f.; etwa der Oberreichsanwalt am Reichsgericht oder die Strafgesetzgebungsabteilung des Reichsjustizministeriums.

563 ÖStA, AdR, Bürckel/Materie, Karton 219, Ordner 343, November 1938.

564 Dördelmann, Karin, „Aus einer gewissen Empörung hierüber habe ich nun Anzeige erstattet". Verhalten und Motive von Denunziantinnen, in: Heinsohn, Kirsten/Vogel, Barbara/Weckel (Hg.), Zwischen Karriere und Verfolgung. Handlungsspielräume von Frauen im nationalsozialistischen Deutschland, Frankfurt, New York 1997, S. 189–205, S. 194.

565 Jochmann, Monologe, a. a. O. (FN 66), S. 316.

566 CdSiPo [8 – PP (II B 4021/37) Geheim] vom 12. Juni 1937, s. Walk (Hg.), Sonderrecht, a. a. O. (FN 21), S. 310 f.

567 WStLA, Justizministerium, Landesgericht für Strafsachen, Akt Vr 15/39, Vernehmung des Beschuldigten vom19. Jänner 1939.

568 Ebd., Hauptverhandlung vom 26. Juli 1940; s. auch: Zeugenvernehmung Karoline Blazek vom 7. April 1939.

569 Ebd., Schreiben von Leo Rogowoy an das Landesgericht Wien vom 20. März 1940.

570 Ebd., Hauptverhandlung vom 3. April 1941, Zeugin Josefa Distl.

571 Ebd., Zeugin Karoline Blazek.

572 Ebd., Urteil vom 26. Juli 1940.

573 Ebd., Josefa Distl, An den Herrn Staatsanwalt vom 8. September 1940.

574 Pauser, Wolfgang, Was ist „artfremdes Blut"?, in: Davy/Fuchs/Hofmeister/Marte/Reiter, Nationalsozialismus, a. a. O. (FN 133), S. 97–123, S. 112.

575 Gruchmann, Justiz, a. a. O. (FN 139), S. 865 f.

576 WStLA, Justizministerium, Landesgericht für Strafsachen, Akt Vr 15/39, Der Direktor des Reichssippenamtes vom 10. März 1941.

577 Ebd., Hauptverhandlung vom 3. April 1941.

578 Ebd., Urteil vom 3. April 1941.

579 Ebd., Vernehmung des Beschuldigten vom 19. Jänner 1939.

580 Ebd., Mitteilung des Abganges eines Gefangenen oder Verwahrten (Leo Israel Rogowoy) vom 12. August 1942.

581 Runderlass des Reichsministers für Wissenschaft, Erziehung und Volksbildung vom 2. Juli 1942, in: Walk, Sonderrecht, a. a. O. (FN 21), S. 379.

582 Ebd., Hauptverhandlung vom 3. April 1941, Zeugin Karoline Blazek.

583 Ebd., Der Präsident des Landesgerichtes für Strafsachen Wien an Josefa Distl vom 28. März 1946.

584 Ley, Zum Schutze, a. a. O. (FN 553), S. 29; Johnson, Terror, a. a. O. (FN 72), S. 124.

585 Johnson, Terror, a. a. O. (FN 72), S. 124; diese Feststellung deckt sich zumindest mit einer Erhebung aus dem Jahre 1936: Von insgesamt 266 Verurteilungen wegen „Rassenschande" betrafen 206 Juden und 60 Nichtjuden.

[586] Ley, Zum Schutze, a. a. O. (FN 553), S. 29.

[587] WStLA, Justizministerium, Landesgericht für Strafsachen, Akt Vr 113/39, Schreiben der NSDAP-Ortsgruppe Augarten an die Ortsgruppe „Vorm Schottentor" vom 12. November 1938.

[588] Ebd., Staatliche Kriminalpolizei. Kriminalpolizeileitstelle Wien, Niederschrift Ignatz Kurz und Niederschrift Karoline Slaby vom 3. Jänner 1939.

[589] Ebd., Niederschrift mit Anna Steffl vom 5. Jänner 1939.

[590] Ebd., Vernehmung des Beschuldigten vom 11. Jänner 1939.

[591] Ebd., Hauptverhandlung vom 28. April 1939, S. 6.

[592] Ebd., Zeugenvernehmung Anton Jerabek vom 18. Jänner 1939.

[593] Ebd., Hauptverhandlung vom 28. April 1939, S. 9.

[594] Ebd., S. 9, 12.

[595] Ebd., S. 11 f.

[596] Ebd., Anklageschrift vom 23. Jänner 1939.

[597] Ebd., Hauptverhandlung vom 28. April 1939, S. 10.

[598] Ebd., S. 7–13.

[599] Ebd., Vermerk der Staatsanwaltschaft beim Landesgericht für Strafsachen Wien I vom 27. Mai 1939.

[600] Ebd., Beschluss vom 3. Juni 1939.

[601] WStLA, Justizministerium, Landesgericht für Strafsachen, Akt Vr 154/40, Amtsvermerk aufgenommen bei der Staatsanwaltschaft beim Landesgericht Wien am 27. November 1939.

[602] Ebd., Zeugenvernehmung Dr. Pius Wachlowsky vom 26. Jänner 1940.

[603] Ebd., Amtliche Anfrage vom 31. Jänner 1940, Louise Staromiejsky, auch Staromiejska.

[604] Gellately, Hingeschaut und weggesehen, a. a. O. (FN 70), S. 195.

[605] Polaschek, Im Namen, a. a. O. (FN 194), S. 186 ff.

[606] Wolters, Verrat, a. a. O. (FN 438), S. 56 ff.

[607] „Weg nach Polen!", in: *profil* Nr. 17, 18. April 2003, S. 161.

[608] Gellately, Hingeschaut und weggesehen, a. a. O. (FN 70), S. 188, 191 f. In den geschlossenen katholischen Milieus Bayerns war eine gewisse Resistenz gegenüber dem Nationalsozialismus festzustellen; man hatte bisher angenommen, dass dies auch gegenüber der antijüdischen Politik galt, zumal die Bevölkerung dieser Gebiete sich im deutschen Kaiserreich auf Grund des Bismarck'schen „Kulturkampfes" gegen den Katholizismus selbst als unterdrückte Minderheit erlebt hatte. Auswertungen der Gestapoakten auf Anzeigen hin, die zur Isolierung der Juden beitrugen, ergeben jedoch, dass auch dort rund 60 Prozent der Anzeigen aus der Bevölkerung kamen; in 10 Prozent der Fälle ist die Informationsquelle nicht feststellbar, sodass die Zahl wahrscheinlich noch etwas höher anzusetzen ist.

[609] ÖStA, AdR, Bürckel/Materie, Karton 221, Ordner 348, Eingang 26. Juni 1939.

[610] Wolters, Verrat, a. a. O. (FN 606), S. 73 ff.

[611] Friedrich, Jörg, Die kalte Amnestie. NS-Täter in der Bundesrepublik, Frankfurt/M. 1986, S. 8; Friedrich spricht von Denunziation als einer „weiblichen Domäne", ebd.; Grunberger, Richard, Das zwölfjährige Reich. Der Deutschen Alltag unter Hitler, Wien, München, Zürich 1972, S. 122

[612] s. die Zusammenfassung aller diesbezüglichen Befunde bei: Dörner, „Heimtücke", a. a. O., (FN 119), S. 100 ff.; Johnson, Terror, a. a. O., (FN 72), S. 398 f.

[613] s. das Fallbeispiel auf S. 127f.

[614] s. das Fallbeispiel auf S. 142ff.

[615] Stenographische Niederschrift der Besprechung über die Judenfrage bei Göring, Reichsluftfahrtministerium, 12. November 1938, IMT, Bd. 28, Dok. 1816-PS.

[616] Gellately, Hingeschaut und weggesehen, a. a. O. (FN 70), S. 359.

[617] Broszat, Martin, Die Machtergreifung: Der Aufstieg der NSDAP und die Zerstörung der Weimarer Republik, München[5] 1994, S. 176; siehe auch Hitlers Ausführungen über den Unterschied zwischen Führer und Diktator in: Rauschning, Gespräche, a. a. O., S. 185 ff.

[618] Gellately, Hingeschaut und weggesehen, a. a. O. (FN 70), S 362.

[619] Zum Volksgerichtshof s. Ortner, Helmut, Der Hinrichter. Roland Freisler – Mörder im Dienste Hitlers, Göttingen[2] 1995; Marxen, Volk, a. a. O. (FN 346); Schlüter, Holger, Die Urteilspraxis des nationalsozialistischen Volksgerichtshof (Münsterische Beiträge zur Rechtswissenschaft, 86), Berlin 1995.

[620] Scheiger, Brigitte, „Ich bitte um baldige Arisierung der Wohnung ...". Zur Funktion von Frauen im bürokratischen System der Verfolgung, in: Wobbe, Theresa (Hg.), Nach Osten. Verdeckte Spuren nationalsozialistischer Verbrechen, Frankfurt/M. 1992, S. 175–196, S. 195 f.

[621] Ebd., S. 194.

[622] Bericht von Otto Kuttelwascher, Pottschach, in: Weinzierl, Gerechte, a. a. O. (FN 264), S. 234 ff.

[623] Müller-Enbergs, Helmut, Über Ja-Sager und Nein-Sager. Inoffizieller Mitarbeiter und stille Verweigerer, in: Hecht, Marco/Praschl, Gerald, Ich habe „Nein!" gesagt. Zivilcourage in der DDR, Berlin 2002, S. 147–166, S. 147 f.

[624] Vollnhals, Clemens, Denunziation und Strafverfolgung im Auftrag der „Partei": Das Ministerium für Staatssicherheit in der DDR, in: Landwehr/Ross (Hg.), Denunziation, a. a. O. (FN 65), S. 247–281, S. 260, 280.

[625] Ebd., S. 247.

[626] S. www.disc4you.de/news/mai2001/053001_04.html; www.tecchannel.de/news/20010529/thema20010529-4504.html

[627] *taz* Bremen Nr. 6949 vom 9. Januar 2003, Aus für Denunzianten-Hotline, S. 21; s. auch *taz* Bremen Nr. 6872 vom 8. Oktober 2002, Kein Denunzianten-Telefon in Bremen, S. 21.

Abkürzungsverzeichnis

AdR	Archiv der Republik
AVA	Allgemeines Verwaltungsarchiv
BGBl.	Bundesgesetzblatt
Bz.	Bezirk
CdSiPo	Chef der Sicherheitspolizei
CV	Cartell-Verband
DAW	Diözesanarchiv Wien
DDR	Deutsche Demokratische Republik
DÖW	Dokumentationsarchiv des österreichischen Widerstandes
d. V.	die Verfasser
FN	Fußnote
Gestapo	Geheime Staatspolizei
G-Leute	Gewährsleute
HJ	Hitlerjugend
IM	Informeller Mitarbeiter
IMT	International Military Tribunal (Internationaler Militärgerichtshof)
KPÖ	Kommunistische Partei Österreichs
KSSVO	Kriegssonderstrafrechts-verordnung
KVG	Kriegsverbrechergesetz
KZ	Konzentrationslager
MF	Mikrofilm
NS	nationalsozialistisch
NSBO	Nationalsozialistische Betriebszellenorganisation
NSKK	Nationalsozialistisches Kraftfahrerkorps
NSDAP	Nationalsozialistische deutsche Arbeiterpartei
NSV	Nationalsozialistische Volkswohlfahrt
OGH	Oberster Gerichtshof
ÖstA	Österreichisches Staatsarchiv
Pg.	Parteigenosse
RGBl.	Reichsgesetzblatt
RJM	Reichsjustizminister(ium)
RSHA	Reichssicherheitshauptamt
SA	Sturmabteilung
SD	Sicherheitsdienst
SG	Sondergericht
Sipo	Sicherheitspolizei
SS	Schutzstaffel
Uk.	Unabkömmlich (für den Wehrdienst)
VfZ	Vierteljahrshefte für Zeitgeschichte
VG	Volksgericht
VGH	Volksgerichtshof
V-Mann	Vertrauensmann
Vr	Verfahrensnummer
WHW	Winterhilfswerk
WStLA	Wiener Stadt- und Landesarchiv
ZK	Zentralkomitee

Quellen- und Literaturverzeichnis

Archive

Dokumentationsarchiv des Österreichischen Widerstandes
Akten des Volksgerichts am Oberlandesgericht Wien, Bestand 1945–1955
Tagesrapporte der Gestapo/Stapoleitstelle Wien

Dokumentation lebensgeschichtlicher Aufzeichnungen am Institut für Wirtschafts- und Sozialgeschichte der Universität Wien
Zeitzeugenberichte 1938–1945

Österreichisches Staatsarchiv/Archiv der Republik
Bestand Bürckel/Korrespondenzen (1938–1940)
Bestand Bürckel/ Materie
Bestand Bürckel/Nachträge

Österreichisches Staatsarchiv/Allgemeines Verwaltungsarchiv
Sondergerichtsakten des Oberlandesgerichts Wien 1939

Wiener Diözesanarchiv
Akten der bischöflichen Klerusstellen

Wiener Stadt- und Landesarchiv
Akten des Landesgerichts Wien I und II für Strafsachen 1938–1945
Akten des Sondergerichts am Oberlandesgericht Wien 1939–1945

Gedruckte Quellen

Bundesgesetzblatt für die Republik Österreich, Wien 1945–1947
Ludwig V. Heller/Edwin Loebenstein, Das Nationalsozialistengesetz. Das Verbotsgesetz 1947. Die zusammenhängenden Spezialgesetze kommentiert und herausgegeben, Wien 1947
Meldungen aus dem Reich. Die geheimen Lageberichte des Sicherheitsdienstes der SS 1938–1945, 17 Bde., herausgegeben von Heinz Boberach, Herrsching 1984
Österreichische Strafprozessordnung von 1945, Wien 1945
Otto Schwarz, Strafgesetzbuch mit den wichtigsten Nebengesetzen und Verordnungen des Reiches und Preußens, München 1934
Staatsgesetzblatt für die Republik Österreich, Wien 1945
Reichsgesetzblatt, Berlin 1933–1945
Josef Walk (Hg.), Das Sonderrecht für die Juden im NS-Staat, Heidelberg[2], 1996

Literatur (Auswahl)

Christine Arbogast, Von Spitzeln, „Greifern" und Verrätern. Denunziantentum im Dritten Reich, in: Thomas Schnabel (Hg.), Formen des Widerstandes im Südwesten 1933–1945. Scheitern und Nachwirken, Ulm 1994, S. 205–221

David Bankier, Die öffentliche Meinung im Hitler-Staat. Die „Endlösung" und die Deutschen. Eine Berichtigung, Berlin 1995

Wolfgang Bick/Paul J. Müller, Probleme der Nutzung prozess-produzierter Daten (Forschungsbericht ID 82-001. Information und Dokumentation), Köln 1982

Heinz Boberach, Richterbriefe. Dokumente zur Beeinflussung der deutschen Rechtssprechung 194–1945, Boppard a. Rhein 1975

Gerhard Botz, Nationalsozialismus in Wien. Machtübernahme und Herrschaftssicherung 1938/39, Wien³ 1988

Ders., Zwischen Akzeptanz und Distanz. Die österreichische Bevölkerung und das NS-Regime nach dem „Anschluß", in: Gerald Stourzh/Brigitta Zaar (Hg.), Österreich, Deutschland und die Mächte. Internationale und österreichische Aspekte des „Anschlusses" vom März 1938, Wien 1990, S. 429–469

Martin Broszat, Politische Denunziationen in der NS-Zeit. Aus Forschungserfahrungen im Staatsarchiv München, in: Archivalische Zeitschrift, Heft 37/1977, S. 221–238

Evan Burr Bukey, Hitlers Österreich. „Eine Bewegung und ein Volk", Hamburg, Wien 2001

Hellmut Butterweck, Österreich und seine NS-Prozesse nach 1945. Politischer Opportunismus warf Mörder und Mitläufer in einen Topf, in: Peter Bettelheim/Robert Streibel (Hg.), Tabu und Geschichte: Zur Kultur des kollektiven Erinnerns, Wien 1994, S. 45–67

Gisela Diewald-Kerkmann, Politische Denunziation im NS-Regime oder Die kleine Macht der „Volksgenossen", Bonn 1995

Dokumentationsarchiv des österreichischen Widerstandes (Hg.), Widerstand und Verfolgung in Wien 1934–1945, 3 Bde., Wien 1975

Dass., „Anschluß" 1938. Eine Dokumentation, Wien 1988

Dass., Erzählte Geschichte: Berichte von Widerstandskämpfern und Verfolgten, 3 Bde., Wien 1992

Bernward Dörner, „Heimtücke": Das Gesetz als Waffe. Kontrolle, Abschreckung und Verfolgung in Deutschland 1933–1945, Paderborn, München, Wien, Zürich 1998

Herbert Exenberger/Johann Koß/Brigitte Ungar-Klein, Kündigungsgrund Nichtarier. Die Vertreibung jüdischer Mieter aus den Wiener Gemeindebauten in den Jahren 1938–1939, Wien 1996

Sheila Fitzpatrick/Robert Gellately, Introduction to the practices of denunciation in modern European history, in: The Journal of Modern History 68/1996, S. 747–767

Winfried Garscha/Claudia Kuretsidis-Haider, Die Verfahren vor dem Volksgericht Wien [1945–1955] als Geschichtsquelle. Forschungsprojekt des Dokumentationsarchiv des österreichischen Widerstandes – Projektbeschreibung, Wien 1993

Robert Gellately, „In den Klauen der Gestapo". Die Bedeutung von Denunziationen für das nationalsozialistische Terrorsystem, in: Anselm Faust (Hg.), Verfolgung und Widerstand im Rheinland und in Westfalen 1933–1945, Köln, Stuttgart, Berlin 1992, S. 40–49

Ders., Die Gestapo und die deutsche Gesellschaft. Die Durchsetzung der Rassenpolitik 1933–1945, Paderborn 1994

Ders., Hingeschaut und Weggesehen. Hitler und sein Volk, Stuttgart, München 2002

Lothar Gruchmann, Justiz im Dritten Reich 1933–1940. Anpassung und Unterwerfung in der Ära Gürtner, München 1988

Fred Hahn, Lieber Stürmer. Leserbriefe an das NS-Kampfblatt 1924 bis 1945. Eine Dokumentation aus dem Leo-Baeck-Institut (New York), Stuttgart 1978

Ulrich Herbert, Fremdarbeiter. Politik und Praxis des „Ausländer-Einsatzes" in der Kriegswirtschaft des Dritten Reiches, Berlin² 1986

Martin Hirsch/Diemut Majer/Jürgen Meinck, Recht, Verwaltung und Justiz im Nationalsozialismus. Ausgewählte Schriften, Gesetze und Gerichtsentscheidungen von 1933 bis 1945; mit ausführlichen Erläuterungen und Kommentierungen, Baden Baden² 1997

Historisches Museum der Stadt Wien (Hg.), Wien 1938, Wien 1988

Michaela Hohkamp/Claudia Ulbrich (Hg.), Der Staatsbürger als Spitzel. Denunziation während des 18. und 19. Jahrhunderts aus europäischer Perspektive, Leipzig 2001

Peter Hüttenberger, Heimtückefälle vor dem Sondergericht München, in: Martin Broszat/Elke Fröhlich/Anton Grossmann (Hg.), Bayern in der NS-Zeit. Bd. IV, Herrschaft und Gesellschaft im Konflikt. Teil C, München 1981, S. 457–526

Günther Jerouschek/Inge Marßolek/Hedwig Röckelein (Hg.), Denunziation: historische, juristische und psychologische Aspekte (= Forum Psychohistorie Bd. 7), Tübingen 1997

Ian Kershaw, Der Hitler Mythos. Führerkult und Volksmeinung, Stuttgart 1999

Claudia Kuretsidis-Haider, Die Volksgerichtsbarkeit als Form der politischen Säuberung in Österreich, in: Claudia Kuretsidis-Haider/Winfried R. Garscha (Hg.), Keine „Abrechnung". NS-Verbrechen, Justiz und Gesellschaft in Europa nach 1945, Wien 1998, S. 17–24

Dies./Winfried R. Garscha (Hg.), Keine „Abrechnung". NS-Verbrechen, Justiz und Gesellschaft in Europa nach 1945, Wien 1998

Conrad F. Latour, Goebbels' „Außerordentliche Rundfunkmaßnahmen" 1939–1942, in: Vierteljahrshefte für Zeitgeschichte 11. Jg. Heft 4. 1963, S. 418–435

Michael Ley, „Zum Schutze des deutschen Blutes ..." „Rassenschandegesetze" im Nationalsozialismus, Bodenheim bei Mainz 1997

Klaus-Michael Mallmann/Gerhard Paul, Herrschaft und Alltag: ein Industrierevier im Dritten Reich, in: Hans Walter Herrmann (Hg.), Widerstand und Verweigerung im Saarland 1935–1945, Bd. II, Bonn 1991

Reinhard Mann, Politische Penetration und gesellschaftliche Reaktion – Anzeigen zur Gestapo im nationalsozialistischen Deutschland, in: Rainer Mackensen/Felizitas Sagebiel (Hg.), Soziologische Analysen, Berlin 1979, S. 965–985

Ders., Protest und Kontrolle im Dritten Reich. Nationalsozialistische Herrschaft im Alltag einer rheinischen Großstadt (= Studien zur Historischen Sozialwissenschaft Band 6), Frankfurt/M., New York 1987

Josef Markus, Strafverfolgung von NS-Verbrechen, in: Sebastian Meissl/Klaus-Dieter Mulley/Oliver Rathkolb (Hg.), Verdrängte Schuld, verfehlte Sühne. Entnazifizierung in Österreich 1945–1955, Wien 1986, S. 150–170

Karl Marschall, Volksgerichtsbarkeit und Verfolgung von nationalsozialistischen Gewaltverbrechen in Österreich. Eine Dokumentation des Bundesministeriums für Justiz, Wien[2] 1987

Inge Marßolek, Die Denunziantin. Die Geschichte der Helene Schwärzel 1944–1947, Bremen 1993

Klaus Marxen, Das Volk und sein Gerichtshof. Eine Studie zum nationalsozialistischen Volksgerichtshof, (Juristische Abhandlungen, Bd. 25), Frankfurt/M. 1994

Manfred Messerschmidt, Der „Zersetzer" und sein Denunziant. Urteile des Zentralgerichtes des Heeres-Außenstelle Wien, 1944, in: Wolfram Wette (Hg.), Der Krieg des kleinen Mannes. Eine Militärgeschichte von unten, München 1992, S. 255–278

Ingo von Münch (Hg.), Gesetze des NS-Staates. Dokumente eines Unrechtssystem, Paderborn, München, Wien, Zürich[3] 1994

Gerhard Paul/Klaus-Michael Mallmann (Hg.), Die Gestapo: Mythos und Realität, Darmstadt 1995

Anton Pelinka/Erika Weinzierl (Hg.), Das große Tabu. Österreichs Umgang mit seiner Vergangenheit, Wien 1987

Martin F. Polaschek, Im Namen der Republik Österreich! Die Volksgerichte in der Steiermark 1945–1955, Graz[2] 2002

Hans Robinsohn, Justiz als politische Verfolgung. Die Rechtssprechung in „Rassenschandefällen" beim Landgericht Hamburg 1936–1943, Stuttgart 1977

Dieter Rockenmaier, Denunzianten. 47 Fallgeschichten aus den Akten der Gestapo im NS-Gau Mainfranken, Würzburg 1998

Frisco Ross/Achim Landwehr (Hg.), Denunziation und Justiz. Historische Dimensionen eines sozialen Phänomens, Tübingen 2000

Hinrich Rüping, Denunziation und Strafjustiz im Führerstaat, in: Günther Jerouschek/Inge Marßolek/Hedwig Röckelein (Hg.), Denunziation: historische, juristische und psychologische Aspekte (= Forum Psychohistorie Bd. 7), Tübingen 1997, S. 127–145

Hans Safrian/Hans Witek, Und keiner war dabei. Dokumente des alltäglichen Antisemitismus in Wien 1938, Wien 1988

Karol Sauerland, Dreißig Silberlinge. Denunziation: Gegenwart und Geschichte, Berlin 2000

Hans Schafranek, V-Leute und „Verräter". Die Unterwanderung kommunistischer Widerstandsgruppen durch Konfidenten der Wiener Gestapo, in: Internationale wissenschaftliche Korrespondenz zur Geschichte der deutschen Arbeiterbewegung, Heft 3/2000, S. 300–349

Ferdinand Schatzl, Denunziation oder Pflicht zur Anzeige? Die Bestimmungen des §7 des Kriegsverbrechergesetzes und die Anzeigepflicht auf Grund der reichsrechtlichen Bestimmungen, Diss. jur. (unveröffentlicht), Wien 1947

Claudia Schoppmann, Verbotene Verhältnisse: Frauenliebe 1938–1945, Berlin 1999

Helga Schubert, Judasfrauen. Zehn Fallgeschichten weiblicher Denunziation im Dritten Reich, Frankfurt/M. 1990

Peter Schwarz, NS-Justiz, Todesstrafe und Hinrichtung am Landesgericht Wien unter besonderer Berücksichtigung der zum Tode verurteilten jüdischen Opfer, in: Untersuchungen zur Anatomischen Wissenschaft in Wien 1938–1945, Senatsprojekt der Universität Wien, Wien 1998, S. 93–162

Roland Staudinger, Politische Justiz. Die Tiroler Sondergerichtsbarkeit im Dritten Reich am Beispiel des Gesetzes gegen heimtückische Angriffe auf Partei und Staat, Schwaz 1994

Guido Tiefenthaler, Denunziationen während der NS-Herrschaft im Spiegel der Volksgerichtsprozesse, Dipl. Arbeit (unveröffentlicht), Wien 1995

Erika Weinzierl, Zu wenig Gerechte. Österreicher und die Judenverfolgung 1938–1945, Wien, Graz[4] 1997

Franz Weisz, Die Geheime Staatspolizei, Staatspolizeistelle Wien 1938–1945. Organisation, Arbeitsweise und personale Belange, phil. Diss. (unveröffentlicht.), Wien 1991

Ders., Personell vor allem ein „ständestaatlicher" Polizeikörper. Die Gestapo in Österreich, in: Gerhard Paul/Klaus-Michael Mallmann (Hg.), Die Gestapo: Mythos und Realität, Darmstadt 1995, S. 439–462

Walter Otto Weyrauch, Gestapo V-Leute. Tatsachen und Theorie des Geheimdienstes, Frankfurt/M. 1992

Rita Wolters, Verrat für die Volksgemeinschaft. Denunziantinnen im Dritten Reich, Pfaffenweiler 1996

Meike Wöhlert, Der politische Witz in der NS-Zeit am Beispiel ausgesuchter SD-Berichte und Gestapo-Akten, Wien 1997

Hans Wüllenweber, Sondergerichte im Dritten Reich. Vergessene Verbrechen der Justiz, Frankfurt/M. 1990

Zentrum für Historische Sozialforschung, Vol. 26 (2001), Sonderheft Denunziation im 20. Jahrhundert: Zwischen Komparatistik und Interdisziplinarität, No. 2/3, Köln 2001

Bildnachweis

Dokumentationsarchiv des österreichischen Widerstandes: S. 51

Dokumentationsarchiv des österreichischen Widerstandes / Erkennungsdienstliche Kartei der Gestapo Wien: S. 11, 87 l., 87 r., 88, 125

Dokumentationsarchiv des österreichischen Widerstandes, Signatur MA 21/I XII J 125/38 HM: S.188

Österreichisches Staatsarchiv / Archiv der Republik, Bürckel / Materie, Karton 217, Ordner 339: S. 169

Österreichisches Staatsarchiv / Archiv der Republik, Bürckel / Materie, Karton 222, Ordner 349: S. 181

Privatbesitz Alfred Lora: S. 164

Wiener Stadt- und Landesarchiv, Sondergericht, Akt VR: S. 209

Sach- und Ortsregister

Personenregister

Die Autoren

Herbert Dohmen, geb. 1965 in Linz, Historiker und Psychotherapeut, Mitarbeiter am Ludwig Boltzmann-Institut für historische Sozialwissenschaft.

Nina Scholz, geb. in Zeitz/Sachsen Anhalt, Politikwissenschafterin, Mitarbeiterin am Ludwig Boltzmann-Institut für Historische Sozialwissenschaft in Wien. Publikationen: „Wiener Pfarrer und die Juden in der Zwischenkriegszeit" (mit H. Heinisch, 2001), „Eine zerstörte Kultur" (Hg., mit G. Botz/I. Oxaal/M. Pollak, 2002).